ARCHIVES HISTORIQUES

DU POITOU

XVI

POITIERS
TYPOGRAPHIE OUDIN
4, RUE DE L'ÉPERON, 4

1886

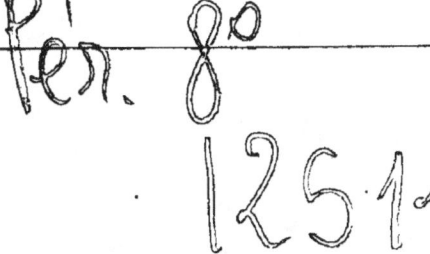

SOCIÉTÉ

DES

ARCHIVES HISTORIQUES

DU POITOU

LISTE GÉNÉRALE

DES MEMBRES

DE LA SOCIÉTÉ DES ARCHIVES HISTORIQUES DU POITOU

ANNÉE 1885.

Membres titulaires :

MM.

ARNAULDET (TH.), bibliothécaire de la ville, à Niort.
BARBAUD, archiviste de la Vendée, à la Roche-sur-Yon.
BARDET (V.), attaché à l'Inspection du chemin de fer d'Orléans, à Poitiers.
BARTHÉLEMY (A. DE), membre du Comité des travaux historiques, à Paris.
BEAUCHET-FILLEAU, correspondant du Ministère de l'Instruction publique, à Chef-Boutonne.
BEAUDET (A.), docteur en médecine, à Saint-Maixent.
BERTHELÉ, archiviste des Deux-Sèvres, à Niort.
BONVALLET (A.), agent supérieur du chemin de fer d'Orléans, ancien président de la Société des Antiquaires de l'Ouest, à Poitiers.
BOURALIÈRE (A. DE LA), ancien président de la Société des Antiquaires de l'Ouest, à Poitiers.
BRICAULD DE VERNEUIL, licencié en droit, attaché aux Archives de la Vienne, à Poitiers.
CHAMARD (Dom), religieux bénédictin, à Ligugé.

MM.

Chasteigner (Cte A. de), membre de plusieurs Sociétés savantes, à Ingrande (Vienne).

Delisle (L), membre de l'Institut, à Paris.

Desaivre, docteur en médecine, conseiller-général des Deux-Sèvres, à Niort.

Favre (L.), à Niort:

Frappier (P.), ancien secrétaire de la Société de Statistique des Deux-Sèvres, à Niort.

Gouget, archiviste de la Gironde, à Bordeaux.

Ledain, membre de l'Institut des provinces, à Poitiers.

Lelong, archiviste aux Archives Nationales, à Paris.

Lièvre, pasteur, président du Consistoire, à Angoulême.

Marque (G. de la), à la Baron (Vienne).

Ménardière (de la), professeur à la Faculté de Droit, à Poitiers.

Montaiglon (A. de), professeur à l'Ecole des Chartes, à Paris.

Musset (G.), bibliothécaire de la ville, à La Rochelle.

Palustre (Léon), ancien directeur de la Société française d'archéologie, à Tours.

Port (C.), archiviste de Maine-et-Loire, à Angers.

Richard (A.), archiviste de la Vienne, à Poitiers.

Richemond (L. de), archiviste de la Charente-Inférieure, à La Rochelle.

Rochebrochard (L. de la), membre de la Société de Statistique des Deux-Sèvres, à Niort.

Tranchant (Charles), ancien conseiller d'État, ancien conseiller-général de la Vienne, à Paris.

Membres honoraires :

MM.

Babinet de Rencogne, à Angoulême.

Cars (Duc des), à la Roche-de-Bran (Vienne).

Cesbron (E.), ancien notaire, à Poitiers.

MM.

CLISSON (l'abbé DE), à Poitiers.
CORBIÈRE (Mis DE LA), à Poitiers.
DESMIER DE CHENON (Mis), à Domezac (Charente).
DUBEUGNON, professeur à la Faculté de Droit, à Poitiers.
DUCROCQ (TH.), doyen honoraire, professeur à la Faculté de Droit de Paris.
FERAND, inspecteur général honoraire des ponts et chaussées, à Poitiers.
FLEURY (DE), archiviste de la Charente, à Angoulême.
GAIGNARD (R.), à Saint-Gelais (Deux-Sèvres).
GENESTEIX, ancien notaire, à Poitiers.
GUÉRIN (Paul), archiviste aux Archives Nationales, à Paris.
HORRIC DU FRAISNAUD DE LA MOTTE, à Goursac (Charente).
L'ABBÉ (A.), banquier, à Châtellerault.
LE CHARPENTIER (G.), ancien conseiller-général des Deux-Sèvres, à Saint-Maixent.
LECOINTRE-DUPONT père, membre de plusieurs Sociétés savantes, à Poitiers.
ORFEUILLE (Cte R. D'), membre de la Société des Antiquaires de l'Ouest, à Versailles.
OUDIN, imprimeur, à Poitiers.
ROCHEJAQUELEIN (Mis DE LA), ancien député des Deux-Sèvres, à Clisson (Deux-Sèvres).
ROCHETHULON (Mis DE LA), ancien député de la Vienne, à Baudiment (Vienne).
SORBIER DE POUGNADORESSE (DE), ancien sous-préfet, à Poitiers.
SURGÈRES (Mis DE), à Nantes.
TRIBERT (G.), ancien conseiller-général de la Vienne, à Marçay (Vienne).
TRIBERT (L.), sénateur, à Champdeniers.

Bureau :

MM.

RICHARD, président.
LEDAIN, secrétaire.

MM.

BRICAULD DE VERNEUIL, trésorier.
DESAIVRE, membre du Comité.
LECOINTRE-DUPONT,   id.
MARQUE (DE LA),   id.
MÉNARDIÈRE (DE LA),   id.

EXTRAIT

DES PROCÈS-VERBAUX DES SÉANCES DE LA SOCIÉTÉ DES ARCHIVES

PENDANT L'ANNÉE 1885

Dans le cours de l'année 1885, la Société a tenu ses quatre séances ordinaires, les 15 janvier, 23 avril, 16 juillet et 19 novembre.

Elle a reçu comme membre honoraire: M. Genesteix, ancien notaire, à Poitiers.

Correspondance. — Lettres de M. le Ministre de l'Instruction publique relative aux réunions de la Sorbonne.

Subvention. — Par décision en date 31 du mars 1885, M. le Ministre de l'Instruction publique a accordé à la Société des Archives une subvention de 1200 francs affectée à la continuation du dépouillement et de la publication des registres du Trésor des Chartes.

Communications. — Par M. Richard, de la donation faite aux Archives de la Vienne de cent volumes ou liasses de minutes de notaires de la région, des trois derniers siècles. A cette occasion, la Société formule le vœu que, vu les dangers que courent trop souvent ces documents si précieux pour l'histoire, l'autorité compétente en autorise le dépôt aux Archives départementales pour tout ce qui est antérieur à 1790.

Par M. Bonvallet, de son rapport sur la publication projetée des maintenues de noblesse du Poitou et autres pièces de même nature. La Société adopte les conclusions de ce rapport, qui sont de rejeter pour le moment tous documents autres que les sentences de maintenue rendues par les intendants du Poitou au XVIIe et au commencement du XVIIIe siècle, de Colbert à Des Gallois de la Tour, et invite ses membres à fournir à M. Bonvallet, chargé, avec le concours de M. de Clisson, de diriger cette publication, tous les originaux de sentences qu'ils pourraient avoir à leur disposition.

Dons. — Par M. le Ministre de l'Instruction publique du *Bulletin du Comité des travaux historiques* et du *Répertoire bibliographique.*

Publications. — Dans le courant de l'année, a paru un volume, le tome XIV des Archives, comprenant: 1° les journaux de Jean et René de Brilhac, conseillers à la Sénéchaussée et au Présidial de Poitiers, de 1545 à 1622, publiés par M. Ledain ; 2° le journal d'Antoine Denesde, marchand ferron à Poitiers, et de Marie Barré, sa femme, de 1628 à 1687, par M. Bricauld de Verneuil ; 3° les notes historiques contenues dans les registres paroissiaux de Poitiers, de 1335 à 1790, par divers membres.

Travaux en cours d'exécution. — Les tomes XVI et XVIII, qui doivent contenir les Chartes de l'abbaye de Saint-Maixent, éditées par M. Richard.

Travaux en préparation. — Par M. Guérin, la suite du dépouillement des Registres du Trésor des Chartes pendant le xive siècle.

Renouvellement du bureau. — A la séance du 19 novembre, ont été élus pour 1886 :

MM. RICHARD, président; LEDAIN, secrétaire; BRICAULD DE VERNEUIL, trésorier; DESAIVRE, DE LA MARQUE, DE LA MÉNARDIÈRE, LECOINTRE-DUPONT, membres du Comité.

CHARTES ET DOCUMENTS

POUR SERVIR A L'HISTOIRE

DE

L'ABBAYE DE SAINT-MAIXENT

PUBLIÉS

Par M. Alfred RICHARD

INTRODUCTION

Quelques lecteurs, en prenant connaissance de cette publication, pourraient s'étonner de ce que nous ne lui ayons pas donné un titre ayant plus de relief que celui qu'elle porte, tel, par exemple, celui de : Cartulaire et chartes de l'abbaye de saint-maixent. Il est certain que la plus grande partie des pièces qui la composent est empruntée au cartulaire de l'abbaye ; mais, pour rester dans la vérité, il aurait fallu reconstituer ce document, car le manuscrit original n'existe plus, et nous n'en possédons pas de copie conforme. Si, grâce à certaines références, cette opération aurait, à la rigueur, pu s'exécuter, nous avions contre elle plusieurs griefs qui nous ont empêché de l'entreprendre. D'abord, elle ne pouvait être complète, car nous ne sommes pas sûr de posséder des copies de toutes les pièces que contenait le cartulaire ; de plus, elle ne pouvait être exacte, car il arrive fréquemment que dans ces copies deux ou trois actes portent la désignation du même folio, et nous aurions été fort embarrassé pour savoir dans quel ordre on devait les classer ; enfin, et c'est là surtout le véritable motif de notre détermination, nous devons dire que nous avons beaucoup moins d'estime pour le texte du cartulaire que pour celui qui nous est fourni par les chartes originales qu'il est censé reproduire, et que, lorsque nous avons été à même de choisir entre deux textes, l'un original, l'autre tiré du cartulaire, nous n'avons pas hésité à rejeter ce dernier, en nous contentant d'indiquer en note les principales différences qu'il offrait avec celui que nous publions.

En effet, le cartulaire de l'abbaye de Saint-Maixent est une œuvre du xiie siècle ; or, son auteur, selon l'usage immuable de ce temps, n'a pas manqué d'y apposer son empreinte. Bien qu'il affirme dans sa préface que sa transcription est absolument conforme aux textes qu'il avait sous les yeux, il n'a pu se défendre, même à l'égard de ceux d'une grande importance, tels que les diplômes ou autres actes émanés de personnages considérables, d'user des pratiques qui lui étaient habituelles. Ainsi, lorsqu'une tournure de phrase ne lui paraissait pas très grammaticale, il n'hésitait pas à la modifier ; lorsqu'un mot était, selon lui, mal orthographié, il lui rendait la forme qu'il croyait être la véritable. C'est surtout avec les actes du xe siècle qu'il s'est donné beau jeu, et nous mettons le lecteur à même d'en juger par le spécimen que l'on trouvera à la page 46 du tome I, où les deux textes sont mis en présence. Bien qu'il y ait lieu de regretter, au point de vue de la linguistique, que notre compilateur ait fait disparaître ces formes barbares qui nous tiennent au courant des déformations successives de la langue latine, cette perte ne serait que secondaire, car bien d'autres textes nous ont conservé des spécimens du langage, du style et de l'orthographe des xie et xiie siècles ; mais toute autre est l'importance des modifications qu'il s'est permises, s'appliquant à des noms de personnes, et surtout à des noms de lieux. Très souvent ceux-ci ne se rencontrent qu'une fois sous sa plume, et quand il leur a donné la forme en usage à son époque, la science du linguiste se trouve en défaut, si celui-ci ne se met en garde contre la date à laquelle ce mot lui apparaît.

Pour corroborer notre dire, il serait facile de produire plusieurs témoignages tirés de notre publication ; nous nous contenterons d'un seul, le plus important, il est vrai. Dans le chartrier de Saint-Maixent, le pays d'Aunis porte concurremment deux noms : *Pagus Alnisius* et *Pagus Alienensis, Alianensis* ou *Alnienensis*. La première forme apparaît dans un diplôme de 848 et reste seule à partir de 1081 ; la seconde se trouve pour la première fois dans un acte de 892 et disparaît à partir de 1010. A première vue, il semblerait que le nom primitif de cette contrée a été *Alnisius* ; mais, si l'on remarque qu'il ne se rencontre que dans les actes tirés du cartulaire, tandis que tous les originaux portent *Alianensis*, la proposition doit être retournée, et c'est à cette dernière forme qu'il faut attribuer la priorité. *Alnisius* n'est en somme qu'un mot latin, refait au xie siècle sur la déformation française de l'ancien nom et devenu d'un usage courant lorsqu'écrivait le rédacteur du cartulaire ; ce dernier l'a évidemment mis à la place d'*Alianensis*, afin de rendre les textes où il le rencontrait plus intelligibles pour ses lecteurs.

Ce que nous disons du cartulaire de Saint-Maixent peut s'appliquer à tous, et par ces motifs il s'en suit que nous ne pouvions placer en vedette, en tête de nos volumes, le nom d'un document que nous rejetions toutes les fois que l'occasion s'en présentait.

Afin de pouvoir nous livrer en toute assurance à des constatations du genre de celle que nous venons de faire, il était indispensable d'avoir des textes aussi purs que possible ; c'est à quoi nous avons visé ; mais comme dans notre travail de transcription et de collation, nous ne reproduisons, la plupart du temps, que des copies, nous pouvons seulement garantir la conformité de notre texte avec celui que nous avons eu sous les yeux, et nous ne croyons pas cette affirmation inutile pour ceux qui liront ces actes du XIe siècle, dont le latin est tellement barbare que l'on pourrait prendre pour des erreurs de transcription ou de correction ce qui n'est que la reproduction littérale des textes originaux.

Du reste, les copies exécutées par D. Fonteneau, ou sous sa direction, offrent les plus grandes garanties, et sauf l'emploi quelquefois trop général du T pour le C et de l'Æ pour l'E, il y a lieu d'avoir toute confiance dans ses lectures. Nous n'y avons fait que de très rares corrections (toujours indiquées en note), et nous ne nous sommes éloigné de lui que dans la rédaction des résumés placés en tête de chaque acte et dans la détermination des dates.

D. Fonteneau n'apportait pas, de même que les autres Bénédictins de son temps, dans les attributions des noms de lieux, cette précision que nous recherchons à juste titre aujourd'hui; on peut dire que les questions géographiques lui étaient étrangères, et c'est justement celles qui nous ont donné le plus de peine à résoudre, vu le manque de dictionnaires spéciaux pour la plus grande partie de la région sur laquelle s'étend nos recherches. Trouvant un nom de lieu dans un acte, il le reproduit généralement dans son sommaire, tel qu'il se présente, soit en latin, soit en vieux français; or, qui ne sait dans quelles erreurs la rencontre simultanée d'un nom de lieu ou les déformations différentes d'une forme latine commune à plusieurs localités, peuvent faire tomber l'écrivain qui n'est pas familier avec la topographie d'une contrée ? Nous avons donc porté toute notre attention sur ce point : nous avons en outre donné à nos sommaires plus de rigueur analytique, et, par suite, généralement modifié ceux dus à D. Fonteneau. Enfin, pour ce qui est des dates, lorsque nous étions en présence d'une pièce sans notation chronologique précise, nous n'avons pas suivi son système qui consistait à la placer *vers* telle époque, nous l'avons renfermée entre deux dates, dont nous avons cherché à diminuer l'écart par tous les moyens d'information qui étaient en notre pouvoir.

D. Fonteneau, et nous ne pouvons nous expliquer ce fait, qui a été aussi constaté par M. Rédet dans ses publications des chartes de Saint-Hilaire et de Saint-Cyprien de Poitiers, s'est très souvent trompé dans son calcul des années du règne des rois ou des comtes. Il lui arrive fréquemment de ne compter l'année du règne que lorsque celle-ci est totalement écoulée. Par exemple, pour lui, le mois de mars de la troisième année du règne de Louis d'Outremer répond à 940 ; or, Louis ayant été couronné roi de France le 19 juin 936, la première année de son règne va jusqu'au 19 juin 937, la seconde jusqu'au 19 juin 938, la troisième jusqu'au 19 juin 939, et par suite le mois de mars de la troisième année de son règne correspond à l'an 939, et non à 940.

Lorsque le sens l'indiquait absolument, nous avons complété des mots que son manuscrit ne donnait qu'en partie ; mais ces adjonctions sont toujours placées entre crochets, et de même, dans un petit nombre de cas et lorsque nous en étions absolument sûr, nous avons cru devoir rétablir quelques noms de personnes et de lieux, lorsque son copiste, péchant par ignorance, avait pris une lettre pour une autre.

Nous avons donc écrit *Rainaldus Pilot, Aimeri Roine*, au lieu de... *maldus Pilot, Aimeri Rome*, et encore, *Batirau, Chervos, dau Broyl, dau Foyllos, dau Groyes, dau Perron, d'Enterrez, Ermenjos, Janvre, Rigaudan, Rorvre, Savra, Tresseove, Verruia*, au lieu de *Batitan, Chenios, Daubroyl, Daufoyllos, Daugroyes, Dauperron, Denterrez, Ermenios, Janire, Rigaudau, Rorure, Saura, Tresseone, Verrevia*.

En outre, comme il s'attachait autant que possible à la reproduction des textes, il mettait fréquemment des majuscules à des noms communs et des minuscules à des noms propres ; cette figuration étant sans aucune valeur, le tout a été ramené à l'orthographe usuelle ; nous avons agi de même pour la ponctuation.

Nous avons reproduit scrupuleusement les indications qu'il donne sur l'état des pièces et leur provenance, lorsque celle-ci est étrangère à l'abbaye ; mais en ce qui concerne celles tirées de son chartrier, nous n'avons pas cru devoir établir, comme il le faisait, une distinction entre les archives de l'abbé et celles des religieux. Par suite des concordats qui avaient partagé les biens de l'abbaye entre le couvent proprement dit et les abbés commendataires, il avait été constitué deux fonds distincts, dans lesquels D. Fonteneau puisa indifféremment, et auxquels il renvoie pour faciliter la référence. Cette séparation, que l'on retrouve dans la plupart des établissements religieux tombés en commende, n'a plus aujourd'hui sa raison d'être et n'a pas, à juste titre, été conservée dans le classement général des archives départementales, dont la distinction des fonds est pourtant la base; nous n'en avons donc tenu aucun compte : aussi, toutes les fois que nous indiquons qu'une pièce est tirée de la collection de D. Fonteneau et publiée d'après le cartulaire ou l'original, il faut simplement « sous-entendre qui se trouvaient dans les archives de l'abbaye de Saint-Maixent ».

Les archives des religieux semblent avoir été conservées avec soin après l'introduction de la Congrégation de Saint-Maur, mais il n'en a pas été de même de celles de l'abbé, installées au château abbatial de Lort-Poitiers; cet édifice cessa d'être entretenu dès le milieu du XVIIe siècle, quand les abbés ne résidèrent plus, et il était tellement ruiné en 1782 que, le 13 août de cette année, furent délivrées à l'abbé Raimond de Boisgelin des lettres patentes qui en autorisèrent la démolition. Voici, au surplus, ce que dit D. Fonteneau au sujet de ce dépôt, dans une note de la pièce n° CIII :

« Les lacunes où l'on voit ici des points sont ou déchirées ou
« effacées dans le titre. Ces endroits du titre, comme de quantité
« d'autres du même trésor, sont même pourris par l'eau qui
« est tombée dessus, de façon que ces titres ne peuvent plus
« être d'aucune utilité pour les droits de l'abbaye. La plupart des
« titres des archives de M. l'abbé de Saint-Maixent ont eu ce sort par
« la faute d'un agent ou fermier dudit abbé, nommé........., ori-
« ginaire de........., qui, ne visitant point ledit trésor, ne s'a-
« perçut pas que la pluie, ayant percé la voûte, tombait sur les
« titres et papiers, de façon qu'en 1718 étant tout à fait pourris,
« il fut obligé de les jeter à pleins sacs dans les fossés du château
« de l'Ort-Poitiers ; c'est ce qui nous a été dit par M. de Courci,
« agent de M. de Grimaldi, prince de Monaco, aujourd'hui
« abbé de Saint-Maixent, et confirmé par le fermier qui demeure
« au château de l'Ort-Poitiers, et qui nous a assuré avoir vu
« jeter lesdits papiers et titres comme ci-dessus. La pourri-
« ture qui se trouve à la plupart des titres qui sont restés fait
« voir que ces MM. disent la vérité, et qu'autrefois il a plu

« sur les titres. C'est ce qui fait qu'on ne peut pas copier les
« titres qui restent, dans leur entier, et qu'on n'écrit que ce qu'on
« peut lire. »

Quelques mots nous suffiront pour terminer l'histoire lamentable des archives de l'abbaye de Saint-Maixent, devenues propriété de l'État en vertu de la loi du 14 octobre et du décret du 24 octobre 1790. Le 25 mars 1791, elles furent placées sous scellés, et pendant plusieurs années restèrent en cet état dans les bâtiments de l'abbaye, où avaient aussi été déposées les archives des établissements religieux ou civils supprimés dans le ressort du district de Saint-Maixent. Pendant cet intervalle de temps, à diverses reprises, les scellés furent levés à la requête d'administrations et de particuliers pour retirer des papiers ; c'est ainsi que, sur la réclamation de l'administration des domaines, il lui fut fait remise, le 19 mars 1792, de vingt registres, livres terriers et censiers ; un seul a été conservé par elle et se trouve à la recette des domaines de Saint-Maixent ; il est intitulé : *Liève de tout le revenu du monastère de Saint-Maixent*, de 1756 à 1790, reg. in-f° de 160 feuillets.

Nous avons aussi pu constater l'existence d'un certain nombre de titres anciens, provenant du chartrier de l'abbaye, entre les mains du comte d'Orfeuille, qui avait entrepris, au commencement de ce siècle, d'écrire l'histoire de la province. C'est de son cabinet que sont sortis les originaux que nous avons retrouvés aux Archives départementales des Deux-Sèvres, à la bibliothèque de Poitiers et à celle des Antiquaires de l'Ouest, et dans la collection de M. Benjamin Fillon.

Par décret du 13 messidor an X, l'abbaye devint le chef-lieu de la XIIe cohorte de la Légion d'honneur. Afin de pouvoir approprier les bâtiments à leur nouvelle destination, le préfet des Deux-Sèvres, M. Dupin, donna l'ordre de vider le dépôt des Archives de Saint-Maixent. Il fallut plusieurs charrettes pour les transporter à Niort, et elles furent entassées dans les greniers du tribunal civil, avec toutes les archives religieuses, judiciaires et administratives du département. Pendant la nuit du 29 frimaire an XII (25 décembre 1805), un tuyau de poêle trop chauffé communiqua le feu à la toiture du bâtiment, et avant que l'on pût y porter le moindre secours, celle-ci fut totalement embrasée ; en deux heures les richesses historiques de la région centrale du Poitou furent anéanties, on ne put rien sauver, et il ne serait, à proprement parler, rien resté du chartrier de la plus importante abbaye du Poitou, à l'exception des quelques pièces dont nou[s] venons de parler, si, à diverses époques, il n'y avait été pris les copies qui se trouvent former le principal élément de notre publication.

Celle-ci, comme nous l'avons dit, a pour base la collection de D. Fonteneau conservée à la bibliothèque publique de Poitiers. Les titres tirés de l'abbaye de Saint-Maixent se trouvent dans les tomes XV, XVI, XXVII bis, XXXVIII, XXXIX et LXVI ; tous ont été reproduits intégralement, excepté toutefois quand nous possédions des originaux auxquels naturellement la préférence a été accordée. D. Fonteneau, qui résidait habituellement dans l'abbaye de Saint-Cyprien de Poitiers, a fait ses copies de 1741 à 1766 ; son principal collaborateur à Saint-Maixent était M. Dautriche.

Si cette précieuse mine nous avait fait défaut, nous aurions recouru aux chartes et autres pièces transcrites par D. Chazal, aussi religieux bénédictin, et prieur de l'abbaye de Saint-Maixent de 1714 à 1717, qui inséra les copies d'un grand nombre de pièces dans l'ouvrage auquel il donna la dernière main en 1718, et dont les deux originaux sont conservés, l'un à la bibliothèque d'Orléans, l'autre à la bibliothèque de Poitiers. Il a pour titre : *Chronicon San Maxentianum seu historia et antiquitates monasterii S. Maxentii describuntur. Colligebat domnus Franciscus Chazal. Anno MDCCXVIII.* Les copies de D. Chazal offrent beaucoup moins de certitude que celles de D. Fonteneau, au point de vue de la pureté du texte ; elles ne nous ont guère servi que comme moyen de contrôle. Néanmoins nous lui avons emprunté un certain nombre de documents que nous n'avons trouvés que là. Un des plus précieux est un ancien calendrier, qui se trouvait en tête du bréviaire de l'abbaye, manuscrit en parchemin d'une écriture gothique, détruit aussi en 1805.

En dehors des auteurs de ces deux grands recueils, les archives de l'abbaye avaient été dépouillées par quelques érudits dont nous donnons ici la liste, leur nom devant se retrouver plusieurs fois sous notre plume :

1° Besly. Les copies que cet historien exécuta en vue de son *Histoire des comtes de Poictou* et de ses *Evéques de Poictiers*, sont aujourd'hui conservées à la Bibliothèque Nationale ; celles qui intéressent l'abbaye de Saint-Maixent se trouvent dans les vol. 805 et 820 du fonds Dupuy et 6007 du fonds latin. Rappelons enfin qu'on doit à Besly la découverte de la *Chronique de Saint-*

Maixent, dont le manuscrit, qu'il trouva dans les papiers de l'abbaye de Maillezais, est aussi à la Bibliothèque Nationale.

2° D. Boniface Devallée, religieux de l'abbaye de Saint-Maixent, dont il fut sous-prieur, mort le 5 mars 1654. Il rédigea les vies de saint Agapit, de saint-Maixent et de saint Léger, fondateurs et patrons de l'abbaye, dressa des listes d'abbés, de prieurs, etc., copia un certain nombre de titres et rédigea même une histoire chronologique de l'abbaye, dont les manuscrits se trouvent à la Bibliothèque Nationale (fonds latin, n⁰ˢ 12684 et 12779) et à celle de Poitiers (n° 132). D. Chazal a reproché à juste titre à D. Devallée d'avoir écrit ses biographies en panégyriste plutôt qu'en historien, et de manquer de critique dans la suite de ses abbés, que le *Gallia*, qui fut le premier à profiter de ses recherches, n'osa pas absolument rejeter.

3° D. Le Michel, religieux bénédictin, qui visita Saint-Maixent entre 1644 et 1648. Les notes sommaires qu'il prit dans les archives sont conservées à la Bibliothèque Nationale (fonds latin, n° 13818). Il se plaint (f° 294) des difficultés qu'il éprouva pour se faire communiquer certains textes. Les agents de l'abbé, dont les droits pouvaient se trouver en opposition avec ceux attribués aux religieux de la Congrégation de Saint-Maur par le concordat du 27 septembre 1633 (V. n° DCX), et sans doute peu à même d'apprécier le caractère des recherches de D. Le Michel, ne devaient pas le voir d'un bon œil pénétrer dans le dépôt confié à leur garde. On lui enjoignit donc d'avoir à se contenter d'examiner les textes importants pouvant servir à l'histoire de l'Ordre, et de ne pas s'attacher à ceux qui n'intéressaient que l'histoire intérieure de l'abbaye : « *In alia carta recentiori*, dit-il, *eandem phrasam reperi sed non exprompsi, quia non habui facultatem, coactus à custodibus cartarum abbatis solis insignioribus titulis vacare* ».

4° D. Estiennot de la Serre, qui fut le principal collecteur de textes pour le *Gallia*, et qui, en 1674, se trouvait à Saint-Maixent. Ses copies ou extraits furent longtemps en grande faveur ; mais D. Fonteneau, qui en a reproduit un certain nombre dans son tome LXVI, leur reproche avec raison de manquer d'exactitude.

5° D. Liabeuf, prieur de Saint-Maixent de 1672 à 1677 ; il revit les travaux de D. Devallée, qu'il amenda et pourvut de notes critiques ; il continua la mise en ordre du chartrier de l'abbaye, fit exécuter une transcription du cartulaire, à laquelle il ajouta un grand nombre de pièces originales, transcription disparue, elle aussi, dans l'incendie de 1805 ; il dressa, d'après ces recherches, une généalogie des seigneurs de Lusignan [1], qui est aussi perdue, et enfin rédigeait encore au moment de sa mort, arrivée le 1er juillet 1677, l'ouvrage suivant, dont le manuscrit original est conservé à la bibliothèque de Poitiers (n° 133) : *Livre des antiquitez de l'abbaye royalle de Sainct-Maixent en Poictou, par D. André Liabeuf, prieur de ce monastère, 1677.* C'était, dit D. Chazal, un homme de haute valeur et d'un sens critique achevé.

6° D. Boyer, religieux de Saint-Allyre de Clermont ; lors du voyage qu'il fit de 1710 à 1714 pour recueillir des documents en vue de la nouvelle édition du *Gallia* et des annales de l'Ordre de Saint-Benoît, il s'arrêta à Saint-Maixent du 1 au 10 novembre 1713 et le 20 et le 27 juin 1714. Ses premières notes furent envoyées à D. Massuet, à Saint-Germain-des-Prés ; les secondes, parmi lesquelles on remarque 24 pages in-folio d'extraits du cartulaire et du journal des Le Riche, furent adressées à Denis de Sainte-Marthe à Marmoutier. Que sont-elles devenues ?

Un certain nombre font vraisemblablement partie des papiers de Saint-Germain à la Bibliothèque Nationale, où se trouve rassemblé tout ce qu'on a pu sauver des documents patiemment recueillis par les Bénédictins. Ce qui a rapport à l'abbaye de Saint-Maixent est contenu dans les volumes 11814, 11818, 12684, 12756, 12779 et 13818 du fonds latin, auxquels, comme on le verra, nous avons fait plusieurs emprunts.

Pour combler les lacunes de D. Fonteneau, nous avons aussi recouru à quelques collections de textes, que nous sommes du reste loin d'avoir épuisées, à savoir les actes émanés de la chancellerie des rois de France contenus dans les registres du Trésor des Chartes, et ceux du Parlement de Paris. Comme il ne pouvait entrer dans notre cadre de procéder à leur dépouillement méthodique, notre rôle devait se borner, en ce qui les concerne, à indiquer aux travailleurs ce que nous savions avoir été mis au jour ; nous nous sommes donc contenté, pour les premiers, de renvoyer aux pièces publiées par M. Guérin, le savant éditeur de la partie poitevine des registres du trésor des chartes, dans les tomes XI, XIII et XVII des *Archives historiques du Poitou ;*

---

1. *Seriem chronologiquam nobilis hujusce familiæ Leziniacensis texuit eruditus noster R. P. D. Andræas Liabeuf, hoc anno* 1674, *meritissimus prior S. Maxentii.* (Note de D. Fonteneau, t. LXVI, p. 293, empruntée à D. Estiennot.)

et pour le Parlement, aux publications de MM. Beugnot, Boutaric et L. Delisle.

Nous avons aussi reproduit un certain nombre d'actes du xvie et du xviie siècle tirés des protocoles de notaires de Saint-Maixent, qui nous ont été communiqués avec la plus grande complaisance par MM. les notaires de cette ville ; nous leur adressons nos plus vifs remerciements, et particulièrement nous témoignons ici toute notre reconnaissance à M. Goguet, sénateur des Deux-Sèvres, aujourd'hui décédé, et à M. Presle-Duplessis, notaire honoraire, qui ont été les premiers à nous ouvrir si libéralement leurs études.

Quelques autres pièces de notre publication ont d'autres origines : on en trouvera l'indication dans le relevé, qui suit, de tous les fonds que nous avons dépouillés et du nombre de documents que chacun d'eux nous a fournis.

1° *Copies*.

D. Fonteneau. Copies, d'après le cartulaire, 279 1/2 ; d'après les originaux, 156 ; d'après D. Estiennot, 3 ; d'après D. Martenne, 1 ; sans indication de provenance, 5 (Voy. la note 1 de la page 101 de ce volume) ; extraits des originaux, 25 ; total, 469 pièces 1/2.

D. Chazal. Copies, d'après le cartulaire, 8 1/2 ; d'après le terrier de l'abbaye, 1 ; sans indication de provenance, 8 ; d'après l'original, 1 ; total, 18 pièces 1/2.

Bibliothèque nationale. Résidu Saint-Germain, 3 ; fonds Moreau, 2 ; fonds Dupuy, 1 ; total, 6 pièces.

Besly. Histoire des comtes de Poictou, 1 pièce.

2° *Originaux*.

Archives nationales. Trésor des chartes, série J, 3 ; série JJ, 28 ; Olim et Parlement de Paris, 7 ; série P, 17 ; série Q, 1 ; total, 56 pièces.

Protocoles et minutes des notaires de Saint-Maixent, 19 pièces.

Archives des Deux-Sèvres, 18 pièces.

Bibliothèque de Poitiers, 9 pièces.

Collection Benj. Fillon, 7 pièces.

Bibliothèque de la Société des Antiquaires de l'Ouest, 5 pièces.

Archives de la Vienne, 2 pièces.
Ma collection, 2 pièces.
Titres de la baronnie d'Aubigny, 1 pièce.

Le total s'élève à 614 pièces, qui se classent ainsi chronologiquement :

IXe siéc.,	6 piéc.,	n°s 1 à 6	XIVe siéc.,	40 piéc.,	n°s 493-532
X^e »	66 »	n°s 7 à 72	XVe »	35 »	n°s 533-567 et 613
XIe »	129 »	n°s 73 à 201	XVIe »	38 »	n°s 568-605
XIIe »	199 »	n°s 202 à 400	XVIIe »	7 »	n°s 606-612
XIIIe »	92 »	n°s 401 à 492,	date indéterminée,		n° 614.

La plus ancienne charte française est de mars 1244 (V. n° CCCCXL); mais on rencontre des mots français épars dans les textes à une date bien plus reculée, et même dès le milieu du XIe siècle (V. n^{os} C, CXXI et CXLI).

Comme il résulte de ce relevé que la majeure partie des documents dont se compose notre publication est empruntée au cartulaire ou se réfère à l'époque qu'il embrasse, 463 sur 612, il convient d'étudier ce recueil avec le plus grand soin.

DU CARTULAIRE.

C'était, dit D. Liabeuf, un volume « d'un fort beau caractère, « fort correct sur le velin, en cahiers in-4°, dont deux ou trois « ont esté perdus ou soubstraicts par l'injure des temps. Au « commencement dudit cartulaire, on y a adjousté trois ou « quatre cahiers qui comprénent divers hommages rendus de- « puis le temps dudit abbé jusques environ l'an 1250, avec di- « verses costumes et anciens usages et droicts de ladite abbaye « escris en divers caractères. » (*Livre des Antiquitez*, introduction.)

Il contenait, suivant D. Chazal (*Chronicon*, cap. 45), 289 chartes, allant du temps de Louis le Débonnaire à 1150 environ. Chaque pièce portait un numéro d'ordre correspondant à une table, ce qui a permis à D. Fonteneau (qui ne prit malheureusement pas soin de faire copier cette table) de reconnaître l'existence de lacunes, et c'est ainsi qu'après une charte de 1069 (V. n° CXXIII), il signale l'absence de dix-huit pièces.

En tête du cartulaire (abstraction faite des pièces ajoutées postérieurement) se trouvait une préface dans laquelle, selon D. Liabeuf (*loc. cit.*), l'auteur disait que ce recueil avait été fait « pour « conserver la mémoire desdites chartes, qui s'estant séparées et « transportées de main en main se perdent souvent ou sont faci- « lement dérobées, et proteste les avoir transcrites avec tant de fi- « délité qu'on peut asseurer avec sèrement et prouver, mesme « par duel, qu'on n'y a faict aucun changement. » On verra dans le cours de notre publication ce qu'il faut penser de cette affirmation. Cette préface débutait par un exorde historique relatant la fondation de l'abbaye et emprunté surtout à la vie de saint Maixent [1].

Enfin, avant de périr misérablement dans l'incendie de 1805, notre cartulaire avait éprouvé des fortunes diverses. Il fut, avec beaucoup d'autres titres, enlevé de l'abbaye lors du pillage de 1562 et se trouvait, lorsque D. Le Michel visita les archives de Saint-Maixent, entre les mains d'un gentilhomme protestant, nommé Forien, demeurant à la Mothe-Saint-Héraye. Il revint plus tard au monastère, mais, dit D. Liabeuf, « tellement rongé de rats « et de la pourriture que les trois premiers cahiers qui y avoient « esté adjoutés en sont à moitié mangés, d'où nous avons tiré ce « que nous avons pu et faict transcrire pour en conserver la mé- « moire avec ce qui reste du susdit cartulaire, auquel nous ad- « jousterons toutes les autres chartes considérables et documens « que nous pourrons trouver pour les relier tous en livre ». Cette copie est celle dont nous avons parlé à l'article de D. Liabeuf.

C'est à ces quelques faits que s'arrêteraient nos renseignements sur le cartulaire de Saint-Maixent, sans le soin que prit D. Fonteneau de noter les pages du volume, pourvu par lui ou par D. Liabeuf d'un foliotage intégral, en marge des copies qu'il y prenait. Nous avons pu, grâce aux indications de cette pagination, le reconstituer fictivement à peu près dans son entier ; et sans nous attarder ici à donner l'énumération de tous les actes qu'on trouvera résumés plus loin, nous allons faire connaître les enseignements que ce travail de reconstitution nous a fournis.

Le volume, qui comptait 342 pages, comportait deux grandes divisions : la première, comprenant les pages 75 à 342, était tout entière d'une écriture du XIIe siècle ; la seconde, allant de la page

---

(1) Le *Gallia Christ.*, t. II, col. 1245, a imprimé cet exorde, que l'on trouve aussi dans le *Chronicon* de D. Chazal, *cap.* 1, 2 et 45. V. aussi notre *Étude critique sur les origines du monastère de Saint-Maixent*, 1880, p. 15.

1 à la page 74, contenait des écritures de la fin du XIIe et du XIIIe siècle. La première section peut elle-même se diviser en deux parties distinctes : l'une où les actes ont subi une sorte de classement méthodique, l'autre où ils sont reproduits dans un ordre chronologique avec quelques intercalations pouvant se référer à des pièces retrouvées après coup.

Cette première partie s'arrête à la page 269 et ne contient que des actes antérieurs à la bulle du pape Pascal II du 10 avril 1110, qui énumère toutes les possessions de l'abbaye à cette époque. L'ordre à peu près méthodique que l'on constate dans la suite des chartes antérieures à cette date de 1110 nous fait penser qu'elles furent recueillies en vue d'obtenir cet acte si important, dans lequel sont rappelés non seulement les églises et autres biens dont jouissait alors l'abbaye, mais encore ceux dont elle avait été précédemment dépouillée. Cette opération fut exécutée par les ordres de l'abbé Geoffroy I, et c'est vraisemblablement lui qui eut ensuite l'idée de faire un corps des documents ainsi patiemment rassemblés, afin d'éviter leur déperdition ultérieure.

Il n'est peut-être pas impossible de déterminer à quelle date le rédacteur du cartulaire a mis la main à sa besogne, et pour ce faire, il y a lieu de rapprocher ce document de la Chronique de l'abbaye. Celle-ci, sur laquelle nous ne nous étendrons pas au delà de ce qui nous est nécessaire pour notre démonstration, est, comme on le sait, la continuation de la compilation connue sous le nom d'Histoire universelle de Julius Florus ; elle rapporte brièvement, sous chaque année, les événements qui ont paru à ses auteurs dignes d'être conservés. Cette suite annalistique s'arrête à l'année 1124, car on ne peut compter comme en faisant partie intégrante trois mentions isolées se référant aux années 1134, 1137 et 1140, et qu'on ne peut, à cause de leur caractère spécial, considérer comme une reprise de la chronique ; la première rapporte la mort de l'abbé Geoffroy, la seconde celle des deux derniers comtes de Poitou du nom de Guillaume, et la dernière, celle de l'évêque de Poitiers Guillaume Adelelme.

Cette date de 1124, qui marque le milieu de l'abbatiat de l'abbé Geoffroy, doit le faire éliminer comme rédacteur de la Chronique, car il est difficile de comprendre qu'il ne l'ait pas poursuivie jusqu'à son dernier jour, aussi bien que son successeur Pierre Raymond, à qui D. Liabeuf, D. Chazal, M. de la Fontenelle l'avaient attribuée, parce que l'on n'avait considéré que la date dernière du document, qui se rapporte bien aux années pendant lesquelles Raymond fut à la tête de l'abbaye. L'auteur de la Chronique est donc un particulier, un religieux instruit, dont l'œuvre s'arrête en 1124. C'est un mélange d'extraits, pris à d'autres chroniques, aujourd'hui parfaitement connues, telles que Saint-Florent, l'Evière, Saint-Aubin d'Angers, Limoges et autres, auxquels ont été ajoutés des faits spéciaux à l'abbaye de Saint-Maixent, relevés soit dans les obituaires de l'abbaye, soit même dans son chartrier.

L'emprunt fait à ce dernier est patent, ainsi qu'on peut le constater par divers textes, et particulièrement par l'acte du 5 novembre 1089 (V. n° CLXXII), qui doit contenir une erreur que la Chronique a reproduite. N'y aurait-il pas lieu de penser que l'abbé Geoffroy, qui, comme nous l'apprennent les quelques lignes biographiques qui lui sont consacrées dans l'addition à la Chronique, fut très zélé pour les affaires de son monastère, ait fait appel aux connaissances spéciales, soit d'un de ses religieux, soit d'un étranger, pour d'abord mettre en ordre son chartrier, afin de constater les possessions de l'abbaye, en vue d'obtenir du pape leur reconnaissance authentique, et c'est ce qui eut lieu par la bulle du 10 avril 1110, puis ensuite conserver les actes ainsi colligés par une transcription authentique, destinée à parer aux revendications ou autres difficultés qui pourraient survenir dans la suite des temps? La confection d'un cartulaire, c'est-à-dire d'un recueil donnant la reproduction intégrale des principaux actes d'un établissement, et un extrait de ceux de moindre valeur, était tout à fait dans les habitudes de l'époque. Il était naturel que le collecteur des chartes de l'abbaye devînt le rédacteur de son cartulaire, et il dut commencer sa besogne peu après 1110, alors que l'abbé fut revenu de Rome avec la bulle du pape Pascal, qui prit place dans son œuvre immédiatement après les diplômes des empereurs ; il est aussi permis de croire que le travail de recherches auquel il s'était livré lui a donné en même temps l'idée de rassembler à l'usage du monastère, comme il en existait dans les abbayes des provinces voisines, les notes éparses relevées, comme nous l'avons dit, un peu partout, et particulièrement dans la matricule des abbés, qui semble avoir été tenue avec soin jusqu'à lui. Ce serait alors à la fin de 1110 que les deux œuvres auraient été entreprises et se seraient continuées, pour ce qui regarde la Chronique, jusqu'à 1124.

Quant au cartulaire, nous pouvons presque affirmer que l'auteur primitif ne le poussa pas au delà du recueil formé en vue d'obtenir la confirmation du pape, et nous tirons cette induction de la présence anormale d'un acte au milieu du volume. On remarquera en effet qu'à la page 269 se trouvait un acte faux, ou plutôt une notice contenant des mentions erronées, et qui est une sorte de résumé des générosités des rois d'Aquitaine et de l'évêque de Limoges, Ebles, envers l'abbaye de Saint-Maixent, actes se référant à des périodes de temps que l'on peut placer vers 830 et 960. On est à juste titre étonné de trouver cette pièce au milieu du cartulaire, au lieu d'y occuper, comme les autres diplômes (on a essayé de lui donner cette forme authentique), la place d'honneur en tête. Mais si l'on considère qu'elle se trouve justement à la fin de la série des actes classés selon un ordre plus ou moins méthodique de localités et antérieurs à 1108, c'est-à-dire à la suite de la série des titres recueillis en vue de la confirmation à obtenir par le pape, on est forcément amené à se dire : ou il est le dernier d'une série, ou le premier d'une nouvelle. Nous adoptons la première de ces manières de voir, et regardons cette pièce comme l'œuvre de l'auteur du cartulaire et de la chronique, dont elle offre tous les caractères de style.

La seconde partie, ou série chronologique du cartulaire, commençant à la page 270, est-elle une œuvre personnelle ou le fait d'un simple enregistrement de pièces? Pour faire prévaloir cette dernière manière de voir, il faudrait établir que tous les actes intéressant l'abbaye sont transcrits à la suite l'un de l'autre : or nous y rencontrons des lacunes importantes, tel que le bref d'Innocent II du 4 mars 1130; de plus, que l'ordre chronologique y est absolu : or on y relève l'année 1124 entre 1110 et 1111, 1118 entre 1111 et 1113, 1114 entre 1118 et 1115, etc. Par ces motifs, il nous semble que cette opinion doive être rejetée, et que l'on doit adopter celle que nous croyons la vraie, à savoir une reprise du cartulaire.

A qui ce dernier labeur doit-il être attribué? A l'auteur primitif du cartulaire ? Cela pourrait être, mais, en tout cas, s'il l'a entrepris, il n'a pas dû le pousser bien loin. En effet, dès la page 283, on rencontre un acte que l'on ne peut placer qu'entre 1125 et 1129 ; si, comme nous l'avons établi, il y a de fortes présomptions pour croire que l'auteur du cartulaire est le même personnage que celui de la chronique, et que le travail de ce dernier a été arrêté en 1124, pour cause de mort ou autrement, il doit s'en suivre forcément que sa collaboration au cartulaire ne peut dépasser cette date.

Que cette hypothèse soit admise ou rejetée, que l'on considère la seconde partie comme divisée en deux par la date de 1124, ou comme étant l'œuvre d'une seule personne, il convient encore de rechercher à quelle époque ont été exécutées, soit la portion allant de 1124 à la fin, soit la totalité de cette seconde partie.

A cela nous répondrons sans hésiter, entre 1145 et 1147. Pour étayer cette opinion, nous nous appuyons sur la fin de la véritable série chronologique qui est 1147 (p. 328 et 329) ; de plus, à la page 306, entre un acte de 1122 et un autre de 1123, on en trouve un de 1145, qui nous semble une intercalation du compilateur faite au moment même où il tenait la plume.

L'acte de 1163 qui termine le volume (p. 342) est pour nous le fait d'un enregistrement isolé, sans lien avec les précédents.

Si l'on adopte les systèmes que nous venons d'exposer pour la composition du cartulaire, il y a à en tirer certaines conséquences au sujet des dates que nous avons données aux textes qui en étaient dépourvus. Autant que possible, nous n'avons fait usage que d'éléments certains pour la détermination des dates extrêmes dans lesquelles nous avons renfermé ces actes ; mais on pourrait tirer de leur place dans le cartulaire des rapprochements plus précis, que nous nous contenterons d'indiquer ici.

De la page 75 à la page 269, aucun acte ne devrait être postérieur à 1110 ; et, ainsi qu'on peut le vérifier, la chose est admissible pour tous, sauf pour trois que l'on trouve aux pages 137, 257 et 260, et qui portent les dates de 1113, de 1132 ou environ, et de 1189. Ces exceptions ne nous embarrassent que médiocrement, et il ne faut voir dans leur fait que l'inscription postérieure de ces actes sur des feuillets restés blancs. Le feuillet 137 spécialement semble avoir été la fin d'un cahier, car D. Fonteneau fait remarquer que le parchemin a été coupé en plusieurs endroits, ce qui a occasionné des lacunes dans le texte. Il y aurait donc lieu de ramener à 1110 la date extrême des pièces portant les n[os] suivants : CCLII, placé par nous vers 1111, CCCI et CCCIV, placés entre 1108 et 1134.

Le relevé qui suit fera connaître la distribution de cette portion du cartulaire basée, pour la plus grande partie, sur un ordre géographique assez rationnel :

Diplômes des empereurs et des rois et bulle de Pascal II, page 75.

Marais salants en Aunis, et viguerie de Bessac, p. 93-110.

Aiffres, Frontenay, Niort, Chauray, p. 111-124.

Sainte-Radegonde, Marsais, p. 125-134.

Melle, Verrines, p. 137.
Damvix, p. 141.
Verrines, Melle, Thorigné, p. 142-161.
Pamprou, Saint-Germier, p. 163.
Vandeleigne, p. 168-169.
Bougon, p. 169.
Serfs et colliberts, p. 170-173.
Marigny près Vivonne, Lusignan, p. 174-177.
Isernay, La Mothe, p. 178-181.
Trémont, Champ-Barzelle, p. 187-188.
Montigné, Tizai, Nanteuil, p. 190-191.
Bonneuil, Bagnault, p. 192-193.
Verruye, p. 194.
Cogulet, Montembeuf, p. 195-199.
Verrines, Champagné, Asnier, p. 200-205.
Montamisé, p. 206-210.
Poitiers, p. 211.
Talant, p. 211.
Saint-Liguaire, p. 211.
Sauves, p. 214.
Droits et domaines à Saint-Maixent et dans la banlieue, p. 214-246.
Marsais, p. 246.
Famille de Lusignan, p. 247. (C'est dans une note de cette pièce, datée de 1069, que D. Fonteneau signale l'absence de dix-huit chartes ; comme il n'y a pas d'interruption dans le foliotage, la mutilation du volume lui est donc antérieure.)
Verruye, Ternant, Mazières, p. 249.
Vouillé, Damvix, p. 249-250.
Domaines à Saint-Maixent, p. 251-252.
Rouvre, Champeaux, p. 254.
Saint-Martin de Lorigné, p. 256.
Mazières, p. 256.
Saint-Maixent, p. 257.
Salles, p. 257.
Veluire, p. 258.
Fouras, p. 258-260.
Banlieue de Saint-Maixent, p. 261-262.
Marsais, p. 263.
Lusignan, p. 264.
Romans, La Garde, p. 265-268.
Fausse charte d'Ebles, p. 269.

Pour la seconde partie du cartulaire, allant de la page 270 à la fin, il est aussi opportun, malgré l'intercalation des quelques pièces que nous avons signalées plus haut, de tenir grand compte de la place qu'occupe un acte dans la série chronologique, et quand la date flotte indéterminée, de la rapprocher autant que possible de celles des autres actes au milieu desquels elle est inscrite ; c'est ainsi que les nos CCLXI et CCCIII, placés entre deux actes de 1111, pourraient être cotés vers 1111. Voici la liste, par ordre chronologique d'autres actes qui se trouvent dans le même cas, et auxquels cette rectification de date pourrait s'appliquer :

Vers 1111, n° CCLXI,	au lieu de : entre 1108 et 1115
» » n° CCCIII,	entre 1108 et 1134
Vers 1114, n° CCC,	entre 1107 et 1137
Vers 1115, n° CCCVIII,	entre 1110 et 1134
Vers 1122, nos CCCII et CCCVI,	entre 1108 et 1134
Vers 1123, n° CCLXXI,	vers 1120
Vers 1142, nos CCCXVII et CCCXVIII,	entre 1135 et 1142
» » n° CCCXXXVIII,	entre 1140 et 1158
Vers 1143, n° CCCXXXI,	entre 1142 et 1149
Vers 1144, n° CCCXXXVII,	vers 1142 à 1154
Vers 1147, n° CCCXLIX,	entre 1143 et 1154.

C'est à la suite de cette observation que l'on a placé à l'année 1147 environ les deux actes, nos CXCV et CXCVI, que D. Fonteneau avait renvoyés à la fin du xie siècle, et qui se trouvent par erreur insérés au milieu d'actes de cette époque, pages 227 et 228 de ce volume.

Quant à la troisième partie du cartulaire, pages 1 à 74, elle a dû être composée vers 1280 ; cette date est déterminée par un acte de 1275 (page 52), et par le relevé des hommages rendus à l'abbé Geoffroy II qui peuvent descendre jusqu'à 1278 (pages 59 à 70). Les nombreux procès que l'abbaye eut à soutenir à cette époque afin de s'opposer aux empiètements du pouvoir royal (V. t. II, p. 114, 116, 124), n'ont sans doute pas été étrangers à cette dernière codification d'actes relatifs, pour la plupart, à la possession de droits féodaux par l'abbaye dans la ville de Saint-Maixent ou dans ses divers domaines et à sa mouvance féodale ; l'acte le plus ancien qu'on y rencontre est de 1076.

Tel est l'ensemble de notre cartulaire. Il ne nous reste plus qu'à faire connaître la nature des actes qu'il contient. Toutefois, nous avons cru devoir comprendre dans le relevé succinct que nous avons dressé et qui suit, non seulement les actes du cartulaire, mais encore ceux que nous avons publiés se référant à la période qu'il embrasse, c'est-à-dire jusqu'en 1147.

Diplômes et actes émanés des empereurs ou rois, nos 1, 2, 3, 4, 5.

Bulles et actes émanés des papes, nos 230, 231, 232, 233, 289.

Actes émanés des comtes de Poitou, nos 11, 14, 17, 20, 27, 37, 61, 74, 81, 86, 87, 88, 91, 93, 108, 116, 121, 139, 145, 185.

Donations de biens de toute nature (c'est, comme toujours, l'acte que l'on rencontre le plus communément dans le cartulaire), nos 12, 15, 16, 19, 20, 21, 22, 24, 25, 28, 29, 30, 31, 35, 36, 38, 42, 44, 45, 46, 49, 50, 51, 52, 54, 57, 58, 60, 61, 63, 64, 66, 67, 68, 70, 72, 73, 74, 75, 76, 78, 80, 81, 82, 90, 93, 100, 106, 107, 108, 109, 116, 119, 120, 121, 125, 126, 132, 133, 136, 142, 143, 155, 159, 161, 162, 181, 185, 190, 198, 200, 202, 204, 205, 206, 208, 210, 212, 213, 214, 216, 217, 218, 221, 223, 228, 234, 236, 246, 248, 259, 260, 261, 262, 263, 272, 276, 288, 305, 306, 308, 313, 315, 321, 322.

Donations avec réserves, nos 32, 43, 47, 53, 65, 69, 71, 79, 99, 137, 141, 186, 242, 243.

Précaire, n° 9.

Mains-fermes ou concessions à vie, nos 17, 27, 34, 37, 48, 55, 77, 84, 85, 89, 94, 101, 105, 131, 174, 227, 251, 301.

Baux à complant, nos 18, 83.

Baux de salines, perpétuels et à vie, nos 14, 39.

Accensements, nos 40, 125, 184, 229, 311.

Ventes, nos 6, 7, 8, 10, 41, 102, 110, 134, 160, 165, 215, 225, 250, 253, 303, 309, 320.

Rétrocessions, nos 127, 157, 167, 168, 173, 183, 189, 195.

Échanges, nos 13, 26, 62, 293.

Constitution de rentes, n° 148.

Dons de serfs, nos 33, 87, 88, 92, 95, 98, 104, 113, 118, 122, 135.

Affranchissements, nos 111, 115.

Dons d'églises, nos 20, 27, 29, 56, 61, 63, 73, 74, 82, 95, 97, 114, 124, 125, 138, 139, 140, 149, 153, 156, 158, 172, 175, 178, 179, 180, 182, 188, 191, 197, 199, 201, 203, 226, 235, 244, 266, 269, 274, 275, 291, 292.

Reconnaissances de vassalité, hommages, n° 124, 177, 211, 241, 267, 268, 280, 281, 284, 285, 295, 298, 299, 312, 323.

Reconnaissances de propriété, n°ˢ 240, 254, 296, 297.

Abandons de fief, n°ˢ 117, 129, 277, 319.

Renonciations à des droits féodaux ou autres, n°ˢ 123, 128, 144, 187, 194, 220, 224, 226, 237, 238, 239, 249, 255, 256, 265, 270, 271, 279, 287, 317, 318, 324, 325.

Difficultés au sujet du droit curial, n° 310.

Constitution de fief, n° 304.

Bail à moitié avec cheptel, n° 273.

Transactions, n°ˢ 264, 278, 293, 307.

Constitution de procuration, n° 257.

Distraction de mouvance paroissiale, n° 247.

Affranchissement de terres, n° 222.

Mariage de serfs, n° 96.

Reconnaissance de servage, n° 166.

Restitutions et abandons d'usurpations, n°ˢ 11, 56, 103, 146, 150, 151, 152, 153, 154, 156, 219, 245, 252, 258, 263, 282, 283, 286, 290, 294, 300, 302, 314, 316.

DES DATES

La besogne la plus ardue de l'éditeur d'un chartrier est sans contredit la détermination exacte de la date des documents qu'il publie. Nous avons assurément apporté tous nos soins à cette opération, et, en résumé, nous sommes arrivé à cette conviction qu'il est impossible d'aboutir à une certitude parfaite ; le grand écueil contre lequel échouent presque tous les efforts est l'ignorance où l'on se trouve de la méthode employée par le rédacteur de la charte pour la dater. Les habitudes variaient de diocèse à diocèse (voire même de couvent à couvent), et tel scribe a pu se conformer à l'usage du lieu où il résidait, tandis que tel autre a pu se servir de celui pratiqué dans le pays dont il était originaire. Comment autrement expliquer les anomalies que l'on relève journellement dans les titres d'un même établissement, et particulièrement la variété que l'on y rencontre dans la détermination du jour où doit commencer l'année ? C'est évidemment aussi aux mêmes causes qu'il faut généralement attribuer le manque de concordance qu'il y a souvent lieu de noter entre l'année de l'Incarnation et le chiffre des indictions, des épactes ou de tout autre système de comput.

En ce qui regarde le commencement de l'année, nous avions pendant longtemps cru, à la suite des recherches de notre regretté prédécesseur, M. Rédet, exposées dans trois notes de ses *Documents pour l'histoire de l'église de Saint-Hilaire de Poitiers* (Mém. de la Soc. des Antiq. de l'Ouest, t. XIV, p. 84, 167 et 214), que l'usage reçu en Poitou était, sauf exception, de commencer l'année au 25 mars. Or, un examen scrupuleux des chartes de notre cartulaire de Saint-Maixent nous permet d'affirmer au contraire que dans ce monastère les scribes avaient, au XIe et au XIIe siècle, conservé l'habitude de faire partir l'année de Noël.

Ainsi la charte n° CXCIX (t. I, p. 231) est datée du 15 janvier 1099 ; si l'on faisait commencer l'année au 25 mars, cette indication devrait se rapporter à l'année 1200 ; mais comme le pape Urbain II est mentionné dans l'acte et qu'il mourut le 29 juillet 1099, il s'ensuit forcément que le commencement de l'année était pour le rédacteur de l'acte antérieur au 15 janvier.

Pour la charte n° CCXLIV (t. I, p. 270), nous contrôlons la date par le chiffre de l'épacte ; elle est datée du mois de mars 1110, épacte XXVIIII ; si ce mois de mars eût appartenu à l'année 1111, il aurait fallu pour chiffre de l'épacte IX au lieu de XXVIII (il y a un chiffre de trop dans le texte de la charte).

Un acte encore plus probant est celui qui porte le n° CCLVI (t. I, p. 287). Il est daté du premier jour de carême (mercredi des cendres), du mois de février de l'an 1114, indiction VII. D'abord le chiffre de l'indiction répond à l'année 1114 ; de plus, cette même année, Pâques tombant le 29 mars, et l'année étant commune, le mercredi des cendres répond au 11 février, toutes notations qui concordent parfaitement. Si au contraire on faisait commencer l'année au 25 mars, le mois de février 1114 répondrait à 1115 ; or, cette année-là, le chiffre de l'indiction était VIII, Pâques tombait le 18 avril et le mercredi des cendres le 3 mars, ce qui est en contradiction formelle avec le texte de l'acte.

Enfin, la Chronique de Saint-Maixent, ou plutôt les annales de l'abbaye qui sont entrées dans sa composition, suivaient aussi l'ancien comput. Ainsi elles disent que l'abbé Adam fut élu le 28 février 1087. Si, pour le rédacteur de ce passage, l'année avait commencé le 25 mars, cette élection n'aurait eu lieu qu'en 1088 ;

or Adam est indiqué comme abbé dans la charte n° CLXV (t. I, p. 198), datée de 1087.

Par contre, un texte du xie siècle, que nous publions d'après l'original (t. I, p. 179, n° CXLIX), a certainement été daté d'après le système qui fait commencer l'année au 25 mars. Cet acte fut passé le 24 février (vi des calendes de mars) de l'an 1080, Anségise étant abbé de Saint-Maixent. Or, selon la Chronique, Anségise ne fut ordonné que le 29 septembre (iii des calendes d'octobre) 1080 ; pour que, le vi des calendes de mars de l'an 1080, il fût en possession de sa dignité, il est de toute nécessité que l'année 1080 se prolonge sur une partie de l'année 1081, et par suite l'acte doit porter la date du 24 février 1081, au lieu de 1080.

De tout ceci il ressort qu'il n'y avait rien de fixe en Poitou pour le commencement de l'année aux xie et xiie siècles, mais qu'à Saint-Maixent la règle la plus commune ne le faisait pas partir du 25 mars. Aussi avons-nous conservé pendant cette période aux actes datés des trois premiers mois de l'année, quand il n'y a pas d'indications contraires, le chiffre même de l'année qu'ils portent.

A partir du xiiie siècle, nous avons changé de méthode. Il est certain que, lors de la réforme du calendrier en 1564, il était depuis longtemps d'usage en Poitou de commencer l'année au 25 mars. Seulement à quelle époque cette règle a-t-elle été généralement adoptée, c'est ce que nous ignorons. Si nous appelons à notre aide les événements historiques qui auraient pu contribuer à amener cette modification à d'anciennes habitudes de chancellerie, habitudes que l'on sait si tenaces, nous n'en voyons pas de plus importants que le passage du Poitou sous la domination des rois de France. Or la conquête de notre province, commencée par Philippe-Auguste en 1204, ne devint définitive qu'après la campagne de 1224.

La chancellerie du roi de France, devenu comte de Poitou, faisait partir de Pâques le commencement de l'année ; il est, par suite, fort croyable qu'elle chercha à implanter cet usage dans les nouvelles possessions de la couronne. Or, dès le lendemain de la conquête, nous rencontrons un acte (t. II. p. 54), qui n'est pas daté d'après l'ancien système. C'est un accord émané de Geoffroy de Burlé, sénéchal du Poitou pour le roi de France, et daté du 6 février 1224 ; évidemment cet acte est postérieur à la campagne de Louis VIII, qui ne se termina que le 3 août 1224 par la prise de la Rochelle, et doit être inscrit à l'année 1225.

Ce que nous ne pouvons savoir, c'est si cette année 1224 se terminait pour notre scribe le 25 mars 1225, jour de l'Annonciation, ou le 30 mars, jour de Pâques ; a-t-il suivi la méthode importée par les conquérants ou le système anglais de commencer l'année au 25 mars, que l'on employait parfois dans la province? Nous l'ignorons ; mais, comme il est évident que ce dernier usage est autrement rationnel que celui qui faisait commencer l'année à Pâques, date sans fixité, dont le principal inconvénient était de rendre toutes les années d'une longueur inégale, il est possible que les cours poitevines aient adopté de préférence ce moyen terme entre leur ancien comput et le nouveau qui leur arrivait, et qui avait pour lui l'avantage d'une pratique antérieure, quelque irrégulière qu'elle ait été jusqu'alors. Toujours est-il qu'aucun acte authentique ne venant nous dire à quel moment précis il fallait faire commencer la nouvelle manière de compter et que, d'autre part, il n'était pas possible de conserver l'ancienne jusqu'à l'édit de Charles IX, nous nous sommes arrêté à cette date de 1224, à partir de laquelle nous avons mis au 25 mars le commencement de l'année.

Nous ne nous dissimulons nullement ce que cette généralisation a d'arbitraire ; en effet, si aucune charte de l'abbaye de Saint-Maixent ne vient la démentir, on trouve dans d'autres pièces poitevines que l'usage de commencer l'année à Noël n'avait pas été absolument abandonné, à tout le moins pendant le XIIIe siècle. Ainsi, dans le cartulaire de l'évêché de Poitiers (*Arch. historiques du Poitou*, t. X, p. 39 et 40), on trouve au 7 novembre 1260 un acte confirmatif d'un précédent, qui est daté du 6 février de la même année 1260 ; si le rédacteur du second acte avait fait partir du 25 mars le commencement de l'année, il faudrait placer le premier acte au 26 février 1261, c'est-à-dire après celui qu'il vient confirmer, ce qui est de toute impossibilité. De même, à moins de rejeter l'acte lui-même, il faut regarder comme vraie la notation d'une charte du cartulaire de l'abbaye des Châteliers (*Mém. de la Soc. de Statistique des Deux-Sèvres*, 1867, p. 117), datée du dimanche des Rameaux 1290, au mois de mars. Or, cette année 1290, Pâques tomba le 2 avril, et par suite le dimanche des Rameaux, le 26 mars, indications qui concordent parfaitement avec celles de l'acte, tandis que si l'on veut commencer l'année, soit à Pâques, comme dans le système français, soit au 25 mars, comme dans le système poitevin ou anglais, et reporter notre charte à l'année 1291, on trouve que cette année la fête de Pâques n'étant arrivée que le 22 avril, celle des Rameaux est forcément du 15 du même mois, et l'on se trouve en désaccord avec le texte de la charte, qui dit qu'elle fut rédigée le dimanche des Rameaux, au mois de mars [1].

La plus grande partie des pièces que nous avons recueillies sont datées; néanmoins, sur 614, il s'en rencontre plus du tiers pour lesquelles nous avons dû appeler à notre aide divers synchronismes, tirés de la présence dans les actes de noms de papes, de rois, d'évêques, d'abbés, de dignitaires ecclésiastiques, ou même de simples témoins. Ces dernières mentions sont, sans contredit, celles dont la détermination laisse le plus de prise au vague ; néanmoins, sauf dans un petit nombre de cas, nous avons pu renfermer tous nos actes dans des dates extrêmes. Il nous a paru inutile de faire étalage d'érudition, en renvoyant à nos auteurs, quand il s'agissait de papes, de rois, de comtes ou d'évêques dont on possède des listes imprimées, à moins que leur chronologie ne fût contestée ; pour ce qui est des abbés, des dignitaires de l'abbaye ou des archiprêtres de Saint-Maixent, on peut recourir aux listes données ci-après ; nous n'avons donc eu à donner de références que pour les noms des témoins servant de base pour les dates, ce que nous avons fait brièvement en note.

Quatre formules principales, se succédant normalement, sans presque chevaucher l'une sur l'autre, ont été employées dans l'énonciation des dates. Ce sont :

1° L'an du règne de l'empereur ou du roi, de 815 à 992, et un acte isolé de 1200 ;

2° L'an de l'Incarnation du Seigneur, *anno ab Incarnatione Domini*, de 1029 à 1210. On trouve encore ces variantes : *anno Incarnationis Domini*, en 1047 ; *anno Incarnatione Christi*, en 1064 ; *anno Incarnationis dominice*, en 1071, 1093, 1097, 1108, 1113, et l'an du Verbe incarné, *anno incarnati Verbi*, en 1197. Ces formules se retrouvent encore dans quelques actes isolés :

---

1. Peut-être en a-t-il été du Poitou comme du Limousin ? Ces lignes étaient écrites lorsque nous avons reçu l'intéressante étude de notre excellent confrère, M. Guibert, sur le commencement de l'année dans cette dernière province (Tulle, 1886). Il y établit, par une pièce authentique (v. p. 44), que le commencement légal de l'année, qui avait lieu dans cette province le jour de Pâques, fut fixé au 25 mars par une décision émanée de Pierre Faure, chancelier du Limousin, laquelle commença à avoir son effet à partir du 25 mars 1301. Cette mesure fut-elle isolée, ou plutôt ne fut-elle pas prise en commun par les garde-scels de la région ? Nous l'ignorons encore, mais ce qui nous semble certain, c'est qu'à partir de l'an 1300 nous ne rencontrons plus en Poitou d'actes auxquels on puisse appliquer la méthode de commencer l'année au 25 décembre ou au 1er janvier.

la première en 1244, 1249, 1261, et la quatrième en 1372, 1434 et 1470 ;

3° L'an de grâce, *anno gratie*, de 1217 à 1239. On retrouve cette formule dans des actes de 1333, 1360, 1411, 1440, 1450 et 1482 ;

4° L'an du Seigneur, *anno Domini*, de 1230 à 1442, avec un acte antérieur, daté de 1084, *annis Domini* ;

5° La simple mention de l'année, de 1449 au XVIIe siècle. Quelques actes antérieurs à la première de ces dates ne portent pas d'autre indication, peut-être, pour les plus anciens, par suite d'un oubli du scribe, à savoir : 1041, 1109, 1131. On pourrait peut-être faire remonter le commencement de cet usage au milieu du XIVe siècle, concurremment avec celui qui datait de l'an du Seigneur, car nous avons à relever pour cette forme des actes de 1363, 1364, 1365, 1366, 1381, 1407, 1410, 1417, 1427.

Deux autres formules ont été aussi accidentellement employées :

1° L'an de la Passion du Seigneur, *anno à Passione Domini*, dans deux pièces de 1078 et 1133 ;

2° L'an de l'Ascension, *anno Ascensionis Dominice*, dans trois pièces de 1105 et de 1107.

Mais, ainsi que l'on peut l'établir par divers synchronismes, les noms de la Passion et de l'Ascension ont été simplement mis à la place de celui de l'Incarnation.

Nous arrêtons par ces quelques relevés nos études sur le cartulaire et les chartes de l'abbaye de Saint-Maixent ; les pousser plus loin serait sortir du cadre imposé à des publications de cette nature par le règlement de la Société des Archives du Poitou. Nous n'avons pas cru y déroger, en ajoutant comme complément un court historique de l'abbaye, suivi de la liste des abbés, des titulaires des offices claustraux et des archiprêtres de Saint-Maixent, dont la détermination est si précieuse pour comprendre et surtout pour dater les textes.

HISTORIQUE DE L'ABBAYE.

Dans le courant du V⁰ siècle, un prêtre, du nom d'Agapit, vint avec quelques compagnons s'établir sur les bords de la Sèvre, au point même où la rivière, au sortir des vastes marais que l'industrie des moines a changés en prairies fertiles, abandonne brusquement son cours vers le nord pour se diriger à l'ouest. Au pied de la colline, dans un site admirablement choisi, bordé par une forêt portant le nom de la Sèvre qui la côtoyait, et non loin de la voie romaine de Rom à Nantes qui passait de l'autre côté de la vallée, Agapit construisit un oratoire qu'il dédia à saint Saturnin, évêque de Toulouse. Cet édifice, devenu plus tard église paroissiale de la ville de Saint-Maixent, n'a disparu qu'au commencement de ce siècle.

Vers l'an 480, un jeune homme, originaire d'Agde, vint se mettre sous les ordres d'Agapit. Afin de bien marquer son renoncement au monde, il abandonna son nom d'Adjutor, pour prendre celui de Maixent. Des vertus rares, même dans la vie religieuse, ne tardèrent pas à le faire distinguer au milieu de ses compagnons ; Agapit lui-même reconnut les mérites de son disciple, et lui abandonna la direction de la jeune communauté. Maixent était encore à sa tête, lorsqu'en 507, pendant les préliminaires de la bataille de Vouillé, à la suite d'un fait miraculeux, il reçut la visite de Clovis.

Le roi franc fut le premier bienfaiteur du monastère ; il lui fit don de grands biens, dont un nous est connu, celui de Milan, et après la mort de Maixent, dont la vénération populaire avait fait un saint, même de son vivant, l'œuvre d'Agapit avait acquis une importance qui ne cessa de s'accroître pendant les siècles qui suivirent.

La renommée de saint Maixent, portée au loin par les soldats de Clovis, attira à son tombeau une multitude énorme de pèlerins ; les dons y affluèrent, et le monastère qui le conservait devint, après Saint-Hilaire de Poitiers, le plus important du diocèse. De ce jour aussi il changea de nom : celui de Saint-Saturnin fut abandonné, et il ne fut plus connu que sous celui de Saint-Maixent. On ne sait comment on désignait le lieu où Agapit s'était primitivement installé ; peut-être était-il innommé ? Une tradition, qui semble avoir pris naissance au XII⁰ siècle, l'appelle Vauclair ; mais ce nom n'est qu'une traduction par à peu près de celui de *Vocladum*, emplacement de la bataille de 507, et qu'une lecture hâtive du texte de Grégoire de Tours a pu faire prendre pour la résidence du saint abbé.

Un nouvel élément de richesse échut à l'abbaye dans le courant du VIIe siècle. Elle devint la dépositaire des cendres de saint Léger, le célèbre évêque d'Autun, qu'elle avait eu pendant quelques années à sa tête comme abbé ; une nouvelle église, accompagnée d'une crypte dont quelques parties anciennes subsistent encore, s'éleva pour recevoir ces restes. Le récit enthousiaste de la translation du corps de l'évêque, de Sarcing, lieu de son martyre, à Saint-Maixent, suffit pour nous faire entrevoir l'influence de cet événement sur les destinées de l'abbaye.

Elle était considérée sous Charlemagne comme une des plus puissantes de l'empire franc, et son domaine compta plus de mille mans ou lieux habités, nous dit une des chartes de notre cartulaire. Mais cette richesse, en excitant de nombreuses convoitises, fut un danger pour elle. Avant saint Léger, aussi bien qu'après, les évêques d'abord, puis les rois, mirent la main sur l'abbaye, et ces derniers constituèrent avec ses biens des bénéfices pour leurs fidèles. Il fallut toute la dévotion de Louis le Débonnaire et de son fils Pépin pour la relever de l'état d'abaissement où elle était alors tombée.

Ces princes lui donnèrent en même temps, ou lui renouvelèrent, des chartes d'immunités, ces précieux privilèges qui attribuaient aux établissements ainsi favorisés presque tous les droits régaliens.

Mais arrivèrent les invasions normandes. Saint-Maixent subit le sort commun ; il perdit même les corps de ses saints patrons. Celui de saint Maixent fut transporté en Bretagne, puis en Bourgogne, et ne rentra dans l'abbaye qu'en 924 ; saint Léger fut porté en Limousin, puis en Auvergne, et la plus grande partie de ses ossements resta à Ebreuil ; au XIe siècle, l'abbaye n'en possédait que neuf onces.

Le retour de ces précieuses reliques fut le signal d'un nouveau réveil du monastère ; les donations furent nombreuses pendant les IXe, X^e et XIe siècles, donations souvent précaires, presque aussitôt retirées ou annihilées que concédées, et rien ne peut mieux faire juger de l'instabilité des choses de cette époque que la lecture de ces actes variés et le récit des luttes qui s'engagèrent pour leur exécution. On en vient même, au milieu de ce chassé-croisé d'actes, à se demander si nos établissements religieux ont bien toujours pris possession des biens qui leur étaient abandonnés : tel est le cas pour l'église de Saint-Gildas, que Saint-Maixent reçut en don en 1040, et qui ne peut être située qu'en Bretagne, où l'abbaye n'a jamais revendiqué le moindre domaine.

Du reste, ce ne furent pas seulement ses biens qui tentèrent la cupidité ; elle-même fut l'objet d'ardentes compétitions. Sous le nom d'avoués, les vicomtes de Thouars semblent avoir, au IXe siècle, mis la main sur elle ; les comtes de Poitou les remplacèrent au Xe, et le frère de l'un d'eux, Ebles, évêque de Limoges, la détint pendant au moins vingt-huit ans. Un abbé régulier gouvernait en même temps les moines, et nous tenons à noter cette singularité, qui reparaît plus accentuée au XVIe siècle, de voir deux personnes en même temps à la tête de l'abbaye.

Cette dualité eut pour conséquence la création d'un nouveau monastère, issu de celui de Saint-Maixent, Saint-Liguaire, et ce n'est que lorsque ce dernier fut parvenu à se rendre à peu près indépendant que prit fin ce régime anormal.

Pendant cette époque troublée, l'abbaye faillit même perdre son nom. Il semble qu'Ebles, en la relevant de ses ruines, la transporta entre les églises de Saint-Léger et de Saint Saturnin, au lieu où elle a toujours subsisté depuis ; il engloba dans ses constructions l'emplacement de la cellule où avait vécu saint Maixent, l'entoura d'une muraille fortifiée et édifia une nouvelle basilique sous le nom de Saint-Sauveur ; ce serait aujourd'hui notre grande église. Il prend en 950 le titre d'abbé de la basilique de Saint-Sauveur ; mais ce nom ne prévalut pas : pendant quelque temps encore il resta accolé à celui des deux anciens patrons de l'abbaye, et finit par disparaître dans le courant du XIe siècle.

Pendant les dernières années de ce même siècle, de vigoureux efforts furent tentés par les établissements religieux pour se soustraire au joug que faisaient peser sur eux les pouvoirs séculiers, et faire disparaître cette instabilité qui était le propre des siècles précédents ; ils se tournèrent vers les papes, la puissance la plus incontestée de l'époque, à qui ils demandèrent de leur garantir leurs possessions en mettant celles-ci sous la protection directe de l'Église ; de là de nombreuses bulles, véritables polyptiques de nos abbayes, ayant en outre plus ou moins le caractère de sauvegardes : celle du pape Pascal II en faveur de Saint-Maixent est de l'an 1110. Cinquante-cinq églises, neuf grands domaines, quatre salines et une forêt, sans compter le monastère de Saint-Saturnin, sont énumérés dans cet acte, dont il ne faut toutefois accepter les énonciations qu'avec une certaine réserve, car, s'il contient principalement la liste des établissements dépendants alors de l'abbaye, il relève encore ceux qui lui avaient appartenu à un temps donné et dont les noms avaient été recueillis dans son chartrier.

Non seulement l'abbaye de Saint-Maixent était au premier rang par l'étendue de ses domaines privés, mais elle l'était aussi et à un degré supérieur par l'importance de sa mouvance féodale ; c'était un des plus puissants barons du Poitou, et Philippe-Auguste fit un acte de haute politique en la déclarant, par l'acte de juin 1204, pour toujours unie à la couronne de France. Les successeurs de ce prince se conformèrent à sa ligne de conduite, de telle sorte que lorsque le comté de Poitou était donné en apanage, c'est-à-dire sortait de la puissance directe du roi, l'abbaye de Saint-Maixent et ses domaines n'appartenaient plus au Poitou, mais étaient directement rattachés au royaume de France. C'est ce qui explique que l'appel de sa juridiction fut porté à diverses époques devant les juges royaux de Loudun, de Chinon et autres.

Son ressort féodal s'étendait au moins sur cinquante paroisses, et vassale à ce titre du comte de Poitou, elle lui devait le service militaire de cinquante sergents de pied pendant quarante jours entre la Loire et la Dordogne.

Le chartrier de l'abbaye est muet sur la constitution de cette puissance seigneuriale, dont les débuts se dérobent dans l'obscurité qui enveloppe l'origine du régime féodal. Toutefois certains indices, et particulièrement l'identification du domaine abbatial de Milon avec la châtellenie de Salbart, fief des seigneurs de Parthenay, dont ils rendaient hommage à l'abbaye de Saint-Maixent, tendent à nous faire admettre que le domaine seigneurial de cette dernière n'a été qu'une transformation de son domaine privé. Il se compose de biens possédés primitivement par elle, puis perdus, qui lui sont restés attachés par le lien féodal, et celui-ci doit sa création aux chartes d'immunités des rois d'Aquitaine qui concédaient à l'abbaye sur son domaine privé des droits régaliens, c'est-à-dire seigneuriaux. Des empiètements successifs, volontaires ou bien forcés, détachèrent de ce domaine des parcelles dont les revenus passèrent entre les mains des envahisseurs. Mais ces derniers avaient intérêt à continuer de profiter des privilèges dont jouissait l'abbaye, et dans ce but ils se maintinrent sous sa domination, qui leur faisait une situation plus indépendante et plus douce que s'ils avaient été soumis aux agents du comte ou du roi.

Le domaine féodal de l'abbaye est donc la représentation de son domaine privé antérieurement au xe siècle. Celui-ci, déjà entamé sous les prédécesseurs de Charlemagne, fut pour une large part usurpé, pendant les périodes troublées du ixe et du xe siècle, par les ancêtres de ces personnages qu'au commencement du xie siècle on voit surgir tout-puissants. Les Lusignan à l'ouest, les Parthenay au nord, semblent avoir joué le principal rôle dans ces agissements ; les Rochefort, les Chabot et autres ne sont venus que plus tard, et les derniers obtinrent peut-être directement des abbés des concessions précaires qui, selon les usages du temps, devinrent rapidement définitives.

La puissance de l'abbaye, qui avait atteint son apogée au commencement du xiie siècle, reçut une profonde atteinte par le passage du Poitou dans la main des rois de France. Ceux-ci se portèrent ses protecteurs, mais en même temps ils se firent payer les avantages qu'elle put retirer de sa soumission directe à leur pouvoir. Ils commencèrent d'abord par construire sur sa terre, dans la ville même de Saint-Maixent, une forteresse destinée à la tenir en bride, et surtout ses turbulents vassaux ; puis, quand la victoire de Taillebourg eut mis les Lusignan à la merci de saint Louis, ou plutôt de son frère Alphonse, celui-ci eut soin d'enfoncer le coin plus avant dans ce pays, qui avait toujours regardé ces puissants seigneurs comme ses véritables maîtres. Dans ce but, au château de Saint-Maixent il constitua un vaste domaine féodal, uniquement composé de fiefs confisqués sur les Lusignan et leurs principaux adhérents, ou détachés de leur mouvance. Mais ces vassaux directs des Lusignan étaient des arrière-feudataires de l'abbaye, qui dut renoncer sur eux à toute prééminence, et se contenter, en échange de ses droits féodaux et de justice, d'une compensation pécuniaire, le comte de Poitou n'ayant pas voulu, pour sa châtellenie de Saint-Maixent, se reconnaître dépendant de sa vassale.

Cette distraction de fiefs ne se fit point au hasard ; celui qui y présida eut soin de choisir, parmi les domaines des seigneurs révoltés, des points distants les uns des autres, épars sur toute l'étendue du ressort de l'abbaye, si bien que, par suite de l'enchevêtrement qui en résulta, le roi ou le comte de Poitou se trouva devenir le principal suzerain des paroisses où elle comptait des vassaux. C'est ainsi que les seigneuries d'Aubigny et Faye, qui ne formaient qu'un tout conjoint dans les mêmes mains, situation qui se perpétua jusqu'à la fin de l'ancien régime, furent séparées féodalement : Aubigny resta à l'abbaye, Faye, avec ses cinquante-trois arrière-fiefs, passa à la baronnie royale ; il en fut de même pour la Mothe-Saint-Héraye : la Mothe, c'est-à-dire le château, vint au roi, Saint-Héraye, c'est-à-dire l'église, resta à l'abbaye.

Du reste, à partir de cette époque, cette dernière, gênée dans son expansion, ne reçut que peu d'accroissement, même au point de vue domanial : les donations se font rares et disparaissent même totalement à la fin du siècle ; on ne rencontre plus dès lors que quelques fondations spéciales, particulièrement de chapellenies, ayant pour objet des services funéraires, et cela même dans des proportions bien moindres que pour les autres établissements religieux.

Vinrent ensuite les guerres du XIVe et du XVe siècle, au milieu desquelles surgit une nouvelle cause d'affaiblissement pour notre abbaye.

Les papes d'Avignon avaient inauguré un système déplorable, celui d'enlever aux monastères le pouvoir d'élire leurs chefs, privilège qui avait été la règle constante de l'Ordre de Saint-Benoît, dont faisait partie l'abbaye de Saint-Maixent. Ils s'arrogèrent aussi le droit de disposer des abbayes comme des biens patrimoniaux de l'Église, en faveur quelquefois d'hommes de mérite, mais le plus souvent de solliciteurs acharnés, au milieu desquels les cardinaux se distinguèrent particulièrement. D. Le Michel, qui rencontrait ceux-ci partout si âpres à la curée, les caractérise énergiquement de « Corbeaux rouges » (f° 294).

Les rois de France cherchèrent à s'opposer aux agissements des papes, mais en se mettant simplement à leur place ; aussi n'est-il pas rare de rencontrer à cette époque deux ou trois titulaires se disputant notre abbaye ; de là de nombreux procès. Pour subvenir aux frais qu'ils occasionnaient, les compétiteurs empruntaient sur les biens du monastère, qu'ils hypothéquaient, aliénaient ses droits contre argent comptant, laissaient les prieurés se détacher de plus en plus du tronc principal. C'est alors que, profitant de cette situation, les agents du comte d'une part, les bourgeois de Saint-Maixent de l'autre, arrivèrent, dans la première moitié du XVe siècle, à faire disparaître presque totalement la suprématie de l'abbaye sur la ville.

Jusqu'à la fin de ce siècle, la lutte se poursuit entre les abbés réguliers et les commendataires ; mais ces derniers parvinrent à l'emporter, et de 1499 à 1789, l'abbaye ne cessa d'en compter à sa tête : le dernier abbé élu fut Jean Rousseau, en 1484.

Le calme relatif que le triomphe de ce principe devait amener ne fut pas de longue durée ; d'autres abus, et bien plus graves encore, désolaient l'Église ; des esprits sages en demandaient la suppression ; mais ils avaient à lutter contre de si puissants intérêts que leur voix ne fut pas écoutée, si bien que lorsque la Révolution religieuse de XVIe siècle, qui ne se présenta d'abord que comme la réalisation d'aspirations de réformes presque générales, vint à éclater, elle ne trouva que des prosélytes dans la plupart des lieux où il semble qu'elle eût dû rencontrer ses plus redoutables adversaires, c'est-à-dire dans les cloîtres.

Les abbayes furent bouleversées dans leurs membres avant de l'être dans leurs édifices : Saint-Maixent n'échappa pas à la règle générale et fut fortement éprouvé ; une famille, celle de Saint-Gelais, joua à cette époque un rôle prépondérant dans ses destinées. Les trois abbés commendataires de ce nom qui se succédèrent à sa tête et la gouvernèrent de 1512 à 1574, la considérèrent comme leur propre bien, et disposèrent à leur fantaisie de ses domaines et de ses bénéfices ; Jean de Saint-Gelais songea même à la faire séculariser et à la convertir en un chapitre de chanoines, pourvus de prébendes, constituées avec les biens de toute nature qui pouvaient leur compéter, la plus grosse part revenant naturellement à l'abbé. Ce projet n'échoua que devant l'opposition des prieurs ruraux qui, privés par lui du droit de résigner leurs bénéfices, se refusèrent à lui donner leur assentiment. Ce droit de résignation était un des abus qui désolaient l'Église, et il est singulier de constater que c'est à lui seul que l'abbaye de Saint-Maixent dut sa conservation [1].

Déçu de ce côté, Jean de Saint-Gelais chercha un autre expédient pour tirer avantage de sa situation au mieux de ses intérêts et surtout de sa famille ; avec l'approbation des rois de France, le domaine abbatial, ou plutôt ses revenus, constituèrent la dot des nièces de l'abbé. Ce nouvel abus étant admis, des compétitions se firent jour pour en profiter ; et les rois profitèrent des occasions qui se présentèrent pour faire avec ce beau gâteau des générosités à leurs favoris ; comme les Carolingiens, ils donnèrent l'abbaye à des laïques, et même ils allèrent plus loin qu'eux, en en

---

1. Voy. D. Le Michel, fo 295, et D. Liabeuf, *Livre des antiquités*, ch. 24.

gratifiant des hérétiques, comme l'étaient MM. de Monglat, de Sully et de Rohan.

Au milieu de ces misères, que devenait l'œuvre d'Agapit et de ses successeurs ? Il est facile de le penser. La grande église détruite par les soldats de Puyviault en 1568, les bâtiments claustraux en partie démolis par les possesseurs de l'abbaye pour restaurer et augmenter leur château abbatial de Lort-Poitiers, dont le nom au XVIIe siècle fut souvent pris pour désigner l'abbaye de Saint-Maixent, la vie religieuse à peu près absente, car il n'y avait plus guère, en fait de religieux, que les titulaires des offices claustraux qui, pourvus de revenus particuliers, demeuraient dans les dépendances de leurs bénéfices, tel était le misérable état de l'abbaye de Saint-Maixent, lorsque la congrégation de Saint-Maur, qui venait de naître d'une des plus importantes réformes qu'ait subies l'Ordre de Saint-Benoît, jeta les yeux sur elle, et aidée par une foule de circonstances, dont on trouvera le récit dans le *Journal des choses mémorables de l'abbaye*, parvint à se l'agréger. La Congrégation mit successivement la main sur les revenus de la mense chapitrale, sur ceux des offices claustraux et du prieuré d'Azay ; tout le reste avait peu à peu acquis une existence indépendante. Un concordat signé avec l'abbé le 27 décembre 1623 avait confirmé la distinction établie entre les biens de l'abbé et ceux du couvent, et réglé les charges incombant à l'une et à l'autre des parties ; c'est sous ce régime que l'abbaye vécut pendant un siècle et demi, jusqu'à sa suppression.

Une fois le domaine reconstitué, les religieux de Saint-Maur se préoccupèrent de relever les bâtiments, dans lesquels ils s'étaient logés tant bien que mal ; ils y travaillèrent pendant trente ans, et enfin le 21 mai 1670 fut posée la première pierre de l'église de l'abbaye ; leur œuvre a survécu à la Révolution et existe encore presque intacte. Saint-Maixent, à la fin du XVIIe siècle et au commencement du XVIIIe, fut un collège d'enseignement supérieur pour la Congrégation ; on y faisait des cours de théologie et de philosophie pour les jeunes profès de l'Ordre ; des thèses, dont la première fut soutenue le 2 avril 1671, terminaient les exercices, auxquels des laïques furent autorisés à assister pour la philosophie.

Trois religieux principalement, D. Devallée, D. Liabeuf, D. Chazal, prirent part au mouvement historique que Mabillon et ses adeptes avaient imprimé à la Congrégation de Saint-Maur ;

mais l'influence délétère du xviiie siècle et de ses doctrines philosophiques pénétra à son tour dans cette demeure, qui pendant un siècle avait pu s'intituler l'asile de la foi et de la science ; le nombre des vocations diminua sensiblement, et quand arriva l'heure du départ, le 24 janvier 1791, l'abbaye ne comptait plus que treize religieux, dont un seul déclara vouloir continuer la vie commune ; quant aux bâtiments, ils devinrent le siège de l'évêché constitutionnel des Deux-Sèvres.

DOMAINE DE L'ABBAYE.

Après avoir, dans les pages précédentes, jeté un coup d'œil sur les destinées de l'abbaye de Saint-Maixent pendant les quatorze siècles de son existence, il nous paraît opportun de compléter ces notions générales et de fournir quelques détails sur l'importance de son ressort féodal, sur l'étendue de ses possessions, tant au point de vue domanial que religieux.

Nous avons vu qu'à la suite de la révolte de 1242, le comte de Poitou constitua au château de Saint-Maixent un domaine féodal avec les fiefs enlevés aux Lusignan et à leurs adhérents, et qu'il détacha de la mouvance de l'abbaye ; ils sont pour la plupart indiqués dans le livre des fiefs d'Alphonse de Poitou, que M. A. Bardonnet a publié sous ce titre : *Hommages d'Alphonse, comte de Poitou, frère de saint Louis, état du domaine royal en Poitou, 1260*, Niort, 1872, p. 59 à 76. Il existe en outre deux grands recueils des aveux des fiefs de la châtellenie de Saint-Maixent, l'un qui fait partie du Grand Gauthier du comté de Poitou (Arch. de la Vienne, C 317, f°s 126 à 165), et contient des actes de 1361 à 1422, et l'autre, qui forme un volume spécial des Archives Nationales (P^1 593), et est une sorte de chartrier de la châtellenie, constitué avec les aveux qui lui ont été rendus de 1482 à 1485.

Nous ne possédons malheureusement pas de recueils semblables pour le domaine de l'abbaye ; mais les aveux rendus au comte de Poitou ou au roi par les abbés de Saint-Maixent, et particulièrement celui du 15 décembre 1363, que nous publions (ch. n° 513), nous donnent la liste de tous les fiefs qui relevaient directement de l'abbaye. En combinant cette énumération avec celle que nous tirons des recueils cités plus haut afférents à la châtellenie royale de Saint-Maixent, on arrive à reconstituer à peu près le ressort féodal de l'abbaye avant les empiètements des comtes de Poitou. Ce relevé porte sur 234 fiefs, répartis sur 89 paroisses; nous en donnons ci-après la liste, en ayant soin de placer à la suite du nom de chaque fief soit la lettre A, soit la lettre C, pour indiquer qu'il dépend ou de l'abbaye, ou de la châtellenie.

A cette énumération nous joignons une carte sur laquelle sont portées les paroisses où se trouvaient ces fiefs, ceux d'entre eux qui jouissaient du titre de châtellenie et les prieurés qui dans cette région dépendaient de l'abbaye. En outre, comme le ressort de la châtellenie royale de Saint-Maixent, devenue plus tard sénéchaussée, a été constitué sur partie de ce domaine féodal, et qu'en 1789 il recevait les appels de la baronnie de l'abbaye et des seigneuries qui en relevaient, nous avons cru devoir en indiquer les limites sur notre carte par un pointillé. A cette dernière date, ne plaidaient plus directement à l'abbaye que les paroisses de Saint-Martin de Saint-Maixent, d'Azay, de Souvigné, d'Ardin et de Faye-sur-Ardin, et par appel les châtellenies de Bois-Pouvreau, Salles, Pamprou, Cherveux, Verrines, Villiers-en-Plaine, Vouillé-les-Marais, Damvix et Marsais.

Liste, par paroisses, des fiefs relevant directement, soit de l'abbaye, soit de la châtellenie de Saint-Maixent.

AIGONNAY.

Le Breuil, C.
La Couture, C.
Goize, C.
La Pinelière, C.
La Touche, C.
Villeneuve, C.

AUGÉ.

Augé, baronnie, C.
Courleu, C.
La Folie, C.
Le Patrouillet, C.
Peument, A.
Puyfremond, C.

AZAY.

Cerzeau, A.
Chamier, A.
— A.
Fonvérines, A.
Le Fonteniou à Fonvérines, A.
La Jalonnière, id. A.
Launay, A.
La ligence d'Azay, A.
Le Moine-Mort, A.
Monfreteau, A.
Mons, A.
Prévôté d'Azay, A.
Rentes sur la prévôté, A.
Ricou, A.

Le moulin de Ricou, A.
Vingt-Quatre sommes de vendange sur les nouvelles vignes de Vilaine, A.
Vilaine, A.

BEAUSSAIS.

Beaussais, châtellenie, C.
Beaussais, vignes, C.
Champ Saint-Paul, C.
Fontbelle, C.
La Largière, C.
Vilermat, C.

BRELOU ET SAINT-CARLAIS.

Le Chesne à Boisragon, C.
L'hôtel de J. Frondebœuf, id., C.
L'hôtel d'Antoine Maintrole, id., C.
L'Olivier, id., C.
Drahé et le Guet, C.
Le fief Hélies, C.
L'Isle, C.
Les moulins du Pont de Vaux, C.
Lavau à Ruffigné, C.
Les Venderées, id., C.

CELLES.

Terres à Viré, A.

CHAMPEAUX.

Le Chiron Morant, A.

CHANTECORPS.

Les sept borderies de la Courolle, la Boutaudière, le Fraigne, le Vernou, la Proutière, la borderie des Pouvreaux, les Lizières, C.

LA CHAPELLE-BATON.

Maillé, C.
Le Plantis, C.

CHAURAY.

Le Bourgneuf à la Roche, C.
La Roche-Malemonde, C.
Trevin, A.

CHAVAGNÉ.

Bougoin, châtellenie, C.

CHERVEUX.

Cherveux, châtellenie, A.
Fief dans le bourg de Cherveux, A.
Hébergement, id., A.
Civray et Villeneuve de Fousse-Aigue, C.
Jaulnay, C.

CLAVÉ.

Clavé et l'Épinaie, C.
Portion de la dîmerie des Guerruces, C.
La Monjoie, C.
La quarte partie de la Saisine, C.

COUHÉ.

Couhé, châtellenie, A.

DAMVIX.

Prévôté de Damvix, A.

ÉCHIRÉ.

Le Coudrai-Salbart, châtellenie, A.

EXIREUIL.

Aubigny, châtellenie, A.
Portion de la dîmerie des Guerruces, C.
La Métairie et Frèdefont, C.

EXOUDUN.

La Croix, C.

FONPERRON.

Boisferrant, C.

FRANÇOIS.

Le Breuil-Galleri, C.
Les terres de Faugeré près le Breuil, C.

FRESSINES.

Dîmerie de Fressines, C.

GOUX.

Aiglemier, C.
La Berlière, C.
La Bosse, C.
Faugeré, A.

MARSAIS.

Le Bourgneuf, A.
Brignon, A.
Fief au Chevalier, A.
— Bertrand, A.
— de Jean Virole, A.
— de P. Maynard, A.
— de Jean Vérinea, A.
La Cruelière, A.
Lesvodière, A.
Poitreau, A.

MAZIÈRES EN GATINE.

Loucherie, A.

MELLE.

Maison dans la ville, A.

MENIGOUTE.

Le Bois-Pouvreau, châtellenie, A.

MONTIGNÉ.

Le pré Augier près la Forge, C.
Les Cartières de Mongey, A.
Le Puy Manguereau, A.

LA MOTHE-SAINT-HÉRAYE.

La Mothe, châtellenie, C.
Saint-Héraye, châtellenie, A.
Sergenterie du Fouilloux, A.
— de Payré, A.

MOUGON.

Fief de Fougeré, A.
Hôtel vers Montaillon, C.

NANTEUIL.

Faye, châtellenie, C.
Faye-Mouranderie, C.
La Frapinière, A.
Portion de la dîmerie des Guerruces, C.
Pièce de terre des Montalembert, C.

PAMPROU (Saint-Maixent et Saint-Martin de)

Coureau, C.
La Liborlière, A.
Les Môts, A.
L'Ouche au Challes, A.
Dîmes de Pamprou et de Saint-Germier, A.
Sergenterie, id., A.
Grange terragée de Pamprou, A.
Vignes du prieur de Pamprou, A.
La Quantinière, A.

PARTHENAY.

Les Prés, A.

PAYRÉ.

Moulin de Payré sur la Dive, A.

PRAILLES.

Argentières, C.
Deux dîmeries à Maisoncelles, C.
Fontgrive, A.

ROMANS.

Airip, A.
La Guigneraie, A
Les Linaults, C.
Miauray, C.

Les Moutonniers, A.
Baillie de Romans, A.
Romefort, A.
Le Vieux-Romans, A.

SAINT-CHRISTOPHE-SUR-ROC.

Chazay, C.
Dîmerie de Flé et Laleu, C.

SAINT-EANNE.

Baillie d'Aen avec Rigaudan, A.
Fief de Saint-Eanne, A.
Portion de la dîmerie des Guerruces, C.
Mauvoisin, C.

SAINT-GELAIS.

Bourbias, C.
Luc, C.
Les Portes à Querray, C.
Querray, C.
Saint-Gelais, châtellenie, C.
L'hôtel des Renardières à Saint-Gelais, C.

SAINT-GEORGES DE NOISNÉ.

Le bois de Connay et la Braconnière, C.
Danzay, C.
Les Ratiers, C.
La Touche-Poupart, C.

SAINT-MAIXENT (Saint-Léger et Saint-Saturnin de).

Aumônerie de l'abbaye, A.
L'Enjaugerie, C.
Fief de G. Verdier, A.
— de Th. Filandre, A.
— Goyon, C.
— de la Perrière-Maillochau, C.
— Saint-Loup et le pré du Grouzon, C.
— de Valence, C.

Le Four des pierres, C.
L'Houmelière, A.
La Maintrolière, C.
Le Martreuil, A.
Le péage de la porte Châlons, A.
— de la Croix, A.
Le bailliage de la prévôté de l'abbaye, A.
Les rentes des Payens et des Jousseaumes, C.
La sergenterie féodale de la ville, C.
Tard-y-fume, A.
La Tour-Chabot, A.
La maison de Varèze, C.
La vente des saumons, C.

SAINT-MARTIN DE SAINT-MAIXENT.

Batreau, A.
La Bidolière, A.
Courdevant, A.
Fief Rousset près Batreau, A.
— près les Neuf-Quartiers, A.
La Burgaillerie, C.
L'Houmeau, A.
Moulin des Aubiers, A.
— de Batreau, A.
— de Courdevant, A.
— de Piozai, A.
— de la Place, A.
— de Ricou, A.
Baillie du moulin de Monaye, A.
Ricou, A.
Soignon, A.

SAINT-MARTIN DES FONTAINES.

Boisroux, châtellenie, A.
La Tour de Saint-Martin, A.

SAINTE-NÉOMAYE.

Bonnennes, C.
Les Vouvannes et la Braconnière, à la Chaignée, C.

La Pinelière, id., C.
Fief Buya, à la Fontenelle, A.
Le bois de la Fosse, C.
Sainte-Néomaye, châtellenie, C.

SAINTE-RADEGONDE-LA-VINEUSE.

Fief de Jean Boussard, A.

SAIVRE.

La Blanchardière, C.
Le bois Lambert, C.
La Briaudière, A.
La Coutancière, C.
Coux, C.
La dîme de Froignes, C.
Mautru, C.
Le Marchais, C.
Le Grand et le Petit-Paunay, C.
La dîme du Grand et du Petit-Paunay et de Douin, C.
Payré, C.
Saugé, A.
Vix, C.

SALLES.

Salles, châtellenie, C.
Maison noble à Salles, A.

SOUCHÉ.

Dîmerie à Souché, C.

SOUDAN.

La Berlandière, C.
Chimbert, C.
La Coussaye, C.
La Ferrandière, C.

La Poupelière, C.
Portion de la dîmerie des Guerruces, C.

SOUVIGNÉ ET REIGNÉ.

Château-Tizon, C.
Le Colombier près Souvigné, A.
Les Essarts, A.
Gourdon, A.
Moulin de l'Étang, A.
Négron ou Reigné, C.
Paille, A.
Baillie de la Sèvre, A.
Bois près Souvigné, A.

VAUTEBIS.

Le Plessis, C.
Bois du Grand et du Petit-Vivier, C.

VERRINES EN CELLES.

Fief à Bonneuil, A.
— Thibaut, id., A.
Hébergement près id., A.
— à id., A.
Les Cartes, id., A.
Levée des dîmes, id., A.
La Remivie, A.

VILLIERS-EN-PLAINE.

Villiers, châtellenie, A.

VITRÉ.

La Bessière, C.

VOUILLÉ.

La Piquaisière, A.
Hébergement à Vouillé, A.

Un certain nombre de paroisses, portées sur notre carte, ne sont pas portées sur cette liste, bien qu'elles dépendissent de l'abbaye ou de la châtellenie de Saint-Maixent ; c'est qu'alors elles ne dépendaient pas directement de ces deux fiefs souverains, mais de leurs feudataires, dont quelques-uns avaient un ressort fort étendu, ou des prieurés de Pamprou, Verrines, Vouillé-les-Marais, Dampvix et Marsais, qui possédaient des droits de châtellenie.

Ce sont : Alonne, Beaulieu, la Boissière, Champdeniers, Cours, Germond, les Grozeliers, Saint-Denis, Saint-Lin, Saint-Mars, Saint-Pardoux, Sainte-Ouenne, Soutiers et Vouhé, qui faisaient partie des vingt-deux paroisses comprises dans l'hommage que le seigneur de Parthenay rendait à l'abbaye pour tout ce qu'il possédait ou était tenu de lui dans l'étendue de ces paroisses ;

Ardin, Coutières, Faye-sur-Ardin, Rouvre, Saint-Projet, qui étaient du ressort des châtellenies d'Aubigny et Faye ;

Brux, Ceaux, Messé, Rom et Vaux, qui dépendaient de Couhé ;

Nesdes et Sanxay, qui dépendaient de Bois-Pouvreau ;

Saint-Germier, dépendant du prieuré de Pamprou ;

Vouillé-les-Marais, le Gué de Veluire, qui dépendaient de Vouillé ;

Brûlain, où se trouvait la châtellenie de Viron, l'Enclave de la Martinière et la Rochénard, dépendant de la Mothe-Saint-Héraye.

Le domaine propre de l'abbaye était divisé en trois parties : celui de l'abbé, celui de l'abbaye ou mense conventuelle et bénéfices unis, et celui des prieurés. Dans la succession des temps, ce domaine, que nos textes nous font voir comme ayant été très considérable, s'était beaucoup amoindri, et en 1790 l'abbaye ne possédait plus la plupart des biens énumérés dans la bulle de Pascal II ; on trouve la liste de ceux qui lui appartenaient au XVIIIe siècle dans les déclarations faites par les bénéficiers aux assemblées du clergé, et particulièrement à celle de 1727 ; à cette date, l'abbé estimait son revenu à 13,703 livres, et l'abbaye à 20,400 livres (Arch. de la Vienne, G. 437). Nous ne parlerons pas des prieurés, dont l'existence était devenue à peu près indépendante. En 1790, suivant la déclaration faite le 11 juin au district de Saint-Maixent, le revenu de l'abbaye s'élevait à 49,523 livres (Arch. des Deux-Sèvres, sér. Q.) ; on en trouve le détail dans la Liève des revenus de l'abbaye conservée au bureau de l'enregistrement de Saint-Maixent.

Nous terminerons nos recherches sur les possessions de l'abbaye par l'indication des établissements religieux qui lui ont été soumis en divers temps ; ce relevé, fait sur les actes que nous publions, nous a permis de corriger plusieurs erreurs des pouillés ; l'astérisque placé devant le nom d'un bénéfice indique que celui-ci dépendait encore de l'abbaye en 1790.

1° ÉGLISES PAROISSIALES.

Diocèse de Poitiers.

* Saint-Saturnin de Saint-Maixent ; cette église est qualifiée de monastère dans la bulle du pape Pascal II en 1110, mais elle était déjà paroisse en 1081 (ch. n° 153).

* Saint-Léger de Saint-Maixent ; prévôté canoniale en 1070, cette église fut rétablie en titre de paroisse en 1088 (ch. n° 169).

* Saint-Martin de Saint-Maixent ; à l'abbaye avant 1110.

* Saint-Barthélemy d'Azay ; à l'abbaye dès 1071.

* Saint-Grégoire d'Augé ; à l'abbaye dès 1099.

* Notre-Dame de la Chapelle-Baton ; à l'abbaye avant 1110 ; en 1648 cette église était dédiée à saint Maixent.

* Saint-Martin de Verruye ; à l'abbaye dès 1091.

* Saint-Maixent de Verrines ; à l'abbaye dès 1078.

* Saint-Martin de Montigné ; à l'abbaye avant 1110.

* Saint-Pierre de Melle ; à l'abbaye dès 951.

* Saint-Symphorien de Romans ; à l'abbaye dès 1094.

* Notre-Dame de Souvigné ; à l'abbaye avant 1110.

* Saint-Martin de Lorigné ; à l'abbaye dès 1085.

* Notre-Dame de Mazières ; à l'abbaye dès 1093 ; en 1648 cette église était dédiée à saint Barnabé.

* Saint-Maixent de Pamprou ; acquise avant 951.

* Saint-Germier ; acquise en 959.

* Saint-Martin de la Boissière ; cette église n'est pas mentionnée dans la bulle de Pascal II ; le pouillé de Gauthier n'indique pas son patron ; ceux de 1648 et de 1782 la donnent à l'abbaye de Saint-Maixent.

Saint-Gaudent de Nanteuil ; à l'abbaye en 1099 ; à l'évêque dès 1300.

Saint-Maixent d'Exireuil ; il semble y avoir erreur dans le nom du patron de cette église donné par la bulle de 1110 ; en tout cas, en 1300, elle était dédiée à saint Vincent ; à l'abbaye avant 1110 ; à l'évêque en 1300.

Saint-Pierre de Saivre ; à l'abbaye avant 1110 ; à l'évêque en 1300.

Saint-Maixent de Prahec ; à l'abbaye avant 1110 ; à l'abbé de Maillezais en 1300.

Sainte-Marie-Madeleine de Prailles ; à l'abbaye avant 1110 ; à l'évêque en 1300; au chapitre de la Cathédrale en 1648.

Notre-Dame de Soudan ; à l'abbaye avant 1110 ; à l'évêque en 1300.

Vanzay, *Vonsiacus* ; à l'abbaye avant 1110 ; ce doit être Saint-Jacques de Vanzay, qui était à l'évêque en 1300.

Saint-Amand de Verrines ; indiquée dans la bulle de 1110, cette église a disparu ; elle devait se trouver à Verrines, qui en 1078 était distinguée en deux sections distinctes.

Saint-Pierre de Brelou ; à l'abbaye avant 1110 ; à l'abbaye de Nieuil dans le pouillé de 1648, et à l'évêque de Poitiers dans celui de 1782.

Saint-Georges de Noisné ; à l'abbaye avant 1110 ; à l'évêque en 1300.

Notre-Dame de Clavé ; à l'abbaye avant 1110 ; à l'évêque en 1300.

Saint-Aubin de Rouvre ; acquise par l'abbaye au xe siècle ; à l'évêque en 1300.

Saint-Cybard de Cours ; à l'abbaye avant 1110 ; à l'évêque en 1300.

Saint-Philbert de Chantecorps ; à l'abbaye avant 1110 ; à l'évêque en 1300.

Saint-Hilaire de Coutières ; à l'abbaye avant 1110 ; à l'évêque en 1300.

Saint-Mesme de Fonpéron ; à l'abbaye avant 1110 ; à l'évêque en 1300.

Saint-Léger a Poitiers ; à l'abbaye avant 1110 ; cette église a dû disparaître avant l'an 1300 ; il n'en est pas fait mention dans le pouillé de Gauthier, ni dans d'autres textes postérieurs.

Saint-Vincent de Champeaux ; acquise par l'abbaye au xe siècle ; à l'évêque en 1300.

Saint-Projet ; à l'abbaye avant 1110 ; à l'évêque en 1300.

Saint-Lin ; à l'abbaye vers 1041 ; au prieur de Parthenay-le-Vieux en 1300.

Saint-Héraye ; église du bourg de la Mothe ; à l'abbaye en 1041 ; à l'évêque dès 1300, et au chapitre de la Cathédrale en 1648.

Saint-Nazaire de Marigny ; à l'abbaye vers 997 ; à l'évêque en 1300.

Saint-Maixent de Prahec ; à l'abbaye dès 1069 ; à l'abbé de Maillezais en 1300.

Lezay ; à l'abbaye avant 1110 ; à l'abbaye de Saint-Séverin en 1300.

Leugny ; à l'abbaye en 1122 ; à l'évêque en 1300.

Jazeneuil ; à l'abbaye vers 1117 ; au prieur de Lusignan en 1300.

Diocèse de Poitiers, puis de Maillezais, et enfin de la Rochelle.

* Saint-Vit, Saint-Crescent et Saint-Modeste de Damvix ; à l'abbaye dès 1110.

* Saint-Pierre de Marsais ; à l'abbaye en 962.

* Sainte-Radegonde-la-Vineuse ; à l'abbaye en 962.

* Saint-Martin de Fontaines ; à l'abbaye en 962.

* Saint-Laurent de la Salle ; à l'abbaye avant 1110.

* Saint-Maixent de Vouillé-les-Marais ; à l'abbaye avant 1110.

Saint-Sébastien ; à l'abbaye avant 1110.

Saint-Martin de Fraigneau ; à l'abbaye en 962 ; à l'abbaye de Maillezais dès 1005.

Saint-Jean-l'Évangéliste de Bourneau ; à l'abbaye en 1059 ; à l'évêque de Maillezais en 1648.

* Saint-Martin de la Roche ou du Gué ; à l'abbaye vers 1087 ; à l'abbaye de Nieuil dès 1300.

Diocèse de Poitiers, puis de Luçon.

Saint-Etienne de Brillouet ; à l'abbaye dès 962 ; à l'abbé de Luçon en 1300.

Diocèse de Saintes, puis de la Rochelle.

* Saint-Gaudent de Fouras ; à l'abbaye dès 1081.

Saint-Jean-Baptiste de Prissé ; à l'abbaye avant 1110 ; à l'archiprêtre de Surgères en 1402.

Saint-Georges d'Oirec ; à l'abbaye dès 1100. Nous ne retrouvons pas de trace de cette église après 1110 ; il y a lieu de croire que c'était l'église de la paroisse du Doret, remplacée avant 1402 par Saint-Cyr et Sainte-Julitte.

Diocèse de Saintes.

Saint-Aubin de Brédon; à l'abbaye avant 1104, et depuis à l'abbaye de Saint-Jean-d'Angély ; à l'évêque de Saintes en 1402.

Notre-Dame des Touches de Parigny; à l'abbaye avant 1104, et depuis à l'abbaye de Saint-Jean d'Angély.

Notre-Dame ; église qui devait se trouver non loin de Frontenay; à l'abbaye en 1069.

Sainte-Geneviève; cette église, donnée à l'abbaye en 1069, devait se trouver non loin de Frontenay ; il y a peut-être lieu de l'identifier avec une chapelle de Sainte-Geneviève, indiquée en 1648 dans l'archiprêtré de Frontenay.

Diocèse d'Angoulême.

* Saint-Maixent de Vitrac; à l'abbaye dès 1084.

Saint-Remi de Florignac; à l'abbaye dès 1088 ; à l'évêque d'Angoulême en 1648.

Saint-Sauveur de Montembeuf ; à l'abbaye dès 1098; à l'évêque d'Angoulême en 1648.

Saint-Vivien d'Yvrac; à l'abbaye dès 1088 ; à l'évêque d'Angoulême en 1648.

Diocèse de Vannes.

Saint-Gildas ; à l'abbaye dès 1040; il n'en est fait aucune mention depuis cette date.

2° CHAPELLES.

Saint-Hilaire de Vendeleigne, paroisse d'Asnières; à l'abbaye dès 964 ; au prieur de Lorigné en 1648.

Saint-Léger, chapelle souterraine en l'église de Saint-Léger de Saint-Maixent.

Chapelles en l'église de l'abbaye :
— de la Majesté, au grand autel, souvent appelée cure de la Majesté.
— de Saint-Gilles, consacrée par Pierre II, évêque de Poitiers, en 1113.

Chapelle de Saint-Michel, fondée en 1365 ;
— de Saint-Eloi, fondée avant 1344 ;
— de Saint-Louis, fondée en 1358 ;

} En vertu du concordat de 1633, le revenu de ces trois chapelles fut uni à la mense conventuelle.

— de Sainte-Catherine.
— de Saint-Pierre de Lorigné ou de la Cerisaie.
— de Notre-Dame de la Roue.
— de Saint-Jean ou des Petits-Tabernacles, fondée par l'abbé Guillaume de Vezançay en 1347 ;
— de Notre-Dame de Pitié, fondée par l'abbé Roger en 1370.
— de Saint-Pierre, fondée en 1353 ;
— de Saint-Etienne, consacrée le 18 avril 1117 par Aymeri Loubet, évêque de Clermont ;
— de la Messe Matutinale ; elle existait en 1085 ;
— de Saint-Sauveur ;
— de Saint-Léger, Saint-Maixent et Saint-Clément, fondée en 1365.

3° Prieurés.

(Sauf celui de la Boule, ils sont tous énumérés dans l'aveu de 1363, ch. n° 513.)

Diocèse de Poitiers.

* Nanteuil (Saint-Gaudent de).
* Souvigné (Notre-Dame de).
* Lhermitain (Saint-Jean-Baptiste de), paroisse de Souvigné.
* Romans (Saint-Symphorien de).
* Azay (Saint-Barthélemy d').
* Mons, paroisse d'Azay.
* Saint-Hilaire, paroisse d'Augé.
* La Boule (Notre-Dame de), paroisse d'Augé.
* Verruye (Saint-Martin de).
* Ternant (Saint-Eutrope de), paroisse de Mazières ; à l'abbaye avant 1091.

* Pamprou (Saint-Maixent de), uni au collège des Jésuites de Poitiers en 1608.

* Izernay (Saint-Germain d'), paroisse d'Exoudun ; à l'abbaye dès 1021.

* Verrines (Saint-Maixent de).

* Melle (Saint-Pierre de).

* Saint-Thibaut, paroisse de L'Enclave.

* Lorigné (Saint-Martin, *aliàs* Saint-Pierre de).

* Talent (Saint-Philippe et Saint-Jacques de), paroisse de Montreuil-Bonnin, à l'abbaye dès 1078.

Diocèse de Maillezais, puis de la Rochelle.

* Damvix (Saint-Jean de).

* Marsais (Saint-Pierre de).

* Vouillé-les-Marais (Saint-Maixent de).

Diocèse de Saintes, puis de la Rochelle.

* La Fondelaye (Saint-Maixent de), paroisse de Thairé ; à l'abbaye avant 1110.

* Fouras (Saint-Gaudence de) ; à l'abbaye dès 1093.

Diocèse d'Angoulême.

* Cogulet (Saint-Etienne de), paroisse de Vitrac ; à l'abbaye dès 1084.

4° ABBAYE.

Saint-Liguaire, abbaye avant 988 ; séparée au XIe siècle.

SCEAUX DE L'ABBAYE.

Le sceau de l'abbaye, jusqu'au XVe siècle, représente saint Maixent, en abbé, guérissant des malades atteints d'érysipèles aux jambes, ce qu'au moyen âge on appelait *le mal Saint-Messent* (Voy. Du Cange, v° *Morbus*). Le seul spécimen que nous en connaissions, et que nous avons fait reproduire, est appendu à une charte de 1276 (ch. n° 477).

En 1442, le roi Charles VII, en récompense du dévouement

à sa cause de l'abbé et des religieux de Saint-Maixent, leur concéda des armoiries portant dans un champ de gueules une fleur de lis d'or surmontée d'une couronne royale aussi d'or. Elles sont reproduites sur le sceau de Jean Benoist, sergent de l'abbaye au XVe siècle, appartenant à la Société des antiquaires de l'Ouest (Mémoires, 1880, sceaux, n°s 69 et 86). Au XVIIe siècle, la couronne royale fermée de Louis XIV a remplacé la couronne ouverte du XVe siècle ; on retrouve ces armes, ainsi modifiées, en tête du *Proprium sanctorum* de l'abbaye (Voy. t. II, p. 442), et particulièrement sur les murs de la chapelle de la Vierge, construite à la fin du XVIIe siècle, au chevet de l'église abbatiale. Comme pendant aux armes de l'abbaye, le sculpteur de ce retable a placé celles de la Congrégation de Saint-Maur, qui sont une couronne d'épine dans le champ de laquelle est le mot PAX, surmonté d'une fleur de lis et soutenu par les trois clous de la Passion.

Enfin, au XVIIe siècle, cédant à l'influence de la renaissance archéologique qui les portait à reconstruire la grande église en style pseudo-gothique, les religieux firent refaire le sceau antique, abandonné depuis deux cents ans, mais avec aussi peu d'exactitude que leur architecture. Sous deux arcades d'un gothique fleuri, supportées par des colonnes rondes géminées à chapiteaux doriques, et surmontées d'un campanile à deux baies, on voit, d'un côté, un abbé crossé et mitré, assis sur son trône et bénissant deux lévites placés dans l'autre niche, l'un à genoux, en prières, l'autre debout derrière et semblant le présenter à l'abbé, scène rappelant par à-peu-près celle du sceau du XIIIe siècle. La légende, en grandes capitales, porte ces mots : † SANCTVS † CONVENTVS † SANTVS † MAXANTII. La matrice originale en cuivre de ce sceau, dont nous ne connaissons aucune empreinte, appartient au musée de la ville de Poitiers, n° 6962.

Enfin on trouve encore au XVIIe siècle un petit sceau ovale, dont se sont servis les premiers religieux de Saint-Maur venus à Saint-Maixent. Dans un grènetis est un religieux de face, nimbé, et tenant une crosse de la main gauche ; et dans un autre grènetis, formant bordure, se lit cette légende : † SIGILLVM· S· MAXENTII. (Empreinte en cire rouge, apposée au bas d'un acte du 2 mai 1650 ; protoc. de Pierre Poictevin, notaire royal à Saint-Maixent.)

ABBÉS DE SAINT-MAIXENT.

Il existe plusieurs listes des abbés de Saint-Maixent, tant manuscrites qu'imprimées, que nous allons passer successivement en revue, en les classant par ordre de date.

1° La première, due à D. Boniface Devallée, s'arrête à Jacques de Crevant d'Humières en 1642. Elle se trouve à la Bibl. Nat. (Manusc., fonds latin, 12684, f° 155-166). Elle fourmille d'erreurs ; nous ne relèverons que celles qui ont passé dans la liste de nos abbés donnée par le *Gallia*.

2° La seconde est l'œuvre de D. Le Michel et s'arrête à Richelieu. Elle est plus exacte que celle de D. Devallée, mais fort incomplète. Elle se trouve à la Bibl. Nat. (fonds latin, 12779, f° 101, et 13818, f° 277).

3° Il existe dans la collection de D. Fonteneau, t. LXVI, p. 335 à 341, une copie de la liste dressée par D. Estiennot ; elle s'arrête en 1666 sous l'abbé Balthazar de Crevant d'Humières. Ce doit être la même que celle qui se trouve dans le manuscrit 12684, fonds latin de la Bibl. Nat., f°s 108-134, et s'arrête au 25 janvier 1667.

Les f°s 1 à 38 du vol. 12756 de la Bibl. Nat. sont consacrés à une notice du même écrivain sur l'abbaye de Saint-Maixent. De nombreuses erreurs, reproduites par le *Gallia*, doivent aussi lui être imputées ; nous les signalons en leur lieu.

Dans l'ancien fonds Saint-Germain de la Bibliothèque Nationale il existe encore quelques listes d'abbés du XVII° ou du commencement du XVIII° siècle, dont il serait oiseux de chercher les auteurs, et se trouvent dans les volumes suivants : 11818, f°s 118-125 ; 12684, f°s 144-145 ; 12779, f°s 102-103.

4° Le *Gallia christiana*. Le tome II de cette œuvre, qu'on ne saurait trop louer malgré ses défauts ou plutôt ses lacunes, contient aux col. 1245 à 1263 la liste des abbés de Saint-Maixent jusqu'en 1717. Elle renferme de nombreuses erreurs, imputables assurément aux matériaux mis à la disposition de ses auteurs, qui, loin des textes, hésitant à prendre parti devant des affirmations souvent contraires, ont préféré les mettre toutes au jour, laissant à d'autres le soin de faire pénétrer dans ce fouillis quelques rayons de critique. C'est ce que nous avons essayé de faire.

5° D. Chazal reprit l'œuvre du *Gallia* et dans son *Chronicon*, dont nous avons déjà parlé, l'amenda considérablement. La liste des abbés qu'il donne est rationnelle, car elle s'appuie sur les textes qui l'accompagnent, mais elle n'est pas exempte d'erreurs ni d'omissions. De même que nous le corrigeons, d'autres viendront après nous, et s'ils ont la chance de recueillir de nouveaux textes, ils pourront apporter à notre œuvre l'amélioration définitive que nous lui souhaitons.

6° Du Temps, dans le tome II du *Clergé de France*, 1774, pag. 445 à 452, a mis en français la liste du *Gallia* et l'a poussée jusqu'au dernier abbé, auquel il donne le n° LXXXIII ; il contient la plupart des fautes de son auteur et quelques autres en plus. Il ne semble pas avoir eu connaissance du travail de D. Chazal.

7° La liste de D. Chazal a été mise en français par M. de La Fontenelle de Vaudoré, qui l'a publiée à la suite du *Journal de Guillaume et de Michel Le Riche*, avocats du roi à Saint-Maixent (de 1534 à 1586), 1846, p. 507-521. Cette liste, la notice sur la fondation du monastère de Saint-Maixent qui la précède et la liste des prieurs claustraux qui la suit (p. 499 à 525), ont été tirées à part par le même auteur avec quelques pièces de la fin du même volume sous ce titre : « *Saint-Maixent en Poitou (monastère, ville), contenant une notice sur la fondation du monastère de cette localité.....* Saint-Maixent, Reversé, 1846, in-8°.

8° Une dernière liste des abbés de Saint-Maixent a été publiée dans les *Mémoires de la Société de statistique, sciences et arts du département des Deux-Sèvres*, 1860-1861, p. 83-188. Elle a paru à part sous ce titre : *Essai historique sur l'abbaye de Saint-Maixent et sur ses abbés*, par H. Ravan, 1864, in-8°. Cet écrit, composé avec la liste de M. de La Fontenelle et les tables de D. Fontenau, est absolument sans valeur ; nous avons relevé quelques-unes des erreurs dont il fourmille, dans des *Remarques* publiées à Saint-Maixent en 1864.

LISTE CHRONOLOGIQUE DES ABBÉS DE SAINT-MAIXENT.

I. Vers 450-vers 490. — Saint AGAPIT, *Agapitus, Agapius*, prêtre, fonda, vers le milieu du ve siècle, un monastère sur les bords de la Sèvre, au lieu appelé aujourd'hui Saint-Maixent, et en dédia l'église à saint Saturnin, évêque de Toulouse. Il se démit de ses fonctions d'abbé en faveur de son disciple Maixent et mourut vers la fin du siècle ou au commencement du suivant (Vies de saint Maixent : Boll., *Acta sanctorum junii*, t. V, p. 169 ; Mabillon, *Acta sanctorum ordinis sancti Benedicti*, t. I, p. 578. Voy. aussi mes *Etudes critiques sur les origines du monastère de Saint-Maixent*, 1880).

II. Vers 490-515. — Saint MAIXENT, *Maxentius*. Né à Agde, de race noble, il eut pour premier nom *Adjutor* et ne prit celui de Maixent que lorsqu'il vint se mettre sous les ordres d'Agapit. Il était abbé en 507, lors de la venue de Clovis en Poitou, et vivait alors en reclus dans une cellule où il s'était retiré à l'âge de 50 ans. Il mourut, âgé de 67 ans révolus, un vendredi, le 26 juin. Comme ces deux données chronologiques ne concordent au commencement du vi^e siècle que dans les années 509 et 515, on a généralement fixé à cette dernière date la mort de saint Maixent. Il s'ensuivrait alors qu'il serait né en 448 et aurait succédé à saint Agapit avant 498, époque de sa réclusion (Voy. les mêmes auteurs que pour l'article précédent).

Lacune.

III. ?-651. — Abbé anonyme, mort en 651 (Vies de saint Léger, à l'article suivant).

IV. 651-657. — Saint LÉGER, *Leodegarius*, né en 616, de famille princière d'Austrasie, archidiacre de Poitiers, devint abbé de Saint-Maixent en 651, resta six ans à la tête du monastère, le quitta en 657 pour se rendre à la cour de Clotaire III, roi de Neustrie, fut élu évêque d'Autun en 660, et mourut martyrisé dans la forêt de Sarcing, le 2 octobre 678 (Vies de saint Léger : Boll., *Acta sanctorum octobris*, t. I, p. 355 ; Mabillon, *Acta sanctorum ordinis sancti Benedicti*, p. 679 ; D. Pitra, *Histoire de saint Léger*, 1846).

V. 657 ? - après 683. — AUDULF, *Audulfus*, disciple de saint Léger, lui a peut-être succédé. Il fut chargé en 683 de transporter les reliques du saint de Sarcing à Saint-Maixent. Le récit ou procès-verbal de cette translation, rédigé par lui, a été reproduit textuellement par les deux historiens de saint Léger, l'anonyme d'Autun et Ursin, abbé de Ligugé (Voy. Vies de saint Léger, *ut suprà*).

Lacune.

VI. ? - après 815. — TETBERT, *Tetbertus*, était abbé lorsque Louis le Débonnaire accorda à l'abbaye de Saint-Maixent le premier diplôme d'immunité qui nous ait été conservé (*Ch. de Saint-Maixent*, n° 1).

VII. ? - après 825. — REINARD, *Reinardus*, mentionné dans un diplôme de Pépin I, roi d'Aquitaine (*Ch.*, n° 2).

Lacune.

VIII. ? - après 848. — ABBON, *Abbo*, abbé laïque, reconnu comme abbé régulier le 24 mars 848. La Chronique de Saint-Maixent donne son nom à la date de 823, mais cette indication ne peut être admise. L'auteur de cet écrit, qui est aussi, comme nous l'avons dit, le compilateur du cartulaire, a puisé dans ce recueil les indications de dates pour la suite de ses abbés; mais les difficultés qu'il a rencontrées et que nous avons tant de peine à résoudre pour faire concorder les différentes données chronologiques fournies par les chartes, lui ont fait commettre plusieurs erreurs que nous aurons occasion de relever (*Ch.*, n° 5 ; *Chron. de Saint-Maixent*, p. 355 de l'édition de MM. Marchegay et Mabille).

IX. Entre 898 et 903. — ARNOUL, *Arnulfus*. Cet abbé n'est connu que par une seule charte que D. Fonteneau place vers 850 ; nous lui avons assigné une date plus récente, et croyons qu'Arnoul a gouverné le monastère pendant qu'une partie des religieux était réfugiée à Plélan en Bretagne. La Chronique de Saint-Maixent ne donne pas son nom (*Ch.*, n° 9).

Entre Arnoul et Adémar que nous mettons après lui, le *Gallia* (t. II, col. 1246 et 1247) donne place à deux abbés que nous devons rayer de notre liste.

Le premier (n° X) est Audouin, *Auduinus*. Nous avons établi (t. I, p. 93), en l'éclairant par d'autres textes, que l'acte où comparaît cet abbé doit être placé au commencement du XIe siècle, tandis que les auteurs du *Gallia*, sur l'autorité de D. Martenne, le regardaient comme antérieur au Xe siècle. Ce personnage doit être identifié avec Audouin, qui fut abbé de Saint-Jean-d'Angéli en 1010.

Le second (n° XI) est Aubert, *Autbertus* ou *Aubertus*. Ce nom, dit le *Gallia*, se trouve inscrit dans deux catalogues d'abbés, et D. Estiennot, particulièrement, lui assigne la date de 900 environ. D. Boniface Devallée lui donne le n° XIII dans sa liste et dit qu'il gouverna l'abbaye conjointement avec Ebles. Il ajoute encore qu'on ne trouve son nom dans aucun acte, mais que la chronique de Maillezais (lisez de Saint-Maixent) le met au rang des abbés. Il n'est nullement question de lui dans la Chronique ; mais cette référence nous a toutefois permis de retrouver la cause de l'erreur de nos chronologistes. La Chronique indique (p. 374), à la sixième année du roi Louis, un abbé du nom de Girbert, *Girbertus*, et cette mention, soit par faute de rédaction ou de copie, est placée à la suite d'un événement daté de 915 ; or l'examen des textes fait voir qu'il s'agit de l'abbé Girbert, qui vécut sous la sixième année de Louis le Bègue, c'est-à-dire en 944. De plus, il est facile de s'expliquer, d'après la forme des lettres dans l'écriture du XIIe siècle, que le nom de *Girbertus* ait pu être lu *Autbertus*. Il a aussi été lu *Garbertus*, comme nous le verrons plus loin.

X. 903-925. — ADÉMAR, *Ademarus*, frère d'Aimeri, vicomte de Thouars, avoué du monastère de Saint-Maixent. La Chronique lui donne le titre d'abbé en 903 ; mais il ne nous reste aucune charte qui nous permette de contrôler cette assertion. Il est certain qu'il l'était en 924, lorsque les moines de Plélan, réfugiés en Bourgogne, rapportèrent à Saint-Maixent les ossements de leur saint patron. Il est même permis de croire, bien que la charte de Redon, qui nous a conservé le souvenir de ces faits, ne le dise pas expressément, que c'est à la sollicitation de son frère que le vicomte Aimeri envoya en Bretagne le prêtre Tutgual pour négocier la restitution des reliques du saint, et comme cet événement eut lieu quelques années avant leur retour définitif, probablement en 918, on en peut inférer qu'Adémar était abbé dès cette époque ; il l'était encore en octobre 925. Il reste à savoir si, comme quelques auteurs l'ont avancé (Aur. de Courson, *Cartul. de Redon*, p. CCCXCIII; de la Borderie, *Bibl. de l'Ecole des Chartes*, 5e série, t. V, p. 430), Adémar fut pendant quelque temps abbé de Redon. Nous ne le croyons pas. Le seul texte sur lequel ces écrivains s'appuient est un passage de la charte du cartulaire de Redon où le rédacteur, racontant les négociations qui eurent lieu à Poitiers en 924 pour ramener le corps de saint Maixent, emploie cette expression : notre abbé, en parlant d'Adémar. Il nous semble qu'il ne pouvait guère se servir d'une autre qualification. Bien que la charte se soit trouvée dans le cartulaire de Redon, le moine qui l'a rédigée est évidemment un des religieux qui, restant spécialement chargés de la garde du corps du saint qu'ils accompagnaient, reçurent de nombreux dons du vicomte Aimeri et de son frère l'abbé Adémar, et prirent place dans la communauté de Saint-Maixent. A l'époque où ce religieux écrivit, Adémar était donc réellement son abbé, et il ne paraît pas possible d'admettre, sur cette unique donnée, qui perd à l'examen toute sa valeur, qu'Adémar ait été, antérieurement à 919, abbé de Redon, et jusqu'à 924 ait dirigé les deux monastères (*Ch.*, n°s 11 et 12 ; *Cart. de Redon*, ch. n° 283 ; *Chron.*, p. 373).

XI. 928-936? — ERMENFROI, *Ermenfredus*. Il paraît dans une charte de décembre 928. La Chronique de Saint-Maixent dit qu'il était abbé la septième année du règne du roi Raoul, soit en 930. D. Chazal (*Chronicon, cap.* 24) rapporte une donation faite en 939 par un nommé Marbaud aux abbés Ebles et Ermenfroi, d'où il serait résulté que ce dernier aurait possédé l'abbaye conjointement avec celui que nous lui donnons pour successeur. Mais il y a dans cette mention une erreur grossière qui ne peut être expliquée que par une confusion dans les notes prises par D. Chazal pour la rédaction de sa notice. Marbaud comparaît bien dans un acte où il fait, comme le dit D. Chazal, abandon à l'abbaye de Saint-Maixent de divers biens sur lesquels il retient douze deniers de cens, mais cet acte, que nous publions d'après l'original (*Ch.*, n° 272), est du 23 septembre 1120. De plus, le même Marbaud paraît encore dans un titre de 1109 (*Ch.*, n° 229). Il n'y a donc pas lieu de tenir compte de l'assertion du *Chronicon*, et jusqu'à preuve du contraire nous pouvons dire qu'Ermenfroi et Ebles n'ont pas possédé simultanément l'abbaye de Saint-Maixent (*Ch.*, n° 13 ; *Chron.*, p. 375).

XII. 936-963. — EBLES, *Heblo, Ebulo, Ebolus, Ebulus*. La Chronique de Saint-Maixent dit qu'il était frère de Guillaume Tête d'Etoupe, comte de Poitou, et que celui-ci lui donna les abbayes de Saint-Hilaire de Poitiers et de Saint-Maixent, puis elle ajoute que dès 936 il était en possession de ces bénéfices et de l'évêché de Limoges. Elle lui donne encore les mêmes qualités en 961. Des chartes de notre abbaye le désignent aussi comme abbé en 950, 959 et 962. Le dernier acte daté dans lequel il paraît est du mois de juin 974 (*Ch. de Saint-Hilaire de Poitiers*, t. I, p. 45) ; mais il est encore mentionné dans trois chartes non datées (*Ch. de Saint-Hilaire*, t. I, p. 46, 48 et 51), où comparaît Gilbert, évêque de Poitiers, qui, selon la Chronique de Saint-Maixent, fut investi de cette dignité en 975. Nous inclinons fortement à regarder cette date comme celle de la dernière année de la vie d'Ebles, que jusque-là on trouve fréquemment mêlé aux affaires du diocèse de

Poitiers ; il est certain que, postérieurement à elle, il n'est plus question de lui ; il a dû mourir en 976 et le 26 février, jour où son anniversaire était solennisé dans l'abbaye de Saint-Maixent. Il fut inhumé dans le monastère de Saint-Michel-en-Lherm, dont il était aussi abbé.

Si l'on hésite sur l'année de la mort d'Ebles, on est encore moins d'accord sur la façon dont il remplit ses fonctions d'abbé et sur la durée de son abbatiat.

Dans une charte non datée, mais que l'on doit placer entre 944 et 962, il est dit que les moines de Saint-Maixent vivent sous le gouvernement d'Ebles, évêque de Limoges, et de l'abbé Girbert ; ce même Girbert est encore indiqué comme abbé, mais seul, dans un acte de février 942 (*Ch.*, n° 16), et la Chronique de Saint-Maixent le désigne comme abbé en 945. De ces faits le *Gallia* en a inféré qu'Ebles a eu Girbert comme suppléant à titre d'abbé régulier dans l'administration de son abbaye. La thèse est hors de doute, mais il nous semble qu'il y a lieu de l'étendre considérablement et de l'appliquer à toute une série d'abbés dont nous allons parler.

Il est vraisemblable qu'après la mort d'Adémar le comte de Poitou avait mis la main sur l'abbaye de Saint-Maixent, tout en laissant les moines se gouverner eux-mêmes, et c'est ainsi qu'on peut expliquer l'ingérence continuelle de Guillaume Tête d'Étoupe dans les affaires de cet établissement. Ce fait n'avait pas échappé à D. Boniface Devallée qui, dans son catalogue de nos abbés, assigne à ce prince le dixième rang parmi eux. Aucun texte ne venant toutefois à l'appui de son dire, nous ne nous y arrêtons pas ; mais il semble évident que, pour que le comte de Poitou ait pu donner à son frère l'abbaye de Saint-Maixent, il fallait que dès lors elle fût en sa possession. Il se pourrait alors qu'Ermenfroi aurait seulement gouverné comme abbé régulier, sous l'autorité du comte, jusqu'au jour où Ebles fut mis à la tête de l'abbaye, dont, grâce à son caractère religieux, il put aussi s'intituler abbé.

Vers la fin de sa vie, Ebles abandonna-t-il cette dignité comme toutes celles dont il avait été revêtu ? Le fait semble croyable. Dans une donation qu'il fit à l'abbaye, peu après la mort de son frère Guillaume, arrivée en 963, il est seulement qualifié d'évêque de Limoges, qualité à laquelle il semble avoir aussi renoncé effectivement, car, dans un acte postérieur à 975 (*Ch. de Saint-Hilaire*, t. I, p. 50), il se dit ancien évêque de

Limoges, et le dernier acte où il prend la qualité d'abbé de Saint-Maixent est de mars 962. Il aurait donc possédé cette abbaye de 936 à 963, et aurait eu pendant ce temps Girbert pour coadjuteur. Toutefois, même après cette époque, il ne semble pas avoir absolument renoncé à se désintéresser des affaires de ses bénéfices, et c'est ce qui nous semble résulter des signatures apposées au bas des trois derniers actes que nous connaissons de lui, appartenant aux années 974 et 975 (*Ch. de Saint-Hilaire*, p. 46, 49 et 51). A côté de lui, dans ces actes, on rencontre l'évêque Benoît, *Benedictus*, et les abbés Frogier et Girbert, *Frotgerius* et *Girbertus*. Aucune qualification ne suit les noms de ces personnages, que nous croyons pouvoir identifier ainsi : Benoît est l'évêque de Limoges, qualifié de chorévêque par le *Gallia* (t. II, col. 510), et dont la mort tragique amena celle d'Ebles, son protecteur ; Girbert est l'abbé de Saint-Maixent que nous trouverons dans des actes de 974 et de 976 ; Frogier ne peut être autre qu'un abbé de Saint-Michel-en-Lherm, inconnu aux auteurs du *Gallia*, et qui remplissait dans cette abbaye, à l'égard d'Ebles, le même rôle que Benoît et Girbert à Limoges et à Saint-Maixent.

Dans cette dernière abbaye, la dualité créée par Ebles paraît s'être assez longtemps perpétuée ; on ne peut, ce nous semble, expliquer autrement les anomalies que l'on rencontre dans la succession des abbés pendant le dixième siècle. Sans tenir compte, pour le moment, des dates de la Chronique, relevons d'abord celles que nous fournissent les chartes que nous connaissons :

Ebles, 950, 955, 959, (entre 944 et 962), 962 ;
Girbert, 942, (entre 944 et 962), (entre 951 et 963), 967, 968 974 mars, 976, 978, (entre 973 et 986) ;
Eudes, 963 ou 964, 964 ;
Renoul, 965 ou 966, 966, 974 mai, vers 988 ;
Constantin, 969, (entre 968 et 974) ;
Bernard, 988, 992, (entre 987 et 1011).

Il est évident qu'en s'en tenant à ces dates il n'est pas possible d'établir une filiation directe d'abbés ; on pourrait seulement supposer qu'ils n'ont occupé leurs fonctions que temporairement, pour les reprendre ensuite au bout d'un certain temps. Cette explication ne peut nous suffire, et pour établir une double suite d'abbés, nous avons deux arguments à faire valoir en dehors de leur coexistence certaine. Le premier est tiré de ce fait que dans la même charte (n° 24) Ebles et Girbert sont nominativement désignés comme étant abbés en même temps ; le second, de la fondation de l'abbaye de Saint-Liguaire, qui pendant plus d'un siècle fut une annexe de l'abbaye de Saint-Maixent. L'église de Notre-Dame et de Saint-Vincent, donnée à l'abbaye de Saint-Maixent par les vicomtes de Niort, fut transformée en abbaye en 961, dit la Chronique. Il y a toute vraisemblance que ce fut par Ebles ou par les religieux de Saint-Maixent, et qu'elle devint le séjour de l'un des abbés. De même que l'abbaye avait deux patrons, saint Maixent et saint Léger, de même elle se partagea en deux communautés, placées chacune sous leur invocation spéciale, mais restant unies sous la même dénomination abbatiale. Toujours est-il que Saint-Liguaire n'eut longtemps d'autres abbés que ceux de Saint-Maixent, que ce n'est qu'à la suite des temps que ses religieux furent dirigés par des abbés locaux, et que c'est à une époque relativement moderne que ces derniers s'affranchirent totalement de leur sujétion à l'égard des abbés de Saint-Maixent (*Ch.*, n° 365).

Indubitablement c'est à la présence d'un abbé de Saint-Maixent à sa tête, que Saint-Liguaire, qui autrement n'aurait été qu'un prieuré conventuel, a dû son titre d'abbaye, et ses abbés sont les successeurs de ceux qu'Ebles se donna pour coadjuteurs. On pourrait donc, en faisant autant que possible coïncider nos dates de relevés, dresser ainsi la liste des abbés de Saint-Maixent au xe siècle :

Ebles, 936-962.
    Girbert, 942-978.
Eudes, 963-964.
Renoul, 965-968.
Constantin, 968-970.
Renoul, 974-988.
    Bernard, 988-1010.

XII *bis*. 942-978. — GIRBERT, *Girbertus, Gerbertus*, paraît dans une charte de 942 et est associé à Ebles dans une autre pièce non datée, mais que l'on peut rapporter à peu près au même temps (entre 944 et 962) ; il est encore désigné comme abbé dans une autre charte aussi sans date, mais postérieure à 951, puisque Guillaume Tête d'Étoupe y prend la qualité de comte de Poitou, de Limoges et d'Auvergne, et de comte palatin d'Aquitaine, titre qui ne lui fut conféré qu'en 951 par Louis d'Outremer. Le texte donné par les éditeurs des chroniques d'Anjou le dénomme *Garbertus*, de même que le *Gallia*. Mais cette nouvelle forme donnée au nom de l'abbé n'est que le résultat d'une faute de lecture, le texte original de la Chronique, que nous avons vérifié avec soin, portant bien *Girbertus*. Quant aux formes *Girbertus* et *Gislebertus*, que donne aussi le *Gallia*, nous n'en avons trouvé aucune trace dans les textes. Il doit être identifié avec l'abbé *Girbertus*, que la Chronique de Saint-Maixent indique comme abbé sous la sixième année du règne du roi Louis. Cette mention est placée entre les années 915 et 917 ; mais il est hors de doute que le prince dont il est ici parlé est Louis IV d'Outremer, roi de France, et la sixième année de son règne répond à l'an 944, époque où Girbert était sûrement à la tête de l'abbaye de Saint-Maixent. Le même personnage comparaît encore dans des actes datés de 967, de 968 et de 978.

Nous ne croyons pas en effet que, malgré la longue durée de cet abbatiat (36 ans), il y ait lieu de dédoubler cet abbé. En ce faisant, nous allons à l'encontre de l'opinion commune qui arrête son abbatiat à l'année 945, et voit un nouvel abbé dans le personnage du même nom cité par la Chronique en 973, après *Odo, Ramnulfus, Constantinus*. Nos motifs pour voir dans cet abbé le même que celui dont la Chronique parle en 944, sont ceux-ci : dans le premier acte, où nous le rencontrons (février 942), Girbert est qualifié de *levita*, diacre ; l'abbé Girbert d'une charte que l'on doit placer après 973 est dit *clericus* ; ce dernier mot, dont le sens est plus étendu que celui de *levita*, comprend les diacres dans l'ensemble des personnes qu'il peut désigner, et il n'y a aucune témérité à considérer ces deux termes comme synonymes sous la plume des rédacteurs des chartes de l'abbaye ; de plus, dans les derniers actes où l'on relève le nom de l'abbé Ebles (voir à sa notice), on le trouve flanqué d'un abbé Girbert, qui ne peut être que le collaborateur que ce prélat s'est attaché presque dès le jour où il a été mis à la tête de l'abbaye de Saint-Maixent, et que le comte de Poitou, dans un acte de décembre 968, indique au nombre de ses fidèles, *fidelis noster*. Résida-t-il à Saint-Maixent ou à Saint-Liguaire ? Aucun texte, aussi bien pour lui que pour les autres personnages qui sont désignés comme abbés de Saint-Maixent concurremment avec lui, ne nous permet de résoudre cette question (*Ch.*, nos 12, 24, 27, 36 ; *Chron.*, p. 374, 381).

Après Girbert, il faudrait, d'après le *Gallia*, placer un abbé du nom d'Albert, que l'on trouve dans deux des trois catalogues d'abbés consultés par ses auteurs. L'un de ces catalogues ne lui assigne pas de date certaine, l'autre le place en 962, ce qui surprend le *Gallia*, vu qu'en 962, d'après lui, Eudes était abbé. Nous avons vu qu'il n'y aurait pas lieu de s'étonner de trouver à la même date deux abbés de Saint-Maixent ; mais pour ce qui est de cet Albert, il ne peut être autre que le *Garbertus* dont nous avons parlé plus haut, et que nous avons sûrement identifié avec notre abbé Girbert.

XIII. 963-964. — EUDES, *Odo*, était abbé de Saint-Maixent lorsque Guillaume Tête d'Étoupe vint y finir ses jours en 963, dit la Chronique. Il paraît dans une charte de mai 964 (*Ch.*, n° 29 ; *Chron.*, p. 381).

XIV. 965-968. — RENOUL, *Ramnulfus*. La Chronique dit qu'il était abbé de Saint-Maixent en 965, après Eudes, et qu'il eut pour successeur Constantin, en 968. Le fait paraît exact, si l'on s'en rapporte à la suite chronologique de nos chartes, car on trouve son nom dans un acte de juin 966. Mais on trouve encore un Renoul, *Ramnulfus*, abbé de Saint-Maixent en mai 974 et vers 988 (*Ch.*, n°s 34, 42, 57 ; *Chron.*, p. 381). Est-ce le même personnage ? Il se pourrait alors que Constantin ait été son compétiteur et l'ait supplanté pendant les années 968 et 969 ; ou bien sommes-nous en présence de deux abbés ayant porté le même nom, et après Constantin y a-t-il eu un second Renoul ? c'est une difficulté qu'aucun texte ne nous permet de trancher.

XV. 968-970. — CONSTANTIN, *Constantinus*, fut, dit la Chronique, abbé après Renoul, en 968, et paraît dans une charte d'août 969. Il était abbé régulier, car, dans un acte que l'on peut placer entre 968 et 974, il est dit qu'il gouverna le monastère *sub clericali institutione*. Le *Gallia* ajoute qu'il était prieur claustral avant de parvenir à l'abbatiat. Mais cette assertion, dont il n'indique pas la source et que rien ne vient étayer, est empruntée à D. Boniface Devallée, et doit par suite être considérée comme sans valeur (*Ch.*, n°s 38, 39 ; *Chron.*, p. 381).

XVI. 974-988. — RENOUL, *Ramnulfus*. Nous n'avons pas à revenir sur ce que nous avons dit précédemment au sujet de ce personnage, qui peut avoir gouverné l'abbaye pendant un temps bien plus long que celui où nos chartes donnent son nom (*Ch.*, n°s 41, 67).

Au lieu de Renoul, le *Gallia* place ici un abbé Girbert, qu'il appelle aussi, on ne sait sur quel fondement, *Guibertus*, et que nous considérons comme le même que celui que nous trouvons en 942 (n° XII *bis*), et qu'il met à la tête de l'abbaye en 967 et en 973. Comme entre ces deux dates ses auteurs trouvent Constantin, ils supposent que ce dernier fut un compétiteur de Girbert. Nous ne reviendrons pas, pour justifier notre manière de voir contraire, sur ce que nous avons dit à l'article de ce dernier abbé. Quant à Renoul, comme l'on regarde comme authentique la charte qui indique son existence sous le règne du roi Robert, et qu'ils ne savent où le mettre, ils en sont réduits à supposer qu'il faut lire *Rainaldus* au lieu de *Ramnulfus* (col. 1250, note *b*). La présence du moine Sicher qui comparait dans un acte de 988, la mention de Guillaume Tête d'Étoupe, ne nous permettent pas de nous ranger à cette manière de voir, et nous persistons à considérer ce *Ramnulfus* soit comme un nouvel abbé de Saint-Maixent, soit comme étant le premier *Ramnulfus* dépossédé de son siège, puis rétabli.

Entre Girbert et Bernard (n° XVII), le *Gallia* (t. II, col. 1249) place un abbé du nom de Brice, *Brixius*. Il ne fournit sur lui aucun détail et renvoie à ce qu'il en dit au chapitre de l'abbaye de Saint-Michel-en-Lherm (col. 1420). Là, à l'article de l'abbé Dion, il rapporte que Brice fut témoin avec Dion, dans une charte pour l'abbaye de Maillezais, rapportée dans *Les Mémoires et recherches de France et de la Gaulle Acquitanique* de Jean de la Haye, 1581, chap. 19, p. 100. Or Besly a surabondamment démontré (Voy. le mémoire qu'il consacre à cette question à la suite de son *Histoire des comtes de Poictou*) l'insigne fausseté de cet écrit et des actes qu'il contient, tous forgés pour servir de base à une généalogie des seigneurs de Sanzay (Voy. aussi notre *Note sur quatre abbés poitevins du nom de Billy*, 1886).

Brice est un être imaginaire, et cette constatation nous a amené à douter aussi de l'existence de l'abbé de Saint-Michel auquel son nom se trouve accolé. Les auteurs du *Gallia* citent Dion d'après trois actes : nous venons d'établir que l'un est faux ; le second, reproduit en entier par le *Gallia* (t. II, *Instr.*, col. 408-410), offre les mêmes caractères ; c'est la charte de restauration de l'abbaye de Saint-Michel par l'abbé Ebles en 961.

Un examen approfondi de cet acte, que nous ne pouvons faire ici, le prouverait facilement ; il n'est même pas possible de voir en lui un de ces actes, ayant un fond d'authenticité, remaniés plus tard par les moines ou amplifiés par eux ; c'est un texte fabriqué de toutes pièces, sans aucune référence historique. Il porte en lui son stigmate, qui est le seing du seigneur de Sanzay venant en tête de ceux de deux autres seigneurs laïques portant des noms en l'air.

Le troisième acte cité par les auteurs du *Gallia* est un accord passé entre Raoul de Mauléon et D., abbé de Saint-Michel. Ils supposent que cette lettre D. est l'initiale du nom de Dion ; mais ils oublient que le premier des Mauléon du nom de Raoul vivait à la fin du XIIe siècle, et que par suite, si l'on rencontre son nom dans un acte du Xe siècle, ce dernier peut être indubitablement argué de fausseté. Dion doit donc être rayé de la liste des abbés de Saint-Michel-en-Lherm, aussi bien que Brice de celle des abbés de Saint-Maixent.

Nous rappellerons à ce propos que nous n'avons pas cru devoir reproduire une prétendue charte de Sigebert en faveur de l'abbaye de Saint-Maixent que l'on trouve au chapitre 9, pages 30 et 32, des Mémoires de Jean de la Haye.

XVII. 988-1010. — BERNARD, *Bernardus*, prévôt de l'abbaye sous Constantin, se rencontre dans des titres du 6 mars 988 et de 992 ; les chartes de Saint-Hilaire de Poitiers le mentionnent en 989 et en 991. La Chronique, qui dit qu'il succéda à Girbert, le cite en 993, et il vivait encore en 1010, lorsque, suivant la même Chronique, le corps de saint Maixent fut transporté à Poitiers, le 6 des ides de mars (10 mars) ; sa mort est notée dans le calendrier des anniversaires au 1er février, mais il n'était pas inhumé dans l'église du monastère (*Ch.*, n°s 39, 50 et 60 ; *Chron.*, p. 382 ; *Documents de Saint-Hilaire*, t. I, p. 58 et 63).

D. Estiennot prétend qu'il aurait restauré en 1018 le monastère de Saint-Liguaire, où il se serait retiré après avoir abandonné l'abbaye de Saint-Maixent. Mais cette assertion, que le *Gallia* se refuse à admettre, n'a d'autre fondement que la présence dans le chartrier de Saint-Maixent de deux pièces (n°s 56 et 103) où Bernard agit comme le véritable abbé de Saint-Liguaire ; or la sujétion de cette abbaye à l'égard de celle de Saint-Maixent suffit pour expliquer le rôle qu'il joue en ces circonstances.

Dans une charte que l'on peut dater du commencement du XIe siècle, émanée de l'abbé Bernard, comparaît aussi un *Cadelo*, abbé. D. Fonteneau ignore totalement quel était ce personnage, et à la tête de quelle abbaye on pouvait le placer. Nous inclinons à croire que c'est encore un abbé de Saint-Maixent, ou plutôt de Saint-Liguaire, et le successeur de *Ramnulfus* (*Ch.*, n° 77).

XVIII. Avant 1018-1026. — RAINAUD, *Rainaldus*, surnommé Platon, dit le chroniqueur Adémar de Chabannes, fut, à cause de sa profonde sagesse, mis à la tête de l'abbaye par le comte de Poitou, Guillaume Fier-à-bras. Aucune des chartes où il paraît n'est datée, et la Chronique de Saint-Maixent ne rapporte son nom qu'à l'occasion d'une donation, aussi sans date, faite au monastère par le comte de Poitou; le *Gallia* attribue à cette charte la date de 1014, en se référant au passage peu explicite de la Chronique, mais elle ne peut être réellement placée qu'entre les années 1023 et 1026 (*Ch.*, n° 81; *Chron.* p. 388).

XIX. 1026-1027. — GOUFFIER, *Gulferius*, succéda à Rainaud en 1036, et ne fut abbé qu'un an, dit la Chronique de Saint-Maixent. C'est vraisemblablement le même personnage que le moine *Wulferrius*, qui paraît comme témoin dans deux chartes du temps de l'abbé Rainaud. Son anniversaire était célébré le 26 mars dans l'église de l'abbaye, quoiqu'il n'y fût pas inhumé. On ne connaît aucune charte où paraisse son nom (*Ch.*, n°s 84 et 85; *Chron.*, p. 389).

XX. 1027-1040. — AMBLARD, *Amblardus*, *Ablardus*. Successeur de Gouffier, d'après la Chronique de Saint-Maixent, et ordonné par Isembert I, évêque de Poitiers, cet abbé paraît dans une charte à laquelle on peut attribuer la date de mai 1029; il est encore nommé dans un acte où il est dit que Guillaume, comte de Poitou, était alors en captivité, c'est-à-dire passé entre le 20 septembre 1034, date de la bataille de Saint-Jouin-de-Marnes, où le comte de Poitou fut fait prisonnier par le comte d'Anjou, et l'année 1037, où il fut rendu à la liberté. La Chronique de Saint-Maixent le mentionne encore en 1040. Son anniversaire était célébré par les religieux le 5 avril; mais il n'avait pas été inhumé dans l'église du monastère. Il y a tout lieu de croire qu'on peut l'identifier avec un personnage du nom d'Amblard, fils d'Anselme et cousin d'Acfred de Brizay, que son père fit instruire dans les lettres sacrées et entrer comme religieux (*canonicus*) dans l'abbaye de Saint-Liguaire, sous la direction de l'abbé Bernard (*Ch.*, n°s 88, 94, 103; *Chron.*, p. 393).

XXI. 1040. — EMMON, *Emmo*, fut le successeur d'Amblard, disent la Chronique et une charte non datée, qui ne peut être que des mois d'avril ou de mai 1040, Archambaud paraissant dans un acte du 31 mai 1040. Il ne fut donc abbé que pendant deux mois au plus (*Ch.*, n° 94).

XXII. 1040-1059. — ARCHEMBAUD, *Archimbaldus, Archimbaudus, Archenbauldus, Archambaudus, Archimbalt*, fut élu abbé avant le 31 mai 1040, date de la dédicace de l'église de la Sainte-Trinité de Vendôme, à laquelle il assista (Voy. Mabillon, *Annal. benedic.*, l. 58, p. 439), mais on le trouve seulement en 1041 dans les chartes de Saint-Maixent. Il fut aussi archevêque de Bordeaux ; toutefois il conserva l'abbaye de Saint-Maixent, à laquelle il ne cessa de porter le plus vif intérêt, ce qu'indique une charte de 1051, qui dit qu'il était un abbé de bonne nature, *abbas bonæ indolis*. Le *Gallia* le place à la tête de l'archevêché de Bordeaux en 1044 ; cette date peut être admise, à la condition toutefois qu'elle s'applique à la fin de l'année. En effet, Geoffroy II, son prédécesseur, étant mort le 10 juillet d'une année indéterminée après 1043, et Archembaud ne prenant dans une charte du 21 août de cette même année 1044 que le titre d'abbé de Saint-Maixent, il est de toute évidence que son élection ne peut être placée qu'après ce mois d'août. Enfin, dans une charte du 20 décembre, sans indication d'année, mais qui doit être rapportée à 1044 ou à 1045, il s'intitule archevêque élu, *archiepiscopus electus* ; dans une autre, malheureusement sans aucun signe chronologique, archevêque effectif, *archiepiscopus effectus* ; enfin, en 1047 ou 1049, il prend à la fois ces deux titres, *archiepiscopus et abbas*. Du reste, la première date certaine où on le rencontre avec sa qualification d'archevêque est de 1047, lorsqu'il assista, le 2 novembre, à la dédicace de l'église de l'abbaye de Notre-Dame de Saintes.

Il était de race noble, ainsi que le prouve une charte du 19 novembre, qui se place entre 1040 et 1044, où il est dit que le monastère avait à sa tête « *quemdam nobilem virum vocatum nomine Archimbaudum* ». Le *Gallia* et d'autres auteurs ont cru qu'il appartenait à la famille de Parthenay, et que c'est à sa qualité d'archevêque de Bordeaux, que posséda aussi dans le même siècle Goscelin de Parthenay, que cette dernière famille avait dû de porter le surnom de Larchevêque ; mais aucun texte ne vient à l'appui de cette supposition. Bien au contraire, une charte du cartulaire, antérieure à l'élévation d'Archembaud à l'archiépiscopat, dit qu'il avait pour père Rainaud et trois frères, Bernard Tireuil, Thebaut et Rainaud ; c'étaient des seigneurs de Gâtine, qui ont vraisemblablement donné leur nom à la paroisse de la Chapelle-Thireuil, canton de Coulonges-les-Royaux (Deux-Sèvres), mais nullement des seigneurs de Parthenay. Il cessa d'être archevêque de Bordeaux en 1059, et vers la même époque on lui trouve aussi un successeur à Saint-Maixent. Il était encore abbé en octobre 1059 et même archevêque, selon notre Chronique. Il est à croire qu'il fut déposé, ainsi que semblent l'indiquer les termes d'une charte que l'on doit placer vers la fin de l'année 1060, et qui dit qu'il avait perdu la qualité épiscopale : « *Dominante archiepiscopo Archimbaudo abbatiam Sancti Maxentii, adepto sacerdotum gradu.* » Le *Gallia*, s'appuyant sur le passage de la Chronique qui porte qu'en 1068 un abbé du nom d'Archembaud succéda à Aimeri pour peu de temps, en infère qu'il s'agit de l'archevêque de Bordeaux. Ce fait ne nous paraît pas prouvé, bien qu'il soit certain qu'à cette date Archembaud était encore existant, car, assisté de Geoffroy de Rochefort, il régla une contestation au sujet de l'église de Saint-Aignan en Saintonge et intéressant l'abbaye de Vendôme. Dans cet acte, il est qualifié d'ancien archevêque, *archiepiscopo jam deposito*, et il signe : l'archevêque de Saint-Maixent, *archiepiscopus de Sancto Maxentio* (Besly, *Hist. des comtes de Poictou*, p. 348 (448) ; *Ch.*, nos 95, 103, 107, 108 ; *Chron.*, p. 401 et 404 ; *Cartul. de Saintonge,* abbaye de Notre-Dame de Saintes, p. 2 et 145).

XXIII. 1059-1068. — **Aimeri Maintrole**, *Aimericus*, paraît comme abbé dans une charte du 8 mai 1061. Le *Gallia* dit qu'antérieurement il fut moine d'Ebreuil en Auvergne, puis prieur de Saint-Léger de Cognac. Il fut aussi abbé de Saint-Liguaire, dit la Chronique ; mais ce fut le dernier abbé de Saint-Maixent qui ait réuni sur sa tête ces deux dignités. Saint-Liguaire ne semble pas du reste avoir cessé, quoique placé sous la sujétion des abbés de Saint-Maixent, de jouir d'une vie assez indépendante ; les religieux qui gouvernèrent cette abbaye, durent chercher de bonne heure à s'affranchir de toute tutelle, et aux abbés sans qualification précise, en succédèrent d'autres qui prirent résolument le nom de l'établissement qu'ils dirigeaient. Sous Archembaud on trouve Goslen, qui en 1047 fut un des témoins de la consécration de Notre-Dame de Saintes, et signe : abbé de Saint Liguaire, *Goslenus, abbas Sancti Leodegarii* ; après ce dernier, Aimeri reprit sans doute pendant quelque temps la direction des deux abbayes, et enfin plaça à la tête de Saint-Liguaire son neveu Hugues, à partir duquel la séparation fut définitivement consommée. Les seuls liens d'attache furent des devoirs honorifiques dus par la filiole à l'abbaye-mère, et qui disparurent eux-mêmes dans les troubles du XVIe siècle. Aimeri mourut en 1068, selon la Chronique, et son anniversaire était célébré le 13 mars dans l'abbaye, quoiqu'il n'y fût pas inhumé.

D. Chazal a fait connaître le nom de famille de cet abbé en rapportant une pièce du chartrier, qu'il assure avoir vue et où il était dit que Jean Menbré de Pamprou devait annuellement une redevance de 50 sous pour l'anniversaire d'Aimeri Mayristrole, ancien abbé de Saint-Maixent. Comme notre abbaye n'a jamais eu d'autre abbé du nom d'Aimeri, il est indubitable qu'il est question dans cet acte de celui dont nous parlons en ce moment; mais il faut faire quelque réserve sur le nom de Mayristrole, qui ne nous semble pas exact. Il devait y avoir Maingtrole ou Mayntrole dans le texte consulté par D. Chazal, et qu'il aura mal lu, erreur facilement excusable pour un nom propre.

La famille Maintrole portait pour armes un écu d'hermines plein, chargé de 2 fasces (Sceau de Jehan Mantrolle, matrice du XVe siècle, musée de la Société des Antiquaires de l'Ouest, n° 72).

Ce nom de Maintrole, conservé pendant longtemps par une rue de Saint-Maixent, appelée la rue de la Maintrolière, paraît à une date fort reculée dans les actes de l'abbaye, et nous publions une charte du 5 décembre 1080 où comparaît comme témoin *Aimericus Mantrolia* (*Ch.*, n°s 118, 147 ; *Chron.*, p. 404).

XXIV. 1068. — ARCHEMBAUD, *Archimbaudus*. La Chronique dit qu'après la mort d'Aimeri il gouverna pendant très peu de temps l'abbaye de Saint-Maixent. Quel est ce personnage? Faut-il, comme l'a supposé le *Gallia*, admettre qu'après la mort d'Aimeri l'ancien archevêque de Bordeaux, qui vivait encore, ait cherché à reprendre possession de son abbaye? On ne sait trop qu'en penser. Il semble toutefois qu'il aurait dû être désigné d'une façon plus explicite par le chroniqueur. Nous nous rangerions plus volontiers, s'il pouvait en donner la preuve, à l'avis de D. Chazal, qui voit en lui un prévôt du nom d'Archembaud, *Archimbaudus prepositus*, cité, dit-il, dans une charte du cartulaire du temps de l'abbé Aimeri. Mais nous avons vainement cherché le nom d'Archembaud dans les textes que nous pouvons rapporter au gouvernement de cet abbé. Pendant les neuf ans qu'Aimeri resta à la tête de l'abbaye, on ne rencontre que le prévôt Gerbert;

il n'y a même pas trace que pendant cet espace de temps il y ait eu un moine qui ait porté le nom d'Archembaud. L'assertion de D. Chazal paraît être le fruit d'une confusion dans ses notes.

On ne connaît aucun acte émané de cet Archembaud, et en outre, on ne peut lui attribuer aucune des chartes non datées du cartulaire où se trouve le nom d'*Archimbaudus;* elles sont toutes antérieures à 1059 (*Chron.*, p. 404).

XXV. 1069-1078. — BENOIT, *Benedictus*. La Chronique de Saint-Maixent dit qu'il fut ordonné le 5 des nones d'octobre (3 octobre) 1070 ; mais il prit le titre d'abbé antérieurement à cette date, car il paraît dans une charte du 10 mars 1069 et dans une autre du 19 avril 1070. L'histoire de Marmoutier rapporte que son successeur Anségise fut élu en 1078; il dut mourir au commencement de cette dernière année et le 14 février, jour où son anniversaire était célébré dans l'église du monastère, où toutefois son corps ne reposait pas. C'était, dit la Chronique de Montierneuf, un de ces moines de Cluny que le comte Guy-Geoffroy fit venir en Poitou pour remettre en honneur la discipline régulière (*Ch.*, n°s 123, 125; D. Martenne, *Thes. Anecd.*, t. III, p. 1212; *Soc. archéol. de Touraine*, t. XXIV, p. 450).

Le *Gallia* rejette avec raison deux abbés indiqués après Benoît par Mabillon, dans ses Annales de l'Ordre de Saint-Benoît, à savoir: Goderan, évêque de Saintes, et Droon ; ce sont, comme il le reconnaît, deux abbés de Maillezais, intercalés par erreur au milieu de ceux de Saint-Maixent.

XXVI. 1080-1087. — ANSÉGISE, *Ansegisus,* fut, dit la Chronique, ordonné abbé le trois des calendes d'octobre (29 septembre) 1080. Il paraît dans une charte de cette même année. C'était un religieux venu de Marmoutier, où il retourna en 1087 ; il mourut dans ce monastère en 1091. Selon l'histoire de Marmoutier, il aurait été élu dès 1078, mais il n'aurait pu qu'au bout de deux ans prendre possession de l'abbaye. Ce fait semble correspondre à une tentative de la part d'Hugues, abbé de Saint-Liguaire, pour faire élire abbé de Saint-Maixent un religieux de son monastère, peut-être son fils, nommé Garnier, *filium nostrum domnum War* (*Ch.*, n°s 146, 147 ; *Chron.*, p. 407; *Soc. arch. de Touraine*, t. XXIV, p. 450-452).

XXVII. 1087-1091. — ADAM, *Adam,* fut, dit la Chronique, ordonné abbé la veille des calendes de mars (29 février) 1087 ; il paraît dans une charte de la même année, et on le retrouve encore en 1091 (*Ch.*, nos 165, 178 ; *Chron.*, p. 409).

XXVIII. 1092-1093. — ROBERT, *Rotbertus*, successeur d'Adam, aurait, dit la Chronique, abandonné l'abbaye en 1093, qu'il n'aurait par suite gouvernée que pendant un ou deux ans. Il est vraisemblable que Garnier, après avoir été le compétiteur d'Anségise, n'avait pas renoncé à ses prétentions : le départ de ce dernier abbé, après avoir dirigé le monastère pendant sept ans, semble indiquer que son administration avait été fort troublée, et que, plutôt de continuer une lutte qui lui répugnait, il préféra se retirer. Il en fut de même de Robert ; seulement ce dernier n'abandonna pas le monastère de Saint-Maixent. C'est ce qui nous est révélé par une charte du cartulaire de Saint-Cyprien de Poitiers, datée de l'an 1095 ou environ (*Arch. hist. du Poitou*, t. III, p. 301), qui constate la renonciation par les religieux de Saint-Maixent à leurs prétentions sur l'église de Saint-Faziol ; parmi les témoins, immédiatement après l'abbé Garnier, vient l'abbé Robert, *Rotbertus qui dictus est abbas*. Ce surnom, conservé par l'ancien abbé de Saint-Maixent, et le premier rang qu'il occupe parmi les témoins, semblent indiquer que, tout en reprenant place parmi les moines de l'abbaye, il conserva néanmoins sur eux une certaine prééminence (*Ch.*, nos 179, 229 ; *Chron.*, p. 410 ; D. Chazal, *cap.* 42).

XXIX. 1093-1106. — GARNIER, *Warnerius*, *Garnerius*, fut, selon la Chronique, le successeur de Robert ; vraisemblablement fils d'Hugues, abbé de Saint-Liguaire, et petit-neveu d'Aimeri Maintrole, abbé de Saint-Maixent, il parvint, après de nombreuses tentatives, à occuper cette dernière position en 1093 ; il mourut, dit la Chronique, le jour de Noël 1106. On le trouve dans des chartes se référant à ces années extrêmes (*Ch.*, nos 180, 219 ; *Chron.*, p. 423). Les auteurs du *Gallia* avancent (t. II, col. 1254) qu'il paraît dans un acte de 1090 ; il y a dans cet énoncé une erreur certaine de date. Ils admettent aussi qu'il continua à diriger l'abbaye après l'année 1106 et lui supposent par suite des coadjuteurs. Ces allégations ne reposent que sur de fausses indications de textes ou de dates. Ainsi ils lui attribuent une charte de 1107 (n° 219), où il est expressément dit que les moines remplissent des engagements pris par leur abbé Garnier avant de mourir, et quant à celle de 1111 (n° 246) qu'ils lui donnent aussi, elle ne porte pas de nom d'abbé.

XXX. 1107-1134. — GEOFFROY, *Goffredus*, *Gaufredus*, fut ordonné abbé, dit la Chronique, aux calendes de juillet (1ᵉʳ juillet) 1107, et paraît dans une charte de décembre 1108 ; il mourut le 5 des ides de janvier (9 janvier) 1134. D. Le Michel, dans sa liste des abbés de Saint-Maixent (f⁰ 309), lui donne le nom de Geoffroy de Romans, *Gaufredus de Rothmancio* (f⁰ 309). Nous n'avons rencontré aucun texte qui vienne confirmer ou infirmer ce dire, mais ce qu'il y a de certain, c'est que cet abbé appartenait à une famille de la région. Nous constatons en effet dans les actes passés sous son abbatiat la présence de ses frères Rainaud et Geoffroy et de son neveu Robert Droet en 1108. Quant au nom de Chenet que lui donne Du Temps (*Le Clergé de France*, t. II, p. 449), il n'est fondé que sur une confusion inexplicable, comme on peut le constater en se reportant à la charte même citée par Du Temps (n⁰ 222). Il mourut, dit la Chronique, le 5 des ides de janvier (9 janvier) 1134. C'est à cet abbé que nous croyons pouvoir attribuer (Voy. plus haut, page xxv), l'initiative de la rédaction du Cartulaire et de la Chronique de l'abbaye de Saint-Maixent.

Après Geoffroy, le *Gallia* n'a pas cru devoir, et avec raison, donner place à un Eudes, *Odo*, qu'elle a rencontré dans les catalogues, et qui aurait gouverné l'abbaye pendant deux ans ; aucune charte ne mentionne ce prétendu abbé ; et au surplus la Chronique donne un démenti formel à cette intromission (*Ch.*, nᵒˢ 222, 224, 225, 301, 305 ; *Chron.*, p. 431).

XXXI. 1134-vers 1164. — PIERRE RAIMOND, *Petrus Raimundus*, succéda, dit la Chronique, à l'abbé Geoffroy. Il était alors moine de Cluse, *monachus de Clusa*. Ce simple énoncé a donné matière à plusieurs interprétations qu'il convient d'examiner. Il existait bien au XIIᵉ siècle, en Piémont, un célèbre monastère qui portait le nom de Saint-Michel de Cluse ou de l'Ecluse, mais le *Gallia*, trouvant sans doute le Piémont trop loin du Poitou, et influencé par la liste de D. Devallée, fut porté à admettre que Pierre Raimond était moine de Saint-Michel-en-Lherm, en Bas-Poitou. Mais cette opinion n'a aucun fondement, car Saint-Michel-en-Lherm n'a jamais porté le nom de *Clusa*, et c'est pour ce motif que M. de La Fontenelle de Vaudoré, toujours sous la préoccupation de chercher dans notre région le monastère de Cluse, fut amené à supposer qu'il s'agissait du prieuré de Saint-Michel-le-Cloucq, sis près de Fontenay-le-Comte ; mais nous devons faire remarquer que le nom de cette localité n'était pas de *Clusa*, mais bien *de Clauso*, et de plus qu'il n'y avait là qu'un petit prieuré dépendant de Maillezais ; le rédacteur de la Chronique aurait sûrement dit, si le fait eût été exact, que notre abbé était moine dans cette abbaye et l'aurait appelé *monachus de Malliaco* ou *Malleacensis* (Voy. La Fontenelle, *Recherches sur les chroniques de Saint-Maixent*, p. 7).

Du reste, M. de la Fontenelle n'a pas persisté dans cette opinion qu'il ne présente que comme dubitative, et se rattache à l'idée du monastère de Saint-Michel de Cluse en Piémont, dont il ignore, du reste, l'importance. C'était un des quatre chefs d'ordre de l'Ordre de Saint-Benoît. Réformée par Benoît le Jeune en 1066, cette abbaye fut richement dotée par les grands seigneurs français et étrangers (en 1216, 140 églises en dépendaient), et entre autres elle possédait en Poitou le prieuré de Moutiers-les-Mauxfaits.

Benoît était de Toulouse, et il appela auprès de lui des jeunes gens de la noblesse qui vinrent le seconder dans son œuvre de réformation. Il mourut en 1096 ; mais le courant qu'il avait créé ne s'arrêta pas, et le midi de la France continua à envoyer à Cluse des religieux de grand nom. Pierre Raimond fut un de ceux-là. Il était cousin de la duchesse Aliénor, ainsi qu'elle le dit expressément elle-même dans deux lettres qui nous ont été conservées et qu'elle a adressées en sa faveur au pape Alexandre III et au cardinal Jacinthe. Aussi est-il fort à croire qu'il faut voir en lui un fils resté inconnu au P. Anselme, de Raimond, comte de l'Isle-Jourdain, petit-fils de Guillaume III, comte de Toulouse, lequel était aussi ancêtre d'Aliénor (*Hist. généal. de la Maison de France*, t. II, p. 703).

La première charte où l'on rencontre le nom de l'abbé Raimond est de 1137, et la dernière de 1163 ; toutefois, il convient de faire remarquer que la pièce que nous avons placée vers 1164 (n° 350), pourrait être encore plus rapprochée de nous. On y rencontre en même temps le nom de l'abbé Pierre Raimond et celui d'Airaud, archiprêtre de Saint-Maixent ; or, ce dernier ne peut avoir occupé cette charge avant 1164, son prédécesseur Pierre Garoille comparaissant encore en 1163 (n°s 341 et 342). D'après D. Chazal, Raimond serait mort pendant le séjour du cardinal de Pavie à Saint-Maixent, mais ses références se rapportant à la charte du cartulaire à laquelle nous avons donné la date de 1135 et dans laquelle il est question non de Raimond, mais de Geoffroy, son prédécesseur, il n'y a donc pas lieu de tenir compte de son dire ; on ne sait point à quelle époque mourut cet abbé, et l'on ignore aussi en quel lieu il a été inhumé. Il semble que, comme son prédécesseur Archembaud, il ait eu, lui aussi, des démêlés avec la Cour de Rome. Les deux lettres d'Aliénor ont en effet pour but de demander au pape et au cardinal que l'abbé de Saint-Maixent, son très cher cousin, soit remis en possession de la direction de son monastère, *ordinis sui usum et liberam ministrandi potestatem miseratio vestra piè restituat* (D'Achery, *Spicilegium*, t. II, p. 452 et 453). Ces faits se passaient après 1159, date de l'élévation d'Alexandre III au souverain pontificat (*Ch.*, n°s 312, 342, 350 ; *Chron.*, p. 421).

Les comtes de l'Isle-Jourdain portaient pour armes : *de gueules, à la croix cléchée, vuidée et pommetée d'or* (P. Anselme).

XXXII. 1174-vers 1180. — PIERRE DE LA TOUR, *Petrus de Turre*. Entre 1163 et 1174 nous n'avons trouvé aucun acte où il soit question d'un abbé de Saint-Maixent. Toutefois il est certain que Pierre de la Tour succéda à Raimond, ainsi qu'il résulte d'un acte du cartulaire (n° 359), où ces deux abbés sont placés dans leur ordre de succession. Il mourut on ne sait à quelle date (vers 1180, dit sans preuve le *Gallia*) ; il fut inhumé dans le chapitre de l'abbaye, et son anniversaire était célébré le 31 mars (*Ch.*, n° 356).

Le *Gallia* place un abbé du nom d'Olivier entre Pierre de la Tour et Adémar. Pour ce faire, il renvoie aux notes de D. Estiennot, qui lui assigne les dates de 1175 à 1180, justement celles que l'on peut attribuer au gouvernement de Pierre de la Tour. Comme l'écrivain bénédictin a omis ce dernier abbé dans sa liste, il est vraisemblable qu'il a encore une fois confondu deux noms ou des actes de dates différentes. Nous ne devons pas toutefois omettre que D. Chazal admet aussi cet Olivier dans sa série des abbés (*cap.* 46), mais uniquement parce qu'il a rencontré son nom dans les notes de D. Liabeuf. Nous ne nous croyons pas tenu par ces données confuses, et comme, à notre connaissance, aucun texte authentique n'a parlé de cet Olivier, nous le passerons sous silence.

XXXIII. 1181-1199. — ADÉMAR, *Ademarus*, paraît dans une charte du 27 décembre 1181. Il assista, le 4 mai 1199, à une donation faite par Aliénor, duchesse d'Aquitaine, à l'abbaye de Montierneuf (*Layettes du Trésor des chartes*, t. I, p. 202) ; après cette date, il n'est plus question de lui (*Ch.*, n° 362).

Après Adémar, le *Gallia* place un abbé du nom d'Aymeri Mayristrole, dont il ne dit autre chose que Jean Menbré de Pamprou fonda pour lui un anniversaire. Or cet abbé n'est autre que l'abbé Aimeri, qui vivait cent ans plus tôt et porte le n° XXIII de notre liste. Cette erreur du *Gallia* a encore été motivée par la préoccupation qu'avaient ses auteurs d'utiliser toutes les listes qu'ils avaient recueillies. D. Devallée, qui ne laisse Adémar à la tête de l'abbaye que jusqu'en 1182, lui donne pour successeur un Aimeri pendant deux ans, et le fait mourir en 1184. D. Chazal, qui se méfiait des assertions de D. Devallée, a constaté que certaines notes manuscrites de l'abbaye portaient bien le nom de l'abbé Aimeri en 1181, mais aussi que cette erreur provenait de ce que leurs auteurs avaient mal interprété la lettre **A.**, initiale des deux noms d'Adémar et d'Aimeri, que l'on rencontrait dans les textes.

XXXIV. 1200-vers 1204. — Martin, *Martinus*, est indiqué comme abbé dans un acte du 6 octobre 1200 ; il a dû mourir en 1203 ou 1204 (*Ch.*, n° 403).

Après Martin, le *Gallia*, suivant la chronologie de D. Devallée, place un abbé Etienne, qui aurait régi l'abbaye de 1204 à 1209. Or nous avons établi (*Ch.*, n° 406, note) qu'en 1204 Benoît était abbé de Saint-Maixent. Il y a donc lieu de rejeter Etienne, que nous retrouverons, du reste, plus loin, aussi bien que l'opinion de D. Chazal qui fait vivre Martin jusqu'en 1208, date à laquelle il suppose, à tort, vu l'omission du nom de l'abbé dans une charte (n° 407), que le siège abbatial était vacant.

XXXV. Vers 1204-1218. — Benoit II, *Benedictus*. Cet abbé reçut de nombreux hommages vers 1204 ou 1205, ce qui tend à faire croire qu'il venait seulement de prendre possession de l'abbaye; on ne rencontre plus son nom dans nos chartes après 1218, et D. Le Michel rapporte qu'il a trouvé un acte de 1220 concernant Exireuil où était apposé le sceau de Geoffroy, abbé de Saint-Maixent. Benoît aurait donc cessé d'être abbé avant cette date. Du Temps l'appelle l'abbé Benoît ou Bernard, d'après un acte du chartrier de Saint-Jean-d'Angéli de 1217, dans lequel le *Gallia* ne voit, avec raison, qu'une négligence de scribe. On trouve en 1210 un Bernard, neveu de l'abbé, qui doit être identifié avec Bernard de Monz, signataire d'autres chartes de même date (*Ch.*, n°ˢ 406, 410, 411, 412, 417).

XXXVI. 1220-1233. — Geoffroy, *Gaufredus*. Il lui fut rendu de nombreux hommages en 1222, et, selon le *Gallia*, il aurait gouverné l'abbaye jusqu'en 1233 ; le dernier des textes datés où nous le rencontrons est de 1225. Serait-ce le même personnage que Geoffroy Vendier, prieur de Vérines sous le précédent abbé, comme l'insinue D. Chazal (*cap.* 30) ? (*Ch.*, n°s 420, 424).

XXXVII. 1235-1265. — PIERRE, *Petrus*, se rencontre dans des chartes datées de 1235 à 1265 ; on pourrait peut-être inférer de ce qu'en 1268 l'abbé Etienne reçut plusieurs hommages que le décès de son prédécesseur ne devait pas être éloigné et peut-être ne remonter qu'à 1267 (*Ch.*, n°s 435-461).

Le *Gallia* rapporte que dans quelques catalogues cet abbé porte le nom d'Audouin, *Alduinus*. Cette énonciation n'a encore pour objet que de faire concorder la liste des abbés de D. Devallée avec les indications exactes fournies par les textes ; cet Audouin, que Devallée place après Benoît II, sans faire précéder son nom de celui de Pierre, aurait, selon lui, gouverné l'abbaye peu de temps et serait mort en 1240. Le *Gallia* place ensuite un Arnauld, *Arnauldus*, qui aurait vécu jusqu'en 1263, toujours d'après D. Devallée. Nous ne savons où ce dernier a relevé ces deux noms d'abbés, mais ils sont certainement apocryphes et doivent être biffés de la série des abbés de Saint-Maixent.

XXXVIII. 1269-1277. — ETIENNE, *Stephanus*, reçut de nombreux hommages en 1269 ; on le rencontre encore dans une charte de 1276 et même en 1277, selon D. Le Michel (f° 292 v°), qui dit que cette année il acheta quelques terres dans le fief de la Chayne (*Ch.*, n°s 464-477). (Voy. le sceau de cet abbé appendu à un acte de 1276, *Ch.*, n° 477).

XXXIX. 1277-1279. — GUILLAUME I, *Guillelmus*, reçoit des hommages en 1277, et paraît dans une charte de l'abbaye des Châteliers du 29 novembre de la même année (*Cart. des Châteliers*, n° 97). Le dernier acte où nous le rencontrons est un accord intervenu, le vendredi avant l'Annonciation 1278 (24 mars 1279), entre lui et l'abbé de Fontaine-le-Comte. (Arch. de la Vienne, Fontaine-le-Comte, 1. 22). Le *Gallia* le cite encore en 1282, d'après une autre charte du cartulaire des Châteliers ; mais il y a confusion de sa part : le texte qu'il a vu est celui de novembre 1278, qui n'existait dans le chartrier de l'abbaye que renfermé dans un vidimus du mardi avant la Saint-Barnabé (9 juin) 1282 (*Ch.*, n° 463).

XL. 1280-1292. — CONSTANTIN II, *Constantinus*, transigea le 15 novembre 1284 avec Geoffroi, abbé des Châteliers, au sujet du domaine de la Touche d'Exireuil (*Cart. des Châteliers*, n° 102). Il paraît dans une charte de 1290 (*Ch.*, n° 487). D. Le Michel (f°s 293 et 309) dit qu'il l'a rencontré dans des textes de 1280 à 1292. Il mourut un 8 de février, et fut inhumé, d'après le livre des anniversaires, devant l'autel de Notre-Dame. (C'est à cet abbé, plutôt qu'à Constantin I, que nous avons cru, de même que nos prédécesseurs, devoir rapporter cette mention.)

XLI. Vers 1293-1306. — GUILLAUME II TOUSSELIN, *Guillelmus Toselin*, apparaît dans des chartes de 1294 et de 1296. Le lundi après les cendres 1293 (8 mars 1294), il céda au prieur de Marsais tout ce que l'abbaye de Saint-Maixent possédait dans les marais de Vouillé, à la charge de contribuer aux dépenses communes des marais de la Sèvre (D. Le Michel, f° 284). D. Chazal dit (*cap.* 54) qu'en 1305, de concert avec l'aumônier Aimeri de Mareuil, il fit un accord avec Jean Prévôt, et qu'en 1306 il reçut plusieurs hommages.

Nous avons réuni sous un même personnage les actes attribués par le *Gallia* et par D. Chazal à deux abbés différents, ayant l'un et l'autre porté le nom de Guillaume. Le *Gallia* fait mourir Guillaume Tousselin avant le 23 janvier 1302 ; mais comme il n'indique pas ses sources, nous tenons jusqu'à preuve du contraire cette assertion comme erronée. Il suppose ensuite qu'il a pu être en compétition avec un abbé du nom de Benoît, que D. Estiennot place à la tête de l'abbaye jusqu'en 1294, époque où il serait mort. Mais cette note, empruntée à D. Devallée, n'est d'aucune valeur, et se rapporte à notre Benoît II (n° XXXV). Et c'est aussi pour donner place à un prétendu Guillaume de Chauray, que D. Devallée fait vivre jusqu'en 1328, que le *Gallia* a dédoublé Guillaume Tousselin pour en faire deux abbés. Ce Guillaume de Chauray ne fut abbé qu'à la fin du XIV° siècle (n° XLIX). Nous avons adopté le nom de Tousselin que donnent à Guillaume II le *Gallia* et D. Chazal, sans en avoir toutefois de preuves certaines ; en 1294, il existait dans l'abbaye un clerc du nom de Simon Tousselin (*Ch.*, n° 489).

XLII. Vers 1310-vers 1325. — ARNAUD BERNARD DE PREISSAC, *Arnaldus Bernardus de Preichac*, se rencontre dans deux de nos chartes, de 1312 et de 1314 (*Ch.*, n°s 496 et 497) ; mais il apparaît déjà comme abbé le dimanche après la Saint-Vincent 1310 (1 mars 1311), jour où il acheta un pré près du Fouilloux, sur la Sèvre (D. Le Michel, f° 293); on le trouve en 1325, le jour de Saint-Cyprien (14 septembre), achetant une rente de 20 deniers et une bottine de bœuf qu'Hugues Armenjou, chevalier, percevait sur une maison près du moulin de l'abbé (D. Le Michel, f° 293, et D. Chazal, *cap.* 55). Il était auparavant moine de la Grande-Sauve en Bordelais, dit le Nécrologe de cette abbaye, qui indique sa mort au 3 ou au 13 des calendes d'avril (20 ou 30 mars) de l'année 1329 ou 1330 (*Ch.*, n° 509).

Le *Gallia* et D. Chazal l'appellent Buart ou Bernard; il n'y a pourtant aucun doute à avoir sur son nom, et on ne peut lui donner celui de Buart que par suite d'un excès de scrupule paléographique : l'abréviation de *Bernart* étant *Bn̄art* et les lettres *u* et *n* ayant la même forme dans les textes du temps. Cette particularité orthographique a fait hésiter le *Gallia* à l'identifier, malgré le texte formel du Nécrologe de la Grande-Sauve, avec Arnaud Bernard, et il n'émet son opinion qu'avec un signe de doute, *fortassè*. Cet exemple nous prouve, une fois de plus, la conscience des auteurs du *Gallia* dans la production des faits, mais aussi est un témoignage de leur manque de hardiesse pour relever les erreurs des écrivains dont ils mettaient les matériaux en œuvre.

Notre abbé appartenait à la famille des soudans de la Trau et devait être l'oncle d'autre Arnaud Bernard de Preissac, soudan de la Trau, fils de Gaillarde de Preissac, demi-sœur de Bertrand de Got, archevêque de Bordeaux, et plus tard pape sous le nom de Clément V (Voy. Marchegay, *Bibl. de l'Ecole des Chartes*, 4ᵉ série, t. IV, p. 80). Ce fut vraisemblablement pendant les seize mois de séjour que fit le pape à Poitiers en 1307 et 1308 qu'il gratifia son parent de la riche abbaye de Saint-Maixent. Cette ingérence de la papauté dans le choix des abbés, en dérogation à la règle de saint Benoît, qui imposait l'élection des chefs de monastère, est un acheminement à l'abus de la commende.

Arnaud fut le premier de nos abbés qui s'intitula « abbé par la miséricorde de Dieu et la grâce du Saint-Siège apostolique, *abbas miseratione divina et Sanctæ Sedis apostolicæ gratia* » (D. Le Michel, f° 300 v°), ce qui est une nouvelle preuve de la part principale prise par le pape dans sa nomination. Les armes de sa famille étaient : *d'argent, au lion de gueules, armé et couronné d'azur*. D. Fonteneau (t. 82, n° 85) donne un croquis de son sceau qui était appendu à un acte de 1325 ; sceau ovale : dans le champ, entre deux pinacles gothiques, un abbé, de face, tenant de la main droite une crosse et de la gauche un livre sur la poitrine ;

légende : S. ARNALDI ABBA... MA.. ; contre-sceau rond : écu portant un lion et cantonné en pointe de deux crosses qui lui sont adossées; légende : † S. ARNALD' PREICHAC ABBAS.

XLIII. Vers 1329-1335. — ELIE DE SAINT-YRIEIX. Cet abbé, appelé *Helias de Saint-Yre* par le *Gallia*, nous paraît devoir être identifié avec Hélie de Saint-Yrieix, docteur en décret, religieux de Saint-Benoît et nommé abbé de Saint-Florent de Saumur par le pape le 13 juin 1335. Son nom ne se trouve pas dans les chartes que nous publions; on y voit seulement qu'il n'avait pas rendu hommage au roi pour son abbaye, après la mort de son prédécesseur, bien qu'il eût été ajourné pour cet objet aux assises de la Pentecôte de 1330 (*Ch.*, n° 509). Le *Gallia* et D. Chazal disent qu'il succéda à Arnaud par concession du Saint-Siège. En 1333, étant alors au loin, *agens in remotis*, il fit un accord avec l'abbé de Valence pour le lieu de la Pirelière (D. Le Michel, f° 288). De Saint-Florent, où il serait allé en sortant de Saint-Maixent, Elie passa à l'évêché d'Uzès et fit son entrée dans sa ville épiscopale le 2 février 1344. Le 23 décembre 1356, il fut créé cardinal-prêtre du titre de Saint-Etienne *in monte Celio*. Il devint ensuite cardinal évêque d'Albano. Il mourut à Avignon le 10 mai 1367, et fut inhumé dans la cathédrale. Ses armes sont : *d'argent, à deux lions passant de gueules*. Il a laissé plusieurs ouvrages théologiques (Charvet, *Première maison d'Uzès*, p. 117).

XLIV. 1335-1340. — PIERRE PICHER, *Petrus Picher* ou *Pichier*. Cet abbé, qui appartenait à une famille noble des environs de Saint-Maixent, celle des seigneurs de la Roche-Picher (commune de Saint-Eanne), renoua la tradition interrompue par les deux précédents abbés et ne dut sa dignité qu'au choix de ses confrères ; en 1315, il était prieur de Vérines, dépendance de l'abbaye de Saint-Maixent (D. Chazal, *cap.* 57). On le trouve encore en 1340, recevant une donation faite à l'abbaye par Jean Guionnet, corroyeur, et Pétronille, sa femme (D. Chazal, *ibid.*). On ne sait quelle année il mourut. Il fut enseveli dans l'église de l'abbaye, devant l'autel de Notre-Dame, et son anniversaire y était célébré le 19 mars. Il portait pour armoiries: *d'argent, à 3 pichets* ou *pots à l'eau de gueules* (Armoriaux).

XLV. 1347-1362. — GUILLAUME DE LA PORCHERIE, *Guillelmus*. Cet abbé était originaire du Limousin. La première mention que l'on trouve de lui est du 21 février 1346 (1347), alors qu'étant éloigné de son abbaye à cause des guerres, il créa six vicaires généraux pour l'administrer tant au spirituel qu'au temporel (*Gallia Christ.*, d'après l'histoire manuscrite de Saint-Florent de Saumur, p. 352). En 1351, pour les mêmes raisons, il s'adjoignit encore trois vicaires (*Gallia Christ.*). Il paya en 1348 à Etienne, évêque de Saint-Pons de Thomières, camérier du pape, la taxe des annates (D. Le Michel, f° 292 v°). Le 5 janvier 1361 (1362), il reçut l'hommage du fief de Bonneuil (D. Chazal, *cap.* 58) ; c'est le dernier acte où l'on relève son nom. D'après le *Nobiliaire du Limousin*, t. IV, p. 539, la famillle de la Porcherie portait dans ses armes un pal.

XLVI. 1362. — JEAN, *Johannes*. Cet abbé ne gouverna le monastère que pendant quelques mois. Son élection fut évidemment postérieure au mois de janvier 1362, et il fut enseveli le jeudi après la Saint-Matthieu (21 septembre) de cette même année (*Ch.*, n° 511). On ne connaît qu'un seul texte où soit mentionné le nom de cet abbé.

XLVII. 1363-1381. — GUILLAUME DE VEZANÇAY, *Guillelmus de Vesansaio*. Cet abbé appartenait à une famille noble qui possédait à cette époque la seigneurie de Vairé, près Saint-Maixent ; il succéda assurément à l'abbé Jean. Le premier acte où nous le trouvons est l'hommage qu'il rendit au prince de Galles le 15 décembre 1363 (*Ch.*, n° 513). En 1372, Saint-Maixent étant alors soumis à la domination anglaise, il fut garde du scel aux contrats pour le roi d'Angleterre et prenait dans le protocole des actes les qualités suivantes : *Guillaume, abbé du moustiér de Saint-Maixent, tenens le seel establi au dit lieu de Saint-Maixent pour nostre seigneur le prince d'Acquitaine et de Gales* (Arch. de la Vienne, Couvents d'hommes, 1. 51).

Edouard III le nomma aussi chancelier de Gascogne et lui fit remettre par son fils, le comte de Pembroke, le grand sceau dont on devait se servir en Aquitaine (mandement du roi du 17 avril 1372, dans Palgrave, *The antient Kalendars and inventories of the treasury of his majestys Exchequer*, 1836, t. III, p. 275). En 1373, le roi Charles V le nomma membre de son conseil privé (D. Chazal, *cap.* 60). Il mourut le 17 mars 1381, et fut inhumé, selon le livre des anniversaires, devant l'autel de Notre-Dame, entre les deux piliers. Il a laissé un opuscule de droit canon, resté manuscrit, conservé dans le vol. 12461 du fonds latin de la Bibliothèque Nationale.

La famille de **Vezançay** portait pour armoiries : *de gueules, à 3 cigognes d'argent* (Bibl. Nat., Cab. des titres, Armorial de Mervache).

La cote d'une pièce de 1371, relevée dans le manuscrit 1011, résidu Saint-Germain, à la Bibliothèque Nationale, et publié dans le cartulaire de l'abbaye des Châteliers (n° 135 *bis*), lui donne le nom de Guillaume de Teramon, qui ne peut être qu'une faute de lecture.

XLVIII. 1381-1383. — PIERRE DE LA BARRIÈRE, *Petrus de Barreria*, docteur ès lois, évêque d'Autun, cardinal au titre de Saint-Marcellin et de Saint-Pierre, fut pourvu de l'abbaye en commende par le roi Charles V. Dans un acte du 15 mars 1380 (1381), il se dit *administrator abbatiæ Sancti Maxentii usque ad beneplacitum Sedis apostolicæ* (*Gallia Christ.*), et encore dans l'aveu de Jean Prévost de Damvix, du 15 avril 1381 (1382), *administrateur du moustier de S. Maixent à ly baillé en commande par la S. Sée de Rome* (D. Le Michel, f° 284 v°). Il mourut à Avignon, aux ides de juin (13 juin) 1383, et fut enseveli dans la cathédrale de cette ville. Il portait pour armes : *de gueules, à un lion d'argent* (H. de Fontenay, Armorial des évêques d'Autun, *Revue nobil.*, t. III, p. 393).

Le *Gallia* et D. Chazal donnent l'un et l'autre à cet abbé le nom de Pierre de la Tour. Le doute n'est pourtant pas possible sur l'identité du personnage. On trouve en effet dans la liste des cardinaux créés par Clément VII au conclave du 16 décembre 1378, donnée par Panvinio (*Epitome pontificum romanorum*, 1567, p. 237) : « 4. *Petrus de Barreria, episc. Eduensis, Gallus, presb. card. tt. SS. Petri et Marcellini*, et p. 240 du même ouvrage : « *Anno Christi MCCCLXXXIII, pontificatus PP. Clementis VII, anno VI, die....., Petrus de Barreria, episcopus Eduensis, presb. card. tt. SS. Petri et Marcellini, Avinione mortuus est ibique sepultus.* » Il y a sûrement eu confusion sous la plume du rédacteur du catalogue cité par le *Gallia*, entre les noms des deux abbés de Saint-Maixent, Pierre de la Tour, que nous avons rencontré à la fin du XII° siècle (Voy. n° XXXII), et Pierre de la Barrière, très souvent dénommé Pierre, cardinal de Thien ou de Thin, pour Autun. Nous croyons aussi avoir découvert une autre cause à cette confusion de nom. Nous trouvons, en effet, dans les notes de D. Le Michel, sous la date incomplète de 138., le résumé d'un acte que nous publions (*Ch.*, n° 356) à sa date véritable de 1174, et où comparaît Pierre de la Tour. Il est évident que dans le texte original cette date était en partie effacée, et que D. Le Michel, sans se préoccuper des synchronismes qu'elle contenait, aura indiqué ce qu'il aura cru lire. Cette négligence lui a fait commettre une grosse faute qui a induit en erreur tous ceux qui ont écrit d'après lui.

M. de Fontenay désigne encore l'évêque d'Autun sous le nom de Pierre de Mirepoix, qui était peut-être celui de son lieu d'origine.

Après Pierre de la Barrière, le *Gallia* et D. Chazal indiquent comme son successeur Hugues Tousselin, d'après un acte du 12 mai 1382, dans lequel ce dernier aurait pris la qualité d'abbé. Mais cette mention se trouve infirmée par un autre acte, du 5 novembre 1382, relevé par D. Le Michel (f° 293 v°), et qui est un hommage rendu à l'évêque d'Autun, abbé commendataire de Saint-Maixent, pour la seigneurie de la Roche-Picher, et enfin, surtout par la date même de la mort du cardinal. Hugues, outre sa qualité de prieur de Souvigné, était aussi vicaire général de Pierre de la Barrière et administrait l'abbaye en son nom ; quant à l'acte allégué pour en faire un abbé, nous croyons, d'après le résumé qui nous en a été transmis, qu'il faut y voir toute autre chose que ce qui en a été tiré. C'est un accord intervenu entre lui, le prieur claustral, l'aumônier et le chantre de l'abbaye, en vertu duquel il est décidé que le sceau de l'abbé sera enfermé sous triple serrure. Ce fait ne peut guère se comprendre que s'il s'agit du sceau de l'abbé commendataire, dont, en son absence, il pouvait être fait mauvais usage.

Hugues Tousselin doit donc être rayé de la liste des abbés de Saint-Maixent.

XLIX. 1383-1385. — GUILLAUME DE LAUNAY. D'après le *Gallia* et tous les historiens de l'abbaye, cet abbé aurait porté le nom de Guillaume de Chauray. D. Estiennot lui donne même pour armes : *d'azur, à la bande d'or accompagnée de 7 billettes d'argent, 4 en chef et 3 en pointe*. Ce nom et ces armes nous semblent être de fantaisie absolue. D. Chazal et le *Gallia* disent que Guillaume de Chauray était aumônier de l'abbaye sous Guillaume de la Porcherie, et que cet abbé l'aurait nommé son vicaire général en 1353. Or l'aumônier, en 1381, s'appelait Guillaume de Launay (*Ch.*, n° 528), et nous savons que le titulaire de cette charge, l'une des plus importantes de l'abbaye, la conservait toute sa vie, à moins de passer à une dignité supérieure, celle d'abbé. Il est donc de toute vraisemblance que l'aumônier de Saint-Maixent de 1353 à 1381 fut Guillaume de Launay, qui est aussi le même personnage que le *Guillaume de la Mais*, désigné par D. Chazal comme aumônier dans l'acte de 1382, dont nous avons parlé à l'article précédent. Puisque ce fut l'aumônier de l'abbaye qui fut élevé par les moines à la dignité d'abbé, selon le *Gallia* et D. Chazal, il ne peut être question d'une autre personne que de Guillaume de Launay.

Enfin, malgré les assertions de tous ces écrivains, il n'existait pas en Poitou de famille noble du nom de Chauray, tandis qu'à Saint-Maixent et aux environs se trouvait la famille de Launay, qui ne s'est éteinte qu'au XVIe siècle.

Il reçut hommage en 1383 pour le fief de la Peyre (D. Le Michel, f° 287 v°). D. Chazal assigne à cet acte la date du 20 avril; mais il doit y avoir erreur dans l'indication du mois. En l'année 1384, Guillaume paya sa taxe à François, évêque de Grenoble, camérier du pape (D. Le Michel, f° 281 v°) ; enfin D. Chazal dit qu'on le rencontre encore en 1385.

Le *Gallia* ayant trouvé quelque part qu'il avait été, comme Guillaume de Vezançay, chargé de la garde du scel royal à Saint-Maixent, semble admettre ce fait comme possible. Mais cette assertion tombe d'elle-même, car la seule référence à laquelle se rapporte l'auteur à qui il emprunte cette mention, est celle d'un acte du couvent des Cordeliers de Poitiers, conservé aujourd'hui aux Archives de la Vienne (Couvents d'hommes, l. 51), et qui contient le relevé des donations faites par Marguerite de Bauçay, dame de Cheneché, à divers établissements religieux. Cet acte est du 13 juin 1372, et par suite l'abbé Guillaume qui le délivre est sûrement Guillaume de Vezançay. Enfin les gardes du scel royal à Saint-Maixent en 1383, 1384, 1385, sont parfaitement connus par de nombreux actes.

L. 1385-1402. — ROGER DE SAINT-AVIT, d'une famille de la Marche, recevait des hommages le 14 juillet 1385 ; cette même année, il payait sa taxe au pape (D. Le Michel, f° 300 v°), et mourut le 16 septembre 1402. Le *Gallia*, après avoir mentionné cette date, ajoute qu'il est à croire que la mort de cet abbé arriva plutôt le 16 décembre, jour où les moines se réunirent pour lui élire un successeur; mais cette allégation est détruite par le texte même de cette convocation, qui fut adressée le 21 septembre aux religieux de l'abbaye à l'effet de se réunir le 7 octobre suivant pour procéder à l'élection d'un nouvel abbé (*Ch.*, n° 533). Sa famille portait pour armes: *d'azur, à 3 fasces d'argent et 3 besants d'argent en chef* (Nobiliaire du Limousin).

LI. 1402-1436. — PIERRE BASTON. D. Estiennot attribue à cet abbé les armoiries suivantes: *d'azur, au cerf couché d'or, au chef échiqueté d'or et de gueules.* Or ces armes sont celles d'une notable famille de la Marche, les Barthon de Monbas, dont l'illustration date justement du commencement du XV° siècle, et il y aurait lieu d'y rattacher notre abbé, si nous possédions quelque témoignage plus digne de créance que celui de D. Estiennot. Mais, pour renverser le sien, il suffit de faire remarquer que les généalogies de la famille Barthon ne mentionnent pas le nom de notre abbé, qu'elles n'auraient pas manqué de lui attribuer, s'il eût eu avec elle la moindre attache. Pour nous, nous ne serions pas éloigné de l'identifier avec Pierre Baston, *Petrus Bajuli,* licencié en décret, moine et grand-chantre de l'abbaye de la Chaise-Dieu, que l'abbé Pierre de Vissac nomma le 18 juin 1387 son vicaire général pour administrer les biens de ce monastère (*Gall. Christ.,* t. II, col. 426).

Le *Gallia* cite son nom pour la première fois le 12 août 1403; mais nous l'avons rencontré bien avant cette date. Ainsi, le 27 décembre 1402, il donne procuration à plusieurs des religieux de l'abbaye pour s'entendre avec Constant Chabot, chev., s^{gr} de Pressigny, au sujet de la féodalité du prieuré de Verruye (Arch. de la Vienne, E^s. 427). Le 20 février 1402 (1403), en qualité de vicaire général d'Ytier, évêque de Poitiers, il faisait la visite du chapitre de Notre-Dame de Mirebeau (D. Fonteneau, t. 67, p. 421); enfin, le 28 mai 1403, il prêta serment de fidélité au roi pour le temporel de son abbaye (*Ch.*, n° 534). En 1409, il assistait à l'assemblée du clergé réunie à Paris pour mettre fin au schisme causé par la compétition des papes Grégoire XII et Benoît XIII, et la même année il fit partie du concile de Pise qui déposa les deux adversaires et éleva Alexandre V au souverain pontificat; enfin il fut encore député au concile de Constance en 1414. Le 5 février 1432, il inaugura le cours de droit canon à l'Université de Poitiers, nouvellement créée, et en resta régent jusqu'à sa mort; le 11 février, il fut nommé conservateur des privilèges apostoliques en l'Université et grand recteur des religieux de Saint-Benoît et de Saint-Bernard.

Les abbés de Saint-Maixent ont toujours, depuis Baston, porté ce titre de conservateurs apostoliques de l'Université de Poitiers, qu'ils ont partagé, on ne sait à partir de quelle époque, avec l'abbé de Montierneuf et le doyen du chapitre de la cathédrale.

Avant de professer à Poitiers, Baston était régent à l'Université de Paris (*Ch.*, n° 538), et fut aussi référendaire du souverain Pontife.

Le *Gallia* dit que, le 26 avril 1436, il reçut l'hommage de la seigneurie de Bonneuil ; il mourut très âgé, dans le courant de cette même année.

Docteur en décret, et fort instruit, Pierre Baston a joué un certain rôle dans les affaires religieuses de son temps, et on a publié la lettre qu'il écrivit à l'évêque de Poitiers, où il relatait les événements dont le concile de Pise fut le théâtre (D'Achéry, *Spicilegium*, t. VI, p. 357 ; Monstrelet, *Chroniques*, t. I, f° 84 v°).

LII. 1437-1440. — PIERRE DE CLERVAUX, *Petrus de Clarevallis* ou *de Claravalle*, prieur de Saint-Pierre de Melle, fut élu abbé le 3 janvier 1437, par une partie des religieux. Les voix des autres se portèrent sur Bernard de Feletz. Le pape Eugène IV ne reconnut l'élection ni de l'un ni de l'autre et pourvut de l'abbaye François Condelmère, Vénitien, son neveu, cardinal au titre de Saint-Clément. Ce dernier céda ses droits à Pierre de Clervaux, moyennant une pension annuelle payable pendant huit ans (*Ch.*, n°ˢ 544 et 555). Le pape reconnut alors l'élection de notre abbé ; mais celui-ci, pour se libérer de la lourde charge que ce traité lui imposait, renonça à ses droits entre les mains des Pères du concile de Bâle qui était alors réuni, se fit absoudre par eux de cet acte de simonie, et par décision du concile du 28 novembre 1438, fut pourvu à nouveau de son abbaye, dont il prit possession définitive le 10 février 1439. Quant à son compétiteur, appelé Bernard de Phlé et de Phelest par D. Chazal, de Pheller ou de Seletz par le *Gallia*, il se fit donner en commende l'aumônerie de Saint-Maixent, sans doute pour renoncer à ses prétentions ; il était alors prieur de Maulévrier et résigna cet office en 1448 à son frère Pierre de Feletz, pour passer abbé de Saint-Jouin de Marnes, où le *Gallia* ne le cite qu'en 1450 (*Ch.*, n° 553).

Pierre de Clervaux était encore abbé le 2 novembre 1440, jour où il convoqua les prieurs dépendant de l'abbaye à un chapitre général (D. Chazal, *cap.* 66), mais dut mourir peu après. Son sceau se trouve au bas de l'hommage qui lui fut rendu par le seigneur d'Aubigny le 22 février 1438 (1439) ; l'écu armorié porte une croix et est entouré de cette légende incomplète : *P. de Claravalle* (pap. de la baronnie d'Aubigny). La famille de Clervaux, qui subsiste encore aux environs de Saint-Maixent, porte pour armes: *de gueules, à la croix pattée alaisée de vair*, et selon les armoriaux : *de gueules, aliàs d'azur, à la croix pattée d'or*.

LIII. 1440-1460. — JEAN CHEVALIER était certainement abbé quand, à la fin de 1440, il traita avec un architecte pour la restauration d'une portion de l'église de l'abbaye (D. Chazal, *cap.* 67). Ses armes sont sculptées sur la clé de la première arcade du transept de gauche qui date de cette époque. Le 18 mai 1443, il rendit hommage au roi pour l'abbaye (*Ch.*, n° 551). Le roi, le 20 octobre 1451, le nomma conseiller au Grand-Conseil.

En 1441, concurremment avec André de la Roche, il fut élu évêque de Luçon ; les deux compétiteurs tombèrent d'accord que l'évêché appartiendrait à l'abbé de Saint-Maixent et que la Roche passerait à sa place à la tête de l'abbaye; mais s'étant pourvus en cour de Rome pour faire ratifier cette convention, le pape s'y refusa et donna l'évêché de Luçon à Nicolas Cœur, procureur du roi de France (*Mém. de la Soc. des Ant. de l'Ouest*, t. XV, p. 123). La charte de 1456, qui énonce ce fait, a mis le nom de Jean au lieu de Nicolas, mais il n'y a pas lieu d'en tenir compte, Nicolas, frère de Jacques Cœur, ayant été évêque de Luçon de 1441 à 1451.

Il se démit de son abbaye en faveur de son neveu Jacques Chevalier (pap. d'Aubigny, fief de Gourdon), et fut inhumé dans le mur du transept de droite de l'église abbatiale où existe encore son enfeu. La famille Chevalier, originaire de Saint-Maixent, dont sont issus les seigneurs de la Frapinière et de la Coindardière, portait pour armes: *de gueules, à 3 clés d'or mises en pal 2 et 1* (Armoriaux).

LIV. 1461-1475. — JACQUES CHEVALIER, neveu du précédent abbé, dut lui succéder au commencement de 1461. Le 12 novembre de cette année, il recevait l'hommage de la seigneurie de la Bidolière (*Gallia Christ.*), et le 1 décembre celui de la Cruelère (orig., appart. à M. Denis, à la Chesnaye). Il vivait encore le 16 octobre 1475 (D. Chazal, *cap.* 68). Il mourut, on ne sait à quelle date, et fut inhumé dans le tombeau de son oncle.

LV. 1479-1484. — PHILIBERT HUGONET, évêque de Mâcon, cardinal, d'abord au titre de Sainte-Lucie *in Silice*, puis de Saint-Jean et Saint-Paul, était abbé en 1479 ; il mourut à Rome le 11 septembre 1484, et fut inhumé dans l'église de *Sancta Maria del Popolo* (Panvinio, *Epitome pontificum*, p. 346). Il ne semble pas être jamais venu à Saint-Maixent, et avait pour vicaire général Hugues Parpax, chanoine d'Autun, qui fit hommage pour lui au roi le 30 juillet 1482 (*Ch.*, n° 562). D. Estiennot lui donne pour armes : *vairé d'or et d'azur à une bande de gueules*. Son sceau, apposé au bas d'une procuration donnée à Rome le 15 janvier 1481 (1482) (pap. d'Aubigny, fief de Gourdon), représente la Vierge portant entre ses bras l'enfant Jésus, et placée entre deux saints martyrs (saint Jean et saint Paul?).

LVI. 1484-1499. — JEAN ROUSSEAU avait été prieur claustral sous les deux précédents abbés. L'évêque de Poitiers, Pierre d'Amboise, refusa de confirmer son élection et accueillit les prétentions des cardinaux de la Balue et de Savelli, qui avaient été successivement pourvus par le pape de l'abbaye de Saint-Maixent. Jean Rousseau porta l'affaire devant le Parlement, qui débouta ses compétiteurs (D. Le Michel, f° 294), et il paya, le 10 octobre 1487, au receveur de Poitou, la somme de 30 livres parisis qu'il devait au roi, à raison de l'hommage qu'il lui avait rendu pour la temporalité de son abbaye (Arch. de la Vienne, C² l. 122). Il mourut au commencement de l'année 1499. Nous adoptons cette date donnée par D. Chazal (*cap.* 70) plutôt que celle de 1498, indiquée par le *Gallia*, qui l'a vraisemblablement relevée sur un acte daté selon le vieux style, c'est-à-dire antérieur au 25 mars 1499. D. Estiennot lui donne pour armes : *d'azur, à deux roseaux d'or passés en sautoir*.

LVII. 1499-1500. — PIERRE CHAUVIN, précédemment prieur de Saint-Gelais, est indiqué comme abbé dans un acte du 9 mars 1499 (1500) (*Gallia Christ.*). Protonotaire du Saint-Siège apostolique, il ne résida pas et institua Pierre de Partenay, prieur de Nanteuil, son vicaire général. On ne sait dans quelles conditions il cessa d'être abbé, ni à quelle époque.

Le *Gallia*, D. Chazal et tous nos autres chronologistes l'appellent Pierre Chaunis ou Chaunys; un acte du 12 juin 1499, que nous avons retrouvé et que nous publions (*Ch.*, n° 567), nous a permis de lui rendre son vrai nom.

LVIII. 1501-1503. — LOUIS GOUFFIER, chanoine de la Sainte-Chapelle de Paris et conseiller au Parlement, était abbé le 19 avril 1501 (D. Le Michel, f° 287 v°); le 22 mai 1502, il prêta serment au roi pour la temporalité de son abbaye (*Ch.*, n° 568); il mourut en 1503. Les Gouffier, barons de Rouannais, portaient pour armes : *d'or, à 3 jumelles de sable en fasce* (Armoriaux).

D. Chazal (*cap.* 72) croit devoir citer avant ce personnage, sous toutes réserves et sur l'autorité peu sûre de D. Devallée, un autre abbé du nom de Louis Griffier. On voit de suite la cause initiale de cette erreur, provenant d'une mauvaise lecture que D. Le Michel nous permet, à coup sûr, de rectifier en rapportant un jugement de l'an 1517 (f° 280 v°), qui énumère tous les abbés de Saint-Maixent, depuis Jacques Chevalier jusqu'à Jacques de Saint-Gelais, alors en cause, et ne fait nulle mention de l'abbé Griffier. Mais ce qu'il y a de plus curieux, c'est que D. Estiennot, voulant pourvoir cet abbé d'armoiries, lui donna un écu : *d'azur, à 3 griffes d'or accompagnées d'étoiles de même !* Le *Gallia* se contente de rapporter, en marge de l'article de Gouffier, l'opinion de D. Martène et de Bouyer, qui donnent aussi à notre abbé le nom de Griffier, en lui attribuant les armoiries parlantes que nous venons de citer.

LIX. 1503-1506. — PIERRE GOUFFIER, frère du précédent abbé, lui succéda ; il était alors prieur de Saint-Julien-le-Pauvre. Ayant été élu abbé de Saint-Denis le 26 décembre 1505, il se démit de son abbaye de Saint-Maixent, et mourut le 8 janvier 1517 ; il fut enterré dans l'abbaye de Saint-Denis. Il avait, selon le *Gallia*, pour indultaire à Saint-Maixent, Jacques Bouchard, frère du célèbre jurisconsulte Amaury Bouchard.

LX. 1506-1509. — LOUIS DE PARIS prêta serment de fidélité au roi pour le temporel de son abbaye le 7 juillet 1506 (*Ch.*, n° 569) ; dans cet acte, il est qualifié de Frère, ce qui montre qu'il était religieux, et on voit en outre, d'après une sentence de la sénéchaussée de Poitou rendue en 1515, que, le 5 septembre 1509, il demeurait au logis abbatial (D. Chazal, *cap.* 73). On ne sait quand, ni comment, il cessa d'être abbé de Saint-Maixent. D. Estiennot lui donne pour armes : *d'argent, à la fasce d'azur chargée d'une étoile d'or accompagnée de 3 merlettes de sable.*

LXI. 1512-vers 1515. — ARNAUD DE SAINT-GELAIS fut le dernier abbé de Saint-Maixent pris parmi des religieux. Dans un aveu rendu au seigneur de Faye pour le fief de Gourdon, du 21 août 1512, il s'intitulait Frère Arnaud (D. Chazal, *cap.* 73) ; le premier acte où nous le rencontrons est l'hommage qu'il reçut du seigneur de Saint-Héraye, le 30 avril 1512 (D. Fonteneau, t. 85). Il résigna son abbaye à Jacques de Saint-Gelais, doyen d'Angoulême, son neveu (et non son frère, comme l'avance le *Gallia*). Cet acte eut lieu après le 23 juin 1513, date où Arnaud, comme abbé de Saint-Maixent, donne à ferme quelques pièces de terre (protoc. de Gilles Bonizeau), et vraisemblablement en 1514 (D. Le Michel, f° 280 v°). La famille de Saint-Gelais portait pour armes : *d'azur, à la croix alaisée d'argent* (Armoriaux, sceaux). D. Estiennot les blasonne ainsi : *cinq points d'azur équipollés à quatre d'argent*, et D. Fonteneau (t. 58, p. 345) : *d'azur, à la croix coupée d'argent*. D. Chazal (*cap.* 74) attribue à tort à nos trois abbés du nom de Saint-Gelais les armes que prit Louis de Saint-Gelais, seigneur de Lansac, en 1580, après l'obtention des lettres patentes qui le reconnurent comme descendant de la maison de Lusignan.

Arnaud est le premier de cette dynastie des Saint-Gelais à laquelle le sort de l'abbaye de Saint-Maixent fut intimement lié pendant tout le XVIe siècle ; aussi les étudierons-nous avec un soin particulier, en nous aidant surtout des minutes et protocoles de notaires de Saint-Maixent que nous avons pu dépouiller.

LXII. Vers 1515-1526. — JACQUES DE SAINT-GELAIS, fils de Pierre, seigneur de Sainte-Aulaye, et de Philiberte de Fontenay, évêque d'Uzès et doyen d'Angoulême, dut prendre possession de l'abbaye à la fin de 1514 ou au commencement de 1515, car, le 5 mars de cette année, il était en contestation avec le procureur des fiefs en Poitou qui lui réclamait les devoirs dus au roi pour six mutations d'abbés advenues depuis le décès de Jean Rousseau, ce à quoi il se refusait ; il avait, avant cette date, prêté serment entre les mains du roi (Arch. de la Vienne, C² 221 ; prot. Bonizeau.)

Il était titulaire du doyenné d'Angoulême dès le 24 juin 1498, d'après M. de Fleury (*Notes additionnelles et rectificatives au Gallia Christiana*, p. 19), et n'aurait, selon cet auteur, cessé de porter ce titre jusqu'à sa mort. Ce fait n'est pas exact, car, dans un acte du 20 avril 1539, il se dit « nagaires doyen d'Angoulesme » ; de même que, sur la fin de ses jours, il renonça à l'abbaye de Saint-Maixent en faveur de son neveu Jean de Saint-Gelais, de même il abandonna son doyenné à un autre de ses neveux, François de Saint-Gelais, en se réservant une portion des revenus : François, abbé de Bourg-sur-Mer, à qui un autre de ses oncles, Charles de Saint-Gelais, en s'en réservant aussi les principaux revenus, avait, dès avant le 2 octobre 1532, abandonné le prieuré de Vérines, prend dans le bail de ce bénéfice, qu'il passa le 14 août 1538, le titre de doyen d'Angoulême (Prot. Bonizeau).

Le dernier acte où il paraisse comme abbé de Saint-Maixent est du 11 mai 1526, et, quelques jours après, il résigna son abbaye à son neveu Jean de Saint-Gelais, qui est en titre le 24 juin suivant ; c'est pourquoi, à partir de ce jour, il s'intitule « évêque d'Uzès, nagaires abbé de l'abbaye de Saint-Maixent et pensionnaire et réservataire d'icelle ». En se dépouillant du titre d'abbé, il avait en effet gardé les revenus des seigneuries de Lort-Poitiers, de Pamprou et de Saint-Germier (Prot. Bonizeau).

Il conserva seulement l'évêché d'Uzès, qu'il possédait effectivement depuis 1503, bien qu'il en eût été pourvu dès le 11 septembre 1483, après la mort de Jean de Mareuil; mais il ne put empêcher Nicolas Maugras, qui avait été élu le 8 août 1483, de prendre possession du siège épiscopal, et il ne le remplaça qu'à sa mort advenue le 3 octobre 1503 (*Gallia Christ.*, t. VI, col. 643). Pour maintenir ce bénéfice dans sa famille, il fit, toutefois, nommer évêque son neveu Jean, et le fit consacrer par trois évêques le 31 octobre 1531 ; aussi ce dernier, jusqu'à la mort de son oncle, s'intitule-t-il dans les protocoles « évêque élu d'Uzès et abbé commendataire de Saint-Maixent ».

Jacques de Saint-Gelais mourut à l'âge de 83 ans, dans les premiers jours de septembre 1539 (et non de 1538, comme l'avance le *Gallia*, d'après D. Martène). Le 15 de ce mois de septembre, on célébrait son service dans l'abbaye de Saint-Maixent (*Journal de G. Le Riche*, p. 25), et il fut inhumé dans la chapelle des Saint-Gelais qu'il avait fait élever sur un des côtés de la cathédrale d'Angoulême.

Le *Dictionnaire des familles de l'ancien Poitou* (t. II, p. 331) insinue qu'il avait embrassé le protestantisme ; mais tous les actes de sa vie contredisent cette assertion qui provient d'une confusion de personne avec son neveu Jean, dont la conduite a, jusqu'à un certain point, motivé cette accusation.

LXIII. 1526-1574. — JEAN DE SAINT-GELAIS, fils de Mellin de Saint-Gelais, chevalier, seigneur de Saint-Séverin, et de Madeleine de Beaumont, était le neveu direct de Jacques de Saint-Gelais et non son petit-neveu, car on doit omettre Nicolas, premier degré de cette branche, donné par le *Dictionnaire des familles de l'ancien Poitou* (t. II, p. 332), Mellin étant fils, non de ce Nicolas supposé, mais bien de Pierre de Saint-Gelais, et par suite frère de l'abbé Jacques. Nous avons vu que ce dernier abandonna à son neveu son titre d'abbé de Saint-Maixent et une portion des revenus de l'abbaye dès l'année 1526. Le 24 juin de cette année, Jean prêta serment au roi pour la temporalité de son abbaye (*Ch.*, n° 567). Il était alors licencié en lois, protonotaire du Saint-Siège apostolique et doyen de l'église métropolitaine de Bordeaux ; il porte ce dernier titre dans un acte du 5 juillet 1525 (Arch. de la Charente, E. 504). Il en était encore pourvu en 1540 (Prot. Bonizeau) ; aussi son nom doit-il être ajouté à la liste du *Gallia*, entre Macanan et Jean de Pontac ; il reste à décider quel était le véritable titulaire de ce bénéfice, de lui ou d'Antoine de Châteauneuf, désigné par le *Gallia*.

Nous avons aussi vu qu'en 1531 il fut sacré évêque d'Uzès, mais qu'il ne succéda à son oncle Jacques qu'après la mort de ce dernier, arrivée en 1539, et que jusque-là il s'intitula seulement « évêque élu d'Uzès ». Enfin en 1533 il se qualifie de docteur en droit. Il avait, nous ne savons quand, joint aux bénéfices dont nous venons de parler, les prieurés de N.-D. de Fontblanche et de N.-D. de Barbezieux (*Ch.*, n° 589), dont il jouissait aussi en commende.

Comme beaucoup d'esprits éminents du temps, Jean de Saint-Gelais se montra, pendant sa jeunesse, partisan des idées nouvelles ; mais il semble que ses aspirations s'arrêtèrent à la forme plutôt qu'au fond, et que quand il vit que, sous prétexte de réforme, on ne tendait à rien moins qu'à élever église contre église, il se déclara contre les novateurs ; il y eut peut-être aussi de sa part, dans cette façon d'agir, un calcul intéressé, car, pourvu des riches bénéfices que nous lui connaissons, il lui aurait fallu y renoncer ou à tout le moins engager une lutte violente pour les conserver. Ainsi, en 1561, il assista comme évêque catholique au colloque de Poissy, puis, en 1567, aux Grands Jours de Poitiers, il dénonça les menées du prieur de Nanteuil, qui favorisait secrètement les réformés (Pasquier, *Grands Jours de Poitiers de 1454 à 1634*, page 48) ; mais en même temps, en 1567, il chercha à faire séculariser son abbaye et à la convertir en un chapitre de chanoines dont il se serait fait attribuer les plus grosses prébendes (*Ch.*, n°s 594 et 595).

Ce dernier acte et les désastres dont eut à souffrir l'abbaye, tandis qu'il vivait tranquillement dans son château abbatial de Lort-Poitiers, lui ont attiré les plus vives attaques, et particulièrement de D. Boniface Devallée, premier historien de l'abbaye.

Le *Gallia* s'en est fait l'interprète en l'accusant (t. VI, col. 644) d'avoir ouvertement embrassé la réforme, de s'être marié et d'avoir épousé une abbesse. Mais, ainsi que l'a démontré D. Liabeuf, dans son chapitre 24, intitulé « Si Jean de Saint-Gelais, évêque d'Uzès, abbé commendataire de Saint-Maixent, fut hérétique », et comme nous avons pu le reconnaître nous-même, d'après les nombreux documents que nous avons consultés, il n'y a rien de fondé dans ces dires, qui n'ont d'autre origine que la conduite équivoque de l'abbé de Saint-Maixent, lequel, selon les paroles de Le Riche, « ne faschoit personne et vivoit et ses gens avec luy paisiblement ». Les chanoines de sa cathédrale d'Uzès se montrèrent particulièrement hostiles et, nous dit le *Gallia*, il fut excommunié par leur prévôt Gabriel Froment. En outre, sur leur plainte, il fut appelé en 1563 à Rome par les cardinaux inquisiteurs, pour se purger du soupçon d'hérésie ; mais il ne comparut pas. Le 19 juillet 1566, le pape Pie V le déclara déchu de son évêché et lui nomma successivement trois remplaçants ; ces actes n'eurent pas d'effet, le roi Charles IX, auquel Jean s'adressa, l'ayant aussitôt réintégré dans ses dignités, dont il ne cessa de remplir les fonctions et de toucher les revenus (Protoc. des notaires de Saint-Maixent, *Journal de M. Le Riche* et D. Liabeuf, chap. 24).

Il mourut à Lort-Poitiers, le 13 mars 1574, à l'âge d'environ 73 ans (*Journal de M. Le Riche*, p. 155).

A l'exemple de son oncle, Jean de Saint-Gelais chercha à conserver l'abbaye de Saint-Maixent dans sa famille, qui la considérait comme sa propriété, car elle entrait en ligne de compte dans les arrangements de successions. Nous voyons, en effet, les deux frères de l'abbé, François, seigneur de Saint-Séverin, et Louis, seigneur de Glenay, faire le partage, le 27 juin 1549, des biens paternels, sans se préoccuper de l'abbé, assez pourvu, à ce qu'il leur semblait, par ses bénéfices (Prot. d'E. Denyort). Il fit d'abord la résignation de son abbaye en faveur de Charles de Céris, second fils de feu Hélie de Céris, chevalier, seigneur de la Motte-Saint-Claud et de Châteaurenault, et de Jeanne de Saint-Gelais, sa sœur ; mais ayant plus tard besoin de redevenir maître des destinées de l'abbaye, afin de faciliter le mariage d'une autre de ses nièces, il revint sur cet accord, et le 29 février 1572, M. de Céris consentit, évidemment non sans compensation, à la révocation de l'acte précédemment passé en sa faveur, et ratifia la résignation nouvelle que son oncle avait faite la veille à Louis de Nuchèze, chevalier, seigneur de Batresse, qui devait épouser Madeleine de Saint-Gelais, fille aînée de François, seigneur de Saint-Séverin, et de Charlotte de Champagne ; l'abbaye de Saint-Maixent était 'a dot de la future (*Journal de Michel Le Riche*, p. 103).

. Mais l'abbé avait une autre nièce, Louise Jay, fille de son autre sœur Jacquette de Saint-Gelais et de Jean Jay, seigneur de Boisseguin, gouverneur de Poitiers, et femme de Georges de Villequier, vicomte de la Guierche et gouverneur de la Marche, à qui l'abbaye semble avoir aussi été promise lors de son mariage. Celui-ci protesta contre la résignation faite en faveur de M. de Batresse et finit par conclure avec lui à Blois, au mois d'avril 1572, un accord portant que, si M. de Batresse pouvait, en considération de son futur mariage, obtenir dans le délai de quatre mois de Jean de Saint-Gelais la résiliation effective de son abbaye et la mettre entre les mains de M. de la Guierche quarante jours avant le décès de l'abbé, tout le revenu de l'abbaye, ainsi que la collation des bénéfices en dépendants, serait partagé par moitié entre les deux parties, leur vie durant, et qu'elles affermeraient conjointement les biens abbatiaux ; que, dans le cas où M. de Batresse viendrait à décéder après son mariage, M. de la Guierche paierait à sa veuve ou à ses enfants, leur vie durant, 3,000 livres de pension annuelle, ou leur abandonnerait pareille valeur en bénéfices ; enfin que, dans le cas où le roi donnerait à M. de Batresse d'autres bénéfices en considération de son mariage, comme il le lui avait promis, ces bénéfices seraient également partagés entre eux ; toutefois M. de Batresse aurait le choix des titulaires de ces bénéfices, et M. de la Guierche celui du titulaire de l'abbaye, qui jouirait de la maison de Lort-Poitiers avec 800 livres de pension annuelle et aurait la nomination des bénéfices claustraux (D. Liabeuf, chap. 25). A la suite de cet accord, M. de Batresse épousa Madeleine de Saint-Gelais le 30 juin de cette année 1572.

Mais M. de la Guierche ne s'en tint pas aux conventions qu'il avait signées ; l'abbaye de Saint-Maixent était un trop bon morceau pour ne pas tenter d'autres cupidités ; ainsi le *Gallia* nous apprend que, le 22 octobre 1573, un sieur François Castillon obtint du roi des lettres pour l'administration de l'abbaye, qu'il se fit renouveler le 15 mars suivant (*Gallia*, t. II, col. 1262). Mais M. de la Guierche, pour prévenir ces tentatives, sans s'occuper de l'accord intervenu avec M. de Nuchèze, se fit donner par le roi la promesse qu'il aurait l'abbaye après la mort de Jean de

Saint-Gelais, et même au mois de décembre 1573 se fit délivrer un brevet signé du roi et de quatre secrétaires d'État, portant défense d'expédier aucun brevet, en cas de vacance de l'abbaye, à toute autre personne qu'à lui (D. Liabeuf, chap. 25). Il obtint en outre un autre brevet du roi lui concédant de faire pourvoir de l'abbaye telle personne qu'il jugerait à propos, et lui en assurant le revenu, tant à lui qu'à sa femme, leur vie durant.

Jean de Saint-Gelais étant mort le 13 mars 1574, et le roi Charles IX le 30 mai suivant, il semble que l'abbaye resta vacante jusqu'à ce qu'Henri III fût arrivé de Pologne. M. de la GUIERCHE obtint alors de lui un brevet confirmatif de ceux du roi précédent, et s'installa au château de Lort-Poitiers, qui ne cessa d'être sa principale résidence. Dès le 28 février il afferme « au nom de l'économe qui pourra être à l'avenir dans l'abbaye », la métairie de Valette, domaine abbatial (Prot. de P. Faidy) ; bientôt après il s'entend avec Catherin Chrestien, sieur de Juyé, pour remplir cette charge d'économe, et lui fait délivrer par le pape des bulles de provision de l'abbaye, qui font de ce dernier un véritable abbé, du moins par le titre. Il ne se contenta pas, du reste, de percevoir les revenus de la mense abbatiale, il y joignit encore ceux des prieurés d'Azay, de Marsais et de Damvix, s'élevant à environ 5,200 livres par an, dont l'abbé Chrestien lui rendait compte ; et en outre il avait abandonné à son beau-père, M. de Boisseguin, le revenu de la chambre abbatiale de Pamprou (D. Liabeuf, chap. 25).

Le *Gallia*, toujours scrupuleux, renvoie aussi à quelques écrivains qui rapportent que le vicomte de la Guierche était calviniste, qu'il acheta l'abbaye de Louis de Paris et qu'il en prit possession au mois de janvier 1576 seulement. Ces faits sont controuvés, car M. de la Guierche fut, ainsi que son frère René de Villequier, le favori des rois Charles IX et Henri III, et en haine des réformés, il se jeta dans la Ligue; en second lieu, l'abbé Louis de Paris était mort depuis un siècle, et enfin, quant au troisième dire, il a dû sa naissance à un passage du *Journal* de Michel Le Riche, qui raconte en effet qu'au mois de janvier 1576, M. de la Guierche vint s'installer à Lort-Poitiers ; mais il ne faut entendre dans ce passage que la constatation d'un fait particulier, tandis que les actes que nous avons cités prouvent qu'il n'avait pas attendu cette année pour jouir des revenus de l'abbaye.

A partir de ce moment, nous entrons dans une période de dualité qui nous rappellera celle que nous avons signalée six siècles auparavant : d'un côté des laïques, pour la plupart protestants, propriétaires de l'abbaye, dont ils trafiquent comme de leur propre bien, de l'autre des ecclésiastiques, à moitié domestiques, auxquels ce nom d'économe, que nous avons relevé dans les paroles de M. de la Guierche, **convient** parfaitement ; toutefois, attendu qu'il en est qui ont obtenu des bulles papales, absolument comme s'ils remplissaient **toutes** les conditions exigées d'un véritable abbé, qu'ils prenaient la qualité d'abbés commendataires, nous leur reconnaissons un caractère religieux suffisant pour que nous n'hésitions pas à leur donner la place qui leur convient dans la suite de nos abbés, en les désignant, selon l'usage du temps, sous le nom d'abbés confidentiaires.

LXIV. 1575-1609. — CATHERIN CHRESTIEN, licencié en droit canon, écuyer, seigneur de Juyé, natif de la Chapelle-Mouton en Poitou, fut donc le successeur de Jean de Saint-Gelais. M. de la Guierche traita avec lui pour l'administration de l'abbaye et lui fit obtenir des bulles de provision du pape Grégoire XIII, en date du 28 mai 1575, et le 21 juin 1576 il prend le titre d'abbé commendataire dans le bail qu'il fit de tous les terrages de l'abbaye (Prot. de P. Faidy).

Mais M. de la Guierche tenant comme chef de la Ligue en Poitou la campagne contre Henri IV, celui-ci lui enleva l'abbaye de Saint-Maixent et en fit don à Jean de CHOURSSES, seigneur de Malicorne, gouverneur du Poitou. Ce dernier, ne pouvant, à cause des troubles, prendre possession de son bénéfice, céda ses droits à Jean de BAUDÉAN, seigneur de Parabère, gouverneur de Niort, qui se fit pourvoir de l'abbaye par le roi, après la mort de M. de la Guierche, arrivée le 6 février 1592. Il fit en même temps délivrer des lettres patentes, datées du camp de Bréchy, le 14 février 1592, à Jean Cabaret, écuyer, seigneur de Luché, qui, sous le titre « d'économe établi par le roi pour régir tous les fruits, profits, revenus et émoluments de l'abbaye de Saint-Maixent, chambre abbatiale et bénéfices en dépendants, dont jouissait feu le vicomte de la Guierche », fut, par lui, chargé de toucher les revenus de l'abbaye : du 5 mai au 1er décembre de cette même année, on trouve que le seigneur de Luché en donnait les biens à ferme (Prot. Pineau). Mais la veuve de M. de la Guierche, qui, le 22 octobre 1592, donnait encore quittance des revenus de l'abbaye, arguant des brevets des rois Charles IX et Henri III, maintint ses droits de propriété, bien que, continuant ses largesses, le roi eût, le 28 août de la même année 1592, par brevet donné au camp devant Provins, accordé à M. de Parabère (qui était protestant) qu'en attendant qu'il eût fait pourvoir de l'abbaye une personne capable, et que celle-ci ait obtenu les provisions nécessaires, il ne serait pourvu aux bénéfices venant à vaquer dans ladite abbaye qu'en faveur des personnes qui lui seraient présentées par ce même M. de Parabère.

Celui-ci fixa son choix sur Jean d'Hautefaye, prieur claustral de l'abbaye de Saint-Maixent, et non prévôt-moine, comme ledit le *Gallia*, et lui fit obtenir des lettres du roi en date du 21 octobre 1593. D'Hautefaye, dont le nom se prononçait d'Hautefois, forme sous laquelle on le trouve souvent écrit, n'ayant pu, disait-il, par suite des troubles de la Ligue, qui ne lui permettaient pas de se rendre en Poitou, prendre possession de son bénéfice, obtint en 1594 un arrêt du Grand-Conseil portant que cette prise de possession se ferait dans une des chapelles de Notre-Dame de Paris, et ce, comme s'il avait obtenu des bulles apostoliques, qui, jusqu'à ce jour, n'avaient pu lui être délivrées, le roi n'ayant pas encore reçu l'absolution du pape et ne pouvant par suite obtenir des bulles pour les bénéficiaires qu'il nommait.

A cet acte, Madame de la Guierche, alors remariée avec Jacques des Cars, comte de Beaufort, répondit par un placet adressé au roi qui, le 2 avril suivant, renvoya les parties au Grand-Conseil pour être pourvu sur leurs causes, et l'affaire, qui se poursuivait sous les noms de Chrestien et de d'Hautefaye, était encore pendante devant cette juridiction et le Conseil privé, lorsque le 4 juillet fut publié l'édit qui réglait les conditions de la soumission du Poitou au roi : il y est dit que la question de l'abbaye de Saint-Maixent est réservée. Celle-ci toutefois ne tarda pas à se régler. D'Hautefaye étant venu à mourir, M. de Parabère se rapprocha de Mme de Beaufort qui, en octobre 1597, donna procuration pour s'entendre à l'amiable avec lui et se désister en sa faveur de toutes ses prétentions, moyennant un certain prix. L'accord fut conclu le 1er mars 1598, et à partir de cette date, Catherin Chrestien, resté à la tête de l'abbaye, continua à en percevoir les revenus, au profit de M. de Parabère, qui s'était aussi fait pourvoir du prieuré de Marsais (le *Gallia* dit à tort Maison) (D. Liabeuf, chap. 25).

Mais ce dernier ne conserva pas longtemps les biens dont il

avait eu tant de peine à se faire reconnaître la possession ; en 1698, selon D. Chazal (*Chron.*, 78), il vendit l'abbaye, ou plutôt ses revenus et la jouissance de Lort-Poitiers, à Louis de HARLAY, seigneur de MONGLAT et de Saint-Aubin, gouverneur de la ville et du château de Saint-Maixent, aussi protestant, qui la céda en 1608 à Guillaume Fouquet, sieur de la Varenne, conseiller au Parlement de Paris.

Malgré les nominations successives de Jean Cabaret et de Jean d'Hautefaye, Catherin Chrestien ne cessa de porter le titre d'abbé commendataire de Saint-Maixent (Minutes des notaires).

Le 1er mars 1598 et le 1er mai 1601, il avait traité avec M. de Parabère qui lui avait permis de se pourvoir lui-même, en cas de vacance, du prieuré d'Azay, avec le droit de disposer des offices de cellerier et de sacristain ; il lui avait aussi concédé de succéder aux dépouilles et meubles des prieurs et officiers de l'abbaye décédés, et de prendre son chauffage dans les bois abbatiaux ; enfin, le 18 mai 1601, il y ajouta 1,200 livres de pension, au lieu d'un prieuré de semblable valeur qu'il lui avait promis (D. Liabeuf, chap. 25). En suite du premier de ces accords, Chrestien rendit son aveu au roi pour le temporel de l'abbaye le 14 décembre 1598 (*Ch.*, nos 503, 504, 505). Mais sa pension de 1,200 livres ne lui fut pas maintenue par M. de Monglat, et il dut même prendre l'engagement de résigner son abbaye quand il plairait à ce dernier. C'est ce qu'il fit le 25 janvier 1609 en faveur de Guillaume Fouquet, qui lui assura 600 livres de pension et le nomma son grand vicaire (Prot. Mercier). Au mois de mai précédent, en vertu de l'accord passé avec M. de Parabère, il s'était attribué le prieuré d'Azay, dont il avait fait passer le titulaire au prieuré de Marsais, alors vacant (D. Liabeuf, ch. 25). Il fit dans ce prieuré sa résidence habituelle et y vivait encore en 1612 (Prot. de Franc).

Le famille Chrestien, originaire du Limousin, portait pour armes : *d'azur, à 3 besants d'argent posés 2 et 1* (Nobiliaires).

LXV. 1609-1614. — GUILLAUME FOUQUET DE LA VARENNE, conseiller du roi et maître des requêtes de son hôtel en 1611, et abbé de Saint-Lomer de Blois, rendit hommage au roi le 19 février 1609 (*Ch.*, n° 608). Quoique abbé commendataire, il n'hésita pas à trafiquer de son abbaye, et il l'échangea en 1614 avec MAXIMILIEN DE BÉTHUNE, DUC DE SULLY, gouverneur du Poitou, qui fit de Lort-Poitiers, placé au centre de la province, une de ses principales résidences.

Armes des Fouquet : *de gueules, à un lévrier passant d'argent au collier d'azur semé de fleurs de lis d'or* (Armoriaux).

LXVI. 1614-1621. — JACQUES LE BER, prêtre, natif de la ville de Sully, était déjà abbé de Saint-Benoît-sur-Loire, au nom du duc de Sully, quand celui-ci le fit pourvoir de l'abbaye de Saint-Maixent ; le pape Paul V lui délivra ses bulles le 12 avril 1615, et il prit possession de l'abbaye le 18 octobre 1616 (*Ch.*, n° 609). Sully ayant vendu l'abbaye de Saint-Maixent, que l'on désignait vulgairement sous le nom d'abbaye de Lort-de-Poitiers, à son gendre HENRI, DUC DE ROHAN, pour la somme de 70,000 livres (*Mém.* de Sully, 1788, t. VIII, p. 155), Le Ber continua à lui servir de *Custodi nos* ; mais le duc de Rohan ayant en 1621 pris part au soulèvement des églises protestantes, Louis XIII lui enleva les immenses bénéfices qu'il possédait, et donna, le 29 décembre de cette année, la jouissance des revenus de l'abbaye à RENÉ THEBAULT, chevalier, seigneur de Grosbois, gouverneur de Saint-Maixent. Celui-ci ne les garda pas longtemps, car, le 13 mars 1622 (D. Chazal, *cap.* 80), Marie de Médicis fit gratifier de l'abbaye de Saint-Maixent Louis de Ruccellaï, gentilhomme romain, clerc de la chambre apostolique, son favori, à qui elle avait fait aussi donner celles de Pontlevoy, de Signy et de Saint-Nicolas d'Angers. Le Ber, suivant l'usage, se démit en sa faveur.

LXVII. 1622. — LOUIS DE RUCCELLAÏ ne jouit que peu de temps de l'abbaye ; dans le courant du mois d'octobre de l'année où il en fut pourvu, il mourut au siège de Montpellier. Bien que né en France, il était resté Italien, et ses biens furent dévolus au roi par droit d'aubaine (Prot. Mercier).

Il portait pour armes : *d'azur, à 5 filets vivrés d'or mis en fasce* (Armoriaux).

LXVIII. 1623-1641. — BERTRAND DE CHAUX ou D'ECHAUS, fils du vicomte de Baigorri, premier aumônier du roi, commandeur de l'ordre du Saint-Esprit, conseiller d'État, archevêque de Tours, fut nommé abbé par le roi en 1623, avant le 23 juin (Arch. des Deux-Sèvres, H. 97). Il introduisit dans l'abbaye de Saint-Maixent les religieux réformés de la Congrégation de Saint-Maur (*Ch.*, n° 610). Il mourut le 21 mai 1641, à l'âge de 85 ans, et fut inhumé dans son église cathédrale. Armes : *d'azur, à trois fasces d'or* (Le P. Anselme, t. IX, p. 133).

LXIX. 1641-1642. — Jean-Armand du Plessis, cardinal de Richelieu, né le 9 septembre 1585, joignit en 1641 l'abbaye de Saint-Maixent à ses nombreux bénéfices. Il mourut le 4 décembre 1642 et fut inhumé dans l'église de la Sorbonne à Paris. Armes : *d'argent, à trois chevrons de gueules* (Le P. Anselme, t. IV, p. 353).

LXX. 1642-1662. — Jacques de Crevant d'Humières, chevalier de Saint-Jean-de-Jérusalem, chef d'escadre, puis lieutenant-général des armées navales du roi. Bien qu'il eût obtenu par brevet l'abbaye de Saint-Maixent dès 1642, le pape fut longtemps sans lui envoyer ses bulles, et c'est ce que constatent les officiers de l'abbaye, le 10 juin 1644, en recevant l'hommage de l'abbé de Valence (D. Fonteneau, t. LXXXI, p. 236). Il ne fut pourvu que le 10 décembre 1644 et mourut à Toulon le 2 septembre 1662. Il fut aussi abbé de Preuilly en Touraine. D. Bon. Devallée nous apprend qu'il ne jouissait pas de la totalité des revenus de l'abbaye ; il avait à payer deux pensions, l'une de 1,300 l. au sieur Parfait l'autre de 4,000 l. à l'ingénieur du roi.

Le P. Anselme (t. V, p. 769) l'appelle Jacob d'Humières, et le fait mourir à Messine en 1675. Cet écrivain a dû faire une confusion avec un autre personnage, car Balthazar avait succédé à son frère bien avant cette date. La famille de Crevant d'Humières portait : *écartelé d'argent et d'azur.* Les écussons des deux abbés de Saint-Maixent avaient de plus en chef les armes de l'ordre de Malte.

LXXI. 1662-1684. — Balthazar de Crevant d'Humières, seigneur d'Assigny, chevalier de Saint-Jean-de-Jérusalem et commandeur de Villiers-au-Liège, était frère du précédent abbé et lui succéda, aussi bien à Saint-Maixent qu'à Preuilly. Il prit possession de l'abbaye le 21 août 1663, et rendit hommage au roi le 31 mai 1666 (Arch. Nat., PP. 46, cote 3644). Il mourut au commencement de septembre 1684, vraisemblablement le 2 de ce mois, et non le 20, comme une faute d'impression le fait dire au P. Anselme (t. V, p. 769).

LXXII. 1684-1693. — Henri-Charles Arnauld de Pomponne, clerc du diocèse de Paris, fut désigné comme abbé le 8 septembre 1684, mais il ne prit possession de l'abbaye que le 4 juillet 1685, par les mains d'Antoine Charlet, chanoine de Saint-Jean d'Angers, son procureur (Min. Garnier) ; il en fit l'abandon en 1693, pour passer abbé de Saint-Médard de Soissons. Armes : *d'azur, au chevron d'or, accompagné en chef de deux palmes adossées et d'un rocher en pointe de même* (Le P. Anselme, t. IX, p. 309).

LXXIII. 1693-1716. — MATHIEU ISORÉ D'HERVAULT DE PLEUMARTIN, archevêque de Tours, fut nommé abbé de Saint-Maixent le 1er novembre 1693. Il mourut à Paris le 9 juillet 1716, et fut inhumé dans l'église des Petits-Augustins. Armes : *d'argent, à 2 fasces d'azur* (Armoriaux).

LXXIV. 1717-1748. — HONORÉ-FRANÇOIS DE GRIMALDI DE MONACO, né le 21 décembre 1669, prince du Saint-Empire romain, fut d'abord chevalier de Malte, puis chanoine de Strasbourg en 1696, fut nommé abbé de Saint-Maixent le 6 novembre 1717, et prit possession de l'abbaye le 29 mars suivant. Il fut sacré archevêque de Bezançon le 4 février 1725, se démit de ce siège en 1731, et mourut à Paris le 16 février 1748. Armes : *fuselé d'argent et de gueules* (Armoriaux).

LXXV. 1748-1772. — FRÉDÉRIC, comte DE SAINT-SÉVERIN D'ARAGON, chanoine de l'église de Plaisance en Italie, fut nommé abbé en 1748 ; il mourut à Plaisance le 3 mars 1772, à l'âge de 64 ans. Armes : *d'argent, à la fasce de gueules et à la bordure d'azur* (Armoriaux).

LXXVI. 1772-1790. — JEAN-DE-DIEU RAYMOND DE BOISGELIN, né à Rennes le 27 février 1732, successivement grand vicaire de Pontoise, puis de Rouen, évêque de Lavaur et archevêque d'Aix, fut nommé abbé de Saint-Maixent en 1772. Il conserva son abbaye jusqu'à la suppression des établissements religieux. En 1789, il siégea comme député d'Aix aux Etats-Généraux, et fut nommé président de l'Assemblée constituante le 23 novembre 1790 ; après le vote de la constitution civile du clergé, qui lui donna un remplaçant à Aix, il émigra en Angleterre. Il revint après la signature du Concordat, fut nommé en 1802 archevêque de Tours et cardinal en 1804 ; il mourut à Angervilliers le 22 août 1804. En 1789, il prenait dans les protocoles les qualités suivantes : premier procureur du pays, président-né des Etats et trois Ordres de Provence, abbé, chef, prélat et supérieur de l'église et chapitre de l'abbaye royale et séculière de Saint-Gilles, abbé commendataire des abbayes royales de Saint-Maixent, de Châlis et de Vaulisant, marquis de Cucé, sgr de Maurepart et de la Lande-Cucé, des Gailleules, du Plessis-Raffray et autres lieux, conseiller du roi en tous ses conseils et l'un des quarante de l'Académie française. Armes : *écartelé, aux 1 et 4 de gueules à la molette d'éperon d'argent à cinq raies, aux 2 et 3 pleins d'azur* (Voy. les Biographies).

OFFICES CLAUSTRAUX.

L'aveu rendu au roi par l'abbé de Saint-Maixent en 1363 déclare qu'il existait dans l'abbaye sept offices claustraux qui jouissaient de revenus particuliers, et dont les titulaires étaient élus par leurs compagnons et pourvus à vie par l'abbé. C'étaient : le prieuré de cloître ou claustral, la prévôté, l'aumônerie, la sacristie, l'infirmerie, la cellérerie et la chantrerie. En vertu du concordat qui agrége a l'abbaye à la Congrégation de Saint-Maur, ces offices furent supprimés et le revenu en fut uni à la mense conventuelle; mais comme à chacun d'eux incombaient des obligations spéciales, on dut toutefois, pour la bonne administration du monastère, conserver ces charges et en pourvoir des religieux qui, à la différence de leurs devanciers, ne les possédaient que temporairement et ne pouvaient user de leurs revenus que pour des affectations déterminées.

Les noms des titulaires de ces offices pouvant servir à contrôler les dates des actes, nous en avons fait le relevé, autant qu'il nous a été possible. Nous y joignons ceux de quelques autres dignitaires de l'abbaye, dont les charges n'avaient pas été érigées en offices ; ce sont : le sous-prieur, le sous-chantre, le doyen, le bibliothécaire et le sous-bibliothécaire.

L'abbé nommait aussi les titulaires de plusieurs petits offices, dont les principaux étaient : son chambrier, qui, selon le privilège féodal reconnu aux barons, percevait à chaque aveu son droit de chambellage, le cuisinier ou maître queux de l'abbaye et le sergent, dont les offices avaient fini par être convertis en fiefs.

I. — Prieurs claustraux.

Gundacher, 848 (*Ch.*, n° 5).
Raoul, entre 1030 et 1044 (*Ch.*, n° 98).
Guinemar, *Winemar*, entre 1040 et 1044 (*Ch.*, n°^{os} 100-102).
Guy, *Wido*, vers 1046-1060 ou 1061 (*Ch.*, n°^{os} 110-117).

Rainaud Grospan, 1061-1081 (*Ch.*, n°s 118-149).

Giraud, *Giraldus, Giraudus*, 1085-1107 (*Ch.*, n°s 157-219). Les chartes de l'abbaye mentionnent dans les mêmes actes d'autres prieurs que Giraud ; ce sont : Archembaud, *Archembaldus*, 1096-1105, qui est spécialement désigné comme prieur claustral (*Ch.*, n°s 190-208), et Lambert, 1104-1106 (*Ch.*, n° 217).

Geoffroy, 1110 (*Ch.*, n° 235).

Hugues Bolleta, 1111 (*Ch.*, n° 246).

Archembaud, *Archembaldus*, 1114-1133 (*Ch.*, n°s 257-296). Il était auparavant sous-prieur.

Guillaume de Marsais, 1143-1163 (*Ch.*, n°s 321-342).

P. de Montembeuf, *P. de Montebo*, après 1163 et avant 1178 (*Ch.*, n° 357).

Guillaume Jansseas, vers 1178 (*Ch.*, n° 358).

Barthélemy, 1189 (*Ch.*, n° 366).

Guillaume de Charroux, 1208-1218 (*Ch.*, n°s 406-416).

Geoffroy Magort, vers 1222 (*Ch.* n° 421).

P., 1235 (*Ch.*, n° 435).

Guillaume de Pons, 1265-1269 (Pap. d'Aubigny). Il était en même temps sacristain.

Pierre de Pringué, 1351 (D. Chazal, *cap.* 58).

Jean Juze, 1378 (D. Chazal, *cap.* 60).

Nicolas Cheneau, 1382 (D. Chazal, *cap.* 62).

Pierre Vies, 1399 (D. Chazal, *cap.* 64).

Jean Colin, *aliàs* Moreau, 1402-1419 (*Ch.*, n° 523 ; D. Chazal, *cap.* 65).

Jean Chauveau, 1437 (D. Chazal, *cap.* 65).

Jean Paloton, 1438-1440 (D. Chazal, *cap.* 66).

Pierre Dufiot, 1440 (D. Chazal, *cap.* 67).

Louis David, 1463 (D. Chazal, *cap.* 68).

Jean Rousseau, 1474-1484 (D. Chazal, *cap.* 68, 69). Il fut élu en 1484 abbé de Saint-Maixent.

Guillaume de Lisle, 1484-1500 (D. Chazal, *cap.* 70, 71).

Pierre de Lestang, 1527-1530 (D. Chazal, *cap.* 74 ; prot. Bonizeau). Il donna sa démission en faveur du suivant et vivait encore en 1551 ; à cette date, il était âgé d'environ quatre-vingts ans (Prot. Pillot).

Raoul de Lestang, 1532 (Orig. de ma collection).

Abel Garin ou Guérin, 1533-1538 (Prot. Defonboisset).

Jean Morillon, 1544 (Prot. Texier). Il est encore désigné comme prieur claustral dans un acte du 12 décembre 1554, quoique d'autres personnages fussent en possession de ce titre dès 1548 (Prot. Cailhon ; D. Chazal, *cap.* 75).

Jean de Feuvre, 1548 (D. Chazal, *cap.* 75).

René de la Tour, élu en 1550, meurt le 20 août 1580 (Prot. Faidy et Pillot ; *Journal de M. Le Riche*). Il était curé de Nanteuil en 1576. Il eut pour compétiteurs Joseph Baudichon, élu en 1550 par plusieurs religieux, et Jean Martin, nommé par le pape en 1565 (D. Chazal, *cap.* 75).

Pierre d'Hautefaye, 1581-1590 (Prot. Lambert ; D. Liabeuf, chap. 25).

Isaac Martin, 1596-1608 (D. Chazal, *cap.* 77 ; *Ch.*, n° 507).

Jean Ferrand, 1611-1612 (Prot. Mercier ; D. Chazal, *cap.* 79).

Isaac Marchant, 1618 ; il passa ensuite prieur de Ternant (Prot. Poictevin ; reg. par. de Saint-Saturnin de Saint-Maixent).

Mathurin Trochery, 1619, meurt en 1630. Le 5 juin 1624, une partie des religieux, qui ne voulaient pas la réunion de l'abbaye à la Congrégation de Saint-Maur, le déclarèrent déchu de son office et nommèrent à sa place Laurent Simon, sacristain, qui ne put prendre possession et se fit ensuite pourvoir en 1626 de l'infirmerie de Saint-Nicolas d'Angers (D. Chazal, *cap.* 80 ; prot. Poictevin).

Jean Beliard, élu le 26 novembre 1630 (Prot. Mercier). Il consentit à la réunion de son office à la mense conventuelle de l'abbaye le 28 septembre 1633. Il vivait encore en 1634 (*Ch.*, n° 610 ; prot. Poictevin).

II. — Prévôts-moines.

Bernard, entre 968 et 974 (*Ch.*, n° 39).
Rainuze, 985 (*Ch.*, n° 46).
Gerbert, 1061 (*Ch.*, n° 118).
Guy, 1071 (*Ch.*, n° 179).
Girbert, 1074-1076 (*Ch.*, n°s 131-135).
Hugues, 1081 (*Ch.*, n°s 150-152).
Etienne, 1081-1087 (*Ch.*, n°s 150-165).
Bernard, entre 1087 et 1091 (*Ch*, n° 174).
Foulques, 1108-1118 (*Ch.*, n°s 222-267).
Tetmer, entre 1124 et 1134-1147 (*Ch.*, n°s 286-329).
Pierre de Vérines, 1158-1182 (*Ch.*, n°s 340-363). Ce doit être

la même que Pierre Marteau, *Martellus*, prévôt en 1163 (*Ch.*, n° 341).

Guillaume Archembaut, vers 1204 (*Ch.*, n° 406).
Geoffroy Vendier, vers 1204 (*Ch.*, n° 406).
Amblard, 1210-vers 1222 (*Ch.*, n°˙ 416-421).
G. Rousseau, 1235 (*Ch.*, n° 435).
Regnault ; ce doit être le même que l'infirmier du même nom. (Voy. la matrice de son sceau, n° 43 de la collection de la Société des Antiquaires de l'Ouest, *Mémoires*, 1880, p. 402).
Jean de Gascougnole, 1378-1381 (D. Chazal, *cap.* 60 ; *Ch.*, n° 528).
Robert Subleau, 1399-1408 (D. Chazal, *cap.* 64 ; Arch. de la Vienne, E⁵ l. 427).
Jacques Bertrand, 1438-1457 (D. Chazal, *cap.* 66, 67).
Jean Cochart, 1462 (Pap. d'Aubigny).
Pierre le Monnayer, 1500 (D. Chazal, *cap.* 71).
Louis Eschallart, 1516 (Prot. Bonizeau). Il avait pour compétiteur Pierre de Fontenay, docteur en théologie.
Pierre de Fontenay, 1521-1522 (Prot. Bonizeau).
René Aymar, 1532 (Prot. Defonboisset).
André de Bonvoisin, protonotaire apostolique, aumônier du roi, 1533 (Dom Le Michel).
Jean Morin, 1550-1551 (D. Chazal, *cap.* 75 ; prot. Pillot).
Jean de Céris, 1554-1579 (Prot. Pillot ; Arch. de la Vienne, H¹ l. 16 ; reg. par. de Saint-Saturnin). Il était prieur de Romans en 1575 (Prot. Faidy).
Isaac Marchant, éc., 1608-1611 (*Ch.*, n° 607 ; prot. Mercier). Il était prieur de Ternant en 1630.
Eutrope Marchant, éc., 1621 ; il consent, le 28 septembre 1633, à la réunion de son office à la communauté (*Ch.*, n° 610).

III. — Aumôniers.

Bernard, entre 1093 et 1104 (*Ch.*, n° 215).
André, 1104 (*Ch.*, n° 206).
Jean, entre 1108 et 1129 (*Ch.*, n° 303).
Geoffroy de Rochefort, 1129-1142 (*Ch.*, n°ˢ 288-320).
Michel, 1218-vers 1222 (*Ch.*, n°ˢ 416-421).
P., 1235 (*Ch.*, n° 435).
Aimeri de Partenay, 1261 (*Ch.*, n° 456).
Aimeri de Mareuil, 1305 (D. Chazal, *cap.* 54).

Guillaume de Launay, 1347-1382 (*Ch.*, n° 528); D. Chazal, *cap.* 62).

Jean Arnaut, *aliàs* Menaut, 1402-1408 (Pap. de Pressigny ; *Ch.*, n° 536).

Guillaume de Launay; 1427 (*Ch.*, n° 542).

Bernard de Feletz, 1440-1448. Il était en même temps prieur de Maulévrier (D. Chazal, *cap.* 67).

Antoine Crespin, chanoine d'Angers, notaire apostolique, (*Ch.*, n° 553).

Pierre de Feletz, 1448-1472 (D. Chazal, *cap.* 67). Il était aussi prieur d'Azay.

Jacques Cochart, 1474 (D. Chazal, *cap.* 68).

Philippe Chevalier, écuyer, 1484-1516 (D. Chazal, *cap.* 70 ; prot. Bonizeau) ; il était aussi prieur de Romans et de Pamprou.

Jacques Chevalier, éc., frère du précédent, 1516-1534 (Prot. Bonizeau) ; il était aussi prieur de Pamprou, et mourut le 2 septembre 1534 (*Journal de G. Le Riche*).

Guillaume d'Orfeuille, éc., 1540-1546 (Prot. Texier et Defonboisset).

Pierre Dallouhe, éc., 1551 (Prot. Pillot).

Charles de Céris, éc.; en octobre 1551, il est en procès avec Ambroise Jousseaume, qui lui conteste la possession de l'aumônerie (Prot. Pillot).

Meri *aliàs* Aimeri Chevalier, éc., 1553-1556 (Arch. de la Vienne H¹ l. 16 ; *Ch.*, n° 590).

Philippe Ryvault, 1557-1570 (Prot. J. Defonboisset et Rocquet).

Jean de la Tousche, 1583 (Prot. Lambert).

Sébastien de la Tousche, 1586 ; résigne le 10 avril 1587.

Sébastien Trochery, nommé par l'abbé le 14 juin 1587. Ces deux aumôniers eurent pour compétiteur Just Lhomedé, écolier en l'Université de Poitiers, qui s'était fait pourvoir en cour de Rome en février 1586 (Arch. de la Vienne, Abb., l. 16.)

Samuel Chevalier, éc., 1589 (Reg. par. de Saint-Saturnin).

François Chevalier, éc., 1612 (Reg. par. de Saint-Saturnin.)

Hercule Chevalier, éc., 1616 (D. Chazal, *cap.* 82). Il résigna son office à la communauté le 3 janvier 1634, en s'en réservant la jouissance sa vie durant, et mourut en 1657. Jean de Larche, moine de Saint-Calais, voulut alors prendre possession de l'office d'aumônier, comme confidentiaire, au nom de François de Fortia, intendant du Poitou, qui jouissait des plus forts revenus ; mais, par arrêt du Grand-Conseil du 30 mars 1658, il fut débouté de ses prétentions, et le revenu de l'office d'aumônier fut définitivement réuni à la mense conventuelle (Voy. t. II, p. 356).

IV. — SACRISTAINS.

ETIENNE, 1104 (*Ch.*, n° 206).
AINARD, 1114 (*Ch.*, n° 257).
AIMERI ROINE, 1129-1133 (*Ch.*, n°s 288-296).
PIERRE DE COIGNAC, entre 1133 et 1141 (*Ch.*, n°s 352-353). Il fut ensuite abbé de Saint-Liguaire.
BRIENT, 1141 (*Ch.*, n° 314).
PIERRE ABROCIT, *aliàs* AUFRET, 1142-1158 (*Ch.*, n°s 320-340). Il devint ensuite abbé de Saint-Liguaire (*Ch.*, n° 365).
HUGUES ROQUE ou ROCA, 1163 (*Ch.*, n°s 342-353).
GAUTIER, 1197-1198 (*Ch.*, n°s 369-370).
GUILLAUME, 1208 (*Ch.*, n° 407).
B. D'AZAY, *aliàs* R., vers 1222 (*Ch.*, n° 422).
GUILLAUME DE PONS, 1265 (Pap. d'Aubigny). Il était aussi prieur.
PIERRE DU TEIL, *P. de Tilio*, 1375-1378 (Orig., Bibl. de Poitiers ; D. Chazal, *cap.* 60).
JEAN DE GASCOUGNOLE, 1402 (*Ch.*, n° 523).
PIERRE BIER, 1408 (*Ch.*, n° 536).
GUILLAUME LENOMER, 1440 (D. Chazal, *cap.* 67).
PIERRE BOUJU, 1474-1479 (D. Chazal, *cap.* 68 ; pap. d'Aubigny).
PIERRE PICART, 1484-vers 1515 (D. Chazal, *cap.* 70, 71, et D. Le Michel). Il était évêque de Brenance en 1515.
JEAN THEBAULT, 1537-1538 (Prot. Bonizeau et Texier).
LUCIEN GRIMOARD, écuyer, vers 1555-1570 (D. Le Michel ; prot. Texier). Il était aussi prieur de Mons dès 1566.
BONAVENTURE CHEVALIER, 1582-1583 (Reg. par. de Saint-Saturnin).
EUTROPE BAGUENARD, 1593-1611 (Reg. par. de Saint-Saturnin ; prot. Mercier).
LAURENT SIMON, 1621, consent, le 28 septembre 1633, à l'union de son office à la mense monacale (Prot. Mercier ; *Ch.*, n° 610).

V. — INFIRMIERS.

RENAUD, 1084 (*Ch.*, n° 155).
PIERRE, entre 1110 et 1134 (*Ch.*, n° 308).

Martin.

Bien que ces trois personnages soient qualifiés d'infirmiers, *infirmarii*, dans les actes, l'érection de cet office ne date que de 1172 ou 1173 (*Ch.*, n° 354).

Michel, 1208-1210 (*Ch.*, n°ˢ 407-410).

P. Cocus, 1217-vers 1222 (*Ch.*, n°ˢ 415-421).

Regnault, *Reginaldus*, 1298 (D. Chazal, *cap.* 54).

Guy Audoin, 1301-1347 (D. Chazal, *cap.* 54-58).

Arnaut Itier, 1378-1381 (D. Chazal, *cap.* 60 ; *Ch.*, n° 428).

Guillaume Bonfils, 1437-1440 (Orig. de ma collection ; D. Chazal, *cap.* 67).

Pierre Lemonayer, 1484 (D. Chazal, *cap.* 40).

Raoul de Lestang, éc., 1524 (Prot. Bonizeau).

Jean Picard, 1536-1540 (Prot. Defonboisset et Texier).

Guillaume Bonfils, 1549 (Prot. Bonizeau).

Jean Morin, 1553-1557 (Prot. Pillot).

Nicolas Bachelier, 1566-1570 (Prot. Fouquet et Tutault).

Pierre de Hautefaye, 1576 (Prot. Texier).

Adrien Chevalier, 1608 (*Ch.*, n° 607).

Sébastien Trochery, 1611 (Prot. Mercier).

Jean Peign, 1621 (Prot. Mercier).

François Peign, 1624 ; consent à la réunion de son office à la communauté le 27 janvier 1634 (Prot. Poictevin ; *Ch.*, n° 610). Il en portait encore le titre en 1647.

VI. — Celleriers.

Pierre Brunet, 1081-1092 (*Ch.*, n°ˢ 149-229).

Gautier, 1109 (*Ch.* n° 229).

Bonnaud, 1208 (*Ch.*, n° 407).

Audebert, 1217 (*Ch.*, n° 415).

Geoffroy, 1218 (*Ch.*, n° 416).

Jean de Blin, *J. de Blino*, 1402 (Pap. de Pressigny).

Pierre Bastard, 1438-1440 (D. Chazal, *cap.* 66).

Jean de Nepous, 1440 (D. Chazal, *cap.* 67).

Pierre Marion, 1520 (Prot. Bonizeau).

Pierre Saumureau, 1522-1529 (Prot. Bonizeau). Il fut aussi prieur de Marsais en 1522, puis de Lhermitain et de Damvix.

Pierre de Lestang, 1530-1532 (Prot. Bonizeau et J. Defonboisset). Il était aussi prieur de Damvix.

Raoul de Lestang, 1533-1550. Il était prieur de Lhermitain en 1551, et se démit de son office pour passer prieur de Nanteuil en 1560 (Prot. Bonizeau et Defonboisset).

Pierre de Lestang, frère de Raoul, 1553 (Arch. de la Vienne, H¹ l. 16).

Philippon de Lestang, éc., 1560-1570 (Prot. Pillot et Rocquet). En 1560, il était aussi prieur de Damvix.

Jean Martin, 1608 (*Ch.*, n° 607).

Isaac Martin, mort avant 1620 (Prot. Mercier).

André de Cochefillet, 1620 ; renonce à son office en faveur de la communauté le 28 septembre 1633 (Prot. Mercier ; *Ch*, n° 610). Il prenait encore en 1636 le titre de cellerier.

VII. — Chantres.

Pierre, entre 1044 et 1061 (*Ch*, n°ˢ 104-118).

Adémar, 1076 (*Ch.* n° 134).

Humbert, *Huncbertus*, 1080-1088 (*Ch.*, n°ˢ 149-197).

Pierre de la Roche, *de Roca*, 1378 (D. Chazal, cap. 60)

Pierre Granil, 1382 (D. Chazal, cap. 62).

Pierre Bretau, *Bretellos*, 1440 (D. Chazal, cap. 67).

Jean de Vilhean, 1500 (D. Chazal, cap. 71).

Pierre Saumureau, 1518 (Prot. Bonizeau).

Jean Thebault, 1525 (Prot. Bonizeau).

Guillaume Grimoard, 1537-1538 (Prot. Texier).

Pierre Dallouhe, éc., 1558-1567 (Prot. Cailhon ; *Ch.*, n° 595).

Jean Thebault, 1555 (Prot. Cailhon).

Eutrope Baguenard, 1570-1587 (Prot. Tutault ; Arch. de la Vienne, H¹ l. 16).

Jean Ferrand, 1601-1608 (Reg. par. de Saint-Saturnin ; *Ch.*, n° 607).

Jean Audinet, 1611 ; il meurt en 1631 (Prot. Mercier et Poictevin).

Jacques Guérinet ; il consent le 28 septembre 1633 à la réunion de son office à la mense conventuelle (*Ch.*, n° 610).

Sous-Prieurs.

Benoit, 1079 (*Ch.*, n° 143).

Archembaut, entre 1093 et 1096-1104 (*Ch.*, n° 185 ; abbaye de Saint-Jean-d'Angély, D. Font., t. 27 *bis*, p. 325).

Gautier, 1114 (*Ch.*, n° 257).
Guillaume, 1118 (*Ch.*, n° 267).
Fouchier, 1132-1133 (*Ch.*, n°ˢ 293-296).
Jourdain, 1208-1210 (*Ch.*, n°ˢ 407-409).
Pierre Joscelme, 1218 (*Ch.*, n° 416).
A. Mortaud, 1235 (*Ch.*, n° 435).
Nicolas, 1362 ; sans doute Nicolas Chencau, depuis prieur claustral (*Ch.*, n° 511).
Jean Aving, 1378 (D. Chazal, *cap.* 60).
Jean Paloton, 1409 (Arch. de la Vienne, G¹°, Chap. sous Saint-Léger). Il devint ensuite prieur.
Jean Husson, 1421 (D. Chazal, *cap.* 65).
Jacques Vaillant, 1479-1484 (Pap. d'Aubigny; D. Chazal, *cap.* 70).
François Robinet, 1500 (D. Chazal, *cap.* 71).
Jean Thibaut, 1523 (Prot. Bonizeau).
Jean Robinet, 1525-1530 (Prot. Bonizeau).
Jean de Fère, 1537-1538 (Prot. Bonizeau et Texier).
Louis de Devezeau, éc., sgr de Dignac, 1550-1582 (D. Chazal, *cap.* 76 ; prot. Lambert). En 1579, il est aussi curé de Souvigné.
Mathurin Naulet, 1597 (Reg. par. de Saint-Saturnin.)
Mathurin Trochery, 1607-1608 (Prot. Mercier). Il devint ensuite prieur.
Mathurin Naulet, 1630 ; meurt en février 1634 (Prot. Poictevin). Il avait consenti le 28 septembre 1633 à la réunion de son office à la mense conventuelle (*Ch.*, n° 610).

Bibliothécaires.

Jean, 1076 (*Ch.*, n° 134).
Hugues, *aliàs* Hugonneau, 1098-1113 (*Ch.*, n°ˢ 198-255).
Jean de Vérines, 1130-1176 (*Ch.*, n°ˢ 290-325).
Ferrand, 1189 (*Ch.*, n° 366).
Guillaume Abrocit, 1208-1210 (*Ch.*, n°ˢ 407-409).
Cet office, d'abord distinct de celui de chantre, lui a ensuite été réuni.

Doyens.

Anselme, 966 (*Ch.*, n° 34).
Bernoul, *Bernulfus*, 974 (*Ch.*, n° 41).

Raoul, *Radulphus*, 1047 (*Ch.*, n° 111).
Rainaud, *Rainaldus*, 1064 (*Ch.*, n° 119).

Sous-Bibliothécaires.

Jean, 1111 (*Ch.*, n° 248).

Sous-Chantres

Mathurin Aymon, 1440 (D. Chazal, *cap.* 65).

PRIEURS DE LA CONGRÉGATION DE SAINT-MAUR

Le représentant de la Congrégation de Saint-Maur dans les abbayes bénédictines qui lui étaient unies était le prieur ; celui-ci était élu dans le chapitre général annuel de la Congrégation. Bien que la durée des fonctions de chaque prieur ne dût être que de trois ans, il est arrivé que quelques-uns ont été réélus pour une même période de temps ; d'autres sont revenus après un ou deux intervalles dans l'établissement qu'ils avaient déjà dirigé. D. Chazal a consacré aux prieurs de Saint-Maixent le chapitre 82 de son *Chronicon* ; nous lui empruntons sa liste, à laquelle nous avons fait quelques corrections d'après le *Journal des choses mémorables de l'abbaye*. Cette liste s'arrête à Nicolas Vignoles, qui fut élu en 1717 ; la fin de la série nous a été fournie par l'exemplaire du *Chronicon* appartenant à la bibliothèque de Poitiers, sur lequel les religieux de Saint-Maixent avaient pris soin de consigner, à la suite du relevé de D. Chazal, les noms de leurs prieurs à chacune de leurs mutations.

1. Anselme Dohin, d'Evron, 1 juillet 1634 à 1637.
2. Cyprien Richard, de Poitiers, 1637 à 1639.
3. Bernard Pattier, 1639 à 1642.
4. Urbain Vaillant, de Muzillac, 7 juin 1642 à 1646.
5. Boniface le Tam, de Chouzé, 1646 à 1648.
6. Ambroise Faucher, de Neuvéglise, 1648 à 1651.
7. André Faye, de Limoges, 12 juin 1651 à 1657.
8. Jacques Sargeant, d'Orléans, 5 juin 1657 à 1663.

9. Antoine Savy, d'Alby, 1663 à 1669.
10. Ambroise Fregeac, de Cros, 1669 à 1672.
11. André Liabeuf, du Puy-en-Velay, 16 juillet 1672. Il mourut à Saint-Maixent le 1er juillet 1677. Outre le *Livre des antiquitez de l'abbaye royale de Sainct-Maixent en Poictou*, 1677, dont nous avons parlé, p. xxi, on possède de lui une notice sur l'abbaye de Saint-Sever en Gascogne (Bibl. Nat., Man., fonds latin 1296). Dans le tome 36 de la collection de D. Fonteneau, p. 1 à 141, se trouve une copie du *Livre des antiquitez*.
12. Charles Thierry, d'Epinal, de 1677 à 1684.
13. Claude Hemin, de Sainte-Menehould, de 1684 à 1686.
14. Guillaume Camuset, de Nevers, de 1686 à 1690.
15. Léonard de Massiot, de Saint-Léonard, de 1690 à 1693. On lui doit : *Traité du sacerdoce et du sacrifice de Jésus-Christ et de son union avec les fidèles dans ce mystère*. Par le révérend Père dom Léonard de Massiot, religieux bénédictin de la Congrégation de Saint-Maur. A Poitiers, par Jean Fleuriau et Jacques Faulcon, 1708, in-4°, 642 p.
16. Jacques Denesde, de Poitiers ; nommé en 1693, il mourut au mois d'octobre de la même année dans le monastère de Saint-Cyprien de Poitiers.
17. Maur Marchand, de la Chaise-Dieu, du 21 novembre 1693 à 1696.
18. René Drouinot, de Poitiers ; nommé en juillet 1696, il mourut le 24 septembre de la même année.
19. Joseph Lachaud, de Meymac, du 29 novembre 1696 à 1702.
20. Charles Conrade, de Nevers ; nommé en 1702, il démissionne peu après son élection.
21. Louis Landrieu, de Mont-de-Marsan, du 2 octobre 1702 à 1705.
22. François de Grandsaigne, Auvergnat, de 1705 à 1711.
23. Antoine Vaslet, de Saint-Junien, de 1711 à 1714.
24. François Chazal, de Meymac, de 1714 à 1717. On lui doit, avons-nous dit, p. xix, le précieux recueil qu'il a lui-même ainsi intitulé : *Chronicon San-Maxentianum seu historia et antiquitates monasterii S. Maxentii describuntur. Colligebat domnus Franciscus Chazal.* 1718. Cet ouvrage, divisé en 96 chapitres, est resté manuscrit. Il en existe deux originaux, conservés, l'un à la bibliothèque de la ville d'Orléans, sous le n° 267, in-4°, avec deux plans de l'église, et qui provient de l'abbaye de Saint-Benoît-

sur-Loire, où D. Chazal passa prieur au sortir de Saint-Maixent; l'autre, à la bibliothèque de la ville de Poitiers, n° 131 du catalogue imprimé, et qui porte le titre suivant : *Regalis monasterii San-Maxentii, Diœcesis Pictaviensis, ord. S^{ti} Benedti, congr. S^{ti} Mauri, historia accurata, operâ et studio R. P. D. Francisci Chazal, eiusd. cong. monachi, necnon eiusdem monrii San-Maxentini antehac prioris, nunc autem monrii S^{ti} Benedicti suprà Ligerim prioris, anno Dni 1723*. In-4°, 352 pages, titre et table. Ce volume, copie originale de celui d'Orléans, ne s'en distingue que par l'addition à la liste des prieurs de la Congrégation de Saint-Maur que nous avons indiquée plus haut et par l'absence des deux plans ; il provient de l'abbaye de Saint-Maixent. On en trouve aussi une copie, faite en 1742, dans la collection de D. Fonteneau, t. 66, p. 142 à 389. D. Chazal mourut à Ponlevoy le 13 décembre 1739.

25. Nicolas Vignoles, de Saintes, de 1717 à 1722.

26. Benoit Petit, Limousin, de 1722 à 1733.

27. Pierre du Biez, d'Auxerre ; élu en 1723, ne fut prieur que pendant peu de temps.

28. Joseph Malevergne, Limousin, du 6 octobre 1723 à 1729.

29. Pierre Viale, de Clermont, du 7 juin 1729 à 1733.

30. François Perbé, du 3 août 1733 à 1736.

31. Ambroise Arces, élu le 27 mai 1736, ne fut prieur que quelques mois.

32. Gabriel de la Codre, du 3 septembre 1736 à 1737.

33. Philippe Raffier, de Saint-Pourçain, du 26 juin 1737 à 1742.

34. Jean Puyforel, de Billom, de 1742 à 1745.

35. Etienne Rechignat, de Clermont, de 1745 à 1754.

36. Jean Charcot, de Lyon, de 1754 à 1760.

37. François Girodias, de Billom, de 1760 à 1764.

38. Jean Midy ; il fut élu à la diète de 1764 et mourut le 27 octobre de la même année.

39. François Girodias, de nouveau, de 1764 à la tenue de la diète de 1765.

40. Etienne Rechignat, de nouveau, en novembre et décembre 1765.

41. Jean Prevôt du Las, de Moulidars, de 1766 à 1769.

42. François-Gabriel Buer, de Montbrison, de 1769 à 1771.

43. Etienne Rechignat, de nouveau, du 9 juin 1771 à 1772.

44. Antoine Bompart, de Clermont, du 10 juin 1772 à 1774.

45. Louis Rambaud, de Bassac, du 26 mai 1774 à 1778.
46. Jean Larocque, de Murat, du 9 juin 1778 à 1781.
47. Louis Rambaud, de nouveau, du 8 juin 1781 à 1783.
48. Jacques Chardé, de Decise, du 30 octobre 1783 à 1788. Il a publié l'ouvrage suivant : *Analyse d'une nouvelle physique intitulée : La raison guidée par les sens*. A Poitiers, de l'imprimerie de Michel-Vincent Chevrier, 1785, in-8, 78 p., table et errata. La préface est signée : D. C., R. B.

49. Louis Rambaud, de nouveau, élu le 28 août 1788. C'est lui qui clôt la liste des prieurs de l'abbaye de Saint-Maixent. Son dernier acte est la déclaration qu'il fit en tête de ses religieux, le 24 février 1791, de renoncer à la vie commune pour vivre en particulier.

ARCHIPRÊTRES DE SAINT-MAIXENT.

Nous ne savons à quelle époque un archiprêtre fut installé à Saint-Maixent. Le premier que l'on rencontre dans les textes est Witbert, en 1080. Quant à la mention de l'archiprêtré, en tant que circonscription, elle est bien plus récente, et apparaît pour la première fois, vers l'an 1300, dans le pouillé de Gauthier de Bruges. L'archiprêtré de Saint-Maixent, du diocèse de Poitiers et de l'archidiaconé de Briançais, comprenait 40 paroisses, à savoir : Saint-Saturnin, Saint-Léger et Saint-Martin de Saint-Maixent, Saint-Eanne, Nanteuil, Exireuil, Soudan, Fonperron, Chantecorps, Coutières, Vautebis, Clavé, Saint-Lin, Vouhé, Beaulieu, Soutiers, Saint-Pardoux, Alonne, la Boissière, les Groseliers, Saint-Marc-la-Lande, Mazières, Verruye, Saint-Georges-de-Noiné, la Chapelle-Bâton, Saint-Projet, Champeaux, Saint-Denis, Champdenier, Cours, Germond, Rouvre, Saint-Christophe-sur-Roc, Cherveux, Saint-Carlais, Brelou, Augé, Saivre, Azay et Souvigné. A l'exception de cette dernière paroisse, toutes les autres étaient situées sur la rive droite de la Sèvre ; parallèlement à l'archiprêtré de Saint-Maixent, sur la rive gauche de la rivière, s'étendait celui d'Exoudun, dont celui de Saint-Maixent paraît avoir été un démembrement.

L'archiprêtre de Saint-Maixent, quoique résidant dans cette ville où se tenait sa justice, était en même temps curé de Saivre. L'adjonction de cette cure à l'archiprêtré est très ancienne ; elle est indiquée dans le pouillé de Gauthier, et peut remonter à un ou deux siècles plus tôt. La cure de Saivre est dite dans le pouillé comme étant *de pleno jure de dono episcopi*, c'est-à-dire que l'évêque en nommait directement le titulaire, condition nécessaire pour que l'archiprêtre restât dans sa dépendance directe et pût jouir d'une indépendance absolue à l'égard des établissements religieux de son ressort ; mais on ne peut faire remonter cette réunion avant la fin du XIe siècle, car la cure de Saivre, après avoir été soumise à l'abbaye de Saint-Maixent, passa ensuite à l'abbaye de Maillezais en 1082 ; celle-ci ne la possédait plus en 1197 (D. Fonteneau, t. XXV, p. 23 et 70), ce qui nous permet d'affirmer que c'est dans cet intervalle d'un siècle que les évêques de Poitiers trouvèrent le moyen de se la rattacher.

1080-1086. Witbert, *Witbertus* (*Ch.*, n°s 149-161).

Vers 1093-1133. Pierre Girbert, *Petrus Girberti* (*Ch.*, n°s 270-360).

Vers 1133-1163. Pierre Garolie, *Petrus Garolii* ou *Guarolie* (*Ch.*, n°s 320-342, 360).

Vers 1164-1178. Airaud, *Airaudus* (*Ch.*, n°s 350-360).

Vers 1178-1180. Guillaume Morant (*Ch.*, n°s 358-360).

1190. Jean Arnaud, chanoine de la cathédrale de Poitiers (D. Fonteneau, t. V, p. 602).

Vers 1204-1222. Jean de Biaz (*Ch.*, n°s 406-408 ; cart. des Châteliers, p. 35).

1227-1247. Raoul Asce ou Ace (*Ch.*, n° 426 ; Arch. de la Vienne, Cie de Saint-Remy, l. 869).

1252. Guillaume. Son sceau est appendu à un acte de juillet 1252 (Arch. de la Vienne, titres de Fontaine-le-Comte, sceau n° 54).

1253-1268. Laurent, chanoine de l'église de Poitiers (Cte de Saint-Remy, l. 869-890). Son sceau est appendu à un acte de décembre 1260 (Arch. de la Vienne, sceau n° 43, titres de Fontaine-le-Comte).

1270-1289. Ascelin, chanoine de l'église de Poitiers (Cart. des Châteliers, p. 99) ; son sceau est appendu à un acte de mars 1279 (Titres de Fontaine-le-Comte, l. 22, sceau n° 49).

1290-1297. Etienne, chanoine de l'église de Poitiers (D. Fonteneau, t. II, p. 52 ; titres de Fontaine-le-Comte, l. 22).

1297-1300. Gérard Jean, *Johannis* (Cie de Saint-Remy, H^2, l. 890 ; Fontaine-le-Comte, l. 22).

1301-1304. Guillaume Geoffroy, *Gaufridi* (Fontaine-le-Comte, l. 23). D. Fonteneau, t. LXXXII, donne un dessin de son sceau, qui était appendu à un acte du 9 octobre 1301.

1305-1326. Ayraud de Prissé, *Ayraldus de Prissiaco, de Prissayo*, chanoine prébendé de Saint-Hilaire-le-Grand de Poitiers (Fontaine-le-Comte, l. 23 ; Bibl. Nat., fonds latin 9934). Son sceau est appendu à un acte du 21 mai 1312 (Arch. de la Vienne, sceau n° 189).

1327-1335. Jean Borgayls (Fontaine-le-Comte, l. 23). Il testa le 16 janvier 1333 (1334) (Arch. de la Vienne, G 1101).

1336-1340. Guillaume Aymeri, *Aymerici* (Titres de la cure de Saint-Saturnin de Saint-Maixent, en ma possession; Saint-Remy, H³ l. 869, 886 et 890).

1342-1352. Hélie Aymeri (Titres de la baronnie d'Aubigny, seigneurie du Champ-Gauvreau, paroisse de Saivre, domaine de l'archiprêtré ; Saint-Remy, H³, l. 883).

1357-1360. Pierre Aymeri (Titres de Saint-Saturnin).

1363-1395. Hélie Bastart (Titres de Fontaine-le-conte, l. 23 ; titres de Saint-Saturnin).

1409-1420. Pierre Doysdon ou Deydon (Arch. de la Vienne, Grand-Gauthier ; E³ l. 34, Soudan).

1421-1427. Jean Gastineau, *Gastinea* (Fontaine-le-Comte, l. 23 ; titres d'Aubigny).

1431-1439. Etienne (Fontaine-le-Comte, l. 23 ; titres de Saint-Saturnin).

1446-1448. Thomas de Gerson, bachelier formé en théologie (Titres d'Aubigny et autres, en ma possession).

1451-1463. Jean Maioris, chantre et chanoine de Saint-Martin de Tours (Titres d'Aubigny ; Cⁱᵉ de Saint-Remy, H³ 895).

1465-1499. Louis de Neufbourc (Titres d'Aubigny et de Saint-Saturnin).

1512. Guillaume Habert, licencié en droit (Titres d'Aubigny).

1534. Jean de la Chaussée (Prot. de J. de Fonboisset).

1535. Hilaire Rogier, licencié en droit, chantre et chanoine de l'église de Poitiers (Titres d'Aubigny).

1535-1571. Joseph Barrault, neveu du précédent (Prot. de J. de Fonboisset ; titres d'Aubigny).

1596-1600. Mathurin Millezeau (Prot. de Jolly, notaire à Sainte-Néomaye ; reg. par. de Saint-Saturnin).

1604. Michel Guitonnier. Il avait pour compétiteur François Turpault qui, le 13 février 1604, renonce à ses prétentions (Prot. de Devallée).

..... Foucaut, 1617 (Reg. par. de Saint-Léger).

1618-1649. Jacques Fradin. Il se démit de bonne heure de ses fonctions et mourut en 1680 ; il fut inhumé le 12 octobre près l'autel de Notre-Dame, dans l'église de Saint-Saturnin de Saint-Maixent (Titres d'Aubigny ; reg. par. Saint-Saturnin).

1659-1708. François Boucher, successeur de Jacques Fradin (Titres d'Aubigny ; reg. paroissiaux).

1708-1742. René-François Boucher. Il meurt le 8 octobre 1742, âgé de 57 ans, et est inhumé le lendemain dans l'église de Saivre (Reg. paroissiaux).

1746-1790. Pierre Brissonnet (Reg. paroissiaux).

CHARTES

DE

L'ABBAYE

DE SAINT-MAIXENT

I

Diplôme de Louis le Débonnaire, qui prend l'abbaye de Saint-Maixent sous sa protection, lui concède tous les privilèges de l'immunité, et accorde aux religieux la faculté d'élire leur abbé.[1] (D. FONTENEAU, t. XV, p. 11, d'après le cartulaire de l'abbaye de Saint-Maixent, p. 87).

18 juin 815.

In nomine Domini Dei et Salvatoris nostri Jesu Christi. Ludovicus, divina ordinante providentia imperator augustus. Si erga loca divinis cultibus mancipata propter amorem Dei ejusque in eisdem sibi famulantes beneficia oportuna largimur, premium nobis apud dominum eterne remunerationis rependi non diffidimus. Idcirco noverit fidelium nostrorum tam presentium quam et futurorum sollertia quia nos Tetbertum, venerabilem abbatem ex monasterio sancti Maxentii confessoris, ubi ipse sanctus corpore requiescit, quod est situm in pago Pictavensi, una cum congregatione ibidem Deo famulanti, cum

---

[1]. Imprimé dans le *Recueil des Historiens de la France*, t. VI, p. 480.

omnibus rebus et hominibus, que moderno tempore ipsa congregatio habere videtur, sub nostra suscepimus defensione et emunetatis tuicione. Quapropter volumus et per hoc nostre autoritatis preceptum decernimus atque jubemus, ut nullus judex publicus vel quilibet ex judiciaria potestate in ecclesias, aut loca, vel agros, seu reliquas possessiones memorati monasterii, quas moderno tempore, infra ditionem imperii nostri, juste et rationabiliter possidet, vel que deinceps in jure ipsius monasterii voluerit divina pietas augeri, at causas audiendas, vel freda aut tributa exigenda, aut mansiones vel paratas faciendas, aut fidejussores tollendos, aut homines ejusdem monasterii tam ingenuos quam servos super terram ipsius commanentes distringendos, nec ullas redibitiones aut inlicitas occasiones requirendas, nostris et futuris temporibus ingredi audeat, vel ea que supra memorata sunt penitus exigere presumat [1], set liceat memorato abbati Tetberto, suisque successoribus res predicti monasterii sub immunitatis nostre defensione quieto ordine possidere, et quicquid exinde fiscus sperare potuerit, totum nos pro eterna remuneratione prefato monasterio concedimus in alimonia pauperum et stipendia monachorum ibidem Deo famulantium proficiat perhennibus in aucmentis. Et quando quidem divina vocatione supradictus abbas de ac luce migraverit, quamdiu ipsi monachi inter se tales inveniri potuerint, qui secundum sanctum ordinem vel regularem normam degere voluerint, per nostram permissionem et consensum licentiam eligendi habeant abbatem, quatenus servos Dei qui ibidem Deo famulantur, pro nobis et conjuge proleque nostra atque stabilitate totius imperii nostri a Deo nobis conlati atque conservandi jugiter Dominum exorare delectet. Hæc vero auctoritas immunitatis nostre,

---

1. Le texte de D. Fonteneau porte *presumit*, mais la bonne leçon *presumat* est donnée par D. Chazal, *Chronicon San-Maxentianum*, c. IX.

ut per diuturna tempora inviolabilem atque inconvulsam obtineat firmitatem, et ut a fidelibus sanctæ Dei ecclesiæ et nostris verius cerciusque credatur et diligentius conservetur, et manu propria subter eam firmavimus, et anuli nostri impressione signari jussimus.

Signum Ludovici imperatoris [1].

Data decimo quarto kal. julii, anno secundo, Christo propicio, imperante domno Ludovico serenissimo imperatore, indictione VIII. Actum Aquisgrani palatio, in Dei nomine feliciter. Amen.

II

Diplôme de Pépin Ier, roi d'Aquitaine, qui rend à l'abbaye de Saint-Maixent la villa de Tizay, que Bernard, comte de Poitou, possédait à titre de bénéfice [2] (D. Fonteneau, t. XV, p. 17, d'après le cartul., p. 82).

22 décembre 825.

Pipinus, gratia Dei rex Aquitanorum. Cum locis divino cultui mancipatis largitionis nostre munere quippiam conferimus, id nobis et ad stabilitatem regni nostri et ad eterne vite premium capessendum profuturum liquido credimus. Idcirco notum fieri volumus omnium fidelium sanctæ Dei ecclesiæ nostrorumque presentium scilicet et futurorum sollertia, quia ob deprecationem Bernardi comitis placuit nobis quendam villam, que vocatur Titiacus, quem ipse Bernardus in beneficio habuit, quod est in pago Pictavensi, cum omnibus rebus et hominibus ad se presenti tempore juste et legaliter aspicientibus et pertinentibus, ad monasterium, quod dicitur sancti Maxentii, ubi presenti

---

1. Le monogramme de l'empereur coupe en deux les mots *Ludovici* et *imperatoris*; il est semblable à celui qui est reproduit sous le n° 12, pl. 1, des monogrammes publiés à la suite du tome IV du Glossaire de Du Cange., éd. de 1845.

2. Imprimé dans le *Recueil des Historiens de la France*, t. VI, p. 664.

tempore venerabilis vir Reinardus abba preesse videtur, reddere et de nostro jure in jus et dominatione predicti monasterii et monachis ibidem Deo famulantibus conferre. Hanc itaque villam cum domibus, edificiis, mancipiis, vineis, terris cultis et incultis, silvis, pratis, pascuis, aquis, aquarumve decursibus, molendinis, adjacentiis, perviis, exitibus et regressibus, mobilibus et immobilibus, et quantumcumque ad predictam villam Titiacum presenti tempore pertinere videntur, totum et ad integrum predicto venerabili monasterio sancti Maxentii et congregationi ibidem Deo famulanti concessimus, ita videlicet ut quicquid ab hodierna die et tempore rectores et ministri ejusdem monasterii de jam dicta villa, vel de is, que ad eam pertinere videntur, ob utilitatem et necessitatem ejusdem monasterii facere et ordinare atque disponere voluerint, libero in Dei nomine per hanc nostram auctoritatem perfruantur arbitrio, faciendi quicquid elegerint. Et ut hæc auctoritas a fidelibus sanctæ Dei ecclesiæ nostrisque melius credatur, diligentius conservetur, manu propria subter firmavimus, et de anulo sigillari jussimus.

Signum [1] Pippini regis.

Data xi kal. januarii, anno xii imperii domni Ludovici serenissimi augusti, et eodem regni nostri [2]. Actum ad illa Warda [3] prope Andiaco. In Dei nomine feliciter.

---

1. Entre ces deux mots se trouvait le monogramme de Pépin, pareil au nº 94, pl. 2, des monogrammes du tome IV du Glossaire de Du Cange, éd. de 1845.

2. Les années du règne de Louis le Débonnaire doivent être comptées à partir du 28 janvier 814, date de la mort de Charlemagne, et celles de Pépin, du jour où son père lui fit don de l'Aquitaine (entre le 24 juin et le 24 novembre 814); par suite, la douzième année du règne de ces deux princes correspond à l'année 825, et non à 826, comme l'a cru D. Fonteneau.

3. Il faut lire in villa Warda; ad illa est une faute du copiste du cartulaire (Note de D. Fonteneau).

III

Diplôme de Pépin 1er, roi d'Aquitaine, qui rétablit dans l'abbaye de Saint-Maixent la discipline régulière, l'exempte des services publics, et lui accorde de percevoir les nones, dimes et redevances de fabrique sur la portion de ses biens possédée par des seigneurs à titre de bénéfice[1] (D. Fonteneau, t. XV, p. 41, d'après une pancarte du IXe siècle. Cette pièce était aussi dans le cartulaire de l'abbaye).

11 janvier 827.

Pippinus, gratia Dei rex Aquitanorum. Multis siquidem in regno, Domino opitulante, nostro cognitum esse non ambigimus qualiter quondam monasterium, quod dicitur sancti Maxencii, situm in teritorio Pictavensi, ubi sanctus Leodegarius corpore requiescit, cum omnibus rebus sibi juste competentibus per beneficium regum antecessorum nostrorum in potestate comitum aliquamdiu constitutum esse, et nos, nostro tempore, inspirante divina misericordia, idem monasterium, cum quadam portione rerum ad se pertinentium ad statum pristinum revocasse, et abbatem regularem constituisse, qui secundum regulam sancti Benedicti vitam monasticam degeret, et sub nullius potestate au dicione consisteret, nisi sub nostra. Sed quia portionem rerum predicti monasterii, quam adhuc constat esse in beneficium, prædicto monasterio propter quandam utilitatem sive necessitatem regni nostri, quæ modo imminet, reddere presentaliter nequivimus ; ideo eum cum portione rerum quæ nunc possidet, ab omnibus secularium vel publicarum rerum impedicionibus, id est ab expedicione exercitali et bannis atque heribannis, vel operibus publicis, sive paratis, absolutum et quietum esse omnimodis precipimus. De porcione vero rerum predicti monasterii quæ ad-

---

1. Imprimé dans le *Recueil des Historiens de la France*, t. VI, p. 665, d'après l'original qui offre quelques variantes avec le texte de la pancarte.

huc, sicut superius dictum est, in potestate diversorum hominum per beneficium esse constat, præcipimus atque per hos regales apices nostros sancimus atque decernimus, ut sæpedicto monasterio sancti Maxhentii et rectoribus ejus nonas et decimas et opera pleniter persolvantur, donec, Domino adjuvante, per nos ipsos vel successores nostros predictam portionem rerum ad memoratum venerabile monasterium, ad quod per justiciam pertinet, pleniter atque integre reddi sive restitui faciamus. Et ut hæc confirmatio nostra per curricula annorum inviolabilem atque inconvulsam obtineat firmitatem, anuli nostri impressione subter signari jussimus.

Data III id. januarii, anno XIIII imperii domni Hlodouvici serenissimi augusti, et XIII regni nostri [1]. Actum in Casanogili palatio. In Dei nomen feliciter. Amen.

Saxbodus diaconus ad vicem Aldrici recognovit *et subscripsit* [2].

IV

Diplôme des empereurs Louis le Débonnaire et Lothaire, qui concèdent à l'abbaye de Saint-Maixent les mêmes privilèges qu'elle avait déjà obtenus du roi d'Aquitaine [3] (D. FONTENEAU, t. XV, p. 17, d'après une pancarte du IXᵉ siècle).

10 octobre 827.

In nomine Domini Dei Salvatoris nostri Jesu Christi.

---

1. Pour faire concorder ces éléments de date, il faut, en conservant la fin de l'année 814 pour le commencement du règne de Pépin, faire remonter le début de celui de Louis le Débonnaire au mois de septembre 813, époque de son association à l'empire.
2. Les mots imprimés en italique qui accompagnent la souscription du notaire, tant dans cette charte que dans les suivantes, étaient écrits en notes tironiennes que D. Fonteneau a reproduites dans ses copies.
3. Imprimé dans le *Recueil des Historiens de la France*, t. VI, p. 553, d'après une copie de D. Etiennot, prise dans le cartulaire, p. 84. Ce texte est moins pur que celui de la pancarte; on y constate même l'omission de quelques lambeaux de phrases.

Hludouvicus et Hlotarius, divina ordinante providencia, imperatores augusti. Multis siquidem in imperio, Domino opitulante, nostro congnitum esse non ambigimus qualiter quoddam monasterium, quod dicitur sancti Maxentii, situm in territorio Pictavense, ubi sanctus Leodegarius corpore requiescit, cum omnibus rebus sibi juste competentibus per beneficium regum antecessorum nostrorum in potestate comitum aliquamdiu constitutum esse, et nos, nostro tempore, inspirante divina misericordia, idem monasterium cum quadam portione rerum ad se pertinentium ad statum pristinum revocasse, et abbatem regularem constituisse, qui secundum regulam sancti Benedicti vitam monasticam degeret, et sub nullius potestate au dicione consisteret, nisi sub nostra filiorumque nostrorum. Sed quia porcionem rerum predicti monasterii, quam adhuc constat esse in beneficium, prædicto monasterio propter quandam utilitatem sive necessitatem regni nostri, quæ modo inminet, reddere presentaliter nequivimus, ideo eum cum portione rerum, quæ nunc possidet, ab omnibus secularium vel publicarum rerum impedicionibus, id est ab expedicione exercitali et bannis atque heribannis, vel operibus publicis, sive paratis, absolutum et quietum esse omnimodis præcipimus. De porcione vero rerum prædicti monasterii, quæ adhuc sicut superius dictum est, in potestate diversorum hominum per beneficium esse constat, præcipimus atque per hos imperiales apices nostros sanctimus atque decernimus, ut sæpedicto monasterio sancti Maxentii et rectoribus ejus nonas et decimas atque opera pleniter persolvantur, donec, Domino adjuvante, per nos ipsos sive per filios vel subcessores nostros predictam porcionem rerum ad memoratum venerabilem monasterium, ad quem per justiciam pertinet, pleniter atque integre reddi sive restitui faciamus. Et ut hæc confirmacio nostra per curricula annorum inviolabilem atque inconvulsam obtineat firmitatem, anuli nostri impressione subter signari jussimus.

Durandus diaconus ad vicem [Fri]dugisi [1] recognovit et subscripsit.

Data vi id. octobr., anno Christo propitio xiiii imperii [2] domni Hludouvici imperatoris et Hlotarii vi, indictione v [3]. Actum Compendio palatio regio. In Dei nomen feliciter. Amen.

V

Notice d'un diplôme de Pépin II, roi d'Aquitaine, renouvelant en faveur de l'abbaye de Saint-Maixent les concessions de ses prédécesseurs et lui faisant de nouvelles largesses (D. FONTENEAU, t. XV, p. 53, d'après le cartul., p. 75).

25 mars 848 [4].

Pipinus, ordinante divinæ majestatis gratia, Aquitano-

---

1. Nous restituons le nom de *Fridugisus* laissé à moitié en blanc dans la copie de D. Fonteneau, d'après la liste des chanceliers de France donnée par de Wailly dans ses *Eléments de paléographie*.
2. Le cartulaire, ou du moins la copie de dom Étiennot portait XIII *imperii*, date qui ne s'accorde pas avec les indications chronologiques qui suivent; aussi les éditeurs du *Recueil des Hist. de la France* avaient-ils cru devoir mettre en marge *Leg. XIV*, ce qui est, ainsi que nous le voyons, la véritable leçon. Ils avaient aussi, mais avec moins de bonheur, remplacé par le mot *Kal.* celui d'*Id.* qui manquait dans la copie qu'ils avaient à leur disposition.
3. Le chiffre de l'indiction est parfaitement d'accord avec les années du règne des deux empereurs, en faisant commencer celui de Louis le Débonnaire au 28 janvier 814, et celui de Lothaire au commencement de l'année 822, lorsqu'il fut envoyé en Italie pour prendre en mains l'administration de ce pays.
4. L'an de l'Incarnation, le nom du prince, le nombre d'années de règne données par ce diplôme se rapportent à l'année 828 et à Pépin Ier, roi d'Aquitaine; la date de Pâques, l'indiction, le cycle de dix-neuf ans, le mode de division de l'empire franc, le nom du chancelier, se réfèrent à l'année 848 et à Pépin II; il est par suite évident que l'on se trouve en présence non d'un diplôme authentique, mais d'un acte postérieur à sa date, dû à un scribe qui, ayant en mains le récit, rédigé vraisemblablement par un religieux de Saint-Maixent, de la visite faite à l'abbaye le jour de Pâques 848 par Pépin II, roi d'Aquitaine, et l'acte de confirmation par ce prince d'un diplôme de son père Pépin Ier, daté de 828, a réuni dans un seul texte les éléments fournis par ces trois actes, sans se préoccuper de faire concorder ensemble les notions qu'il en extrayait. Toutefois, le fait à peu près certain de la venue de Pépin II à l'abbaye de Saint-Maixent, le jour de Pâques 848, primant à nos yeux toutes les autres indications que l'on relève dans cet acte, nous n'hésitons pas à lui donner la date du 25 mars 848, d'accord en cela avec les bénédictins D. Etiennot et D. Fonteneau.

rum rex. In nomine sanctæ et individuæ Trinitatis, anno ab Incarnatione Domini nostri Jesu Christi 828, indictione xi, sub ciclo decemnovenali xiii, luna xv, monarchia Francorum tribus serenissimis regibus, filiis scilicet quondam christianissimi imperatoris, divisa, Hlothario videlicet, Hludovico et Carolo, Pipino, inquam sene, rege Aquitanensium opitulante, superni judicis gratia imperantibus, perlustratis quibusdam regni nostri civitatibus instantibus quadragesimi temporis diebus a nobis et a cuncta ecclesia summa religione colendis, dum festus dies Paschæ sanctissimus atque saluberrimus scilicet Resurrectionis Domini nostri Jesu Christi appropinquabat, nostris necessitatibus in Alnisio [1] pago pro locorum varietate commorantes, hæsitavimus ad quem locum voluissemus pervenire, et ibi tantum diem Resurrectionis Domini summo conamine et honore celebrare. Instabat enim prope nos monasterium regulare sancti Maxentii, ubi ipse dignus veneratur humatus jacet, nec non sanctus Leodegarius gloriosissimus martyr intus inquiescit, utrique sua corpora sibimet jungentes quo in loco ab omni populo custodiuntur et adorantur. Sed nos pro impeditione monachorum et molestia animorum terruimus ibi venire. Tamen legato a nobis ibi transmisso quid quæque ageremus, veluti servi Dei omnia pro nomine Christi sustinentes, deprecati sunt, ut nullo modo nostrum adventum non prætermitteremus ; unde gratias omnipotenti Deo referentes, sabbato ante Pascha Domini, hora tertia, regio more, absque signorum pulsione et consuetudine cantus, sub silentio cum crucibus et cereis nobis

---

1. Pendant le ixe et le xe siècles toutes les chartes originales de l'abbaye de Saint-Maixent emploient pour désigner le pays d'Aunis, les mots *pagus Alienensis* ou *Alianensis;* le rédacteur du cartulaire les a presque toujours remplacés par le mot *Alnisius*, dont l'usage parait s'être introduit pendant le cours du xie siècle; c'est donc à un scribe de ce temps ou peut-être même à l'auteur du cartulaire qu'il convient d'attribuer la rédaction définitive de cette notice, dans la forme où elle nous est parvenue.

occurrerunt atque receperunt, sive usque etiam ad sepulchra sanctorum præfatorum orando nobis produxere. Regredientibus vero nobis ab eadem ecclesia, corpus humano more lavimus atque regio nutu induimus. Adveniente vero hujus diei hora, in eadem ecclesia devotissime officium expectavimus. Cum vero surreximus in noctis officium, ad ipsum, prout potuimus, religiosissime consummavimus, eoque finito, dum reverteremus ab eadem ecclesia, antequam ostium exissemus, occurrerunt nobis servi Dei, videlicet ipsius ecclesiæ monachi; lacrimabiliter ad pedes nostros humo se projecerunt, quos ego pavens surgere innui, et quid causæ quærerent latere dixi. Tum unus eorum, Gundacher nomine, lacrimabiliter vix in hæc verba prorupit : O rex, inclita proles, senior et dominus hujus regni, venisti ad hunc sanctum locum olim religiosissimum tam sanctum diem videlicet Pasche celebrandum, sed merore confecti atque habundantissima tristicia, et ab omni gaudio terreno privati, vix tuum possumus sustinere adventum; fuit enim ejus temporibus hæc ecclesia, quam oculis cernitis, summa dignitate et munificentia regum nimis exaltata; sed de primo ditationis flore pene adnullata et concussa habetur. Nam quindecim milium mansuum ex eo amplius abadia hæc viguit, sed modo nec de unius miliarii decimam habere probamus. Unde concutitur die cotidie, et quassatur undique, interius et exterius, et a pravis hominibus opprimitur, ut nec ipsa paupertas rerum ibi dimittatur. Et quid dicam ? Nil perdendi habemus nisi has quas in honore horum duorum sanctorum, quorum sepulchra a nobis parata tali honore videntur, macherias diripiant, ut non relinquatur lapis super lapidem, unde heheu ! jam tractabamus, ut ipsa corpora a nobis hinc deferrentur, et in regnum Christianorum asportarentur. Est et aliud malum insidens cordibus nostris. Nam hæc talis religio sub abbate inviolabilis debet permanere, et absque abbate nil faciendum aut agendum, a quo multis jam transactis annis alieni mansimus. Et heheu! in laicalium manus hic locus Deo sacratus pervenit, nec habuimus abbatem monachum, qui hanc abbadiam secundum regulam sancti Benedicti haberet traditam. Unde hoc gravissimum atque molestissimum inest nobis. Misistis etiam hunc abbatem, Abbonem nomine, super nos ; sed nullo modo videtur nobis abbas, quia non habuit hunc locum sic traditum veluti sanctus Benedictus abbates regulares jussit instituere. Tercium vero malum nos opprimitur, quoniam volueramus hunc locum pro modulo suo exaltari; sed nullomodo possumus, quoniam silve desunt, nec quicquam operum possumus operari, nisi ab emptione nummorum nostrorum. Nam hinc inde habundant largissime silve; sed non audemus nec unum pauculum lignum nobis excidere pro pravorum hominum incursione, que hinc inde flagellatur atque concutitur. Et donaverunt insuper predecessores christianissimi reges a primo germinis vestris origine, et confirmaverunt, sicut mos est, in omnibus religiosissimis locis a largitate regum perdonare querelosas atque varias exactiones, que, ut pravius fiat, omnimodis non observatur, nec a quolibet custodiuntur. Unde, rex, percipe corde et animo, si est locus in universo orbe terrarum ita attritus ex tanta sublimitatis veluti iste modo. Et iterum provoluti ceciderunt in terram. Ad quos rex commotus et ad lacrimis usque perveniens : Surgite, dixit, et placido ore, vultuque sereno hæc verba subsecutus est. Omnia que nobis flendo modo necessitate conpulsi protulistis, que emendanda sunt emendare pleniter volumus, et absque retardatione emendata perficere et per merita horum duorum sanctorum, qui ibidem corporaliter quiescunt, qui ad notum salutis auxilium venimus ut celebraremus hunc diem sanctum Pasche, obtestamur, quia que incorrupta in hoc loco fore videntur, corrigere volumus et secundum vires hunc locum exaltari atque nostra largitate ditari. Jussimus namque venire regulam sancti Benedicti, et preceptum inibi confirmatum, accipientesque eandem regulam sancti Benedicti, interrogavimus eos si opptassent Abbonem sibi habere abbatem, qui una voce se velle dixerunt. Nos vero volumus eidem Abboni, sicut mos est regibus, monasteria regularia commendare cum gregibus, ut in die judicii cum Domino rationaturus existeret, nisi abbatis officium in eodem monasterio juxta regulam sancti Benedicti explesset. Volumus insuper, ait, omne monasterium cum omnibus suis rebus ad se pertinentibus, quas antecessores eorum et ipsi monachi habuisse et habere videntur, sicut ipsi habuerunt, de quorum manibus ad Abbonem pervenerunt, sic Abbo venerabilis abbas et ipsa congregatio omnibus seculis teneant atque possideant. Sed et de portione rerum predicti monasterii, quam adhuc constat esse in beneficium, propter quandam utilitatem sive necessitatem regni nostri, que modo imminet, presentaliter reddere nequimus, nostro regio imperio precipimus atque demandando expresse sanccimus, ut supradicto monasterio rectoribusque suis nonas et decimas, a[t]que opera pleniter persolvantur, donec, Domino vivente, eedem res ad jam dictum monasterium revertantur. Concedimus insuper vobis vestrisque successoribus post discessum Abboni abbatis habere licentiam ex vobis ipsis eligendi abbates secundum vite meritum et regule disciplinam. Et hoc vobis concedimus ut habeatis licentiam advocatos habere in vestris omnibus rebus, qui vestras defendant atque recipiant. Et ob remunerationis nostre premium certum ei perdonamus, et sicut res nostre a nostris defenduntur et adquiruntur advocatis, ita a vestris advocatis res vestre adquirantur sive defendantur. Et donamus insuper vobis theloneum, ut nullo umquam tempore, in Alnisio, de carris vestris, saumariis aliisque honeribus ac redeuntibus nulla vobis et a vestra potestate habeat licentiam theloneum recipiendum, sed penitus non solum de Alnisio, sed de omnibus regni nostri aliis commitatibus, mercatis atque locis concessum habeatis, et a nullo exactetur aut requiratur, nec quislibet recipere audeat. Naves quin etiam vestra per quoscunque alveos discurrentes nullus ab eis cospaticum, ripaticum, pulveraticum, pontaicum, vel theloneum, aut ullam exactionem temptet inquirere; sed quiete in Carantino fluvio, Geronna, Dordonia, ceterisque ripis reliquis et aquis licentiam habeant discurrere quiete atque regredi secure. In vestris etiam villis, rebus atque territoriis nullus comes, nec judex publicus, aut quislibet ex judiciaria potestate vicarius et centenarius, ad causas audiendas vel freda seu tributa exigenda, aut mansiones vel paratas faciendas, nec non fideijussores tollendos, seu etiam homines eidem monasterii tam ingenuos, quam et servos supra ipsius commanentes, distringendos, nec ullas redibitiones aut occasiones requirendas nostris neque futuris temporibus ingredi presumat, nec bannum sive heribannum, aut exercitalem exercitationem, neque opera publica, vel ea que supra memorata sunt, penitus exigere presumat; sed licet huic abbati Abboni successoribusque suis res hujus monasterii sub inmunitatis nostre defensione quieto ordine tenere ac gubernare; et quicquid exinde fiscus sperare potuerit, totum nos eterna pro remuneratione vobis concedimus in alimonia pauperum et stipendia vestra, ut ibidem omnibus sæculis proficiat in augmentis. Nec etiam nos ipsi, aut missus noster, discurrens in hoc sancto loco, mansionaticum accipiat, nec in vestris rebus, ma (*sic*) juste et legaliter ad vos pertinentibus, sed remota omni inpulsione seculari Deo famulemini sine alicujus impeditione. Volumus denique ut mercata, que in vestris villis, unum pertinens de illa portaria sancti Maxentii, et nunc consistit vel aggregatur die sabbato in vetus villa, vel etiam in revolutione anni ad missam sanctorum Johannis vel beati Maxentii, alterum in villa Vontiaco sexta feria, vestre sint potestati vel dominationi omnibus temporibus, ut nullus ex judiciaria potestate in eis licentiam habeat aliquid dominandi, aut distringendi, seu contradicendi vel etiam commutandi. Si vero in eisdem mercatis reus fuerit repertus, a nullo distringatur nisi a vestra potestate. Demandamus insuper atque vobis perdonamus silvas undique circum septas videlicet sancti Petri Pictavensis sedis, vel etiam sancti Maxentii in aliorum manus translatas, seu ex quacumque potestate vel dominatione esse videantur, ut licentiam habeatis sufficienter excidere, et in vestris necessitatibus non tantum ecclesiasticis, sed etiam monasterialibus deferri. Quicumque vero hanc nostram preceptionem quam vobis ex omnibus silvis perdonamus, infringere voluerit, sciat se damnabilem a nostra potestate suisque rebus privari omnibus. Insuper petierunt celsitudini nostre ut commutationes huic loco inutiles ex hoc monasterio factas ab antecessoribus abolerentur secundum capitulare regum. Quod omnimodis assensimus, ut omnes commutationes incommode vel inutiliter factas haberent licentiam, absque ulla retardatione, infringere atque diripere, suorumque res ad se pleniter revocare, et in suorum dominium absque ulla recontradictione retinere. Quicumque vero ausu temerario hæc jura nostri precepti, que in hac ecclesia sanctorum, scilicet sancti Maxentii confessoris et Leodegarii martyris, adstantibus omnibus monachis, consulibusque nostris ceterisque nobis famulantibus perdonamus, in aliquo infringere voluerit, veniant super eum detestabiles maledictiones, quas in veteri lege Dominus imprecatus est legis sue contemptoribus : id est maledictus sit in civitate, maledictus in agro, maledictus ante et retro, maledictus in exitu et regressu, maledicta viscera ejus et omnia interiora ventris illius et cum Datan et Abiron, quos vivos obsurbuit terra, portionem accipiat societatis ; insuper omnipotens Dei et Domini nostri Jesu Christi iram, qui passus est pro salute generis humani, hodie de sepulchro victor surrexit, iram incurrat, nec non etiam sancti Maxentii confessoris et sancti Leodegarii martyris, quorum jura non expavit infringere, supplicium non evadat, sed ab eis in tormento positus multisque cruciamentis afflictus intereat, insuper sancti Petri principis apostolorum nunquam sentiat solutionem, sed ejus ligaminibus religatus cum Belzebub in sinu ejus in ultricibus flammis requiescat perurendus, aliorumque apostolorum et omnium sanctorum anathemate feriatur, et eterno supplicio omnibus seculis tradatur cruciandus. Et ad hæc verba per singulas dictiones omnes monachi ceterique adstantes una voce responderunt, amen. A nostra vero regali potestate dampnatus, sciat se suis omnibus rebus privari[1]. Mox quoque, cancellario accersito Hilduino[2], hunc imprevaricabilem nostre auctoritatis preceptum conscribere jussimus, et in missam diei asportare, quod videntibus cunctis confirmavimus, et ante sanctorum prefatorum sepulchra adstantes, hæc verba protulimus : O sancti Dei, ad quorum veni auxilium, has peticiones vestris monachis a nobis concessas et confirmatas, vobis tradimus et consignamus, ut quicumque hæc jura a nobis conserta, inserta vobis aut monachis vestris tollere desideravit, precor per merita vestra supplicia jam dicta incurrat; sicque monachi vestri regulariter, quiete vivant, et securissime consistant, et pro nobis cunctisque criminibus nostris vestram misericordiam ante vos implorent. Hæc dicens supra sepulchra prelibatorum sanctorum hoc preceptum posuimus, et hibidem omnibus sanctis permanere demandavimus. Tamen post supra dictas monachorum petitiones a nobis concessas et devotissime confirmatas, placuit nostre dignitati parvam eorum inserere huic præcepto peticiunculam omnibus temporibus inviolabilem absque alicujus impulsa permanere, id est ex auctoritate hujus nostri precepti et confirmatione nostra per supra

---

1. Les mots qui précèdent, depuis *a nostra*, sont évidemment interpolés et devaient se trouver après *cruciandus*.
2. Cet Hilduin était chancelier de Pépin II en 845 (V. Besly, *Ducs de Guyenne sous la première lignée*, p. 26).

dictas obtestationes concedimus eis, ut ad necessitates populorum fulciendas mercandi gratia habeant licentiam adgregandi feria tertia super alodum suum, ubicumque eis libuerit, in villa Patriniaco [1], in pago Sanctonico, et in vicaria Bracidunonse [2], et inde vectigalia exigere monasterio profutura, et veluti in prenominatis mercatis perdonavimus, ita etiam et in isto plenissime sanccimus, ut nemo judicum ullam potestatem distringendi aut judicandi preripere audeat. Hæc vero precellentie nostre auctoritas ut semper in Dei nomine majorem obtineat firmitatis rigorem et ab omnibus fidelibus sanctæ Dei ecclesiæ melius diligentiusque inviolabiliter observetur, monogramma nostrum inserere curavimus, ac de annuli nostri impressione insigniri subter jussimus.

Signum Pipini [3] precellentissimi regis.

Datum VIII kalend. april., in die Paschæ, indictione XI, anno XV regnante Pipino inclito rege. Actum in eodem monasterio sancti Maxentii.

---

1. D. Chazal, *Chronicon San-Maxentianum*, c. XXI, a écrit *Partiniacum* au lieu de *Patriniacum*, d'où la traduction de Parthenay au lieu de Périgné (aujourd'hui les Touches de Périgny, commune du canton de Matha, Charente-Inférieure). Cette faute, qui aurait pu être facilement corrigée, tant par la suite du texte, qui indique que cette localité se trouve *in pago Sanctonico*, que par la notice écrite du temps de l'abbé Ebles, vers 960 .v. n° XXIII), relatant les dons faits par Pépin I au monastère de Saint-Maixent, et où cette villa est désignée sous le nom de Parinec, a induit en erreur tous les historiens qui ont eu l'occasion de parler du pays de Parthenay, et leur a fait avancer d'un siècle la date où l'on rencontre dans les textes le nom de cette ville.

2. La *vicaria Bracidunonsis* n'a pas été connue des historiens de la Saintonge. La localité qui la représente aujourd'hui est Bresdon, commune du canton de Matha.

3. A cette place se trouvait le monogramme de Pépin, absolument semblable à celui du diplôme du 22 décembre 825 (v. n° II).

VI

Trois frères nommés Aldon, Rainard et Adalfred, vendent à un nommé Hubert cinquante-sept aires de marais salants, sis en Aunis, dans la villa de Tasdon (D. Fonteneau, t. XXVII bis, p. 589, d'après l'original).

Novembre 892.

Nos enim in Dei nomine fratres Aldo, Ranardus et Adalfredus, constat nos simul vendere et vendimus, tradere et tradimus cuidam viro Hucberto nomine, hoc est salina nostra, qui est sita in pago Alieninse, in villa que appellatur Tazdonnus [1], quem ex nostra hereditate nobis successit, et est in rem sancti Salvatoris; et sunt plus minus areæ LVII. Habet namque lateraciones ipsa salina ex tribus partibus terra sancti Salvatoris, quarta vero parte stoarius publicus; ipsa namque salina cum omni maratione vel sua ministeria a die presente vel tempore tibi vendimus, tradimus atque de nostra potestate in tuam tradimus dominationem ad habendum, tenendam, possidendam et faciendum ex ea quicquid volueris jure proprietario; et accepimus a te pretium in quo nobis bene complacuit et convenit, valente argento solidos XXX. Si quis vero, si nos ipsi, aut ullus parentum nostrorum sive ulla emissa persona fuerit, que contra hanc cartam venditionis ulla calumnia inquietare voluerit, solidos C componat, et quod petierit non vindicet; presens vero vinditio ista ut firmius perdurare valeat cum stipulatione subnixa manibus propriis subterfirmavimus et post nos adfirmare rogavimus. Sign. † Aldonis. Sign. † Rainardi. Sign. † Adalfredi, qui hanc venditionem fieri vel adfirmare rogaverit. Sign. † Aigulfi. Sign. † Cosmeri. Sign. † Gonsadranni. Sign. † Leotadi.

---

1. La copie de D. Fonteneau porte *Jazdonnus* qui est une erreur certaine de lecture.

Sign. † Auberti. Sign. †..... Sign. † Alagneranni. Sign. † Bosonis.

Data mense novembri, anno quinto regnante Odone rege.

Hoc Hocpepedus *rogitus scripsit.*

VII

Baraud vend à Hugues, pour le prix de vingt sous, son alleu consistant en mas de terre avec vigne et verger, sis au village de Semelié, dans la viguerie de Chauray (D. Fonteneau, t. XV, p. 77, d'après l'original.)

Juillet 904.

Est lex et consuetudo, ut unusquisque homo, quod in hoc seculo juste possedit, faciat exinde quicquid voluerit neminem contradicentem. Idcirco ego in Dei nomine Baraldus constat me vendere et ita vendidi, tradere et ita tradidi, ad alico homine nomine Ugone, alodo meo, qui est in pago Pictavo, in vicaria Calriacinse, in villa que vocatur Similiaci, cum manso et vinea et viridario, necnon et terra arabile et quantumcumque in ipsa villa visus sum abere vel possidere, et de jure meo in tua trado dominatione; et habet terminaciones de una parte terra sancta Maria, alia parte terra sancti Maxencii, tercia parte alodo Ucberto, quarto vero fronte via publica. Unde accepi de te precium valente ad argente solidos viginti..... Signum Baraldo qui vendicione ista fieri vel adfirmare rogavit. Sign. † Savarice vicecomiti. Sign. † .... orulfo. Sign. † Erotgario. Sign. † Alilulfo. Sign. † Custantino. Sign. † Arnulfo. Sign. † Ucbert vicario. Sign. † Ratbotto. Sign. † Viviane.

Data mense julii, anno septimo regnante Karolo rege.

Gometramnus Rometar *rogitus scripsit et subscripsit.*

VIII

Emmena vend à Ebles, comte de Poitou, et à Emiliane, sa femme, neuf arpents de terre, sis à Baidon, dans la viguerie de Sauves (D. Fonteneau, t. XV, p. 79, d'après l'original [1]).

Février 911.

Cum inter ementem atque vendentem fuerit res difinita, et precio comparata, quamvis plus valeat quem ad presens venditur, hoc tantummodo nullatenus potest revocare qui vendit, quoniam ætas perfecta scire potest quid res empta valeat. Quamobrem ego in Dei nomine Emmena femina, nonnullo cogente imperio, sed propria mea voluntate, constat me vendere et vendidi, tradere et tradidi, ad quendam virum illustrum domnum Ebolum comitem et ad uxorem ejus nomine Emillane, hoc est alodus meus, qui est situs in pago Pictavo, in vicaria Salvinse, in villa que nuncupatur Baidonnus, habentem in se plus minus per mensura jugerarum VIII; habet namque laterationes jam dictus alodus de duobus lateribus et una fronte terra sancti Martini Turonensis monasterio, quarto vero fronte terra sanctæ Mariæ et viæ publicæ, cum introitum et regressum; cum est cicumcinctus ipsus alodus per termitibus et fossadibus et bodinas fixas et loca designata, a die presente in integrum eum vobis vendo, trado, transfero atque transfundo, et de jure meo in vestram omnimodo trado dominationem et potestatem, unde accepi a vobis precium in quo michi bene complacuit et convenit valente argente solidos XX tantum, ita ut ab odierna die quidquid de prenominatum alodem facere volueritis perpetualiter ad habendum, tenendum, possidendum et faciendum exinde

---

[1]. Imprimé dans Besly, *Hist. des comtes de Poictou*, p. 222, et dans la *Généalogie de la Maison de Surgères*, p. 32, où l'on donne à cette pièce la date de 907.

quicquid elegeritis vel utile legalis continetur auctoritas jure hereditario, nemine contradicente. Si quis vero, quod futurum esse non credam, si ego ipsa, aut ullus de heredibus vel de propinquis meis, seu quælibet ulla intromissa persona fuerit, quæ contra hanc vendicionem aliquid agere, aut ulla calumnia generare presumpserit, contra cui litem intulerit, solidos centum coactus exsolvat, et sua perversa cupiditas nihil valeat vindicare. Presens vero vinditio ista omnique tempore firma et stabilis diuturnis temporibus pleniorem in Dei nomine obtineat firmitatem, unde manibus meis propriis subterfirmavi et stipulacione adnixa, et post nos nobilium virorum manibus Pictaviensis publice civitate ad roborandum tradidi. Signum † Emmenane qui hanc vendicionem fieri vel adfirmare rogavit. Signum † Maingaudo vicecomitis. Signum † Begonis auditore. Signum † Æriberti. Signum † Teotbaldi. Signum † Stephani. Sign. † Guinemanni. Sign. † Frotherii. Signum † Waltarii. Signum † Lantberti. Signum † Ratberti. Signum † Ramnulfi. Signum † Reinhardi vicarii. Signum † Odulrici. Signum † Reinarii subvicarii. Signum † Agenoni.

Data in mense februar., anno XIII regnante Karolo rege. Emmo rogitus *scripsit et subscripsit.*

IX

Don en forme de précaire fait par Arnoul, abbé de Saint-Maixent, à Fausbert, à son frère et aux enfants d'Archambault, de deux quartes de terre sises à Bonneuil et aux Vaux (D. Fonteneau, t. XV, p. 67, d'après le cartul., p. 192).

1er avril, entre 898 et 923.

Noticia precarie qualiter quidam homo nomine Fausbertus deprecatus est venerabilem virum Arnulfum, abbatem sancti Maxentii, nec non ejusdem loci monachos, ut aliquid de rebus ejusdem loci propriis usufructuario ei ad habendum concederent, quod et fecerunt. Concedimus itaque tibi, Fausberte[1], quamdiu vixeris, tuoque fratri, post tuum obitum, Arcamberto, et Arcambaldo, nec non et duobus filiis ejus Isembardo et Berlanno, cartas duas, quæ sunt villa Bannogilo, quas et Ragambaldus judex tenuerit cum omni integritate, nec non et alodem Estivalo villa, quem ipse, predicti monasterii, pro animæ tuæ remedio, tradidisti, ut usufructuario teneas et conlabores nemine contradicente. Unde censivimus ut tu vel superius nominati heredes tui et annis singulis ad festivitatem sancti Maxentii que vi. kal. julias celebratur, argenti solidum unum persolvatis et decimas omnes; post mortem vero vestram ad sanctum revertatur ex integro. S. Arnulfi abbatis. S. Audeberti. S. Gisleardi. S. Christofori. S. Agrodini. S. Adelelmi. S. Beroeni. S. Ardoini. S. Warnefredi. S. Anselmi. S. David.

Data kal. aprilis, regnante Karolo rege[2].

X

Amalfred et sa femme Odulgarde vendent à Frodolc, prêtre de l'église cathédrale de Poitiers, cinq arpents de vignes et de terres, sis à Flée, dans la quinte de Poitiers (D. FONTENEAU, t. XV, p. 83, d'après l'original).

Mai 924.

Cum inter ementem adque vendentem res precio diffinita fuerit, necesse est ut litteris confirmetur, legali lege servata. Idcirco lex prestat et mos anticus servatur ut faciat unus-

---

1. Le *Gallia Christiana*, t. II, p. 1246, a, par erreur, imprimé *Jausberto*.
2. Il est difficile de savoir quel est le prince du nom de Charles dont il est ici question; toutefois, si l'on remarque que dans le corps de l'acte il n'est pas fait mention de la présence, dans l'abbaye, des reliques de saint Maixent, on peut en inférer qu'elles se trouvaient alors en Bretagne, où elles furent transportées de 863 à 865 et qu'Arnoul fut un des premiers abbés que le monastère de Saint-Maixent eut à sa tête, après qu'il se fut relevé des ruines causées par les Normands; par suite, nous croyons que le roi Charles indiqué dans cette pièce est Charles le Simple, et non Charles le Chauve, comme l'a supposé D. Fonteneau, qui l'a placéé vers 850.

quisque homo de propriis facultatibus suis justum quod sibi rectumque esse videtur. Quapropter ego in Dei nomine Amalfridus et uxor mea Odulgardis constat nos vendere et vendimus, tradere quod ita et tradidimus cuidam viro nomine Frodolco sacerdoti, ex cenobio beati Petri Pictavensis senioris ecclesiæ, hoc est predium qui cernitur esse in pago Pictavo, infra quintam ipsius civitatis, in villa que dicitur Flaiacus, et est plus minus inter vinea et terre jugera v. Terminantur autem ex tribus partibus viis publicis et ex una fronte vinea Giliberti. Unde accepimus a vobis precium in quo nobis bene conplacuit et convenit, valente in argento solidos ccxx tantum, ita ut ab odierna die quicquid ex predicto allodo facere volueris sive ad donandum adque ad dimitendum, nec non ad vendendum, vel cuicumque tibi placuerit, jure hereditario nemine contradicente. Illud etiam placuit nobis inserere ut si nos ipsi aut ulla intromissa persona fuerit hanc vendicionem infringere voluerit, solidos D quoactus exsolvat. Presens vero vendicio ista omnique tempore in Dei nomine valeat perdurare cum stipulacione adnixa, unde manibus nostris propriis subterfirmavimus et ceteris nobilibus superioribus adque aliis inferioribus subter corroborare poposcimus.

Signum Amalfredi et uxori ejus Odulgardis. Signum Frofadi. Signum Aimerici vicecomiti. Signum Guillelmi. Signum Odoni. Signum Ræinhardi vicarii. Signum Gauzberti. Signum Aglulfi. Signum Ingelberti. Signum Drotfredi. Signum Manengaudi. Signum item Gauzberti. Signum Adrœrii. Signum Rainarii ippovicarii.

Data in mense maii, anno primo regni Rodulfo rege.
Hoc Adalbertus rogitus *scripsit et subscripsit.*

XI

Restitution faite par Godobauld et Ermenbert à l'abbaye de Saint-Maixent des biens qu'ils avaient usurpés sur elle dans la viguerie de Tillou, au village des Vaux, sur la revendication qui en fut faite par le vicomte Aimeri, avoué de l'abbaye, au plaid tenu par le comte Ebles, à Poitiers (Orig., collection de M. Benj. Fillon. — D. FONTENEAU donne aussi cette pièce d'après l'original, t. XV, p. 95, ainsi qu'un résumé, t. LXVI, p. 93; elle se trouvait encore dans le cartul., pages 148 et 149 [1]).

28 avril 925.

Dum resideret vir venerabilis domnus Ebolus comes Pictava civitate cum suis optimatibus, die jovis quod evenit IIII. kal. madii, ad multorum causas audiendas rectaque judicia terminanda, inter quos extitit Aimericus vicecomes et advocatus sancti Maxentii. Proclamavit se, in presencia domni Eboli comiti, de res sancti Maxencii, quod Godobaldus et Ermenbertus injuste et contra lege tenuissent. Tunc domnus comes interrogavit predicto Godobaldo seu Ermenberto, quid de hac causa respondere debuissent? Illi autem in suis responsis dixerunt quod per precaria, quem Fraubertus de ipsis monachis accepisset, et per ipsam causam nobis obvenisset. Judicatum fuit ab ipsis proceribus qui ibidem residebant, quod per ipsa precaria nec per alia testamenta tenere non potuissent, et ibi recognoverunt se quod nullum rectum non abuissent in predictas res. Retdiderunt eas predicti Aimerici et Adæmari abbati ejusdem monasterii, sitas ipsas res in pago Metullo, in vicaria Tiliolo, in villa que dicitur Stivalis, quantumcumque in jam dicta villa in variis edificiis videntur adesse. Propterea necesse fuit prescripto Aimerico, Adæmaro abati et monachis beati Maxencii ut hanc noticiam ab issis recipere deberent, quod ita et fecerunt, et his presen-

---

1. Imprimée par M. de Lasteyrie : *Etude sur les comtes et les vicomtes de Limoges antérieurs à l'an* 1000, p. 114, d'après deux copies qui se trouvent à la Bibliothèque nationale.

tibus hactum fuit. Sign. † Ebbolo comiti. Sign. † Aimerici vicecomiti. Sign. † Heldegarii vicecomiti. Sign. † Saverici vicecomiti. Sign. † Begonis auditori. Sign. † Adalelmi. Sign. † Adraldi. Sign. † Isæmberti. Sign. † Amalrici. Sign. † Teotbaldi. Sign. † Hacfredi. Sign. † Amelii. Sign. † Fulconi. Sign. † Gerorii. Sign. † Gauzfredi. Sign. † Rotgarii. Sign. † Guinemari. Sign. † Ainardi. Sign. † Abboni. Sign. † Hucberti. Sign. † Kadœlonis. Sign. † Ingelbaldi. Sign. † Teoderici. Sign. † Guilelmi. Sign. † item Ingelbaldi. Sign. † Bernardi. Sign. † Hugoni. Sign. † Viviani. Sign. † Berengarii. Sign. † Rainaldi. Sign. † item Aimerici. Sign. † item Guilelmi. Sign. † Rœinhardi vicarii.

Data in mense aprilis, anno xxx, quando fuit Karolus detentus cum suis infidelibus [1].

Hoc Adalbertus rogitus *scripsit et subscripsit* [2].

XII

Rautranne dit Gicher donne à l'abbaye de Saint-Maixent son alleu, sis à Montigné, dans la viguerie de Nanteuil (D. FONTENEAU, t. XV, p. 91, d'après le cartul., p. 190).

Octobre 925.

Antiqua legum sanxit auctoritas, et ratio juris exposcit,

---

1. Il est difficile de faire concorder les indications chronologiques de cette charte, si l'on s'en tient au mode ordinaire de compter les années du règne de Charles le Simple. En effet, si on les fait partir du 3 janvier 898, époque de la mort d'Eudes, la trentième année de son règne répond à l'année 927; mais cette même année, le IV des calendes de mai tombe un samedi et non un jeudi.

D. Col et M. de Lasteyrie, qui ont adopté cette date de 927, ont dû pour cela supposer une erreur de copiste dans le chiffre des calendes, et ont cru qu'il fallait lire VI et non IV; mais cette interprétation ne peut se soutenir après l'examen du texte original qu'ils ne connaissaient pas et qui porte cette numération en unité (IIII et non IV qui pouvait, à la rigueur, être converti par le scribe en VI). On peut encore se rattacher à un autre système, qu'a aussi exposé M. de Lasteyrie, et auquel nous nous rangeons, lequel consiste à faire remonter les années du règne de Charles le Simple à l'année 896, date de son traité avec Eudes; à partir de ce moment, devenu possesseur d'une partie du royaume, il porta effectivement le titre de roi. La trentième année de son règne se trouve alors correspondre à l'année 925, dans laquelle le 28 avril tomba un jeudi.

2. Au dos est écrit de la même main : *Stivalo*.

ut inter quacumque strumenda cartarum concessio invenitur, solum tantum processio voluntatis agnoscatur. Quamobrem ego in Dei nomine Rautrannus cognomento Gicherius placuit atque bona decrevit voluntas, pro remedio animæ meæ vel parentum meorum, dare alodum meum, qui est situs in pago Pictavo, in vicaria Natolinense, in villa Montinico, scilicet mansis, vineis, pratis, terris, et quantumcumque in illa villa visus sum habere vel possidere, ad monasterium sancti Maxentii, ubi domnus Ademarus abbas preesse videtur, ut a die ista et deinceps teneant et possideant rectores ecclesiæ beati Maxentii sine ullo contradicente. Si quis, si ego ipse aut ullus ex heredibus meis, contra hanc donationem insurgere voluerit, et beato Maxentio auferre, maledictus a Deo omnipotente sit, si non emendaverit. S. Rautranni. S. Attoni vicecomitis. S. Gausberti. S. Gerardi. S. Landrici. S. Aymerici. S. Gemoni. S. Gerbaudi. Data mense octobri, anno tertio regnante Radulfo rege Francorum.

XIII

Echange de terres à Melle entre le vicomte Cadelon et Ermenfroi, abbé de Saint-Maixent (D. Fonteneau, t. XV, p. 97, d'après le cartul., p. 156).

Décembre 928.

Placuit inter venerabilem virum Cadelonem et Ermenfredum abbatem sancti Maxentii commutare quasdam terras, quod et fecerunt. Dedit prenominatus Cadelo vicecomes de suo proprio alodo qui est in villa Metulo, in ipsa vicaria, ad partem sancti Maxentii et Ermenfredi abbatis et ad monachos de terra jugeros quinque. Et habent abjacentias ex una parte terram comiti, ex alia terra sancti Saviniani, ex tercia terra Vegeralis, ex quarta via publica; eo videlicet modo ut faciat Ermenfredus abbas et monachi de jam dicta terra quicquid voluerint, nemine contradicente,

Et hæc contra dedit Ermenfredus abbas Cadeloni et uxori suæ Geilæ ex beneficio sancti Maxentii, in villa supra nominata et in ipsa vicaria, jugeros quatuor de terra. Et habent abjacentias ex una parte terra sancti Saviniani, ex alia vinea Ermenberti, ex alia terra Tetbaudi, ex quarta via publica; comodo ut faciat Cadelo et uxor sua Geila ex supradicta terra quicquid voluerint, nemine contradicente. Si quis post hunc diem contra hanc commutationem insurgere voluerit, inprimis a Deo omnipotente et a sanctis omnibus maledictus sit, si non emendaverit. S. Ermenfredi abbatis et Cadeloni, qui hanc commutationem fecerunt. S. Gauscelmi vicarii. S. Acardi. S. Viviani. S. Odoni. S. Gausberti. S. Teutoni. S. Godulbaldi. S. Ingelvini. S. Adalranni. S. Aigloni. Facta commutatio ista in mense decembrio, anno sexto regnante Rodulfo rege.

XIV

Guillaume Tête-d'Etoupe, comte de Poitou, donne à Agen et à sa femme Christine, cent aires de marais salants, sis en Aunis, sous la villa de *Trueca*, à la charge de la redevance annuelle d'un muid de sel (D. FONTENEAU, t. XV, p. 101, d'après l'original [1]).

Mars 939.

Legali sancitur auctoritate inlustriumque virorum roboratur confirmacione ut quæ quid legitime potestates vel persone sub censu legitimo voluerint adipisci, scripturarum seriæ alligetur, ut quod racionabiliter factum fuerit, nullatenus in relicum possit divelli. Igitur in nomine sanctæ et individuæ Trinitatis Guillelmus, divina annuente misericordia Pictavorum comes, notum fieri volumus omnibus fidelibus sanctæ Dei ecclesiæ tam instantibus, quam eciam et futuris, quoniam accessit ad nostram sublimitatem qui-

---

1. Les *Tables des manuscrits de D. Fonteneau*, p. 14, indiquent par erreur que cette concession a été faite à l'abbaye de Saint-Maixent.

dam pauperculus nomine Agenús, et uxor sua nomine Cristina, deprecans nos aliquid ex nostro beneficio per titulum inscriptionis roboratum et confirmatum eis concederemus, quod et nobis omnimodo placuit fecisse. Sunt namque ipse res site in pago Alienense, sub villa que vocatur Trueca, in rem sancti Salvatoris, unam jurzetam ad centum areas construendas cum omni ejus apparatu; scilicet et officinis et maraciobus eorum omnibus; qui abet lateraciones ex tribus partibus terra jam dicta domini Salvatoris, quarto fronte mare tetendit suum funiculum, qui estoarium noncupatur. Post quinquennium virzeta jam dicta ad salinam perducta censum annis singulis modio cui lex prestit, et sive quoque nobis in hoc scripto placuit inserere quod nos omnibus subcessoribus nostris precamur ut hoc resscriptum inviolabiliter conservent, sicuti suis a suorum sequacibus voluerint observare. Ut esse vero resscripta nostra pleniorem obtineat firmitatem, manus nostras proprias subter firmavimus et post nos adfirmare rogavimus. † Guilelmi. Sign. † Lanberti auditori. Sign. † Rorgoni. Sign. † Kadeloni. Sign. † Ilgaudi. Sign. † Gunbaldi. Sign. † Gerorii. Sign. † Gauzfredi. Sign. † Gauzcelmi. Sign. † Begoni. Sign. † [1]   Data in mense martio, anno tertio regnante Lodovico rege.

XV

Gausbert donne au monastère de Saint-Maixent quarante-six aires de salines, situées dans le marais d'Ives, des vignes à Bretignolle et une maison à Niort (D. FONTENEAU, t. LXVI, p. 163, d'après le cartul., p. 96).

Vers 940.

Universis intra uterum sancte ecclesie constitutis, presentibus scilicet nec non futuris, indigare cupimus quod

---

1. La place où devait se trouver le nom du derniér témoin est restée en blanc.

quidam vir fidelis vocabulo Gausbertus [1], contempnens caduca hujus mundi et prospera ad futuram vitam, que sanctis Dei preparata est a mundi principio, totis viribus pervenire satagit. Accedens itaque ad cenobium sancti ac beatissimi Maxentii, atque ad famulos Dei qui ibidem consistunt, non pauperculum munus obtuli Deo atque supradicto sancto in hunc modum inquiens : Concedo igitur presenti die et deinceps areas XLVI in marisco Invio, accingens sterius a fronte ab una parte terra sancti Johannis, ab alia terra beinna [2] ; in villa Britannolia, de vineis jugeros duos, ex una parte terra sancti Ylarii, ex alia supradicto sancto ; in villa Niorto, domus una.

XVI

Girbert, abbé de Saint-Maixent, donne à cette abbaye soixante-dix aires de marais salants, situés dans la villa de Voutron en Aunis (D. Fonteneau, t. XXVII bis, p. 591, d'après le cartul., p. 99).

Février 942.

Igitur ego in Dei nomine Girbertus, levita vel abbas sancti Maxentii, de tanta misericordia et pietate Domini confisus, per hanc epistolam donationis dono, donatumque esse in perpetuum volo ad basilicam sancti Maxentii, ubi ipse corpore quiescit, vel ad omnem congregationem ibidem Deo servientem, quendam salinam, in pago Alnisio, in villa que vocatur Vultrun, areas LX ; et abet abjacentias de tribus partibus terram sancti, quarta parte stagno publico ; cum omni amaratione vel ministeria, quicquid ad jamdictam salinam vel a finibus suis pertinet, ut ab ho-

---

1. Un personnage du nom de Gausbert est témoin, en 941 ou 942, de la donation d'une saline faite à l'abbaye de Saint-Cyprien. (*Cartul. de Saint-Cyprien*, p. 319.)
2. Le mot *beinna*, qui ne se trouve pas dans le Glossaire de Du Cange, parait être une corruption de l'adjectif *vana* et avoir le sens particulier de terre humide, dont le sol n'absorbe pas l'eau, donné en Poitou aux terrains désignés sous le nom de terres vaines.

dierno die licentiam habeant rectores ecclesiæ faciendi quicquid voluerint, nemine contradicente. Si ego ipse aut ullus homo contra hanc donacionem aliquid inquietare voluerit, in primis Dei et omnium sanctorum iram incurrat et in diem judicii condempnatus appareat, et quod petit non vindicet, sed presens donatio ista firma et stabilis valeat permanere. S. Ilduini. S. Godefredi. S. Natali. S. Geraldi. S. Marcardi. S. Aliberti. S. Godini. S. Claruini. S. Rainardi. S. Gerardi. S. Claruini. Data mense februario, anno VI regnante Ludovico rege.

XVII

Guillaume Tête-d'Etoupe, comte de Poitou, donne en main-ferme, à Bernulfe et à sa femme Ingèle, un mans et sept pièces de terre, sis à la Cour, dans la villa d'Azay et la viguerie d'Aiffres, en Poitou (D. Fonteneau, t. XV, p. 109, d'après l'original).

Décembre 948.

In nomine sanctæ et individuæ Trinitatis. Gratia Dei Willelmus comes, notum fieri volo omnibus sanctæ Dei ecclesiæ tam presentibus quam et futuris, quia vir quidam Gonbaldus nomine accedens ad nostram magnificentiam, deprecatus est nobis ut aliquid de suo beneficio, que nos ei beneficiamus in advocationem, Bernulfi uxorique suæ Ingela nomine et infantes illorum eis cedere deberemus. Quod ex omnimodo manifestum esse fecisse, eo scilicet modo ut annis singulis ad festivitatem sancti Johannis, quamdiu pater et mater advixerint, denar... absque ulla tarditate, cui lex prestiterit, reddant; post illorum quoque discessum, infantes illorum similiter faciant. Si vero tardi et neglegentes per aliquam insolentiam exinde apparuerint, res non perdant; sed geminatum censum exsolvant. Sunt namque res site in pago Pictavo, in vicaria Africacense, in villa Abziaco : pertinentem ex curte de Terniaco est mansus unus et petias IIII, et de terra ex Patriniaco petias III. Eo videlicet per hanc manumfirmatam a die presente vobis perpetualiter cedo ad habendum, tenendum, possidendum. Unde meos deprecor successores ut taliter istam manum firmam custodiant, qualiter suas a suis sive subcessoribus voluerint observari, unde manu mea propria firmavi et bonorum virorum ad roborandum decrevi.

† S. Willelmi comiti. † Cadeloni. S. † iterum Cadeloni vicarii. S. † Gauzcelmi vicarii. S. † Hugoni. S. † Gerorii. S. † Elgaudi. S. † Berengarii. S. † Ramnulfi. S. † Ildoini.

Data manu firmata, in mense decembri, anno XIII regnante Lodvici regi.

XVIII

Bail à complant de vignes, sises auprès de Saint-Pierre-de-Melle, fait par Ebles, évêque de Limoges et abbé de Saint-Maixent, à Godemer et à sa femme Ermengarde (D. FONTENEAU, t. XV, p. 113, d'après le cartul., p. 149).

Octobre 950.

Ego in Dei nomine Ebulus, per voluntatem Dei sedis Lemovicensis presul, basilicæ sancti Salvatoris, ubi confessor Maxentius humatus quiescit seu Leodegarius martyris pastor benignus extitit, per congregationem consensu mihi bona decrevit voluntas ut ad aliquem hominem Godemerus et uxore sua Ermengardis dare de terra sancti Maxentii, adjuvante Domino, ad vinea complantandum dare deberemus, quod et fecimus. Et est ipsa terra in pago Pictavo, vicina Metulo castro, super alveo Beronna, ubi edificatum est sancti Petri oratorium. Et sunt plus minus de terra vacante juncti III et dimidius. Et habent terminationes de tribus partibus, terra ipsius potestate; de quarta, via publica. Proinde damus tibi terram illam ut in eam plantes vineam usque ad annos V, et si infra V annos Dominus aliquod fructum contulerit, tibi per omnia concedimus, et V annis expletis terram illam advineatam mensuraliter parciamus, et faciat unusquisque de parte sua quicquid spontanee elegerit, nemine contradicente. Si quis contra hunc conplantum aliquam calumniam inferre temptaverit, maledictus et excommunicatus sit a Deo et a sanctis omnibus. Presens vero conplantus iste omni tempore firmus et stabilis diuturnis temporibus pleniorem in nomine Domini obtineat firmitatem et omni tempore annis singulis ad festivitatem sancti Petri de unumquemque junctum septem denarios reddat, qui tenuerit eos. S. ☩ domni Ebuloni. S. ☩ Badeni. S. ☩ Gisleni. S. ☩ Gererii. S. ☩ Johanni. S. ☩ Rainfredi. Data mensis octobri, anno xv regnante Ludovico rege.

XIX

Umbert donne à l'évêque Ebles, abbé de Saint-Maixent, son alleu sis à Tricon, dans la viguerie de Sauves (D. FONTENEAU, t. XV, p. 115, d'après D. Etiennot, *Antiquités bénédictines*, part. II, fol. 31 [1]).

Avril 955.

Umbertus tradit Ebolo episcopo alodum suum, qui est situs in pago Pictavensi, in vicaria Salvinse, in villa quæ dicitur Trecono [2]. Dat. mense aprilis, regnante Hlotharius rex in anno I, quando fuit Hugo Pictavis [3].

---

1. D. Etiennot avait tiré cette notice du cartulaire de l'abbaye de Saint-Maixent; quant à l'original qui se trouvait à la bibliothèque de Poitiers en octobre 1843, lorsque M. Rédet dressa le catalogue des chartes de cet établissement, il avait disparu avant le 19 mai 1846.

2. Dans les notes de D. Le Michel, fol. 308, au lieu de *Trecono* on lit *Trecun*.

3. Cet acte précise l'époque du siège de Poitiers par Hugues, duc de France, et l'empereur Lothaire, et rectifie l'assertion de La Fontenelle de Vaudoré, *Histoire des rois et des ducs d'Aquitaine*, t. I, p. 503, qui, d'après Frodoard (lisez Orderic Vital), fixe cet événement au mois d'août.

XX

Bégon, fidèle de Guillaume Tête-d'Etoupe, comte de Poitou, abandonne, dans un plaid tenu par le comte, à l'abbaye de Saint-Maixent, sur la demande de l'abbé Ebles, évêque de Limoges, un petit bois et l'église de Saint-Germier, avec ses dépendances, à la charge d'un cens annuel de cinq sous (D. FONTENEAU, t. XV, p. 123, d'après le cartul., page 166 [1].)

Juillet 959.

Guillelmus, Domini ordinante clementia totius Aquitanici ducatus comes, notum fieri decrevimus omnibus successoribus nostris, se et utriusque ordinis fidelibus presentibus scilicet et futuris, qualiter frater noster Ebolus, scilicet venerabilis Lemovicensis sedis episcopus, et monasterii confessoris Christi Maxentii abbas egregius, interpellabat quendam fidelem nostrum Begonem nomine in presentiam nostram de quadam silvula, quam prefatus Bego habere videbatur de nostro beneficio. Et erat undique circumcingta silvis sancti Maxentii, cujus cenobii predictus frater noster existebat abbas, quod videlicet sepefati Begonis homines nimis infesti erant de ipsa silvula hominibus sancti Maxentii, cujus res regere et gubernare videbatur ad presens cura et sollicitudo predicti presulis et abbatis. Quoniam cum esset satis stricta et parva illa pars silve, quam Bego suam esse dicebat, maximam partem adjacentium silvarum sancti Maxentii potestas ipsius Begonis inoccupabat, et nimiam violentiam custodibus earum inferebat. His itaque altercationibus placuit tandem finem imponere, et prefato fideli nostro Begoni sucgissimus, ut accepto a fratre nostro Ebulone episcopo abbate quod vellet pretio per predictam silvulam et quendam adjacentiam ecclesiam, constructam in honore sancti Germerii, vepribus et spinis

---

1. Imprimée par Besly, *Hist. des comtes de Poictou*, p. 254.

adhuc circum septam et pene inabitabilem, cum suis decimis et omnibus ad se pertinentibus; quicquid videlicet exinde vel inibi jam est exquisitum vel de cetero inibi juxta ratione vel legaliter adquiri potuerit, partibus sancti Maxentii donari deberet pro amore Dei, et propter nostram peticionem jure perpetuo possidendam. Qui videlicet utrique, predictus scilicet episcopus atque Bego, quod succgessimus libenti animo et pari consensu, visi sunt consentisse, et ne aliqua inter suos jam oriri potuisset molestia, petiit uterque id litteris firmare, et notum, ut omnibus constaret per omnia temporum curricula, manibus nostris et fidelium nostrorum testimoniis petierunt has litteras corroborare. Decrevimus itaque ut inter illos bene complacuit, ut singulis annis, festivitate sancti Ylarii, per succedentia tempora, rectores monasterii sancti Maxentii solidos v partibus denominati Begonis, qui pro amore Dei talia voluit facere, tam ipsi quam omnibus sui beneficii possidentibus debeant persolvere, et predictam silvam cum adjacente sibi ecclesia absque cujusquam molestia et contradictione rectores prefati monasterii sancti Maxentii teneant atque possideant perpetuo jure. Nec sit quisquam judex aut quilibet ex judiciaria potestate, qui presumat his litteris vel prescripto v solidorum censui aliquid addere, vel quod nostra auctoritate ac aliorum fidelium nostrorum manibus roboratum est audeat violare. Illudque placuit inserere ut aliqua neglegentia in solvendo censu visa fuerit institisse, duplicatum censum debeat emendare, et quod semel firmavimus in tali litterarum subscriptione, omni tempore debeat permanere. S. Begoni. S. Willelmi comiti. S. Adraldi vicecomiti. S. Arberti vicecomiti. S. Cadeloni vicecomiti. S. Isemberti. S. domni Ebuli episcopi et abbatis. S. Ebboni. S. Rorgoni. S. Ugoni. S. Stephani. S. Rainaldi vicarii. S. Petroni. S. Amelii. S. Adalardi. S. Emenoni. S. Aimerici. S. Gauzberti. Data mense julii, anno v regnante Lothario rege.

XXI

Amalric et sa femme Christine donnent à l'abbaye de Saint-Maixent leur alleu, sis à Saint-Faziol, dans la viguerie de Melle en Poitou, et divers autres héritages qui se trouveraient dans la villa de Melle (D. Fonteneau, t. LXVI, p. 175, d'après l'original. Il donne aussi cette pièce, t. LXVI, p. 173, d'après le cartul., page 148).

Vers 959.

..... Maneat omnibus hominibus..... Hec ego in Dei nomine Amalricus et uxor mea nomine Cristina, viri peccatores, perpendentes [1] [considerantesque futuram aliquando districti judicii die discussionem, pro remedio animarum nostrarum, plena fidei devotione], de proprio jure hereditatis nostre cedimus adque transfundimus [domno nostro precellentissimo] Christi confessori Maxentio adque abbati alodum nostrum qui est situs in pago Pictavo, in vicaria Metulinse, in villa que dicitur [sancti Faziols, quem vendidit nobis Petrus sacerdos et Raimbertus et uxor sua Domnina, et quem vendidit nobis Ramnulfus et Odo], terram arabilem [cum pratis, silvis], cultum et incultum, quesitum et inquisitum, et in alio loco, in villam de Metulo, ad ecclesiam sancti Petri, de vinea junctum unum et opera I, et in alio loco hortum unum [quem vendidit nobis Giraudus], et in alio loco alium hortum quem vendidit nobis Rotr[annus], et in alio loco ad salas Goncioni omnia que nobis videtur habere, et in villa [de Metulo unum hortum] quem nobis vendidit Arlaudus mercator. Et in alio loco, in ipsam villam, foras castro, mansiones nostras et totum hedificium. [Si quis contra hanc donationem aliquam calumpniam inferre presumerit, maledictus et anathematizatus sit a Deo et a sanctis omnibus, si non emen-

---

1. Le texte original contient beaucoup de lacunes que nous avons pu combler avec la copie du cartulaire; les compléments qu'il nous a fournis sont mis entre crochets.

daverit]. S. Willelmi comitis. [S. † Amalrici. S.] uxoris ejus Cristine qui hanc donationem fecerunt. S. † Gaszoni. [S. † Baldoini]. S. Galterii. S. † Tebaldi. S. † Girberti. S. † Begoni [1]. S. Emenoni. S. † Baldri[ci].

XXII

Amalric donne au monastère de Saint-Maixent un alleu, sis dans la villa de Melle, des vignes et des terres arables dans les villas de Marcilly et de Lhoumeau, cette dernière sise dans la viguerie de Brioux (D. FONTENEAU, t. LXVI, p. 185, d'après le cartul., p. 153).

Vers 959.

Ego in Dei nomine Amalricus placuit mihi, pro remedio anime mee vel parentum meorum, cedere ad locum sancti Maxentii vel beati Leodegarii alodum meum qui est situs in villa Metulo, mansiones et de vineis quantum ad me pertinet. Et in alio loco in villa que dicitur Marciliacus [2], de vineis et de terra arabile, cultum et incultum, quisitum et inquisitum, quantum ad me pertinet. Et in alio loco, in villa que vocatur Usmo, vineas et terra arabile, quantum mihi advenit, et est ipsa villa in vicaria Briosinse. Si quis contra hanc donationem aliquam calumniam fecerit, maledictus sit a Deo et a sancta Maria. S. Amalrici qui hoc donum fecit.

XXIII

Notice des actes accomplis par Ebles, abbé de Saint-Maixent, pour la restauration du monastère [3] (D. FONTENEAU, f. XV, p. 45, d'après le cartul., p. 269).

Vers 960.

Sicut in relatione veterum cognitum est, Pipinus, rex

---

1. La présence de Bégon parmi les souscripteurs de cette charte en même temps que le comte de Poitou autorise à la rapprocher de la précédente (n° XXI), où un personnage du même nom fait une restitution à l'abbaye de Saint-Maixent et qui est datée de juillet 959.
2. On peut aussi lire *Martiliacus* (Note de D. F.).
3. D. Fonteneau a donné à cet acte la date de vers 830, en tenant

Aquitanorum, hedificator monasteriorum, cognomento pius, filius Ludovici pii imperatoris, post multa et laudabilia bona, que operatus est, animæ suæ æternæ vitæ premia adquirens, dona regum priscorum adcrescere desiderans, dedit ex rebus propriis sancto Adjutori Maxentio Bracidunensem ecclesiam, que est vicus, ecclesiam de Parinec cum parroechis decem et octo [1], cum terris et omnia illic pertinentibus. Dedit itaque, et alodum proprium qui postea vocatus est Maleistais [2], cum terris cultis et incultis, nec non ecclesiis post edificatis, castro nundum extructo. Hoc donum post obitum Pipini, frater ejus Karolus Calvus rex firmare volens, jussit in eodem alodo fabricari capellulam in honorem sancti Maxentii. Fideles vero provinciæ ex

---

seulement compte de ce qui y est dit de Pépin I, roi d'Aquitaine; mais comme dans la suite il y est question d'Ebles, évêque de Limoges, dont on énumère les bienfaits, il convient de le reporter vers la fin du gouvernement de cet abbé, en faisant toutefois remarquer que cet acte n'est pas la reproduction d'un titre original qui n'aurait pu donner à Ebles le titre de comte de Poitou, qu'il n'a jamais porté, mais seulement une sorte de notice à laquelle son rédacteur a essayé de donner une forme authentique. Il convient, par suite, de ne s'en servir qu'avec la plus grande réserve.

1. La distinction que fait ce texte entre les mots *ecclesia*, *parrochia* et *vicus* est intéressante à noter. *Ecclesia* est l'église en même temps que la paroisse; à Bresdon, *ecclesia Bracidunensis*, le chef-lieu de la paroisse, là où se trouve l'église, est un bourg, *vicus*; aux Touches de Périgny, *ecclesia de Parinec*, le *Patriniacus* du diplôme de Pépin II (v. n° V), l'église n'est pas accompagnée d'un bourg et la paroisse ne se compose que de dix-huit hameaux ou villages, *parrochiæ*. La situation que nous fait connaître la charte du X° siècle, est à peu près la même aujourd'hui : Bresdon possède une population agglomérée autour de son église, tandis que les Touches de Périgny n'ont pas de chef-lieu, mais seulement de gros villages, indépendants les uns des autres, et une église isolée, placée à l'extrémité orientale de la commune.

2. Marestais, faubourg de Matha (Charente-Inférieure), où se trouve une remarquable église romane, décrite par M. Lesson (V. *Bulletin de la Soc. des Antiq. de l'Ouest*, t. II, 1840, p. 46). Les religieux de Saint-Maixent furent dépossédés de ce domaine par Ramnulfe, évêque de Saintes, qui en fit don à l'abbaye de Saint-Jean-d'Angély. Malgré leurs protestations portées aux conciles de Poitiers et de Bordeaux, ils ne purent rentrer en sa possession et finirent par renoncer à leurs droits en 1104, moyennant une indemnité de 2000 sous. L'accord qui constate ce fait, se trouvait dans le cartulaire de Saint-Jean-d'Angély et a été transcrit par D. Fonteneau, t. XXVII *bis*, p. 321.

precepto ejus post non multum juxta eandem capellam, in eodem alodo, edificaverunt ecclesiam sancti Petri apostolorum principis. Igitur post non multa tempora Normanni diffusi sunt per universam Aquitaniam, cuncta vastantes judicio Dei; regalem locum sancti Adjutoris pene ad nichilum redigentes, plura, que adquisierant monachi, in solitudine versa sunt et oblivioni tradita. Post multos autem annos nobilissimus Eblo, episcopus Lemovice civitatis et comes Pictavorum, annuente fratre ejus Willelmo, duce Aquitanorum, condolens desolationem tanti loci, totis juribus restaurare cupiens, primo in circuitu monasterii castellum perfecit; dehinc possessiones vel ecclesias et cetera queque, quod reges vel potentes fidelesque alii dederant eidem cœnobio, sollicite perquirens, non solum hæc, que supra scripta sunt, sed etiam alia multa, que in cartulis repperire potuit, cum omni studio inquirens, eidem loco Christo famulantibus ut denuo possiderent restituit, ducique supra dicto et obtimatibus, ut hanc cartam firmarent, rogavit. Ipse vero domnus Eblo, manu propria, signum crucis impressit, relinquens hoc ad memoriam futurorum. Signum Willelmi, duci Aquitanorum, cognomento Caput Stupæ. S. Rotgerii. S. Alduini. S. Goffredi vicecomitis. S. Chadelonis vicecomitis. S. Eblonis, episcopi nobilissimi et comitis Pictavensi.

XXIV

Aleait, veuve d'Hugues, donne aux religieux de Saint-Maixent ce qu'elle possède dans des villas de Semelié, de Romans et de Tasdon (Orig., parch., Bibl. de Poitiers, n° 1) [1].

Entre 944 et 962.

Dum lex ista festinanter et dies nostri prætereunt, de salute anime unicuique fidelium et de examinatione districti

---

1. Cette pièce, qui n'est qu'une copie du temps sans date, ni souscription ou dénomination de témoins, est rongée des rats au milieu

judicii Dei saluberrimo consilio semper est tractando. Idcirco ego in Dei nomine Aleait, de salute anime meæ et dilecti condam conjugis mei Hugoni cogitans, ut aliquantulum pius Dominus in die judicii de peccatis nostris dignetur minuere, quasdam res nostre proprietates ad die præsenti dono atquæ trado partibus cœnobitarum Deo sanctoquæ almique Maxenti piissimi confessoris, et ad monachos, qui in ipsum locum cum Dei timore et observatione sancte regule sub regimine domni Hebloni Lemovicensis sedis episcopi vel Girberti abbati die noctuquæ deserviunt. Hoc est quicquid nostri juris et potestatis fuisse dignoscitur in villa que dicitur Similiaco, que est sita in pago Pictavo, in vicaria Calriacinse, cum mansiones, curtiferis, vineis, et virdigario, terra arabile; et abet laterationes de duas partes terra sancti Maxenti, de tercio lato via publica, de carto parte terra sancte Marie, de quinto parte alodo Ucberto; et quantum in illa villa de ipsa ereditate visum est abere vel possidere. Et in alia villa, que vocatur Rotmancio, mansos quatuor ex dimidio cum pratis, terra arabile, et quantum in illa villa visum est abere vel possidere. Et sunt in villa que vocatur Similiaco ipsi mansi designati per bodinas fixas et loca designata. Et in alio loco salina nostra, que est sita in pago Alianinse, in villa que apellatur Tazdon, et est in rem sancti Salvatoris; et sunt plus minus areæ LVII. Habet namque lateraciones ipsa salina ex tribus partibus terra sancti Salvatoris, quarta vero parte stoario

---

dans presque toute sa longueur; mais il a été facile de reconstituer les quelques portions de mots qui manquaient dans le texte, d'après une copie de D. Fonteneau, t. XV, p. 105, faite d'après le cartulaire, p. 115.

Le rédacteur de ce recueil, outre de nombreuses corrections de style, avait apporté au texte et particulièrement aux noms propres plusieurs modifications dont voici les principales : il met *Ugoni* au lieu d'*Hugoni*, *Ebuli* au lieu d'*Hebloni*, corrige *mansione* par *mansionibus* et *lato* par *latere*, remplace *Alianinse* par *Aunisio*, supprime *clavigeri* après *beati Petri*, et au lieu d'*omnium sanctorum* met *sancti Pauli et sancti Leodegarii*.

publico. Ipsaque salina cum homni maracione vel sua ministeria a die presenti sancti Maxencii trado. Illud etiam nobis placuit inserere ut si ulla persona surrexerit, qui contra hanc donationem, ab hac die et deinceps, ulla calumpnia generare temptaverit, et si non se correxerit inprimis iram Dei omnipotentis incurrat, et sancte ejusdem genitricis Marie et beati Petri clavigeri et sancti Maxenti et omnium sanctorum, et partem habeat cum Datan et Abiran, quos terra vivos declutivit et ambo in infernum demersi sunt. Præsens vero donatio ista, ut firmius perdurare valeat, cum stipulatione subnixa manibus propriis subter firmavimus et post nos adfirmare rogavimus. S. † Aleait qui hanc donationem fecerunt [1].

XXV

Adalgarde donne à l'abbaye de Saint-Maixent des vignes sises à Bonneuil, près de Melle, et des salines dans le marais de l'Echelle (D. FONTENEAU, t. XV, p. 127, d'après l'original. Il donne encore cette pièce, t. LXVI, p. 183, d'après le cartul., p. 147 [2]).

Entre 944 et 962.

Igitur ego in Dei nomine Adalgardis placuit mihi adque decrevit bona voluntas, voluit concedere vel condonare, tradere et ita tradidi beatissimi egregii Christi Maxentii et omni congregatione ejus, hoc est conplantum meum, que est situs in pago Metulinse, in ipsius vicaria, in villa que dicitur Bonolio, hoc est de vinea junctum I et opera I ; de totis partibus terra sancti Maxentii, et de una parte via publica. Et in alio loco terra salsa, in marisco que nominata Escala, hoc sunt areas L ; abet laterationes de uno fronte terra sancti Salvatoris, de alia parte via publica, de

---

1. Au dos de la même main, est écrit : *Similiaco.*
2. Imprimée par Champollion-Figeac, *Docum. histor.*, t. I, p. 482, d'après les manuscrits de Besly.

tercia parte terre votiva. Hec omnia superius nominatas tradimus in elemosina, in oblatione perpetua, una pro remedium anime mee vel animas parentum meorum, a cenobio sancti Maxencii piissimi confessoris, vel beati Leogarii egregii martyris, et ad monacos qui in ipsum locum cum Dei timore et observatione sancte regule sub regimine domni Hebolo episcopo [1] die noctuque deserviunt [2].

Illud etiam nobis placuit inserere ut si ulla persona surrexerit, quæ contra hanc donationem ab hac die et deinceips ulla calumnia generare tentaverit, et si [non] correxerit, imprimis iram Dei omnipotentis incurrat, et sanctæ ejusdem genitricis Mariæ, et beati Petri clavigeri, et sancti Maxentii, et beati Leodegarii, et omnium sanctorum, et partem habeat cum Datan et Abiron, quos terra vivos deglutivit, et ambo in infernum vivi demersi sunt, et in diem judicii condemnatus appareat et porta inferni illum recipiat, et quod petit non vindicet, sed præsens donatio firma stabilis valeat. Data et testibus.

XXVI

Ebles, évêque de Limoges et abbé de Saint-Maixent, et Isembard, coûtre de l'église de Notre-Dame, dite *Porta Domini*, échangent quelques pièces de terre à Maizay, dans la viguerie de Vivonne, sous cette condition que ce qui est cédé à Isembard retournera à l'abbaye de Saint-Maixent, après la mort de l'héritier qu'il se sera choisi (D. FONTENEAU, t. XV, p. 129, d'après le cartul., p. 176).

Mars 962.

Placuit inter domnum Ebulonem, episcopum et abbatem sancti Maxentii, et Isembardum, custodem ecclesiæ sanctæ

---

1. La copie du cartulaire avait omis cette mention de l'abbé Eblés.
2. Ce qui suit a été emprunté à la copie de Besly, D. Fonteneau ayant arrêté sa transcription après le mot *deserviunt,* en ajoutant : « le reste consiste dans les imprécations ordinaires ».

Mariæ, que vocatur Porta Domini, ut terras inter se commutare deberent, quod et fecerunt. Dedit supra nominatus Isembardus ad partem sancti Maxentii alodum suum, qui est situs in pago Pictavo, in vicaria Vicvedona, in villa que vocatur Maisonis [1], de terra arabile junctos duos, et abent lateraciones de tribus partibus terram ipsius alodum, quarto vero latere terram sancti Maxentii, eo videlicet modo ut faciat domnus episcopus Ebulus et monachi sancti Maxentii quicquid voluerint, nemine contradicente. Similimodo dedit domnus episcopus et cuncta caterva monachorum sancti Maxentii ad partem Isembardi in ipsa vicaria, et in ipso pago, et in ipsa villa, junctum I et opera una de terra arabile, et abent laterationes de tribus partibus via publica, quarta vero parte fluvium Severe, eo vero tenore ut quamdiu vixerit Isembardus teneat, possideat et abeat licentiam ameliorandi et omni fructu recipiendi ; et post illius discessum unus ex propinquis suis qualemcumque degerit sine censu ei concedimus. Post illius discessum, cum omni emelioratione ad sanctum Maxentium et ad monachos remaneat. Si quis vero, si nos ipsi aut ullus ex heredibus nostris, qui contra has comutationes ullam calumniam inferre temptaverit, solidos centum componat, et quod petit non vindicet. S. domni Ebuli episcopi et abbatis. S. Rainaldi. S. † Aszoni. S. Ucberti. S. † Viviani. S. Rotgerii. S. Ademari. S. Garnerii. S. † Bernardi. S. Kadeloni parvuli. Data mense marcii, anno VIII regnante Lothario rege.

---

1. Il n'existe pas sur les bords de la Sèvre de localité répondant au nom de *Maisonis*, et du reste il y aurait lieu de s'étonner de voir la viguerie de Vivonne s'étendre aussi loin de son chef-lieu, dans une région où on ne lui connait aucune autre dépendance. M. Rédet, *Dictionnaire topographique du département de la Vienne*, p. 444, ne fait que mentionner la localité de *Maisonis*, sans chercher à l'identifier. Nous croyons la retrouver dans le village de Maizay, communes de Ceaux et d'Anché, qui était incontestablement dans la viguerie de Vivonne, et situé près de la Bouleur ; le nom de Sèvre donné à cette rivière par le rédacteur de la charte nous semble être un *lapsus calami*, explicable de la part d'un religieux de Saint-Maixent.

XXVII

Guillaume Tête d'Etoupe, comte de Poitou, concède à un religieux nommé Baden, pendant sa vie, à la requête de Girbert, abbé de Saint-Maixent, son fidèle, sous la charge d'un cens annuel à qui de droit, l'église de Saint-Pierre de Melle, avec les villas de Pompérain et de Mérilly, l'église de Saint-Maixent de Pamprou avec trois moulins, la villa de Riberolle et un moulin, deux quartes de terre dans la villa de Saugé et un moulin sur la Sèvre, près du monastère, tous domaines dépendants de l'abbaye de Saint-Maixent (D. Fonteneau, t. XV, p. 117, d'après le cartul., p. 165).

Entre 951 et 963.

Guillelmus, divinæ pietatis gratia Pictavensium sive Lemovicensium necne et Arvernensium comes, insuper etiam Aquitaniæ comes palatii, notum quidem fieri volumus omnibus fidelibus sanctæ Dei ecclesiæ, presentibus scilicet atque futuris, quod quidam fidelis noster et abba sancti Maxentii, Girbertus nomine, accedens ad nostram celsitudinem, deprecatus est nos ut concederemus aliquid ex suo beneficio de abbatia sancti Maxentii, id est unam ecclesiam in honore sancti Petri fundatam, cum omnibus ad se aspicientibus, villasque Merilec et Pepernantim, necnon quantum ad ipsas pertinent; in alio vero loco, in villa Pampro, ecclesiam in honore sancti Maxentii fundatam, et in ipsa villa farinarios tres; in alio loco, villa Riberola, et unum molendinum; in quarto vero loco, in villa Solgiaco, cartas duas; in quinto etiam loco, super fluvium Severim, prope monasterium, molendinum unum, cuidam monaco Badeno nomine. Has res prescriptas cum omni integritate, tam intrinsecus quam extrinsecus, adjacentem in predictis villis sub censu annotino concedere dignaremur, quod omnimodo nobis placuit hoc fecisse, non abnuentes illius peticionem; eo videlicet modo ut singulis annis, absque tarditate cui lex prestat, et si tardus aut negligens propter aliquam difficultatem extiterit, duplicatum retdet censum, ita ut non perdat as res prescriptas. Post monachi quoque prefati discessum, monachi, qui corpus beati Maxentii deservierint, has predictas res teneant atque possideant perpetualiter, nullo unquam inquietante.

XXVIII

Rainier donne à l'abbaye de Saint-Maixent son alleu, sis dans la villa de Chail, de la viguerie et du pays de Melle, trois cours, des terres labourables et des prés dans la villa de Bagnault, de la viguerie d'Exoudun et du pays de Brioux (D. FONTENEAU, t. XV, p. 124, d'après le cartul., p. 157).

963 ou 964.

Dum in hoc seculo unusquisque homo proprio vacat arbitrio, oportet de rebus sibi adquisitis ut taliter agat, qualiter eternam vitam mereatur percipere. Quapropter ego Rainerius nomine tractavi de Deo timore et eterna retributione, ut mihi pius Dominus in ultima die veniam tribuere dignetur, dare ad locum beati Maxentii et ad omnem congregationem ibi Deo servientem alodum meum, qui est situs in pago Metulo, in ipsa vicaria, in villa que dicitur Chelio, cum domibus, curtiferis, viridario, vineis, terris, silvis; et in alio loco, in pago Briocinse, in vicaria Exulduninse, in villa que dicitur Banoli, tres curtes, et terra arabile, et pratos, quantum visus sum habere vel possidere vel ad inquirendum ad unam medietatem. Hæc omnia, que superius memorata sunt, trado beato Maxentio et domno Odone, abbati, et monachis sibi subditis, ut ab hodierna die licentiam habeant faciendi quicquid elegerint ob utilitatem monasterii. Si quis vero, quod minime credo, surrexerit contra hoc donum, imprimis omnipotentis Dei iram incurrat, et perpetue virginis Mariæ et beati Maxentii et sancti Leodegarii martiris, et cum illorum anathemate in infernum permaneat perurendus, si non emendaverit. S. † Rainerii.

XXIX

Le vicomte Chalon et sa femme Sénégonde donnent à l'abbaye de Saint-Maixent la villa de Vandeleigne, avec la chapelle fondée en l'honneur de saint Hilaire, et celle de Vieille-Ville, toutes les deux de la viguerie et du pays de Brioux, et cent aires de salines dans le marais de l'Echelle (D. FONTENEAU, t. XV, p. 135, d'après le cartul., p. 161).

Mai 964.

Dum in hoc seculo unusquisque homo proprio vacat arbitrio, oportet ut' de rebus sibi adquisitis taliter agere, qualiter eternæ vitæ mereatur percipere. Quapropter ego Katalo, vicecomes, et uxor mea Senegundis, placuit nobis atque bona decrevit voluntas ad cenobium sancti Maxentii et beati Leodegarii et ad monachos ibi Deo servientes sub domno Odone abbate dare alodum nostrum, qui est situs in pago Briocinse, in ipsa vicaria, videlicet villam que nuncupatur Vindolemia, una cum capella ibi fundata in honore beati Ylarii episcopi cum domibus, curtiferis, terris, pratis, aquis, aquarumve decursibus et uno farinario, et de mancipiis nostris Martinum cum suis filiis; et in alio loco Vetus Villa, in supradicto pago et in ipsa vicaria, cum terris, domibus, curtiferis, vineis; et in pago Aunisio, in marisco qui dicitur Scala, areas salinarias centum cum omni ministeria et maraciones. Hæc omnia tradimus in elemosina, in oblatione perpetua, ad locum supradictum, tali modo ut ab hodierna die licentiam habeant seniores loci faciendi quicquid elegerint ob utilitatem monasterii, nemine contradicente. Si quis vero, si nos ipsi aut ullus ex heredibus nostris aut aliqua emissa persona contra hanc donationem insurgere voluerit, imprimis iram Dei et sanctæ ejus matri et sancti Petri et beati Maxentii et sancti Leodegarii incurrat iram, et cum Dathan et Abiron et Chore, quos vivos terra obsorbuit, et cum Juda traditore Domini partem accipiat, si non emendaverit. S. † Kadeloni vicecomitis. S. † Senegundis uxoris ejus. S. † Ebuli. S. † Ebboni. S. † Kadeloni. S. † Ode. S. † Goscelmi. S. † Ginemari. S. † Alduini. S. † Alcherii. S. † Garnaldi. S. † Gaszoni. Data mense maio, anno decimo regnante Lothario rege Francorum.

XXX

Sénégonde donne à l'abbaye de Saint-Maixent cent huit aires de marais salants, situés en Aunis, dans le marais d'Ives, et deux pêcheries dans le lieu appelé Sangon (D. Fonteneau, t. XXVII bis, p. 595, d'après le cartul., p. 94).

Mai 964.

Dum lex ista festinanter et dies nostri sicut umbra pretereunt, ideoque oportet nos ut de futuro debeamus tractare judicio, ut quandoque transquisitio mortis non nos inveniat insperatos. Ideoque ego in Dei nomine Senegundis placuit mihi, pro anima mea vel remissione omnium peccatorum meorum ut veniam consequi merear, cedere a die presente salinam meam, que est in pago Alnisio, in rem sancti Salvatoris, in marisco Inivia, areas centum et VIII ad locum sancti Maxentii; abet laterationes de una fronte via publica, de alia parte salina comiti, de tercia parte sterio publico. Et in alio loco, duas piscationes in alodo qui vocatur Sangoni. Si ego ipsa, aut ullus homo, contra hanc donationem aliquid inquietare voluerit, inprimis iram Dei et omnium sanctorum incurrat, et in diem judicii condemnatus apareat, et pene inferni illum recipiant, et quod petit non vindicet; set presens donatio ista firma et stabilis valeat permanere. S. Senegundis. S. Cadelonis. S. Ebulonis. S. Ode. S. Aldeardis. S. Goscelmi. S. Guinemari. S. Ramnulfi. S. Alcherii. S. Aldoini. S. Froterii. S. Tetbaldi. S. Galzoni. Data mense madio, anno decimo regnante Lothario rege.

XXXI

Un prêtre nommé Geoffroy donne à l'abbaye de Saint-Maixent cinquante aires de marais salants, sis dans la villa de Romsay, en Aunis (D. Fonteneau, t. XXVII bis, p. 597, d'après l'original [1]).

Juillet 964.

Mundi terminum adpropinquante..... Igitur in Dei nomine Goddefredus, sacerdos, de tanta misericordia et pietate Domini, per hanc epistolam donavit donatumque ad basilica sancti Maxentii pro remedium animæ meæ, hoc est aliquid de salina mea, que est situm in pago Alieninse, sub villa que vocatur Ronciacus; et abet lateraciones de uno latus terra sancti Martini, alio latus terra sancti Mauricii, tercio latere alodus Kadeloni, quarta parte sta-

---

1. Pour faire saisir la différence qui existe généralement entre les actes insérés dans les cartulaires et les textes originaux qu'ils étaient censés reproduire, D. Fonteneau donne aussi à la suite de cette pièce la copie qui se trouvait dans le cartulaire, p. 103. Les deux actes sont identiques, seulement les fautes grammaticales dont fourmille l'original ont été corrigées dans la copie. Nous croyons utile de publier celle-ci comme exemple de cette façon d'agir, mais dans la suite nous nous contenterons d'indiquer en note les principales variantes des noms de personnes ou de lieux fournies par les copies du cartulaire. Cette comparaison entre les deux textes est très précieuse pour l'étude des noms anciens, mais aussi elle nous met en garde contre les formes des mots rencontrés dans les cartulaires, car il peut arriver bien souvent que leur orthographe, au lieu d'être celle usitée à l'époque où l'acte primitif a été rédigé, ne soit que la reproduction de celle en usage au temps où vivait le rédacteur du cartulaire.

Ego in Dei nomine Godefredus, sacerdos, de Dei misericordia confidens, pro remedio animæ meæ dono ad basilicam sancti Maxentii de salina mea L areas cum omni maratione vel ministeria; et est ipsa salina in pago Alnisiense, sub villa que vocatur Runtiacus, et habet laterationes ex una parte terram sancti Martini, alia vero terram Mauricii, tertio latere alodum Cadelonis, quarto stagnum publicum. Si quis vero post hunc diem insurgere voluerit aut aliquam calumniam huic donationi inferre temptaverit, inprimis iram Domini incurrat, et ex liminibus sanctæ ecclesiæ segregatus permaneat, donec se recognoscat. S. Goddefredi. S. Aigulfi. S. Christiani. S. Guilberti. S. Adalgardi. S. Lanteldi. S. Geraldi. S. Rainardi. S. Josberti. S. Stabilici. S. Odrici. S. Atoni. Data mense julio, anno decimo regnante Lothario rege.

gno publico. Sunt areas L cum omni ministeria vel maratione tantum, ut post hunc diem habeas, teneas, possideas et facias quicquid volueritis, neminem contradicentem. Si quis vero..... Signum † Goddefredus sacerdos. Signum † Aigulfus. Signum † Christina. Signum † Guidbertus. Signum † Adalgardi. Signum † Lantelda. Signum † Jeraldus. Signum † Rainardus. Signum † Josbertus. Signum † Estabilicus. Signum † Odricus. Signum † Atoni. Data mense julii, anno decimo regnante Lotherio rege.

XXXII

Frotier et sa femme Ildeburge donnent, sous réserve d'usufruit, au monastère de Saint-Maixent, leur alleu, sis à Loiré, dans la viguerie de Saint-Jean en Aunis (D. FONTENEAU, t. LXVI, p. 167, d'après le cartul., p. 106).

Vers 964.

Dum lex ista festinanter dies nostri sicut umbra pretereunt, ideo oportet nobis ut de futuro debeamus tractare judicio, ut quando quidem transquisitio mortis non nos inveniat insperatos. Ideoque in Dei nomine ego Frotherius [1] et uxor mea Ildeburgis placuit nobis, pro remedio animarum nostrarum ut veniam consequi mereamur, ad locum sancti Maxentii et beati Leodegarii cedere alodum nostrum, qui est in pago Alnisio, in villa Odriaco, in vicaria sancti Johannis, cum mansionibus, vineis, pratis, terra arabile cum uno fonte, cultum et incultum, quesitum et inquisitum. Habet laterationes de una fronte villam commitisse, de alia parte alodum Fredebaldi atque Durandi; ea ratione ut quandiu vixerimus, teneamus, et de

---

1. Un personnage du nom de Frothier est témoin dans deux actes du cartulaire de Saint-Cyprien, datés de 963 ou 964, et se référant à la même région. (*Cartul. de Saint-Cyprien*, p. 234, 285).

censu c sepias reddamus, et post discessum nostrum totus ad jam dictum locum remaneat. Si nos ipsi, aut ullus homo, contra hanc donationem aliquid inquietare voluerit, in primis iram Dei omnipotentis incurrat, nec non sanctum Maxentium et beatum Leodegarium adquirat inimicos, et in diem judicii condempnatus appareat, et pene inferni illum recipiant, et quod petit non vindicet. S. Froterii. S. Ildeburgis uxoris sue.

XXXIII

Ebles, évêque de Limoges, donne à l'abbaye de Saint-Maixent plusieurs domaines avec les serfs qui les cultivaient, sis à Baidon, dans la viguerie de Colombiers, à Gremillon, à Tricon, dans la viguerie de Sauves, et à Sivrec, dans la paroisse de Montamisé (D. Fonteneau, t. XV, p. 131, d'après le cartul., p. 206).

Janvier, vers 965 ou 966 [1].

Cum certa mors maneat omnes homines, et hæc eadem incerta casu cuique eveniat, oportet sollicite unumquemque in conditione mortalitatis sue mentis oculos ponere, et per boni operis exibitionem preparare sibi eterne patrie hereditatem. Scimus enim, ut ait apostolus : *Quia quecumque seminaverit homo, hæc et metet, et qui seminat in benedictionibus, de benedictionibus et metet.* Debitorem namque Domini sanctosque illius statuit, qui ea quæ illi obvenerunt jure hereditatis, in melioratione sacro sancti sanctuarii, pro remedio salutis eterne, concupiscit transfundere. Hæc ego Dei nomine Ebulus peccator, Lemovicensium se-

---

1. D. Fonteneau, s'appuyant sur la mention contenue dans cette charte de la mort récente de Guillaume Tête d'Etoupe, arrivée en 963, l'avait datée de 964 environ ; mais l'abbé Ramnulfe, dont il est ici question, ayant été précédé par Odon, qui était abbé lors de la mort de Guillaume, d'après la chronique de Saint-Maixent, et dont il est parlé dans un acte du mois de mai 964, on ne peut faire remonter cette charte plus haut que le mois de janvier 965 ou 966.

dis episcopus, perpendens, consideransque futuram aliquando districti judicii discussionem, pro remedio animæ meæ seu liberatione animæ fratris mei Guillelmi, sive pro consolatione nepotis mei ecquivoci Guillelmi, Aquitanensium ducis, plena fidei devotione, de proprio jure hereditatis meæ cedo atque transfundo domno nostro precellentissimo Christi confessori Maxentio, cujus cenobium præesse videtur Ramnulfus abbas, quendam alodum meum, cui vocabulum est Baidon, ad stipendia monachorum inhibi omnipotenti Deo militantium, qui est situs in pago Pictavo, in vicaria Columberii, cum vineis et terris arabilibus, cultum et incultum, et nostra cernitur esse possessio, et servum meum nomine Adalbaldum cum infantibus suis. Et in alio loco, in villa que dicitur Grezilion, alodum meum cum vineis, terris arabilibus, cultum et incultum, et quod mea cernitur esse possessio, et mancipiis meis infantibus Rainaldi. Et in alio loco, in villa que dicitur Trecono, in vicaria Salvinse, hoc est de alodem Unberti, plus minus junctos XII cum vineis, pratis et terra vagante, et quantumcumque ad ipsos alodos aspicit vel aspicere videtur. Et in alio loco, in villa que dicitur Sivrec, montem qui est situs in parrochia sanctæ Mariæ de Montetamiserio, cum omnibus mancipiis meis, et omnia que in eadem villa ad me pertinere videtur. Eo videlicet modo, ut post meum discessum recipiant omnia in sua cum omni emelioratione, et faciant quicquid facere voluerint ecclesiastico jure et fraterna dispositione, nemine contradicente. Jam dictum vero alodum cum omnibus adjacentiis suis totum et ad integrum, cultum et incultum, ea ratione trado, ut jam dictus confessor prebeat mihi auxilium in futuro seculo factus adjutor, quatinus quicquid in hoc seculo proprie iniquitatis reatu, fallente diabolo, contraxi, totum ineffabilis misericordia Dei debeat et abstergat; cujusque clementia absolutus, ad eternam patriam pervenire valeam inlesus. Monachi quoque ipsius loci succedentibus futuri temporis meum continuum teneant memoriale, et pro peccatorum meorum absolutione liberius atque alacrius mei meminerint in orationem suarum acceptabili exauditione. Si quis vero, quod minime fieri credo, si ego ipse aut post obitum meum ullus heres aut propincus vel quelibet opposita persona contra cessionis donationem venire voluerit, aut eam infringere temptaverit, inprimis iram Dei omnipotentis perpetueque Virginis Mariæ cum omnibus sanctis incurrat, et sub Dei maledictione in eternum, nisi resipuerit, pereat confusus sine recuperatione. Et insuper cui litem intulerit, fisci auri libras c, argenti mille coactus exolvat, nostraque donatio omni tempore firma permaneat. S. domni Ebuli episcopi. S. Willelmi comitis. S. Petri episcopi. S. Adraldi vicecomitis. S. Arberti vicecomitis. S. Cadeloni vicecomitis. S. Ugoni. S. Isemberti. S. Ebboni. S. Acardi. S. Amelii. S. Ingelberti. S. Gauterii. S. Stephani. S. Viviani. Regnante Lothario rege. Data mense januario [1].

XXXIV

Ramnulfe, abbé de Saint-Maixent, donne en main-ferme à Jammon et à sa femme Ermengarde un moulin avec ses dépendances, sis à Verrines, sur la rivière de la Belle (D. FONTENEAU, t. XV, p. 141, d'après le cartul., p. 145).

Juin 966.

In nomine sanctæ et individuæ Trinitatis. Ramnulfus, abba, et omnis congregatio sancti Maxentii, notum fieri volumus omnibus fidelibus sanctæ Dei ecclesiæ, presentibus scilicet adque futuris, quoniam accessit ad nos quidam fidelis noster nomine Jammo et uxor sua Ermengardis.

---

1. On rencontre parmi les chartes de Saint-Hilaire de Poitiers (Rédet, *Documents pour l'histoire de Saint-Hilaire*, t. I, p. 44), un acte émané de Guillaume Fier-à-Bras, dont les formules sont absolument les mêmes que celles de l'acte reproduit ci-dessus. Ils sont indubitablement l'œuvre du même rédacteur, et sans doute contemporains; aussi y aurait-il lieu de reculer encore de trois ou quatre ans la date de la charte du comte de Poitou que Besly avait placée vers 975, que D. Fonteneau et M. Rédet ont rapportée à l'année 970 environ, et qui est vraisemblablement de l'an 966.

Deprecati sunt nos [ut] concederemus eis aliquid de nostro beneficio, in pago Metulinse, in ipsius vicaria, in villa que vocatur Vedrina : hoc est molendinum unum, qui est situs super fluvium Belane, cum terris, pratis, aquis, aquarumve decursibus, eo videlicet modo ut quamdiu vixerint prefatus Jammo et uxor sua Ermengardis et unus ex propinquis suis teneant, possideant; post mortem illorum ad sanctum et ad monachos revertatus. Unde accepimus ab eis precium, scilicet xl solidos, quo ita factum est. Prefatus autem Jammo et uxor sua Ermengardis aut unus ex propinquis suis, qui ipsas res possidere debent, absque ulla tarditate reddant censum denarios xvi ad festivitatem sancti Maxentii, que evenit vi kal. julii. Si quis autem, si nos ipsi aut ullus ex heredibus nostris hanc peticionem inquietare, contempnere aut violare voluerit, inprimis iram Dei omnipotentis et omnium sanctorum incurrat. Ut autem in Dei nomine ista peticio firmior permanere valeat, manibus nostris subterfirmavimus, monachorumque nostrorum ad roborandum tradidimus. S. † Ramnulfi abbatis. S. † Anselmi decani. S. † Ginemari monachi. S. Ucberti monachi. S. Viviani monachi. S. Aimerici monachi. S. Bernardi monachi. S. Johanni monachi. S. Benedicti monachi. S. Geraldi monachi. S. Martini monachi. Data mense junii, anno xii regnante Lothario inclito rege Francorum.

XXXV

Laurent donne à l'abbaye de Saint-Maixent ce qu'il possédait à Pied-de-Font, dans la viguerie d'Aiffres en Poitou, et dans les marais de Romsay et de la Jarne en Aunis (D. FONTENEAU, t. XV, p. 145, d'après l'original. Il donne encore cette pièce, t. XV, p. 147, d'après le cartul., p. 104).

Février 967.

Licet omnes omines de rebus suis propriis voluerit facere, tradere vel condonare, sive in alienas manus mitere. Quamobrem igitur ego in Dei nomine Laurencius, pro remedium anime mee vel remedium animas parentorum meorum, ingenuis relaxare volo, quod ita et fecit. Placuit mihi adque bona decrevit voluntas ut aliquid de res meas ego mihi condonaverit ad basilica, que est constructa in onore sancti Maxencii : oc sunt illa res in pago Pictavo, in vicaria Africa, in villa que dicitur Posfontis[1]; habet adjacentias de totas partibus terra jam dicti sancti Salvatoris, quantum ego visus sum habere, vel possidere, totum et ab integrum. Et in alio loco, in pago Alienense[1], in marisco que dicitur Ronciaco[1], et in alio marisco que vocatur Agarnio, in rem sancti Martini, dono vobis de ipsa salinas quantu me pertinet, et de mea potestate in vestra trado tantum ut post hunc diem habeatis, teneatis, possideatis, faciatis quicquid volueritis, neminem contradicentem: Si quis vero [contra hanc donationem insurgere voluerit, maledictus sit a Deo patre, si non emendaverit][2]. Signum Laurencius qui istam donationem fieri et a bonis omnibus firmare rogaverit. S. S. S. S. Rantruda[1]. S. Estabilicus. S. Alibertus. S. Sicfredus[1]. S. Acbrannus. S. iterum Alibertus. S. Bertrannus. S. S. Giraldus. S. Frotharius. Data mense februario, anno decimo tertio regnante Lotherio[1] rege. Restardus.

XXXVI

Guntard donne à l'abbaye de Saint-Maixent quelques journaux de vignes, sis près de l'église de Saint-Florent, dans la viguerie de Bessac (D. FONTENEAU, t. XV, p. 152, d'après l'original. Il donne encore cette pièce, t. XV, p. 151, d'après le cartul., p. 102).

Avril 967.

Licet omnes omines de rebus suis proprijs voluerit facere, tradere vel condonare, sive in alienas manus mittere. Quamobrem igitur ego in Dei nomine Guntardi placuit mihi, adque bona decrevit voluntas, pro remedium anime

---

1. Variantes du cartulaire : *Postfontis... Aunisio... Runtiacus.... Raintrudis... Stabilici... Siesti... Lothario.*
2. Ce qui est mis entre crochets est emprunté à la copie du cartulaire.

mee vel remedium animas parentorum meorum, ego mihi donaverit ad basilica, que est constructa in onore sancti almique Maxencii sive sancti Leodegarii cum omni congregacione ipsius loci sub regimine domni Girberti abbatis, hoc est aliquid de vinea mea, qui est in pago Alieninse, in vicaria Basiacinse, prope ecclesia sancti Florencii; habet abjacentias de tribus partibus terra sancti Salvatoris, quarto latus in œxitu vel regresso, hoc est de vinea una opera et dimidia. Et in alio loco, in ipso pago et in ipsa vicaria vel ipsa erede, hoc est de vinea dimidium juctum, in tali tenore quamdiu Isemberga vivi vel diu genitores [1], de vinea dimidium juctum teneant; post quoque illorum decessum sancti Maxencii remaneat. Si quis autem ista condonacio inquietare presubserit, inprimis iram Dei omnipotentis incurrat et ex liminibus sanctæ matris ecclesiæ excommunicatus permaneat, donec se recognoscat, et insuper cui litum intullit auri libras IIII coactus exsolvat. Signum Guitardi qui istam donacionem fieri et a bonis omnibus firmare rogaverit. S. Estabilie [1]. S. Galbertus. S. Alo. S. Alibertus. S. Leterius. S. Rodgerius [1]. S. Mainardi. S. Jerardi [1]. S. Arquembaldi [1]. S. Amelium vicarius. S. Rainus. S. Ainriccus. S. Airiccus. Data mense aprilis, anno XIII regnante Lotherio rege [1].

XXXVII

A la demande de Girbert, abbé de Saint-Maixent, Guillaume Fier-à-Bras, comte de Poitou, donne en main-ferme à Airaud l'alleu de Saint-Maixent, sis à Aiffres, dans la viguerie de Marigny (D. Fonteneau, t. XV, p. 153, d'après le cartul., p. 111).

Décembre 968.

In nomine sanctæ atque individuæ Trinitatis. Ego Guil-

---

1. Variantes du cartulaire : *Quamdiu Isemberga vixerit vel duo genitores... S. Stabilici... S. Rotgerii... S. Giraldi... S. Arguenbaldi... Lothario rege.*

lelmus, comes Pictavensium, notum fieri volo omnibus fidelibus sanctæ Dei ecclesiæ tam presentibus quam etiam futuris, quod accessit quidam fidelis noster Girbertus, abbas sancti Maxentii, ad nostram magnificentiam; deprecatus est nos ut ob nostre auctoritatis ad quendam hominem Airaudum nomine tribueret alodum sancti Maxentii, qui est situs in pago Pictavo, in vicaria Marniaco, villa que vocatur Aifra, et est cum terris, pratis, mansionibus, molendinis, vineis, cultum et incultum, quesitum et inquesitum. Quantumcumque visi sumus habere ego et monachi sancti Maxentii totum ei tradimus sub censu, eo tenore ut quamdiu superstes fuerit corpore, ipsas res supra scriptas teneat, possideat, plantet, edificet; censum vero ad festivitatem Omnium Sanctorum solvat solid. 1, et si neglegens de ipso censu apparuerit, geminatum censum reddat et ipsas res non perdat. Post quoque illius discessum a duobus successoribus suis sub censu concedimus; post mortem vero illorum duorum, ad sanctum revertatur et ad fratres ibi Deo servientes. S. Guillelmi comitis. S. Acfredi. S. Cathaloni vicecomitis. S. Rotgerii. S. Guillelmi. Data mense decembrio, anno quinto decimo regnante Lothario rege.

XXXVIII

Marcard et sa femme Audéarde donnent à l'abbaye de Saint-Maixent vingt aires de salines dans le marais de *Cortina* et un arpent et demi de vignes à Champoly, dans la viguerie d'Aiffres (D. FONTENEAU, t. XV, p. 159, d'après le cartul, p. 100).

Août 969.

Licet omnes homines de rebus suis propriis facere quicquid voluerint, vel condonare, sive in alienas manus mittere. Quamobrem ego in Dei nomine Marcardus et uxor mea Aldeardis, pro remedio animarum nostrarum vel parentum nostrorum, donamus ad basi[li]cam, qui est constructa in honore sancti Maxentii, et ad omnem congregationem fratrum ibi consistentium sub domno Constantino abbate, hoc est salina nostra, que est sita in pago Aunisio, in marisco qui dicitur Cortina, areas xx ; et habet laterationes de tribus partibus terram sancti Salvatoris, de quarto, stagno publico, cum maratione vel ministeria ad se pertinentia. Et in alio loco, in pago Pictavo, in vicaria Africa, in loco qui vocatur Rampolius [1], junctum unum de vineis ; et habet abjacentias de tribus partibus terram sanctæ Mariæ, de quarto, via exitu vel regressu. Si quis vero fuerit post hunc diem, de nostra hereditate vel apposita persona, qui contra hanc donationem inferre voluerit ullam calumniam, inprimis iram Dei omnipotentis incurrat, et ex liminibus sanctæ matris ecclesiæ excommunicatus permaneat, donec se recognoscat, et insuper cui litem intulit, solidos ccc coactus exsolvat, et quod petit minime vindicare valeat. S. Marcardi et uxoris sue Audeardis. S. Geraldi. S. Gosberti. S. Rainardi. S. Ramnulfi. S. Otberti. S. Rainaldi sacerdotis. S. Hisemberti. S. Gerardi. S. Letuci. S. Rainardi sacerdotis. Data mense augusti, anno xv regnante Lothario rege.

XXXIX

Constantin, abbé de Saint-Maixent, donne à Ucbert et à Constance, sa femme, un terrain inculte, sis en Aunis, dans le marais de *Badeni*, à la condition d'y pratiquer cinquante aires de marais salants, dont ils en mettront vingt immédiatement en valeur au profit de l'abbaye, à laquelle les trente autres retourneront après leur mort (D. FONTENEAU, t. XXVII bis, p. 599, d'après l'original. Cette pièce était aussi dans le cartulaire, p. 109).

Entre 968 et 974, 2 janvier.

In omnipotentis Dei nomine unigenitique filii ejus Do-

---

1. L'extrait de cette charte fait par D. Le Michel, f° 292 v°, porte *Curtina*, et plus bas *Kampolio*; la lecture qu'il a faite de ce dernier mot nous paraît préférable à celle de D. Fonteneau.

mini nostri Jesu Christi cum neupmate sacro, abba Constantinus regens monasterium sancti atque beatissimi Maxencii sub clericali institutione una cum congregatione ibidem Deo jugiter servienti, volumus indigare omnibus fidelibus sanctæ matris ecclesiæ quod accessit ad nos quidam fidelis noster, vocabulo Ucbertus, cum sua conjuge nomine Constancia, petens aliquid ex nostro beneficio, videlicet ex terra nostra inculta, que sita est in pago Alnisio, in alodo sancti Maxentii, ex salina que appellatur Badeni, ubi quivisset operari terram salsabilem secus supradictam salinam. Concedimus itaque eis de terra inculta quam ipsi petierunt quantum adtinet ad exercendas L areas, eo videlicet ordine ut in ipsa terra operentur ad locum sancti Maxencii, vel ad monachos qui ibidem adsistunt, xx areas quanto cicius valuerint. Has fatas areas supra scilicet L, tali ratione eis permittimus quamdiu ipsi vixerint, hoc est Ucbertus et uxor illius Constancie atque filius eorum Rainaldus, teneant, possideant, nullo abbate seu monacho contradicente vel resistente ; post excessum vero illorum revertentur supradicte aree ad locum sancti Maxencii cum augmentatione omni ; aree vero xx, ex quo operate fuerint, recipiant eas semper monachi beati Maxencii. Signum abbatis Constantini. S. † Martini. S. † Bernardi prepositi. S. † Catalonis monachi. S. † Ildegarii monachi. S. † Ricardi monachi. S. † Rotberti monachi. S. † Adelelmi monachi. S. † Arierii monachi. S. † Rainardi monachi. S. † Constantii monachi. S. † Gontardi monachi. S. † Otgerii monachi. S. † Samuel monachi. S. † Gaiferii monachi. S. † Ratberti monachi. S. † Constantii But monachi. S. † Adalgisi monachi. S. † Gauzberti monachi. S. † alteri Gauzberti monachi. S. † Ucberti monachi. S. † Ademari monachi. S. † Sicherii monachi. Actum monasterio sancti Maxentii publice coram monachis seu..... fidelibus, die IIII nonas januarii, regnante Lothario rege.

XL

Girbert, abbé de Saint-Maixent, vend à Bégon et à sa femme Sénégonde un demi-arpent de vigne à Saint-Martin, dans la viguerie de Mellé, à la charge, en outre, du paiement d'un cens annuel (D. Fonteneau, t. XV., p. 161, d'après le cartul., p. 153).

Mars 974.

Igitur ego in Dei nomine Gerbertus abbas et omnis congregatio sancti Maxentii notum fieri volumus omnibus filiis ecclesiæ, tam presentibus quam futuris, quod accessit ad nos quidam homo nomine Bego et uxor sua Senegundis, ut ex vineis sancti Maxentii eis venderemus, quod et fecimus, scilicet dimidium junctum, qui est situs in villa sancti Martini, in vicaria Metulo. Unde accepimus ab eis xiii solidos, tali tenore ut prenominati omni anno ad festivitatem beati Maxentii, quod evenit vi kal. julii, censum reddant duos denarios. S. Girberti abbatis. S. Constantini monachi. S. Constancii monachi. S. Aimerici monachi. S. Ueberti monachi. S. Ildegarii monachi. S. Gaiferii monachi. S. Dodoni monachi. S. Ratberti monachi. S. Constancii monachi. S. Gosberti. Data mense martio, anno xx regnante Lothario rege.

XLI

Drogon et sa femme Girberge vendent à Ramnulfe, abbé de Saint-Maixent, cinq arpents et demi de vignes, sis au village de Bourgogne, dans la viguerie de Sauves (D. Fonteneau, t. XV, p. 165, d'après l'original. Dans le même volume, p. 139, est un abrégé de cette charte qui se trouvait dans le cartul., p. 214, et auquel D. Fonteneau avait à tort donné la date de 965 ou 966 [1]).

Mai 974.

Ego in Dei nomine Drogo et ucsor sua nomine Girberga costat nos vendere et ita vendidi, tradere et tradidi ad

---

[1]. Imprimée par Champollion-Figeac, *Docum. hist.*, t. I, p. 483, d'après les manuscrits de Besly.

alico homine nomen Ramnulfo, habas sancti Maessencii, oc est aliquit de vinea nostra que est situs in pago Pictavo, in vicaria Salvinse, in villa que dicitur Burgondio, in rem sancti Petri seniorisc canonice, plus minus juctos v et medium ; de tres partes de ipsa terra sancti Petri, carto vero fronte via publica. Et est precius solidos centum. Ita vero ut faciatis deincecs quitquit voluerit ecclesiasticam nemine in contradicentem. Si quis vero, si nos ipsi au ullus homo vel heredibus nostris, qui contra hanc vendiscione ista venire au inquietare presumserit, item solidos ccccc componat, istipulavimus et supter firmavimus et pos nos hobitum infirmare rogavimus. Signum Drogo et ucsor sua Girberga. Vendicio aci nos facta redit censum denar. xxii cui lex est. S. † Beraldo judice. S. † Bernulfo degano. S. † Siismon. S. † Berengario. S. † Silibaldo. Data° mense maio, ad nos xx regnante Lotario rege. Girardus sacerdos escrisit [1].

XLII

Raingarde, pour le salut de son âme et de celle de son mari Marbode, donne aux religieux de Saint-Maixent ce qu'elle possède dans la villa de Nanteuil, viguerie de Brioux. (D. FONTENEAU, t. LXVI, p. 187, d'après le cartul., p. 191).

Vers 974.

In Dei nomine ego Raingardis, cogitans de salute anime mee et dilecti quondam conjugis mei Marbodi, dono a die presenti patribus cenobitar[iis] Deo, sancto Maxentio, quicquid nostri juris et potestatis esse dinoscitur in villa que dicitur Nantolium, qui est sita in comitatu Pictavensi, in vicaria Briocinse, tam in edificiis quam in mansuris, pratis

---

1. Bien que le latin de toutes les chartes originales de cette époque soit extrêmement barbare, celui de cet acte l'est à un tel degré que nous croyons devoir le signaler, de crainte que l'on ne soit tenté de prendre pour des fautes d'impression les bizarreries orthographiques qu'il renferme.

quoque ac terris cultis et incultis, et in aliis omnino quibuslibet rebus, mobilibus scilicet et immobilibus. Denique si ego aut aliquis de eredibus meis contra hanc donationem insurgere voluerit, inprimis iram Dei omnipotentis et omnium sanctorum incurrat, si non emendaverit. S. Raingardis qui hoc donum fecit. S. Aimerici. S. Grinberti. S. Begoni [1]. S. Grosberti. S. Gunbaudi. S. Unberti. S. Bosoni. S. Bernardi. S. Cadeloni.

XLIII

Robert et sa femme Girberge donnent à l'abbaye de Saint-Maixent leur alleu, sis dans la villa de Bagnault, sous réserve d'usufruit et à charge par eux de lui payer un cens annuel pendant leur vie (D. Fonteneau, t. XV, p. 169, d'après l'original. Il donne encore cette pièce, t. XV, p. 172, d'après le cartul., p. 193).

7 décembre 976.

Cum certa mors maneat omnes homines..... Hæc ego in Dei nomine Robbertus et uxor sua nomine Girberga et filii eorum, considerans de Dei misericordia, pro remedium anime mee vel remedium animas parentum meorum, de proprio jure hereditatis mee cedo atque transfundo domno nostro precellentissimo Christi confessori Maxentio, cui cenobio preesse videtur Girbertus abbas, quendam alodum meum, que est in villa nomine Banolio, quantum visus sum abere ; hoc est mansum unum et terra arabile, cultum et incultum, totum et integrum, tibi dono adque transfundo, eo videlicet quamdiu ego vixerit ipsum alodum per voluntatem monacorum teneo sub censum, hoc est ad festivitatem sancti Maxentii denariorum sex, et post discessum meum ad ipsum locum remaneat, nisi tantum per voluntatem monacorum filii mei sub censum volue-

---

1. Begon comparaît dans une charte datée de mars 974 (v. n° XL).

rint tenere. Insuper mitimus censum denariorum duodecim ; et si negligens fuerit, ipsas res perdat. Si quis vero, quod minime fieri credo [1] [contra hanc donationem aliquam calumniam inferre temptaverit, omnipotentis Dei iram incurrat et omnium sanctorum, si non emendaverit]. Insuper dabo una ancilla nomine Ermengart. Signum Robberto et uxore sua Girberga qui hanc donacionem fecerunt. S. † Amblart. S. † Duran. S. † Oulri. S. † Andreas. S. † Rainal. S. † Johannes. S. † Gontart. Data mense decembrio, septimo idus, regnante Lothario rege, indiccio quarta.

XLIV

Le prêtre Gontard donne à l'abbaye de Saint-Maixent un arpent de vigne, sis dans la villa de Saint-Caprais, de la viguerie de Bessac (D. FONTENEAU, t. XV, p. 179, d'après l'original. Il donne encore cette pièce, t. XV, p. 182, d'après le cartul., p. 102).

Juillet 978.

Dum in hoc seculo unusquisque homo proprio vacat arbitrio [2] [oportet ut de rebus sibi adquisitis taliter agere, qualiter eterne vite retributionem mereatur percipere.] Quapropter ego Guntardus presbyter, [tractans de Dei timore et eterna retributione, ut mihi pius Dominus in ultima magni judicii die veniam tribuere dignetur], idcirco ut de vinea mea, hoc est juctum unum, qui est sita in pago Alienense, in vicaria Basiasincse, in villa que vocatur sancti Caprasii ; habet laterationes totasque partibus alodo de ipsa hereditate. Hec omnia res superius nominatas tradimus in elemosina in oblatione perpetua, una pro remedium anime mee vel

---

1. Ce qui est mis entre crochets est fourni par le texte du cartulaire.
2. D. Fonteneau avait remplacé par des points certains passages, qu'il considérait « comme inutiles à l'histoire et ne contenant que du style » ; nous avons pu les restituer en recourant au cartulaire dont il donne le texte dans son intégrité.

animas parentum meorum, a cenobium sancti Maxentii piissimi confessoris, vel beati Leodegarii egregii martyris, et ad monachos, qui in ipsum locum cum Dei timore et observatione sancte regule sub regimine dumni Girberti abbati die noctuque Deo serviunt. [Si quis vero post hunc diem fuerit, qui contra hanc donationem aliquid inquietare voluerit, inprimis iram Dei omnipotentis incurrat et omnium sanctorum, si non emendaverit.] Sign. † Guntardi presbiteri qui hanc donationem adfirmare rogavi. S. † Hildegarii presbiteri. S. † Ingelberti. S. † Bernardi clerici. S. † Letet. S. † Alfredi. S. † Ramnulfus. S. † Natalis. S. † Gauzberti. S. † Girardi. S. † Mainardi. S. † alii Ramnulfus. Data mense julio, anno viginti quatuor regnante Lothario rege.

XLV

Girbert donne à l'abbaye de Saint-Maixent quarante aires de marais salants, situés dans le marais de *Modun* en Aunis, afin d'avoir sa sépulture dans l'abbaye (D. FONTENEAU, t. XXVII bis, p. 607, d'après l'original. Cette pièce était aussi dans le cartulaire. p. 107).

16 janvier 983 ou 984 [1].

Dum unusquisque in hoc seculo vivit, considerandum unicuique..... Hæc mandata Domini fideliter considerata, felix vir Girbertus, in ipso mortis articulo reminiscens peccaminum, studuit sibi præmittere patronos qui eum in cubilo regis eterni proprie introducerent. Elegit itaque sibi beatum Maxentium proprium auxiliatorem, mandans domesticis suis ut corpusculum ipsius ad basilicam illius deferrent ad sepeliendum cum ingenti honore, tradiditque ei necnon monachis loci illius militantibus, ex beneficio

---

1. Cet acte, dont le principal auteur est Girbert, mari de Christine, doit précéder de peu de temps le suivant, daté du 4 mars 985, où ne comparaissent plus que la femme et le fils du donateur, qui était sans nul doute décédé à cette dernière date.

suo, scilicet de terra sua, hoc est in pago Alieninse, in marisco vocabulo Modun, XLI areas cum omni maratione sua vel ministeria, et insuper quantum ad medietatem visum est habere illi. Si quis vero hullus homo, aut nemo ex heredibus meis ullam calumniam inquietare presumpserit, in primo omnium iram Dei omnipotentis incurrat cum omnibus sanctis ejus, necnon etiam sanctum Maxentium perpetuum adquirat inimicum ; sed insuper qui litem intulerit, solidos mille coactus [exsolvat. S. Cristina uxori sue. S. Girardi filii ejus. S. Gauzberti avunculi ejus. S. Letet. S. Giraldi. S. Alfredi. S. Natalis. S. Bernardi clerici. S. Aginoni. S. Alburga. S. Ostendi. S. Petrus. Data in mense januario, XVI kal., in villa Niorto, coram testibus vici illius, rege regnante Lothario inclito.

XLVI

Christine donne à l'abbaye de Saint-Maixent trente aires de marais salants, sis en Aunis, dans le marais *Palus* et dans la saline *Petita* (D. FONTENEAU, t. XXVII bis, p. 609, d'après le cartul., p. 95).

4 mars 985.

Omnis homo qui vere fidei et recta spe senceraque caritate qua Deus proximus que diligitur fuerit recte edoctus, studendum est illi ut taliter vite presentis vel etiam terrene substantie affluentiam disperciat, qualiter eterne mercedis retributionem a vero judice percipiat. Juxta ergo dominicam vocem de inico mammona faciendum est unicuique amicos, qui, cum defecerit, recipiant eum in eterna tabernacula. Ac alibi dominico instruimur eloquio : *Date elemosinam*, inquid, *et ecce omnia munda sunt vobis*. Quapropter ego, in nomine sanctæ et individuæ Trinitatis, indigna peccatrix dicta nomine Christina, do Deo omnipotenti et ad locum sanctissimi gloriosique Maxentii et ad famulos Dei, qui ibidem militant, pro remedio animæ meæ, vel pro loco sepulture meæ, ex beneficio meo xxx areas, que sunt site in pago Alnisio, in marisco Paludis, in salina que appellatur Petita. Hanc autem quam superius dixi salinam ex universis partibus terminatur territorio sancti Nazarii. Quicquid igitur ad eam pertinet cum omnibus rebus ad eam juste et legaliter aspicientibus, videlicet amarationes, omnia simul tribuo ac concedo pro requie eterna, pro pavenda gehenna, propter ignoscenda facinora, ex hoc die et deinceps, ut non filius, nec filia, nec frater, nec soror, nec ullus de propinquis meis aliquam litem presumat inferre. Si quisquam vero intromissa persona extiterit, qui hanc donationem infringere voluerit, libras auri c coactus exsolvat, et quod petit non adipiscatur, sed donatio hæc inconvulsa et inviolabilis perpetuaque per cuncta temporum curricula permaneat. Et ut he littere verius certiusque credantur, subter manu propria firmavi ac ceteris fidelibus corroborare institui. S. Gerardi filii ejus. S. Mamillonis. S. Letet. S. Marchardi Nigri. S. Geraldi. S. Natalis. S. Marchardi Rufi. S. Rainardi Alnisioli. S. Galberti. S. Rainuzi prepositi. Data mense marcio iiii nonas, epacta xxvi[1], regnante Lothario inclito rege Francorum. Actum vico Niorto publice coram fidelibus.

XLVII

Gunden donne à l'abbaye de Saint-Maixent une pièce de vigne, sise dans un clos renfermé de la villa de Niort, dans la viguerie de Bessac et le pays d'Aunis, à la condition d'en garder la jouissance sa vie durant, en payant un cens annuel aux religieux (D. FONTENEAU, t. XV, p. 177, d'après le cartul., p. 121).

26 juin, entre 955 et 985.

Mundi termino appropinquante, ruinisque ejus crebres-

---

1. L'épacte XXVI correspond aux années 966 et 985. La présence de Letet parmi les témoins d'un acte passé en 978 (n° XLIV), nous porte à adopter plutôt la date de 985; du reste c'est entre ces deux dates de 978 et de 985 qu'il semble que doivent être placées toutes les donations de vignes du pays de Niort, faites à l'abbaye de Saint-Maixent et que nous publions sous les n°s XLVII, XLVIII, L, LI, LIV.

centibus, jam certa signa manifestantur. Idcirco ego in Dei nomine Gundenus, considerans casum humane fragilitatis, de tanta Dei misericordia et pietate confisus, per hanc epistolam donationis dono donatumque in perpetuum esse volo, pro remedio animæ meæ et parentum meorum, ad locum sancti Maxentii et omni congregationi ibidem consistenti Deo jugiter servienti, hoc est aliquid de terra sancti Salvatoris, quod est in pago Aunisio, in vicaria Basiachinse, in villa Niortensi; et est de vinea junctum unum et opera una, qui terminatur ex omni parte terram sancti Salvatoris, et est in campo clauso. Per hanc donationis cartam dono ad locum sancti Maxentii jure perpetuo ut rectores ecclesiæ ejusdem faciant exinde quicquid voluerint nemine contradicente, ea scilicet ratione ut omni anno sollempnitate beati Maxentii, quod est VI kal. julii, denarios quatuor persolvam in censum. Quamdiu vero ipse vixero, ego teneam, possideam; post mortem meam ad sanctum remaneat. Si quis vero homo contra hanc donationem insurrexerit, maledictus et excommunicatus sit a Deo omnipotente. S. ✝ Gundeni. S. Aliberti. S. Rainardi presbiteri. S. Isemberti presbiteri. S. Guntardi presbiteri. S. Ildegarii presbiteri. S. Ingelberti. S. Ramnulfi. S. Adelelmi. Data mense junio, VI kal. julii, ante sepulchrum sancti Maxentii, regnante Lothario rege.

XLVIII

Girbert, abbé de Saint-Maixent, donne en main-ferme à Bernefred, son fidèle, et à sa femme Rose, une œuvre et demie de terre dans la ville de Poitiers (D. FONTENEAU, t. XV, p. 163, d'après le cartul., p. 211).

Mai, entre 973 et 985.

Ego in Dei nomine Girbertus, abbas sancti Maxentii, notum fieri volo omnibus fidelibus sanctæ Dei ecclesiæ tam presentibus quam futuris quod accessit ad nos quidam fidelis noster nomine Bernefredus et uxor sua Rosza. Deprecati sunt nos ut opera una et dimidia, que est in civitate Pictavis, eis concederemus, quod ita et fecimus; terminatur vero ipsa terra ex tribus partibus terram sancti Maxentii, ex quarta via publica. Eo vero tenore eis tradimus ut quamdiu superstites fuerint corpore, videlicet Bernefredus et uxor sua Rosza, ipsas res teneant, possideant post horum discessum duo successores eorum quoscumque elegerint; censum vero ad festivitatem Omnium Sanctorum solidum persolvant tam ipsi quam successores eorum. Et si neglegentes de ipso censu aparuerint, duplicatum eum reddant et ipsas res non perdant. Post successores Bernefredi et uxoris suæ res superius nominate cum omni emelioratione ad sanctum revertatur. S. † Girberti abbatis. S. † Contatii monachi. S. † Constantini monachi. S. † Samuelis monachi et ceterorum. Data mense maio, regnante Lothario rege.

XLIX

Rainard donne à l'abbaye de Saint-Maixent des vignes sises à *Forcaldis*, dans la viguerie de Bessac, en Aunis (D. FONTENEAU, t. XV, p. 167, d'après le cartul., p. 108).

Mai, entre 973 et 985.

Dum in hoc sæculo unusquisque homo proprio vacat arbitrio, oportet ut de rebus sibi adquisitis taliter agere, qualiter eterne vite mereatur percipere. Quapropter ego Rainardus, tractavi de Dei timore et eterna retributione, ut mihi pius Dominus in ultima magni die judicii veniam tribuere dignetur. Idcirco de vinea mea junctum unum, et in alio loco opera una, in pago Aunisio, in vicaria Basiacinse, in loco, que vocatur Forcaldis; habet namque junctus adjacentias de tribus partibus ipsa hereditate, quarto latere via publica. Dono enim in helemosina, in oblatione perpetua, pro remedium animæ meæ vel parentum meorum ad cenobium almi confessoris Christi Maxentii atque beati Leodegarii egregii martiris atque ad monachos, qui in ipsum locum cum Dei timore et observatione sanctæ regulæ die noctuque deserviunt sub regimine Girberti clerici. Si quis contra hanc donationem aliquam calumniam inferre presumserit omnipotentis Dei iram incurrat et beatum Maxentium perpetuum adquirat inimicum, si non emendaverit. S. Rainardi.

L

Frotier et sa femme Sirberge donnent au monastère de Saint-Maixent un arpent et plus de vigne, sis en Aunis, dans la viguerie de Bessac, près du lieu appelé *Posciolis*, et un mas avec un verger dans le château de Niort (D. FONTENEAU, t. LXVI, p. 165, d'après le cartulaire, p. 118).

Entre 973 et 985.

. . . . . [1] omnes homines de rebus suis propriis facere quicquid [volue]rint, tradere vel condonare, sive in alienas manus mittere. Quapropter ego Froterius et uxor mea Siberga placuit nobis atque bona decrevit voluntas ad cenobium sancti Adjutoris Maxentii dare unum junctum et plus de vinea, qui est in pago Aunisio, in vicaria Basiacinse, prope villa que appellatur Posciolis ; et habet laterationes de duabus partibus alodum Lideiardis, tercio latere alodum de ipsa hereditate, de quarto latere via publica. Et in alio loco, in castro Niorto, uno manso cum orto virdigario. Tali tenore ut ab hodierna die rectores ecclesie beati Maxentii licentiam abeant faciendi quicquid voluerint ob utilitatem monasterii, nemine contradicente.

---

1. Les mots remplacés par des points indiquent que le cartulaire était déchiré en ces endroits (Note de D. F.).

Si aliquis contra hanc donationem insurgere voluerit, iram Dei incurrat et cum Juda traditore in infernum permaneat, si non emendaverit. S. Froterii et uxoris sue Sirburge. S. Letet. S. Bernardi. S. Alfredi. S. Gausberti. S. Natalis. S. Girardi. S. Ramnulfi. S. Mainardi. Iterum S. Ramnulfi [1].

LI

Rainaud donne à l'abbaye de Saint-Maixent vingt aires de marais salants, sis dans le marais de *Conon*, en Aunis (D. FONTENEAU, t. XXVII bis, p. 605, d'après le cartul., p. 101).

Entre 973 et 985.

Mundi termino adpropincante ruinisque ejus crebrescentibus, jam certa signa manifestantur. Quapropter ego in Dei nomine Rainaldus, de magna misericordia et pietate Domini confisus, per hanc epistolam donationis dono donatumque in perpetuum esse volo pro remedio animæ meæ vel parentum meorum ad basilicam sancti Adjutoris Maxentii et ad omnem congregationem ibi Deo servientem aliquid de meo jure, in pago Aunisio, in marisco qui vocatur Conon, scilicet areas xx; et habent laterationes de tribus partibus terram sancti Martini, de quarto stagnum publicum. Si quis vero fuerit qui contra hanc donationem aliquid inquietare voluerit, inprimis iram Dei omnipotentis et omnium sanctorum incurrat, si non se recognoverit, et cui litem intulit, solidos quingentos coactus exsolvat, et quod petit non vindicet. S. Rainaldi. S. Bartholomei. S. Grimaudi. S. Aaugis. S. Airuardi. Item S. Airuardi. Item S. Airuardi. S. Jamoni.

---

1. On trouvera plus bas (n° LIV) une donation faite par Sirberge à l'abbaye de Saint-Maixent qui semble être la confirmation de celle-ci; nous ajouterons que la présence des mêmes témoins dans les deux actes nous autorise à penser que leurs dates doivent être fort rapprochées. Les mêmes motifs nous ont aussi fait placer plus loin à la suite l'une de l'autre les deux donations de Rainaud (n°s LIII et LIV.)

LII

Rainaud donne à l'abbaye de Saint-Maixent onze aires de marais salants, situés dans le marais de *Conon*, en Aunis (D. FONTENEAU, t. XXVII bis, p. 603, d'après le cartul., p. 109).

Entre 973 et 985.

Ego in Dei nomine Rainaldus, de magna misericordia et pietate Domini confisus, per hanc epistolam donationis dono donatumque in perpetuum esse volo pro remedio animæ meæ vel parentum meorum ad basilicam que est constructa in honore sancti Salvatoris, ubi sanctus Maxentius requiescit, et ad omnem congregationem ibi Deo servientem sub regimine Girberti abbatis, hoc est XI areas, que sunt site in pago Aunisio, in marisco qui dicitur Conon ; et habet laterationes ex tribus partibus terram sancti Martini, ex quarto latere fronte sterio publico, et sunt iste aree de illa parte. Si quis vero, ego ipse aut ulla emissa persona, qui contra hanc donationem aliquam calumniam inferre temptaverit, inprimis iram Dei omnipotentis incurrat et omnium sanctorum, si non emendaverit. S. Rainaldi. S. Bartholomei. S. Grimaudi. S. Aaugis. S. Airuardi. S. Jammoni. Item S. Airuardi. S. Airuardi.

LIII

Gérard et sa femme Ermensende donnent à l'abbaye de Saint-Maixent un arpent de vigne en deux morceaux, sis près du château de Niort, sur les bords de la Sèvre, sous réserve d'usufruit de la moitié pendant la vie d'Ermensende et de leur fils (D. FONTENEAU, t. XV, p. 175, d'après le cartul., p. 121).

Janvier, entre 955 et 986.

Ego in Dei nomine Gerardus et uxor mea Ermensendis placuit nobis atque bona decrevit voluntas dare ad cenobium sancti Maxentii, et ad monachos ibi servientes Deo, aliquid de vinea nostra : scilicet unum junctum inter duos locos propre castro Niorto, super alveo Severe; et habet abjacentias de tribus partibus terram sanctæ Mariæ, de quarto latere via exitu vel regressu. Eo videlicet modo donamus eum junctum ut quandiu Ermensendis vixerit et filius, habeant medietatem ; post mortem amborum ad sanctum supra nominatum et ad monachos remaneat totus. Si aliquis contra hoc donum surrexerit, maledictus a Deo patre sit. S. Gerardi et uxoris suæ Ermensendis. S. Adalgardi. S. Aldeeri clerici. S. Engelberti. S. † Ramnulfi. S. † Bernardi clerici. S. † Alfredi. S. † Gausberti. S. † Natali. S. † Girardi. S. † Mainardi. S. † Ramnulfi. Data mense januario, regnante Lothario rege. Actum vico Niorto coram testibus.

LIV

Sirberge donne à l'abbaye de Saint-Maixent quelques vignes, sises au lieu de *Pociolis*, dans la viguerie de Bessac (D. FONTENEAU, t. XV, p. 173, d'après l'original. Il donne encore cette pièce, t. XV, p. 155, d'après le cartul., p. 122).

Janvier, entre 973 et 986.

Licet. . . . .
Igitur ego in Dei nomine Sisberga.... donaverit de vinea mea ad basilica, que est constructa in onore sancti Maxentii, sub regimine domni abbatis Gerberti cum omni congregatione fratrem ipsius, hoc est aliquid de vinea mea, qui est ipsa in pago Alienunse, in vicaria Basiacinse, prope villa que dicitur Pociolis ; habet abjacentias de duos latus alodus de ipsa ereditate, tertio latus alodus sancti Vincentii, quarto latus via exito vel regresso : hoc est de vinea juctum I et una opera. Et de mea potestate in vestra tradimus, tantum ut per hanc diem habeatis, teneatis, possideatis et faciatis quicquid volueritis, neminem contradicentem. Si

quis vero[1] [post hanc diem, si ego ipsa, aut ullus de mea progenie, qui contra hanc donationem aliquam calumniam inferre temptaverit, inprimis iram Dei et omnium sanctorum incurrat, si non emendaverit]. Sign. † Sirberga, qui istam donationem fieri et a bonis omnibus firmare rogaverit. S. † Letet. S. † Bernardus clericus. S. † Alfredus. S. † Gauzbertus. S. † Ramnulfus. S. † Natalis. S. † Girardus. S. † Mainardus. [Item S. Ramnulfi]. Data in mense januar[io], kal. februar., in villa Nio[rto], coram testibus, rege regnante Lothario inclito.

LV

Bernard, abbé de Saint-Maixent, donne en main ferme à Rainon, clerc de Saint-Hilaire-le-Grand de Poitiers, le moulin de Comporté, sis dans la villa de Pamprou et dans la viguerie de Saint-Maixent (D. Fonteneau, t. XV, p. 183, d'après le cartul., p. 163).

6 mars 988.

In nomine sanctæ et individuæ Trinitatis. Bernardus abbas et omnis congregatio almi gloriosissimi confessoris Christi Maxentii, notum fieri volumus omnibus fidelibus sanctæ Dei ecclesiæ circumquaque degentibus scilicet necne futuris, qualiter adiit nostram presentiam quidam clericus sanctissimi Ylarii Pictavensis, nomine Raino levita, petens humiliter aliquid ex nostro beneficio, quod constat esse situm in pago Pictavensi, in vicaria supra fati sancti Maxentii, in villa que nuncupatur vocabulo Pampro, videlicet molendinum unum, quem vocant Comportatum. Quod libenter annuimus, ea videlicet dispositione manufirmam tribuentes, ut quamdiu vixerit, habeat, possideat, contradicente nemine; post obitum quoque ipsius relinquat uni successori suo, quemcumque melius elegerit, tali igitur racione ut singulis annis sollempnitate beati

---

1. D. Fonteneau, s'attachant plus à la copie du cartulaire qu'à celle des originaux, a omis les formules finales que nous restituons, entre crochets, d'après le cartulaire.

Maxentii persolvant in censum denarios xii, hoc est vi kal. julii ; et si neglegentes de ipso censu extiterint, duplicatum cum reddant absque aliqua retardatione. Terminatur vero ipsum molendinum ex omnibus partibus terram sancti Maxentii. Ex una ripa aque tribuimus ei de jure proprio ex terra opera una, ex alio latere perticas vi; tres superius, alias tres deorsum continentes ex una fronte. Si quis autem extiterit, scilicet nos ipsi, aut quelibet intromissa persona, qui hanc manufirmam infringere aut inquietare presumpserit, solidos mille coactus exsolvat, et quod petit non vindicet, sed manufirma stabilis et inconvulsa permaneat usque ad terminum obitus eorum; post obitum quoque eorum revertatur ad locum sancti Maxentii, vel ad monachos ibidem consistentes, riteque Deo servientes. Si qua vero persona parium eam temptaverit inrumpere, vel penitus ad nichilum redigere, inprimis iram Dei omnipotentis incurrat, atque a beata Dei genitrice Maria cum omnibus sanctis anatematisatur, cum Datan et Abiron, quos vivos terra absorbuit, retrudatur cruciandus in penis infernalibus. S. † Willelmi ducis Aquitanorum. S. † Bernardi abbatis. S. † Martini. S. † Kadeloni. S. † Dodoni. S. † Ucberti. S. † Adelelmi. S. † Rainardi. S. † Ramnulfi. S. † Gaiferi. S. † Ildegarii. S. † Ermenfredi. S. † Arieri. S. † Gontardi. S. † Otgerii. S. † Otberti. S. † Gausberti. S. † Samuel. S. † Ademari. S. † Sicherii. S. † Garnaldi pueri. Data mense martio ii nonas, regnante Ludovico rege.

LVI

Audéarde, veuve d'Arbert, vicomte de Thouars, après les obsèques de son mari, du consentement de ses fils, restitue à l'abbaye de Saint-Maixent l'église de Saint-Liguaire, que les ancêtres de son mari lui avaient autrefois donnée et dont ils l'avaient ensuite dépouillée (D. FONTENEAU, t. XV, p. 187, d'après l'original. Cette pièce se trouvait encore dans le cartul., p. 213).

13 mai 988.

In nomine Dei et Salvatoris nostri Jesu Christi. Ego

Audeardis et filii mei notum fieri volumus sollertie omnium fidelium sanctæ Dei ecclesiæ tam presentium quam futurorum quod, ob deprecationem domni Bernardi abbatis, placuit nobis reddi ecclesiam sanctæ Mariæ et sancti Vincentii martiris, que nunc modo monasterium sancti Leodegarii confessoris vocatur, quem antecessores nostri ob remedium animarum suarum contulerant piissimo Adjutori Maxentio et martiri Leodeguario. Nos vero rem diligenter examinantes, prius tumulavimus Arbertum seniorem meum, orantes ut pius Adjutor Maxentius a thartareis ignibus sui intercessione eum dignaretur eripere. Expleto ergo sepulture obsequium, concessimus congregationi ibidem Deo militanti ut quicquid ab hodierna die ob utilitatem ejusdem monasterii facere et ordinare voluerint, liberum in Dei nomine per hanc nostram auctoritatem arbitrio habeant faciendi quicquid elegerint, nemine contradicente. Placuit etiam nobis illud inserere ut si aliqua intromissa persona, vel nos ipsi, aut ullus ex heredibus nostris, contra hanc cartulam aliquam calumniam inferre temtaverit, inprimis omnipotentis Dei iram incurrat, et a liminibus sanctæ ecclesiæ segregatus permaneat, usquequo se culpabilem recognoscat. S. Audeardis. S. Aimerici filii sui, S. Tetbaudi. S. Gauffredi. S. Savarici. S. Radulfi. S. domni Bernardi abbatis. S. Samuelis monachi. S. Dodonis monachi. S. Arsitii monachi. S. Leodegarii. S. Isemberti monachi. S. Guillelmi ducis Aquitanorum. Data iii idus mai, regnante Rotberto rege Francorum [1].

---

1. Arbert, vicomte de Thouars, était mort, d'après un titre de l'abbaye de Nouaillé, avant le mois de janvier 989; d'autre part, Robert fut associé à la couronne par son père Hugues Capet, le jour de Noël 987; en rapprochant ces deux faits, dont le dernier devait être très récent, on voit que cette charte ne peut être datée que de l'année 988.

LVII

Airaud d'Aiffres abandonne à l'abbaye de Saint-Maixent son alleu d'Aiffres, qu'il tenait d'elle en fief, à la charge d'une redevance de 200 oignons (D. FONTENEAU, t. XV, p. 143, d'après le cartul., p. 112).

Vers 988.

. . . . . . [1] is Willelmi Caput Supê ducis Aquitan... . . . . ego Airaldus de Aifre trado sancto Maxentio. . . . domno abbati Ramnulfo et fratribus servientibus Christo in illius loco, pro redemptione animæ meæ vel parentum meorum, alodum meum de Aifre, qui est situs in pago Niortensi, quem accepi a senioribus loci et domno abbate, ut omnibus annis reddam illis cer——m et mei successores, sine calumnia ullorum meorum hereditariorum, scilicet ducentenas sepias; et precipio ut omnis mea stirp, que processura est futuris temporibus, similiter faciat, et cum definierit, aliquis ex ea relinquat ex ipso alodo aliquam partem. Et si aliquis ex meis heredibus contradixerit vel infringere voluerit, primum iram Dei omnipotentis incurrat, et cum Datan et Abiron et Chore sit in perditione, et cum Juda traditore sub anathemate in inferno permaneat. S. Willelmi comitis. S. Cathaloni vicecomitis. S. domni Ramnulfi abbatis. S. Sicherii monachi qui istam cartam scripsit. S. Magnerandi [2] et ceterorum qui presentes fuerunt. Regnante Rotberto rege Francorum [3].

---

1. Les endroits où l'on voit des points sont déchirés. Il devait y avoir : *Tempore comitis Willelmi*, ou *Post mortem comitis Willelmi Caput Supæ* (pour *Stupæ*) (Note de D. F.).

2. D. Fonteneau a supposé que la première lettre de ce nom est un M. On aurait pu lire aussi, dit-il : *Kagnerandi*.

3. L'indication du règne de Robert place cette charte après le 25 décembre 987; en outre, Ramnulfe, sans sa qualification d'abbé, et le moine Sicher, comparaissent comme témoins dans la charte du 6 mars 988 (v. n° LV).

LVIII

Raimbault et sa femme Bautrude donnent au monastère de Saint-Maixent ce qu'ils possèdent dans la villa de la Petite-Bretagne, de la viguerie de Lusignan (D. Fonteneau, t. LXVI, p. 205, d'après l'original [1]. Cette pièce se trouvait aussi dans le cartul., p. 177).

Après 988.

Mundi termino appropinquante ruinisque ejus..., idcirco ego in Dei nomine Raimbaldus et uxor mea Betletrudis... per hanc epistolam donationis dono, donatumque in perpetuum esse volo, pro remedium animæ meæ et pro remedium anime Aimerici, Constantini, Fulcaldi, Anstrudis, Airardi, sive genitorum meorum, ad locum sancti Maxentii vel omni congregationi ibidem consistenti et Deo jugiter servienti, hoc est aliquid de jure hereditatis meæ, quod est in pago Pictavensi, in vicaria Liciniacinse, in villa Brittaniola. Et est juctus unus qui terminatur de uno latus terra sanctæ Mariæ, alio latus terra complantalis, tertio latus alodus filiis Arberti [2] vicecomiti, quarto latus via publica; de alia parte dimidium juctum atque mansus unus edificatus, vel quantumcumque ibi visi sumus abere vel possidere; atque de vinea opera I ex alia parte, qui terminatur ex omni parte terra sancti Hilarii. Per hanc donacionis cartam dono atque transfundo ad locum sancti Maxentii

---

1. « L'écriture du titre est assez lisible; cependant les caractères sont du xe siècle, et même l'écriture en général. » C'est cette note de D. Fonteneau qui nous a surtout déterminé à placer cet acte dans le xe siècle, bien que nous ayons rencontré dans le cartulaire de Saint-Cyprien un personnage du nom de Rainbaudus, assistant comme témoin à des donations faites à cette abbaye en 1112 et 1119 (*Cartul. de Saint-Cyprien*, p. 48 et 51).

2. Nous avons vu précédemment (v. n° LVI) que le vicomte Arbert était décédé au commencement du mois de mai 988; pour que son alleu restât encore indivis entre ses fils, il est à croire que cet événement était assez récent.

jure perpetuo..... Signum Raimbaldi et uxori sue Betle-trudis qui hanc donacionem fecerunt.

LIX

Robert donne au monastère de Saint-Maixent un demi-joug de vigne, sis à *Forscaldis,* dans la viguerie de Saint-Jean, en Aunis (D. FONTENEAU, t. LXVI, p. 161, d'après le cartul., p. 96).

Vers 990.

Universis intra uterum sancte ecclesie constitutis, presentibus scilicet nec non futuris indigare cupimus quod quidam vir fidelis, vocabulo Rotbertus [1], contempnens caducam hujus mundi et prospera, ad futuram vitam, que sanctis Dei preparata est a mundi principio, totis viribus pervenire satagit. Accedens itaque ad cenobium sancti Maxentii adque ad famulos Dei qui ibidem consistunt, non pauperculum munus obtuli Deo atque supradicto sancto in hunc modum inquiens : Concedo igitur, a presenti die et deinceps, dimidium junctum ex vinea mea, qui est situs in pago Aunisio, in loco qui vocatur Forscaldis, in vicaria sancti Johannis ; terminatur ergo ex uno latere terra sancti Salvatoris, alio latere terra vicecomitis, tertio vero latere de ipsa hereditate terra sancti Cypriani.

LX

Lambert donne à l'abbaye de Saint-Maixent l'alleu qu'il possédait à Bonnais, dans la viguérie de Saint-Jean, en Aunis (D. FONTENEAU, t. XV, p. 189. Cette pièce se trouvait aussi dans le cartul., p. 98).

14 mars 992.

Cum in hoc seculo unusquisque homo proprio vacat

---

[1]. Un personnage du nom de Robert comparaît comme témoin dans plusieurs actes du cartulaire de Saint-Cyprien, dont l'un, se référant aux mêmes localités, est daté de 987 à 988. (*Cartul. de Saint-Cyprien,* p. 308, 318, 321, 323, 324).

arbitrio, oportet ut de rebus sibi concessis taliter agere studeat, qualiter eterne vite coronam mereatur accipere, monente hoc Domino in evangelio et dicente : *Ambulate dum lucem habetis, ne tenebre vos comprehendant*. Item alio in loco : *Facite vobis amicos de mammona iniquitatis, ut cum defeceritis, recipiant vos in eterna tabernacula*. Idcirco ego in Dei nomine Lanbertus, perpendens casum humane fragilitatis, tractavi de Dei timore et eterna retributione, ut mihi pius retributor in ultimo examine veniam tribuere, ac beati muneris portionem tribuere dignetur : trado quendam alodum meum ad cenobium sancti ac beatissimi Maxentii, ubi domnus Bernardus abba preesse videtur, ceterique fratres in commissis sibi officiis desudare videntur. Est autem alodus ipse situs in pago Alnisio, in vicaria sancti Johannis, in loco qui vocatur Bonnais ; quantum mihi visum est habere cultum et incultum, quesitum et adinquirendum, trado pro remedio animæ meæ et pro remedio animæ quondam dilecte conjugis meæ Soffiziæ [1]. Terminatur autem ex una parte palude Fontisrupte, ex alio latere partitur cum terra castro Surgeres, tercio latere cum villa dividitur Voeiec. A die presenti et deinceps trado sicut supra dixi, ut faciat abbas et reliqui fratres quicquid voluerint, nemine contradicente. Si quis vero extiterit post hunc diem, filius seu ullus ex heredibus meis, qui hanc donationis cartulam infringere aut inquietare presumpserit, inprimis iram Dei omnipotentis incurrat, immo a cetu omnium sanctorum extraneus, cum Dathan et Abiron in inferno adquirat partem possessurus ; et insuper qui litem intulerit auri libras c coactus exsolvat, et quod petit non vindicet, sed donatio ista firma et inconvulsa perpetuo perseveret. S. Lanberti qui hanc donacionem fieri jussit. S. Emme uxoris ejus. S. Rotberti filii ejus. S. Ademari filii ejus.

---

1. Le cartulaire porte *Soffiziæ* au lieu de *Suffitiæ* (Note de D. F. qui a fait la correction dans le texte original).

S. Aymerici filii ejus. S. Arguenbaldi. Data mense martio, ii idus martii, regnante Ugone rege anno v. Actum castro Niorto.

LXI

Guillaume Fier-à-Bras, comte de Poitou, cède à l'abbaye de Saint-Maixent le domaine qui avait appartenu à Madelme le médecin, et qui renfermait trois églises : Sainte-Radegonde-la-Vineuse, Saint-Pierre de Marsay et Saint-Martin des Fontaines, avec les quinze villas qui en dépendaient; il lui donne en outre les églises de Saint-Martin-de-Fraigneau et de Saint-Etienne-de-Brillouet et la villa d'Arty (D. Fonteneau, t. XV, p. 195, d'après le cartulaire, p. 127. Il en donne aussi un extrait, t. LXVI, p. 93) [1].

Décembre 992.

In nomine summe unitatis et individue Trinitatis. Willelmus, Aquitanorum comes et dux, et uxor mea nomine Hemma, et filius noster equivovus Willelmus. Notum quidem fieri volumus omnibus fidelibus in gremio sanctæ Dei ecclesiæ consistentibus, quia cum in Dei ecclesia equo disponeretur ordine et leges pater.... [2] in quantum nobis licitum erat, optime oppone.... et pax in nostris regionibus obtime servaretur, fides quoque catholice Trinitatis cotidie augebatur in toto orbe, accessit ad nos quidam venerabilis abbas, nomine Bernardus, ex monasterio almi et eximii confessoris Christi Maxentii et inclyti martiris Leodegarii cum omni sibi grege commisso, deprecans nos, tam ipse, quam cunctus grex... ut aliquid ex nostro beneficio ad ipsum locum concederemus. Placuit etiam nobis atque voluntas bona decrevit ut voluntati eorum pareremus et concederemus ad locum supradicti confessoris Christi Maxentii et egregii martiris Leodegarii, quandam

---

1. Imprimée, sans identification des noms de lieu, par B. Fillon, *Recherches hist. et arch. sur Fontenay*, t. II, p. 197.

2. Les endroits où l'on voit des points ont été coupés (Note de D. F.).

terram, que fuit Madelmi medici. Tenuit etiam ipsam terram Fulcho, frater Hugoni comitis Ciunomanensis. Est autem ipsa terra ab Fontiniaco castello miliarios vi. Ita enim ei tradimus, vendimus atque transfundimus ad supradictum locum, sicuti Madelmus tenuit, cum tribus ecclesiis dedicatis, unam in honore s^{tæ} Radegundis, alteram in honore s^{ti} Petri, tertiam s^{ti} Martini, terris cultis et incultis, vineis, pratis, molendinis, silvis, aquis, aquarumve decursibus; ville autem, que ad ipsas ecclesias pertinere videntur, cum suis decimis et.... nuncupantur nominibus, villam s^{tæ} Radegundis, secunda Marciacus, tertia Puteus, quarta Bituricaria, quinta Podius Rainaldi, sexta Bigoteria, septima Max[nilius] Alfredi, octava Fontanella, nona Bainolius, decima Pomerius, undecima Capud expolti, duodecima [Max]nilius Aniani, tertiadecima Nogerias, quartadecima Fontanas, quintadecima Maxnilius constabulo. . . . . . Convenit inter nos precium, quod accepimus ab ipso vel congregatione loci illius, denariorum solidos..... Ideo ergo quia hoc precium evenit inter nos, con..... ut aliquid pro remedium animarum nostrarum in ea..... exerceamus. Statuimus ergo ut non sit ullus..... in eadem potestate districtum aliquem exerceat, c..... cui abbas jusserit. Pro eo enim ut jam supradictus confessor sit mihi adjutor in futuro, dono ei pro redemptione animæ meæ seu parentum meorum ex dominicatu meo quandam ecclesiam, que vocatur Fraxenellus, in honore s^{ti} Martini, et in alio loco terram Lamberti, fratris Bernefredi, cum una ecclesia in honore s^{ti} Stephani; insuper quantum pertinere videtur ad ipsam ecclesiam, cum nonas et decimas; et in alio loco, in villa, que dicitur Articiacus, cum vineis, terris, pratis, et quantum ad ipsum pertinet. Post obitum meum hoc tribuo eximio confessoris Christi Maxentio. Si quis vero, quod minime esse credo, de heredibus, vel pro heredibus, vel quelibet emissa persona surrexerit, qui jam supradictam venditionem vel hanc donationem infringere temptaverit, maledictionibus, que olim per legislatorem Moysen date sunt, percipiat, partemque habeat cum Dathan et Abiron, quos terra vivos absorbuit, et cum Juda proditore Domini retrusus in inferno appareat, et sub anathemate in eternum permaneat ; beatissimam quoque genitricem Dei Mariam et beatum Maxentium atque sanctum Leodegarium cum omnibus sanctis perpetuos adquirat inimicos, et insuper auri libras c et argenti pondem x milia coactus exsolvat, et sua peticio inanis et vacua permaneat. Ut autem hæc scriptio firma et inconvulsa permaneat, cum stipulatione subnixa manibus propriis subterfirmavimus, et fidelibus nostris adfirmare rogavimus. S. Willelmi comitis et uxoris suæ et filii ejus, qui hanc cartam fieri jusserunt. S. Hildeberti comitis. S. Gisleberti episcopi. S. Audoini episcopi Lemovicensis. S. Hildeberti comitis. S. Hecfridi vicecomitis. S. Rainaldi decani. S. Bosoni fratris ejus. S. Cadeloni vicecomitis. S. Bonipari. S. Aimerici vicecomitis. S. Hugoni. S. Gozfridi. S. Ingelelmi. S. Petroni. S. Girberti præpositi. S. Abiathar. S. Gunterii præpositi. S. Ramnulfi. S. Arbaudi vicarii. S. Tetbaudi. S. Arnaldi. S. Ademari. S. Petroni. In suburbio Pictavensis civitate, in monasterio sancti Hilarii, anno vi regnante rege Hugone, data mense decembris.

LXII

Adalraud et sa femme Elisabeth abandonnent à l'abbaye de Saint-Maixent deux pièces de terre sises, l'une à Niort sur le Mont, l'autre à Ribray, en échange de la jouissance d'une vigne abandonnée (D. FONTENEAU, t. XV, p. 191, d'après le cartul., p. 115).

Entre décembre 987 et décembre 995.

Ego in Dei nomine Adalradus et uxor mea Helisabet transmittamus aliquid de hereditate nostra in monasterio sancti Maxentii. Propter unam vineam desertam, qui erat Niorto, damus in ipso loco quatuor sextaradas de terra in loco, qui vocatur ad Montes, a modo semper dimittimus eis, et in alio loco unum quarterium de terra, in loco qui vocatur Riberia, et ad missam sancti Johannis primam omni anno L sepias de censu, in tali conventu, ut ipsam vineam teneam et possideam in vita mea et uxoris meæ, et post mortem nostram sancto Maxentio remaneat ipsa vinea. Terram autem semper a die ista dimittimus pro animabus nostris et parentum nostrorum. Si quis autem contra hanc donationem insurgere voluerit, inprimis iram Dei omnipotentis incurrat et omnium sanctorum incurrat. S. Adalradi. S. Helisabet. S. Anastasiæ. S. Adaliardis. S. A-dradi. S. Rainaldi. S. Josberti scriptoris hujus. Data mense decembrio, regnante Ugone rege Francis.

LXIII

Gislebert et Aina, sa femme, donnent à l'abbaye de Saint-Maixent les alleux de Rouvre et de Champeaux, avec leurs églises, et des vignes à Bonnay (Orig., bibl. de Poitiers, n° 2 [1]. D. Fonteneau, t. LXVI, p. 193, donne aussi cette pièce d'après le cartul., p. 254).

X° siècle [2].

Cum certa mors maneat omnibus hominibus, et hęc eadem incerta casu cuique eveniat, oportet sollicite unumquemque in conditione mentis oculos ponere, et per boni operis exibitionem prepararę sibi ęterne patrię hereditatem. Scimus enim, ut ait Apostolus : *Quia quecumque seminaverit homo, hec et metet ; et qui seminat in benedictionibus, de benedictionibus et metet.* Debitorem namque sibi Deum sanctosque illius statuit qui ea que illi obvenerunt jure herȩditatis in melioratione sacrosancti sanctuarii pro

---

1. Au dos, de la même main, est écrit : *De Rubrio et Campellis*.
2. A défaut d'indications chronologiques ou de synchronismes qui auraient pu nous permettre de dater cette charte et les suivantes (n°s LXIII à LXXII), nous leur avons donné l'indication banale du X° siècle, auquel, du reste, par leurs formules et par leur écriture, elles semblent se rattacher.

premio retributionis ęterne concupiscit transfunderę. Hęc ego in Dei nomine Gislebertus et uxor mea nominę Aina, viri peccatores, perpendentes, considerantesque futuram aliquando districti judicii discussionem, pro remedio animarum-nostrarum, plena fidei dęvotionę, de proprio jurę hereditatis nostre cedimus atque transfundimus domno nostro precellentissimo Christi confessori Maxentio atque abbati quendam alodum nostrum, nominę Rubrio, quantum nobis evenit, cultum et incultum, quesitum et inquisitum ; qui dictus alodus est situs in pago Pictavo, in vicaria Liziniaco : habet ecclesiam constructam in honore sancti Albini. Et in alio loco, cedimus alodum nostrum nomine Campelli, cum aliis villis et vineis, pratis, terris, silvis : habet ecclesiam constructam in honorem sancti Petri ; et de totum alodum decimam et molęndinos, que nostra cernitur esse possęssio secundum cursum aque. Et in alio loco, in villa que vocatur Bosniacus, de vinęę juctos quatuor, quę vocatur vinea Rotrudis. Ea rationę trado, ut jamdictus confessor prebeat nobis auxilium in futuro seculo factus adjutor, quatęnus quicquid in hoc seculo proprię iniquitatis reatu fallente diabolo contraximus, totum ineffabilis misericordia Dęi deleat et abstergat, cujusque clementia absoluti ad ęternam patriam pervenirę valęamus inlesi. Si quis vęro, quod minime fieri credimus, post obitum nostrum ullus heres aut propincus vel quelibet opposita persona contra cessionis donationem venire voluerit, aut eam infringere temptaverit, inprimis iram Dei omnipotentis perpetuęque virginis Marię cum omnibus sanctis incurrat, et sub Dei maledictionę in ęternum, nisi resipuerit, pereat confusus sinę recupęratione, et in die judicii excommunicatus appareat. Beatum vero Maxentium atque sanctum Leodegarium perpetuos adquirat inimicos, cumque suis malędictionibus sub anathematę pereat, in ęternum retrusus in inferno. Et insuper qui litem intulerit, fisci auri libras c, argenti mille, coactus exsolvat. Ec enim omnia tali tenore tradimus, ut post obitum nostrum abbas vel monachi loci istius, si alicui homini tradiderint vel manumfirmam fecerint, aut vendiderint, vel aliquo modo ex monasterio jactaverint, parentes nostri, qui superstes fuerint, contra voluntatem monachorum res ipsas accipiant, et aliquo modo in ipso monasterio jure hereditario reddant, nostraque donatio omni tempore firma permaneat. S. Gisleberti et uxoris ejus Ainę, qui hanc donationem fęcęrunt.

LXIV

Baudoin et sa femme Constance donnent au monastère de Saint-Maixent des maisons, des terres et des vignes, sises dans le château de Melle et dans la paroisse de Saint-Pierre dudit Melle (D. Fonteneau, t. LXVI, p. 203, d'après le cartul., p. 146).

Xe siècle.

Cum in hoc seculo unusquisque homo proprio utitur arbitrio, oportet ut de rebus sibi a Deo collatis taliter agere, qualiter eterne vite mereatur portionem percipere. Quapropter ego Balduinus et uxor mea nomine Constantia tractavimus de Dei timore et eterna retributione, ut nobis pius Dominus in ultima judicii die veniam tribuere dignetur. Idcirco mansiones nostras, que sunt site in castello Metulo, tradimus ad locum beati Maxentii, et in ipsam villam, in terra vicecomitis Cadeloni, de vinea junctum unum : de duabus partibus via publica. Et in alio loco, in terra sancti Maxentii, de vinea dimidium junctum. Et in alio loco, de vinea junctum unum : de una parte terra sancti Johannis, de altera parte terra vicecomitis Cadelonis, de tercia parte via publica, de quarta parte flumen. Et in alio loco, in parrochia sancti Petri, de vinea opera una, quem mihi vendidit Freaudus, et habet de duabus partibus viam publicam, de tercio latere terra comiti. Et enim omnia tali tenore tradimus ut post obitum nostrum si abbas vel monachi loci suprascripti alicui homini tradiderint aut vendiderint, vel aliquo modo ex monasterio jactaverint, parentes nostri, qui superstes fuerint, res ipsas accipiant, et in ipso monasterio jure hereditario reddant. Hoc etiam nobis inserere placuit ut si aliquis contra hanc donationem surrexerit, maledictus a Deo omnipotente sit, si non emendaverit. S. ☩ Balduini et uxoris ejus Constantiæ, qui hanc donationem fecerunt. S. ☩ Willelmi comitis.

LXV

Auboin donne au monastère de Saint-Maixent un demi-arpent de terre, sis près de la villa de *Sensiacus* (La Mothe-Saint-Héraye), un arpent de vigne près la villa de Trémont, et un alleu dans la paroisse de Bougon ; de plus, après sa mort, les religieux jouiront d'un autre alleu sis à Crochelle (D. FONTENEAU, t. LXVI, p. 177, d'après l'original [1]).

X⁰ siècle.

Lex legum decrevit et jure ratio deposcit ut si quis persona nobilium vel pauperum res suas proprias in alterius transferre decreverit dominatui, liberam habeat potestatem. Idcirco ego in Dei nomine Albuinus notum fieri volo hanc conventionem et donum, quam pro sepultura fratris mei Joscelini et pro remedio anime ejus et pro anima mea transferre cupio in monasterio beati Maxencii et beati Leodegarii et monachorum ibi Deo servientium, dono ad ipsum locum terram qui adjacet in Sensiaco dimidium junctum; et in alia villa, que vocatur Ad Tremonz, junctum unum de vinea ; et in parrochia sancti Petri de Bolgon alodum unum, terram arabilem et pratos et aliquid silvæ habentem, et habet fines aliquos ex una parte rivo currente qui vocatur Beitron, de una parte terra sancti Maxentii, et ex alia terra qui fuit Odoni tenens finem. Hanc donacionem a die ista eis fratribus transfundo, ut faciant volunta-

---

1. L'écriture est fort lisible; cependant les caractères tiennent beaucoup de ceux du X⁰ siècle (Note de D. F.).

tem suam qui in hunc locum consistunt, nullo contradicente. Similiter dono post mortem meam alium alodum qui est in loco qui vocatur Ad Crochela, terram arabilem habens et pratos et parum silve habens fines. Comparavimus autem ex ipsa terra aliquid ego et frater Joscelinus de quibusdam hominibus aliquam partem de terra qui est a Bolgon, ab Aymerico et Albarico, filios Alaardi, precio decem solidos, et ab ipsis firmari facimus ne et ipsi, neque filii eorum aliquid, necnon et unum farinarium in ipso loco in futuro requirant; sed et nullus posterus hominum inquietare presumat. S. Aymerici. S. Albaric. S. Hiraldi. S. David. Et quamdiu vixero teneam et possideam, et post mortem meam beati Maxencii in ipso loco remaneat. Si quis vero………
S. Albuini, qui firmari et fieri jussit. S. Ugoni. S. Chatuloni fratris. S. Ugoni. S. Jauscelmi. S. Joscelini. S. Joscelmi. S. Ademari. Nemo autem abbatum vel monachorum dare alicui presumat hanc terram, sed semper in dominio remaneat. Si autem dare voluerint, heredes et parentes mei ipsi eam possideant et adprehendant.

LXVI

Gudin donne au monastère de Saint-Maixent six arpents de vigne sis à Chavagné, dans la viguerie de Chauray en Poitou (D. FONTENEAU, t. LXVI, p. 171, d'après le cartul., p. 123).

Xe siècle.

Igitur ego in Dei nomine Gudinus, pro remedio anime mee et parentum meorum, dono ad locum sancti Maxentii et ad omnem congregationem ibi Deo servientem de jure hereditatis mee jugera vinearum VI : et sunt in pago Pictavensi, in vicaria Calracinse, in villa Cavaniaco, ut ab hodierna die licentiam habeant rectores ecclesie faciendi ob utilitatem monasterii quicquid voluerint, nemine contradicente.

LXVII

Quintin et sa femme Anastasie donnent au monastère de Saint-Maixent un arpent de vigne dans la villa de Mardre, près du château de Melle, et une maison avec son courtil près de l'église de Saint-Pierre dudit Melle (D. Fonteneau, t LXVI, p. 199, d'après le cartul., p. 154).

Xe siècle.

Ego in Dei nomine Quintinus et uxor mea Anastasia, pro remedio animarum nostrarum, donamus ad locum beati Maxentii unum junctum de vinea, qui est situs in villa que vocatur Mardo, prope castro Metulo, in ipsa vicaria ; et habet laterationes de tribus partibus terram de ipsa hereditate, de quarta parte, via publica. Et in alio loco, unam mansionem cum curtifero, qui est in rem sancti Petri, prope ipsius ecclesiæ. Ea videlicet ratione tradimus ut jam dictus confessor prebeat nobis auxilium, in futuro seculo factus adjutor. Si quis vero post obitum meum ullus ex heredibus meis contra hanc donationem insurgere presumpserit, ex auctoritate Patris et Filii et Spiritus sancti maledictus sit, si non emendaverit. S. Quintini, qui hanc donationem fecit. S. Anastasiæ ejus uxori.

LXVIII

Abund et sa femme Ermengarde donnent aux religieux de Saint-Maixent un arpent et demi de vigne, sis à Coulon, dans la viguerie de Bessac en Aunis (D. Fonteneau, t. LXVI, p. 169, d'après le cartul., p. 119).

Xe siècle.

Dum lex ista festinanter et dies nostri sicut umbra pretereunt, de salute anime unicuique fidelium et de examinatione districti judicii Dei saluberrimo consilio semper est tractandum. Idcirco, ego in Dei nomine Abundus et uxor mea Ermengardis, cogitantes ut aliquantulum pius

Dominus in die judicii de peccatis nostris dignetur minuere, quasdam res nostre proprietatis a die presenti donamus atque tradimus patribus cenobitarum Deo sanctoque Maxentio regulariter deservientium. Hoc est aliquid de hereditate nostri juris, de vinea nostra junctum dimidium, qui est situs in pago Aunisio, in vicaria Bachiacense, in villa que dicitur Colongia. Habet abjacentias de omnibus partibus terram sancti Salvatoris. Denique si ego ipse aut aliquis de heredibus aut pro heredibus aut aliqua inmissa persona contra hanc donationem insurgere presumpserit, inprimis iram Dei incurrat et a liminibus sanctorum reus excommunicatus appareat, si non emendaverit. S. Abundi et uxoris sue Ermengardis.

LXIX

Rainon donne au monastère de Saint-Maixent, pour le salut de son âme et de celle de son père Frébaud, six œuvres de terre, sises dans la villa de Scorbé, en la viguerie de Braye, dont il paiera le cens sa vie durant (D. Fonteneau, t. LXVI, p. 211, d'après l'original).

Xᵉ siècle.

Mundi termino appropinquante ruinisque ejus crebrescentibus, jam certa signa manifestantur. Idcirco ego Dei nomine Rainus [1], considerans casum humane fragilitatis, de tanta Dei misericordia et pietate confisus, per hanc epistolam donationis dono donatumque in perpetuum esse volo, pro remedium animæ meæ et pro remedium animæ patris mei Frotbaudi vel genitorum meorum, ad locum sancti Maxentii vel omni congregationi ibidem consistenti et Deo jugiter servienti, hoc est aliquid de meo beneficio, quod est in pago Pictavensi, in vicaria Braiacinse, in villa Subcorbiaco, in rem sancti Ylarii : et sunt operas v, cum

---

1. Un personnage du nom de Rainon assiste comme témoin dans des actes concernant des localités de la viguerie de Braye, en 928, 933 et 969 (*Cartul. de Saint-Cyprien*, p. 76, 79 et 80).

una mansione, qui terminantur ex omni parte terram sancti Hilarii ; ea scilicet ratione ut omni anno ad festivitatem sancti Hylarii, quod est kalend. novembris, denarios v persolvam in censum. De alia parte opera I, qui terminatur ex una fronte terra sancti Maxentii, ex alia parte terra sancti Ylarii, de totis tribus partibus; et reddet censum ad misam sancti Ylarii denarium unum. Per hanc donationis cartam dono atque transfundo ad locum sancti Maxentii jure perpetuo, ut rectores ejusdem loci faciant exinde quicquid voluerint, nemine contradicente. Si quis vero homo surrexerit, qui contra hanc donationis cartam aliquam calumniam inferre presumpserit, maledictus a Deo omnipotente sit. S. Rainoni et patris ejus Frotbaudi et ceterorum.

LXX

Le prêtre Bernard donne au monastère de Saint-Maixent sa vigne et sa part dans un complant sis dans la villa de Melle et vingt-cinq aires de marais salants en Aunis, dans le marais d'Ives (D. Fonteneau, t. LXVI, p. 195, d'après l'original [1]. Il donne encore cette pièce, t. LXVI, p. 197, d'après le cartul., p. 150).

Xe siècle.

Dum lex ista festinanter et dies nostri sicut umbra pretereunt...... Ideoque in Dei nomine Bernardus sacerdos placuit michi adque bona decrevit voluntas, pro remedium anime meæ vel remisionem omnium peccatorum meorum, ut veniam consequi mereatur. Cedo a die presente vinea mea, qui est in pago Pictavo, in villa Metulinse, in ipsius vicaria, hoc est juctum, ad locum sancti Maxencii sive sancti Leodegarii : abet lateraciones de uno fronte terra sancta Maria et sancti Cipriani ; alia parte, terra sancti Johanni; tercio latus, terra Cadeloni vicecomiti ; quarto

---

1. L'écriture du titre est assez lisible; cependant tous les caractères sont semblables ou approchant de ceux du Xe siècle (Note de D. F.).

fronte, via publica. Et in alio loco, in pago Alniasinse, in marisco que dicitur Ivia, hoc sunt arias xxv, cum omni ministeria et maratione ; et habent lateraciones uno latus terra de ipso hereditate, alio latus terra Ricar, tercio latus terra Stabilium, quarto vero latus stagno puplico : et sunt in rem sancti Salvatoris. In alio loco, in pago Pictavo, in villa Metulo, in ipsius vicaria, hoc est par mea de illo conplanto, que ego feci de alodo Adralt et uxore sua nomine Constancia. Si quis vero...... S. Bernard[us], qui hanc donacione fecit.

LXXI

Clairouin et sa femme Ingenilde donnent au monastère de Saint-Maixent, sous réserve d'usufruit, un demi-arpent de vigne sis entre la Viollière et Nanteuil, et un autre demi-arpent sis à la Croix, dans la villa de Saint-Maixent, avec les maisons y attenantes (D. FONTENEAU, t. LXVI, p. 207, d'après l'original [1]. Cette pièce se trouvait aussi dans le cartul., p. 232).

xe siècle.

Mundi termino appropinquante...... Idcirco ego in Dei nomine Claruinus et uxor mea Ingenildis nomine, considerans casum humane fragilitatis, de tanta [2] Dei misericordia...... dono donatumque in perpetuum esse volo, pro remedium anime meæ, ad locum sancti Maxencii vel omni congregationi ibidem consistenti et Deo jugiter servienti, hoc est unum junctum vineæ : medius junctus est inter Vilerensem et Nantoliensem, et alius medius est ad Crucem, in villa sancti Maxentii, cum omnibus vasculis in quibus vinum mittitur et mansiones meas cum omnibus quæ ad illas pertinent. Per hanc donacionis cartam dono atque transfundo ad locum sancti Maxentii, jure

---

1. L'écriture est assez belle, mais tenant beaucoup de celle du xe siècle (Note de D. F.).
2. Le texte donné par D. Fonteneau porte *trorta*, qui est évidemment une inattention du copiste.

perpetuo, ut rectores ejusdem loci faciant exinde quicquid voluerint, nemine contradicente; ea scilicet racione ut omni anno sollempnitate beati Maxentii, quod est vi kal. julii, denarios ii persolvant ad aliquem hominem Engelberto, nomine Francisco, ex medio juncto qui est inter Vilerensem et Nantoliensem. Quamdiu vero ipse vixero teneam atque possideam, neminem contradicentem. Si quis vero..... S. Claruini, qui hanc donacionem fecit vel adfirmare rogavit. S. Igeneldis ejus conjuge.

LXXII

Hugues et sa femme Avierne donnent au monastère de Saint-Maixent leur alleu, sis dans la villa de Vâles, en la viguerie de Thouars, et la villa de Bougon, en la viguerie d'Exoudun (D. Fonteneau, t. LXVI, p. 191, d'après le cartul., p. 169).

Xe siècle.

Ego in Dei nomine Hugo et uxor mea Avierna tractavimus de Dei timore et eterna retributione, ut nobis pius Dominus in ultima die veniam tribuere dignetur. Cedimus ad locum beati Maxentii et ad monachos ibi Deo servientes alodum nostrum, qui est in pago Pictavensi, in vicaria Toarcinse, in villa que dicitur Valerius, cum domibus, curtiferis, terris, pratis, aquis, aquarumve decursibus, cultum et incultum, quesitum et adinquirendum; et in alio loco, in pago Briosinse, in vicaria Exulduninse, villa Bolgoni, cum terris, pratis, cultum et incultum, totum quod ibi juste et legaliter visi sumus possidere, ut ab hodierna die rectores ecclesie beati Maxentii licentiam habeant, ob utilitatem monasterii, faciendi quicquid eligerent, nemine contradicente [1].

---

1. En titre est écrit : *De villa que dicitur Valerius et de Bogone* (Note de D. F.).

LXXIII

Rorgon donne aux religieux de Saint-Maixent, afin d'être inhumé dans leur monastère, l'alleu de Marigny, avec son église, sis dans la viguerie de Vivône (D. Fonteneau, t. LXVI, p. 201, d'après l'original[1]. Cette pièce se trouvait aussi dans le cartul., p. 174).

Vers 997 à 1001.

Cum certa mors maneat omnibus hominibus [2] .... Hæc ego in Dei nomine Rorgo, vir peccator........, pro remedio anime meæ seu et pro loco sepulture meæ, plena fidei devocione, de proprio jure hereditatis meæ cedo atque transfundo, dono meo precellentissimo Christi confessori Maxentio, atque abbati, quendam alodum meum nomine Marnei, ad stipendia monachorum in eodem loco Deo militantium ; cui dictus alodus est situs in pago Pictavo, in vicaria Vicvedone. Habet ecclesiam constructam in honore sancti Fredemi atque sancti Nazarii cum [3]....., et cum vineis, pratis, mansionibus, aquis, aquarumque decursibus, atque terris arabilibus, necnon veridariis, ac cultum, incultum, et quantum [3]......... esse possessio et quantum alodum ad ipsum pertinet integrum........ S. Ugoni. S. Gosfredi. S. Cadeloni. S. Ugoni. S. Fulconi. S. Belli homini. S. Leodegarii. S. Hausberti. S. Willelmi. S. Ugoni. S. Gisleberti. S. Hisembardi. S. Tetbaldi. S. Robberti clerici. S. Joszoni. S. Galterii. S. Robberti [4].

---

1. L'écriture du titre est fort désagréable et tout à fait du xᵉ siècle (Note de D. F.).
2. On a omis tout le commencement, qui n'est qu'un fatras inutile de prélude et d'imprécations ordinaires (Note de D. F.).
3. Le titre est déchiré et pourri par la pluie en bien des endroits (Note de D. F.).
4. Nous n'avons d'autre motif pour placer cette charte au commencement du xıᵉ siècle que la rencontre des noms les moins répandus de ses souscripteurs, parmi des témoins d'actes passés aux environs de l'an 1000 : *Rorgo* parait en 997 et 1001, *Leodegarius*, en 1001, et *Hausbertus*, vers 997, dans des chartes de Saint-Hilaire (*Chartes de Saint-Hilaire*, t. I, p. 69, 72, 73, 76), *Belhomo* en 987 ou 988, dans une charte de Saint-Cyprien (*Cartul. de Saint-Cyprien*, p. 286).

LXXIV

Guillaume le Grand, comte de Poitou, donne à l'abbaye de Saint-Maixent la forêt de *Celesium* avec l'église de saint Vit (Damvix) (D. CHAZAL, *Chronicon*, cap. 12 et 31, d'après le cartulaire).

10 mars 1010[5].

Sancta electorum ecclesia, in eo quod est Christus fundamento inconvulse stabilita, nullatenus adversum se portis inferi quæ doctrinæ sunt nequam prævalentibus, quæ plurimos miræ magnitudinis in suo inditos ædificio habet lapides, quos universorum inseruit opifex, cujus lapis angularis, idem qui fundamentum est, in quo primum quidem apostholi, deinde martyres, postea confessores, postremum Deo dicatæ virgines sunt locatæ; quotidie igitur sanctorum animæ pressuris tribulationum per quas illos in regnum Dei oportet intrare quasi quibusdam ferramentis, quod....... proficiscentis ad Dominum tandem in fine sœculi jamdictum complebunt ædificium, inter quos sanctissimi confessoris Christi Maxentii anima cœlo subrecta, terræ traditum est corpus quod sumpserat ex terra. Quodam itaque tempore, exigente causa communis commodi, cum sicut et multos alios, quod sexto idus martii evenit, Gislebertus, episcopus Pictavensis, Pictavis vehendum a proprio fecit levari mausoleo, ut statuto decreto si quis esset ejus quem celebrabant concilii violator, hi quorum, ut diximus, corpora ferebantur, apud Deum ejus fierent accusatores. Quem cum intromitti comes Williermus, totius tunc temporis Aquitaniæ monarchus, in ecclesiam sancti Hilarii, in ipsa situs conspiceret, cogitare cœpit de remedio non solum animæ suæ, sed etiam animarum

---

5. La Chronique de Saint-Maixent rapporte cette donation à l'année 1010, lorsque, dit-elle, le corps de saint Maixent fut transporté à Poitiers, à l'occasion d'un concile.

parentum suorum; indeque latum in ecclesiam sancti Gregorii, adiens gratia curationis, dedit quamdam sylvam [1] Celesium numcupatam, cum ecclesia in honorem sancti Viti in ea constructa : ex una vero ejus parte fluvius Severis, ex altera Alticia currit, et ita eam cingunt......... mariscum et terram sancti Maxentii inter ipsas. Statuit ergo ut nullus judex in ea districtum exerceat, nisi cui jusserit ex præfati sancti cœnobio abbas. Si quis ergo, quod minime evenire credo, de hæredibus aut pro hæredibus........ hanc donationem infringere voluerit, cum Dathan et Abyron........ et cum Juda traditore in inferno retrusus appareat........... et auri libras centum, et argenti pondera decem millia, coactus exsolvat. † S. Williermi comitis et uxoris suæ et filii ejus, qui hanc cartam fieri jusserunt. † S. Gisleberti episcopi. † S. Cadelonis vicecomitis. † S. Petroni. † S. Ramnulphi.

LXXV

Aiteldis donne sous réserve d'usufruit au monastère de Saint-Maixent soixante-quatre aires de marais salants dans le marais d'Ives, onze juments, deux poulains et soixante-trois porcs, avec tout le droit sur le pain et le vin qu'elle percevait à Melle (D. FONTENEAU, t. LXVI, p. 209, d'après l'original. Il donne aussi cette pièce, t. XXVII *bis*, p. 593, d'après le cartul., p. 105).

Entre 1000 et 1010.

Mundi termino appropinquante, [ruinisque crebescentibus, jam certa signa manifestantur [2].] Idcirco ego in Dei nomine Aiteldis, [considerans casum humane fragilitatis, de tanta Dei misericordia et pietate confisa, per hanc epistolam donationis] dono donatumque in perpetuum esse volo, pro remedium animæ meæ et pro remedium animas parentum meorum, ad locum sancti Maxentii vel omni congregationi ibidem consistenti et Deo jugiter servienti, hoc est

---

1. La Chronique de Saint-Maixent dit *villam*.
2. Les mots placés entre crochets sont empruntés au texte du cartulaire.

aliquid de salina mea, qui est in pago Alnieninse, in marisco que vocatur Liva [1], areas sexaginta quatuor [2] Rotru, et de alia parte terra sancti Cipriani; per hanc donationis cartam dono atque transfundo et a modo in tali ratione ut quamdiu vixero teneam, possideam. Verumtamen post remuneratum vite premium ad jamdictum locum sancti Maxentii memorata [3] sine ullius contrarietate revertatur. Si quis vero homo surrexerit qui contra hanc donationis aliquam calumpniam inferre presumpserit, inprimis iram Dei incurrat. Et iterum dono et transfundo de equabus meis undecim et duos pullos et porcos sexaginta III. In castro Metulo panem et vinum quam habeo. Si quis vero contra hanc donationem surrexerit, cum Datan et Abiron quos vivos terra deglutivit in inferno partem accipiat, et maledictus et confusus permaneat in omnibus operibus suis que fecerit, et maledictus ex quantis Dominus creavit, et sua repetitio nullum optineat effectum, sed insuper sancto Petro et sancto Maxentio vel sancto Leodegario inimicos adcuirat, et quisquis litem intulerit, sexaginta libras auri coactus exsolvat, stipulatione adnixa. Manibus propriis firmavimus et post nos nobilium virorum ad corroborandum tradidimus. S. Aiteldis, qui hanc donationem fecit. S. Ramnulfi. S. Ramnulfi filii. S. Aldoini abbatis. S. Tetbaldi monachi. S. Aldoini. S. Girberti fratri. S. Mainardi. S. Gisleberti clerici. S. Orioli. S. Josfredi. S. Ricardi. S. Constantini. S. Arnulfi. S. Ode. S. Aiteldis filia Ramnulfi [4].

---

1. Le cartulaire porte *Yvia*.
2. Le sens de la phrase indique que dans cet endroit il y a une lacune d'au moins une ligne ; le texte de l'original n'en a pas conservé trace ; aussi, à défaut d'indications certaines, le rédacteur du cartulaire n'a-t-il pu, de son côté, remplacer les mots qui faisaient défaut.
3. Il y a omission du mot *salina*, qui se trouve dans le cartulaire.
4. On trouve dans le cartulaire de Saint-Cyprien (*Arch. hist. du Poitou*, t. III, p. 326) l'acte d'une donation faite à cette abbaye par une femme nommée Aitildis, et dans laquelle un nommé Ramnulfe

LXXVI

Gondrade donne à l'abbaye de Saint-Maixent trente aires de marais salants situés en Aunis, dans le marais de l'Echelle (D. FONTENEAU, t. XXVII *bis*, p. 611, d'après l'original. Il donne encore cette pièce, t. XXVII *bis*, p. 613, d'après le cartul., p. 93).

Entre 987 et 1011.

Mundi termino appropinquante, ruinisque [ejus crebrescentibus, jam certa signa manifestantur [1].] Quapropter ego in Dei nomine Gondradus, considerans discussionem venturi judicis, cedo ad locum almi confessoris Christi Maxentii, quem locum gubernare videtur Bernardus abbas, et ad omni congregacione, in Alnisio, de terra xxx areas constructas in marisco Scala, cum omni amaracione vel misteria. Abet lateraciones ex una parte terra sancti Leodegarii, alia parte terra que vocatur Comitissa, alia parte via publica, carta parte terra Campum nomine; pro remedium animæ meæ, eo videlicet ut post discessum meum faciat abbas vel fratres quicquid voluerit nemine contradicente. Si quis vero extiterit post obitum [meum qui hanc donationis cartam infringere vel inquietare] temptaverit, omnipotentis Dei iram incurrant, cum Juda proditore in inferno

---

comparait aussi comme témoin ; M. Rédet l'a placée vers l'an 980. Nous croyons que cette date doit être un peu rapprochée, si, comme nous le supposons, il s'agit des mêmes personnages que ceux dont il est question dans notre charte. En effet, l'un des souscripteurs de celle-ci, Audouin, est désigné avec la qualité d'abbé. Le *Gallia* (t. II, col. 1246) en fait un abbé de Saint-Maixent, et comme ses auteurs sont gênés par le catalogue de la Chronique de Saint-Maixent, qui ne parle pas de ce personnage, ils le placent à tout hasard vers l'an 900. Nous avons tout lieu de croire qu'il s'agit d'Audouin, qui fut abbé de Saint-Jean-d'Angély au commencement du XIe siècle (*Gallia christ.*, t. II, col.1097), et que celui-ci est le même qu'*Aldoenus abbas*, du même cartulaire de Saint-Cyprien (p. 308), lequel est souscripteur d'un acte placé par M. Rédet entre 975 et 1020.

1. Les mots placés entre crochets sont empruntés au texte du cartulaire.

inclusus permaneat. [Actum et quod insuper] solidos cccc coactus exsolvat, et quod petit minime vindicare valeat. Verum hæc donatio firma [ac stabilis valeat permanere.] S. Gondradus, qui hanc donationem fieri jussit. S. Jhohannes frater ei.

LXXVII

Bernard, abbé de Saint-Maixent, à la requête de Pierre, son vassal, donne en main-ferme à Bernard et à Christine, sa femme, la villa de Piozay, avec le moulin qui en dépendait (D. Fonteneau, t. XV, p. 199, d'après le cartul., p. 229).

Entre 987 et 1011.

In Christi nomine. Ego Bernardus, abbas sancti Maxentii, notum fieri cupio omnibus fidelibus sanctæ Dei ecclesiæ, tam presentibus quam futuris, quod accessit ad nos quidam homo nomine Petrus, deprecans nos ut quendam villam Pulziacam nomine, qui est sita in curte sancti Martini, daremus ad quendam hominem Bernardum nomine cum uxore sua Christina; et habet in ipsa villa unum molendinum, et aquas, et pratos, et silvas, et terram cultam et incultam. Ita eis tradimus ut ab hodierno die teneant, eo tenore ut quamdiu superstes fuerint corpore, supradictas res possideant, plantent, edificent; censum vero prenotavimus eis ut annis singulis ad festivitatem sancti Maxentii, qui evenit vi kal. julii, denarios xii persolvant; et si neglegentes de ipso censu apparuerint, geminatum eum reddant; post illorum vero discessum, a duobus successoribus eorum, sub eodem censu, quoscumque elegerint concedimus. Post discessum vero illorum totum ex integre ad locum unde procedit revertatur. Precamur denique omnes successores nostros ut termino supra scripto hanc conventionem conservent, et ammonemus ut post terminum non conservent. S. Bernardi abbatis. S. Martini. S. Cadeloni abbatis. S. Dodoni. S. Hildegarii. S. Ucberti. S. Willelmi comitis. S. Cadeloni vicecomiti. S. Aimerici. S. Ademari. S. Aloni. S. Cadeloni. S. Hugoni filius ejus [1].

LXXVIII

Rainuze donne à l'abbaye de Saint-Maixent quarante-quatre aires de marais salants, sis en Aunis, dans l'enclos de *Brul* (D. FONTENEAU, t. XXVII *bis*, p. 615, d'après le cartul., p. 97).

Entre 987 et 1011.

Quandiu in hoc mundo unusquisque fidelis versatur, necessarium cuique summopere est ut, a malis actibus declinando ac bonis studiis inherendo, eternæ beatitudinis mereatur conscribi in alvo, scilicet pro terrenis celestia, pro perituris eterna, commutando, juxta quod veritas dicit : *Date et dabitur vobis.* Quapropter ego in Dei nomine Rainuzo cedo ad locum almi confessoris Christi Maxentii, quem locum gubernare videtur Bernardus abba, quandam salinam meam, que est in accinctu Brul, in terra sancti Stephani, areas XLIIII cum omni amaratione sua vel ministeria : videlicet ut post hunc diem faciat abbas vel fratres quicquid voluerint nemine contradicente. Si quis vero extiterit post obitum meum, qui hanc donationis cartam infringere vel inquietare temptaverit, omnipotentis Dei

---

1. Cette pièce est bâtonnée et biffée d'une extrémité à l'autre. Je n'en sçais pas la raison, c'est peut-être l'auteur du cartulaire ou D. Etiennot qui l'auront ainsi mise au rebut comme contenant des choses qui n'étaient pas exactes. Il ne faut donc s'en servir qu'avec précaution (Note de D. F.).

Nous croyons que la supposition de D. Fonteneau, en ce qui regarde D. Etiennot, est exacte. Cet écrivain, ne pouvant admettre la présence simultanée de deux abbés à la tête du monastère de Saint-Maixent, a cru à la fausseté de cette pièce et l'aura bâtonnée en signe de suspicion. Nous avons établi dans notre introduction que le fait mis en doute par D. Etiennot a été au contraire d'un usage absolu dans l'abbaye de Saint-Maixent pendant près d'un siècle; aussi tenons-nous pour très digne de foi la charte ci-dessus et son contenu.

iram incurrat, cum Juda proditore in inferno inclusus permaneat ac cum [1], et quod insuper solidos DCC coactus exsolvat.

LXXIX

Pierre et Arsende, sa femme, donnent à l'abbaye de Saint-Maixent leurs alleux de *Firmiliacus* et de *Montiacus*, avec leurs dépendances, sous réserve d'usufruit leur vie durant (D. FONTENEAU, t. XV, p. 201, d'après le cartul., p. 154).

Entre 987 et 1011.

Igitur ego in Dei nomine Petrus et uxor mea Arsendis, viri peccatores, considerantesque futuram aliquando districti judicii discussionem, pro remedio animarum nostrarum, plena fidei devotione, de proprio jure hereditatis nostro concedimus atque transfundimus domno nostro precellentissimo Christi confessori Maxentio quendam alodum nostrum nomine Firmiliaco, quantum nobis evenit, terris, silvis, quesitum et inquisitum : qui dictus alodus est situs in pago Pictavo, in vicaria Metulinse, villala una. Et in alio loco concedimus alodum nostrum nomine Montiaco, cum vineis et terris. Ea ratione trado ut jam dictus confessor prebeat nobis auxilium in futuro seculo factus adjutor, quatenus quicquid in hoc sæculo proprio iniquitatis reatu, fallente Diabolo, contraximus, totum ineffabilis misericordia Dei deleat et abstergat, cujusque clementia absoluti ad eternam patriam pervenire valeamus inlesi. Si quis vero, quod minime credimus, post obitum nostrum, ullus heres aut propincus vel quelibet opposita persona, contra cessionis donatione venire voluerit, aut eam infringere temptaverit, inprimis iram Dei omnipotentis perpetueque virginis Mariæ cum omnibus sanctis

---

1. D. Fonteneau indique en note que l'auteur du cartulaire a omis quelques lignes qui devaient être dans l'original après *cum*, c'est-à-dire *cum Dathan*, etc.

incurrat, et sub Dei maledictione in eternum, nisi resipuerit, pereat confusus, beatum vero Maxentium adque sanctum Leodegarium perpetuos adquirat inimicos. Hæc enim omnia tali tenore tradimus ut post obitum nostrum abbas vel monachi loci istius, si aliqui homini tradiderint aut vendiderint vel aliquo modo ex monasterio jactaverint, parentes nostri qui superstes fuerint, contra voluntatem monachorum res ipsas accipiant, et aliquo modo in ipso monasterio jure hereditario reddant, nostraque donatio omni tempore firma permaneat. S. Petri et uxoris ejus Arsendis, qui hanc donationem fecerunt. S. Helie. S. † Constantini. S. † Gauterii. S. † Dodoni comitis. S. † Berengarii fratri Petroni. S. † Bosoni. S. † Acteldis. S. † Bernardi abbatis. S. † Bernardi monachi et S. † omnium fratrum nostrorum.

LXXX

Martin donne à l'abbaye de Saint-Maixent une maison dans l'intérieur du château de Niort, deux arpents de vigne à Champoly, dans la terre de Notre-Dame-la-Grande, et quarante aires de salines dans le marais de *Medianus* (D. Fonteneau, t. XV, p. 193, d'après l'original. Il donne encore cette pièce, t. XV, p. 207, d'après le cartul., p. 420).

Entre 987 et 1044.

Mundi termino appropinquante, [ruinisque ejus crebrescentibus, jam certa signa manifestantur.] Quapropter ego in Dei nomine Martinus, considerans discussionem venturi judicis, trado ad locum sancti Maxentii, ubi preest abbas Bernardus, infra muros castello Niorto, mansionem unam ; alio in loco, Rampullis [1], in terra sanctæ Mariæ vocabulo

---

1. La localité désignée sous le nom de *Rampullis* est la même que celle qui porte le nom de *Rampolius* dans une charte d'août 969 (v. n° XXXVIII), et pour laquelle nous avons admis la correction *Kampolio*, donnée par D. Le Michel.

Grande, duos juctos vineæ ; iterum in alio loco, in pago Alnisio, in marisco Mediano, in terra sancti Nazarii, areas xl, cum omnibus ministeriis vel marationibus suis ; pro remedio animæ meæ vel pro loco sepulture meæ ; [eo modo] videlicet ut ex hac die et deinceps abeat abbas vel monachi ejusdem loci, et faciant quicquid voluerint, contradicente nemine. [Si quis vero extiterit ex parentibus meis, aut alica inmissa persona, qui contra hanc donationem aliquam calumniam inferre voluerit, inprimis omnipotentis Dei iram incurrat, et sanctum Maxentium atque beatum Leodegarium inimicos adquirat, et cum Juda traditore in infernum permaneat, si non emendaverit. S. Martini, qui istam donationem fecit.]

LXXXI

Guillaume le Grand, comte de Poitou, donne à l'abbaye de Saint-Maixent un droit de vinage sur les vignes du même lieu (D. Fonteneau, t. XV, p. 209, d'après le cartul., p. 226).

Entre 1011 et 1023.

Ego in Dei nomine Willelmus, Pictavorum comes et dux Aquitaniæ, pro redemptione animæ meæ et animæ filii mei Willelmi atque Odoni atque Tetbaudi [1], ut eos Dominus incolumes custodiat, et dies nostros in pace disponat, et beata Maria semper virgine atque beato Petro apostolorum principe intercedente, nos Dominus a damnatione mortis eruat, et ad gaudia eterna nos perducat, dono ego Willelmus pater cum filiis supra memoratis quandam vineatam [2] ad locum in honore sancti Salvatoris Adjutorisque Maxentii et beati Leodegarii martyris consecratum,

---

1. Guillaume ne parlant que des enfants qu'il avait eus de ses deux premières femmes, Almodie de Limoges et Brisque de Gascogne, il est à croire qu'il n'avait pas encore perpétré son troisième mariage avec Agnès de Bourgogne, lequel eut lieu vers 1023, selon la Chronique de Saint-Maixent.

2. Du Cange ne donne ce mot que sous la forme adjective *terra vineata* ; il est employé ici dans le sens de *vinagium, vinaticum.*

ipsam vineatam de eadem villa me exiente, non solum de vineis modo edificatis, sed etiam in antea edificandis, abbatique Rainaldo et omnibus monachis in eodem loco Deo servientibus, tam presentibus quam futuris, liberam eam in eternum dimitto et supra memorati filii similiter; tali videlicet ordine ut neque abbas, nec ullus monacus, de eadem vineata licentiam habeat ulli hominum dare aut vendere. Coram nobilibus viris scripturam hanc volo firmari, ut post diem hunc, si de hoc dono repetitio facta fuerit, quod fieri minime credo, audientes et videntes existant testes. S. Willelmi comiti seniori. S. Willelmi filii ejus. S. Odoni. S. Tetbaudi. S. Ugoni. S. Ademari vicarii. S. Cathaloni. S. Rainaldi abbatis. S. Gosberti. S. Girberti. S. Roscelini.

LXXXII

Airaud donne à l'abbaye de Saint-Maixent l'église de Saint-Germain d'Isernay, avec ses dépendances, qu'il tenait en fief du vicomte d'Aunay (D. FONTENEAU, t. XV, p. 247, d'après le cartul., p. 178).

Entre 1024 et 1025, août.

Cum certa mors maneat omnes homines, et hæc eadem incerta causa cuique eveniunt, oportet sollicite unumquemque in conditione mortalitatis sue mentis oculos ponere, et per boni operis exibitionem preparare sibi eterno patri et hereditatem. Scimus enim, ut ait Apostolus: *Quia quecumque seminaverit homo, hæc et metet, et qui seminat in benedictionibus, de benedictionibus et metet*[1]. Hæc ego in Dei nomine Adraldus, considerans futuram aliquando districti judicis discussionem, pro remedio animæ vel parentum meorum, cedo atque trasfundo domno precellentissimo Christo confessori Maxentio, ad stipendia monachorum inibi omnipotenti Deo militantium, qui est

---

1. Tout le préambule de cet acte a été copié sur celui d'une charte d'Ebles, évêque de Limoges, du mois de janvier, vers 965 ou 966 (v. n° XXXIII).

situs in pago Pictavo, ecclesiam videlicet, que est constructa in honore sancti Germani, que vocatur Hisernacho; quicquid ad ipsam pertinet ecclesiam tam in terris quam in vineis, sive in hominum redditus, seu quodlibet servitio intus vel foris meum esse videbatur, ab integro in ipso monasterio transfundo, ubi Rainaldus abbas præesse videtur una cum sibi suis famulantibus monachis. Eo videlicet modo, ut post die ista usque in eternum faciant quicquid voluerint rectores ipsius loci, nemine contradicente ; sed quia hæc terra vel ecclesia ex altare sancti Petri Pictavensis sedis episcopatu Cataloni vicecomiti succedebat, de quo precessores parentes mei semper habuerant, ego similiter tenebam. Cum consilio domni episcopi Isemberti et ipsius videlicet Cataloni, hoc actum est : accepit etiam et ipse Catalo centum solidos et quatuor junctos de vineis in castello Metulo ab ipsis monachis, ut sine aliqua inquietudine habeant et possideant. Si quis vero hominum, nulla persona tam nostrorum quam aliorum, qui hanc donationem infringere voluerit, inprimis iram Omnipotentis et omnium sanctorum incurat, si non emendaverit. S. Adraldi. S. † uxoris suæ. S. Bosoni filii sui. S. Willelmi comitis. S. Isemberti episcopi. S. Willelmi juvenis. S. Agnetis comitissæ. S. Cataloni vicecomitis. Guillelmi filii sui. S. Pontii. S. Radulfi. S. Ugoni. S. Ademari vicari Pictavensis. S. Acfredi vicecomitis. S. Josberti monachi. Data mense augusto, regnante rege Rotberto.

LXXXIII

Rainaud, abbé de Saint-Maixent, ordonne aux religieux de son monastère d'avoir à planter des vignes près des murailles de la ville (D. FONTENEAU, t. LXVI, p. 219).

Entre 1011 et 1026.

Dominus noster pius redemptor Jesus Christus....... [1]

---

1. Plusieurs feuillets du tome LXVI de D. Fonteneau ont eu à

…[dis]cipulis suis potestatem ligandi adque solvendi dicens : [Quecum] que solveritis super terram, erunt soluta et in celo et que [cumque] alligaveritis super terram, erunt ligata et in celo, et eandem……… ritatem tradiderunt apostoli omnibus episcopis et abbatibus [suc]cedentibus, de quorum numero quamvis indignus ego Rain [aldus], a Deo ordinatus abbas monasterii sancti Maxentii, jussi roga... fratrum plantare vineas in territorio ejusdem loci, prope men[ia] ipsius castri [1]. Ea videlicet ratione ut numquam a me vel ab aliquo [abbate] meo successore sint dispertite, sed usque in perpetuum maneant in jure et dominicatu monachorum, et neque ego qui eas plantare jussi, neque aliquis meus successor quisquam, ex eisdem vineis dare aut vendere aut diminuere presumat. Quod si ego aut aliquis ex abbatibus, qui mihi jure successuri sunt, contra hanc nostre auctoritatis scripturam ex eisdem facere temptaverit vineis, ex ea auctoritate, quam Filius Dei suis discipulis dedit, et ipsi nobis, sit maledictus et societate omnium christianorum segregatus, et sit pars ejus cum Datan et Abiron et Juda traditore Domini, in secula seculorum. Amen.

LXXXIV

Rainaud, abbé de Saint-Maixent, vend à Bernard, à sa femme et à leur neveu Girbert, sous réserve de retour à l'abbaye, deux arpents de vigne à Puy-Morgou (D. FONTENEAU, t. XV, p. 241, d'après l'original).

Entre 1011 et 1026.

Licet unusquisque homo de res suas proprias facere

---

souffrir du feu, et des fins de lignes ont disparu ; nous avons indiqué par un pointillé les passages détruits, ou mis entre crochets ceux que nous avons cru pouvoir restituer. Par la même cause l'indication de provenance de quelques chartes fait aussi défaut.

1. *Castrum* n'a pas ici le sens de château-fort, mais seulement d'enceinte fortifiée, c'est-à dire celle de la ville. Le château de Saint-Maixent ne fut construit qu'en 1224 par Louis VIII, tandis que, dans le courant du XIe siècle, il est question des portes de la ville : *porta qua itur ad Crucem*, 1076 ; *porta Cadelonis*, 1086 (v. n[os] CXXXIV et CLXI).

quicquid voluerit neminem contradicentem. Igitur ego Rainaldus abbas vocitatus nomine cum cunctis monachis monasterii sancti Maxentii decrevit voluntas ut aliquid de vineis sancti Maxenfii venundaremus quoddam homine nomine Bernardo et uxori sue cum nepote suo Girberto juctos duos, et accipimus ab eo tredecim solidos. Et est sita vinea ipsa in quendam villam nomine Podio Morgulfo, et inter ipsos juctos duos abet Jammo vicarius alias vineas ; et in tali videlicet tenore venundamus atque tradimus illis videlicet Bernardo et uxori sue Rigburt et nepoti Bernardi nomine Girberti, ut nemo eas tamdiu quod illi vite comiti fuerint requirere aut reclamare valeat, sed post fine ipsorum ad monasterium revertatur. S. domno abbatis Rainaldi, qui hoc venundavit. S. Girberto. S. Wulferri. S. Gosberti. S. Roscelini. S. Johanni. S. Dodoni.

LXXXV

Rainaud, abbé de Saint-Maixent, vend à Bernard et à sa femme Ritburge, sous réserve de retour à l'abbaye, deux arpents de vigne à Puy-Morgou (D. FONTENEAU, t. XV, p. 213, d'après le cartul., p. 234).

Entre 1011 et 1026.

Igitur ego in Dei nomine Rainaldus abbas et cuncti monachi sancti Maxentii notum fieri volumus universis filiis ecclesiæ, quod accessit ad nostram magnificentiam quidam homo nomine Bernardus cum uxore sua Ritburga ; deprecati sunt nos ut duos junctos ex vineis, qui sunt in villa que nuncupatur Podius Morgulfi, venderemus ei, quod et fecimus ; et accepimus ab eis viginti tres solidos tali tenore ut quamdiu vixerint, teneant ; post mortem vero illorum ad sanctum, unde procedit, revertatur cum omni amelioratione. S. Rainaldi abbatis. S. Girberti monachi. S. Wlferri monachi. S. Girberti monachi. S. Roscelini monachi. S. Johannis monachi. S. Dodoni monachi.

LXXXVI

Guillaume le Grand, comte de Poitou, décharge la ville de Saint-Maixent de l'ariban, que sa mère Emme avait établi dans cette localité, et pour désintéresser le chevalier Hugues, à qui Emme avait donné le produit de cet impôt, il lui attribue une rente annuelle de cinquante sous (D. FONTENEAU, t. XV, p. 215, d'après le cartul., p. 227).

Entre 1023 et 1026.

Ego in Dei nomine Willelmus, Pictavorum comes et dux Aquitanorum, pro redemptione animæ patris mei et matris meæ, et meæ, ut nos Dominus incolumes custodiat et dies nostros in pace disponat, et beatæ Mariæ semper virgine atque beato Petro apostolorum principe intercedente, nos Dominus a dampnatione mortis eruat et ad gaudia eterna nos perducat, aufero aribannum de villa sancti Maxentii, quem mater mea ibi introduxit. Donans cuidam militi meo nomine Ugoni pro mutua reciprocatione unicuique anno quinquaginta solidatas; donans ego Willelmus, filius Guillelmi comiti, ipsum aribannum ad locum in honore sancti Salvatoris Adjutorique Maxentii et beati Leodegarii martiris, abbatique Rainaldi et omnibus monachis in eodem loco Deo servientibus, tam presentibus quam futuris, tali videlicet ordine ut neque abbas, nec ullus monachus, nec ullus hominum, eundem aribannum in eadam villa introducere audeat. Et ut hæc carta firmior permaneat, coram nobilibus viris hanc firmari volo, ut umquam de hoc dono aliquis aliquid repetere temptaverit, quod minime fieri credo : ipsi obtimates nostri qui hoc vident et audiunt, testes existant, et conatus illius qui hæc temptaverit, irriti fiant; insuper quindecim auri libras coactus exsolvat. S. Willelmi comiti. S. Willelmi patris ipsius [1]. S. Ugoni. S. Ademari vicarii.

---

1. Bien que cette charte ne soit pas originale, il n'est pas possible de supposer que le rédacteur du cartulaire l'ait modifiée au point

LXXXVII

Sur la demande de Rainaud, chevalier, Guillaume le Grand, duc d'Aquitaine, et Geoffroy, vicomte de Thouars, donnent à l'abbaye de Saint-Maixent plusieurs serfs qui habitaient la villa de Damvix (Orig., arch. de la Société des Antiquaires de l'Ouest, n° 4. D. Fonteneau, t. XV, p. 223, donne aussi cette pièce d'après l'original. Elle se trouvait encore dans le cartul., p. 141).

Mai 1029.

Sacrosancte Dei æcclesiæ sceptrum Rotberto rege et Guillelmo duce, placuit ipso Guillelmo et Josfrido, vicecomite Toarcensis castri, rogante Rainaldo milite, dare pro sepultura ipsius uxoris defuncte, quæ requiescit in monasterio beati Maxentii, servos aliquos et ancillas quasdam qui erant in possessione ipsius loci, in loco qui vocatur Celeïs et A Dumvir, qui et que sunt de genere cujusdam viri nomine Ayric, qui accepit ancillam ipsorum nomine Aldeburgis, ex qua nate sunt filiæ istę : prima quæ vocatur Girberja, uxor Lanberti, alia Christiana, uxor Arnulphy, tercia Ermensendis, uxor Gonden, et vir unus nomine Leterius, germanus earum, et iterum Christiana, uxor Alduxon, similiter germana earum. Si quis ex supra nominatis, tam viris quam mulieribus, nati vel nascendi sunt et quæ substancia eorum est, trado et dimitto ego Rainaldus in monasterio beati Maxentii et

---

d'en changer complètement le caractère. Or, il ressort de son contexte que Guillaume le Grand avait fait abandon à son fils d'une partie de son pouvoir; on remarquera en effet que ce dernier prend le titre de comte en même temps que son père, qu'il complète l'acte de générosité de celui-ci en faveur de l'abbaye de Saint-Maixent, enfin que dans les souscriptions il est seul désigné avec le titre de comte. Faut-il penser que Guillaume, pressentant l'inquiète ambition de sa jeune femme, avait cru prudent d'associer son fils aîné au gouvernement du comté de Poitou? Le fait ne nous étonnerait nullement et semblerait indiquer qu'il existait déjà, entre les deux époux, un détachement qui fut consommé quelques années plus tard, puisqu'avant sa mort, arrivée le 30 janvier 1030, Guillaume se fit moine dans l'abbaye de Maillezais.

sancti Leodegarii pro remedio animę meæ defunctę nomine Roscha, ut fratręs ipsius loci vel habitatores Deo servientes in supradicto loco habeant eos et eas et possideant secundum ritum humanum a die ista et deinceps, sicut placuit comiti et vicecomiti a quibus procedebant, et ipsis jubentibus et me rogante. Stabilis et firma permaneat descripcio ista, et si quis eam contradici vel falsari voluerit, non habeat Dei potestatem nec hominum, sed dampnatus vel maledictus in æternum permaneat sicut Dathan et Abyran et Chore, et cum Juda qui Dominum tradidit et cum omnibus qui Dominum negant in perpetuum pereat, subditus omnibus maledictionibus. S. Guillelmi comitis, et iterum Guillelmi filii sui. S. Odonis. S. Agnetis comitissæ. S. Josfridi vicecomitis. S. Isemberti episcopi. S. Rainaldi. S. Ugonis, qui firmari et fieri jusserunt. Facta in mense maio, anno ab Incarnacione Domini nostri Jesu Christi M° XXVIII [1]. Josbertus monacus scripsit[2].

LXXXVIII

Sur la demande de Rainaud, jadis chevalier de Lusignan, Guillaume le Grand, duc d'Aquitaine, Geoffroy, vicomte de Thouars, et sa femme Aynor, donnent à l'abbaye de Saint-Maixent plusieurs serfs et serves habitant la villa de Frontenay (D. FONTENEAU, t. XV, p. 225, d'après l'original. Cette pièce se trouvait aussi dans le cartul., p. 112).

Entre le 26 mars 1027 et le 31 janvier 1030.

Sacrosancte Dei ecclesiæ sceptrum regente Rotberto rege et Wilelmo duce, placuit ipso Willelmo et Josfredo vicecomite Toarcensis castri et uxori sue nomine Aynors,

---

1. La date de cette charte donne raison à la Chronique de Saint-Maixent contre ceux qui ont placé en 1029 la mort de Guillaume le Grand, et prouve qu'elle est véritablement arrivée le 31 janvier 1030.
2. Au dos est écrit d'une écriture un peu plus récente : *De servis vicecomitis in villa que vocatur Celeis.*

Raynaldo, quondam milite Liziniacensi, dari quosdam servos vel ancillas : filios Aymari Karonati et uxori suę nomine Alda, primus nomine Ugo, secundus Costantinus, tercius Aldebertus, quartus Duramnus, cum duabus filias, una nomine Petronilla, alia Joscha ; sed ego Raynaldus, pro remedio animę meę et ut michi Dominus incolumem custodiat, et dies meos in pace disponat, et beata Maria semper virgine adque beato Petro apostolorum principe intercedente, me Dominus a dampnatione mortis eripiat, et ad gaudia æterna me perducat, dono istos servos vel ancillas supra nominatos, filios Saymari, tam viris quam mulieribus qui nati vel nascendi sunt, ad locum in onore sancti Salvatoris Adjutòrique Maxentii et beati Leodegarii martiris consecratum, et abbati Amblardo et omnibus monachis in eodem loco Deo servientibus, et accipio ab ipsis abbate et monachis ejus centum solidos ; in tali tenore ut fratres ipsius loci vel abitatores Deo servientes in supradicto loco abeant eos et eas cum hereditatibus eorum, secundum ritum humanum, a die ista et deinceps sicut placuit comiti et vicecomiti a quibus procedebant, et ipsis jubentibus, et me rogante, stabilis et firma permaneat descriptio ista. Si quis vero contradicere eam voluerit vel falsari, non habeat Dei potestatem nec hominum, sed dampnatus vel coactus v libras auri componat, et postea maledictus permaneat sicut Datan et Abiron, et cum Juda, qui Dominum tradidit, in æternum pereat. S. Rainaldi, qui fieri et firmari jussit. S. Raynaldi filii sui. S. Willelmi comitis. S. Willelmi filii sui. S. Odoni. S. Agnetis comitisse. S. Josfredi vicecomitis. S. Aynor vicecomitissa. S. Ugoni. S. Ugoni Claro. S. Amblardi abbatis. S. Roscelini monachi. S. Warnaldi monachi. S. Ainardi monachi. S. Genesii monachi, qui rogitus scripsit [1].

---

1. Au dos, et de la même main que pour la charte précédente (n° LXXXVII), est écrit : *De colibertos Frontaniaco*.

LXXXIX

L'abbé de Saint-Maixent concède à Rainaud et à Tebaud, pour leur vie durant, une pièce de terre dans l'Ort, près de la Sèvre (Orig., bibl. de Poitiers, n° 4. D. Fonteneau, t. XV, p. 221, donne aussi cette pièce d'après le cartul., p. 244).

Entre 997 et 1031, mars.

In nomine sancte atque individue Trinitatis. Notum fieri cupimus nos, qui sancti Maxentii prævidimus beneficio, omnibus fidelibus sanctæ Dei æcclesie, tam presentibus quam etiam futuris, quod accesserunt quidem nostri fideles, Rainaldus et Tetbaldus, qui etiam nostram magnificentiam deprecati sunt ut aliquid ex terra sancti Maxentii, que est sita in Orto, justa fluvium Severi, concedere dignemur; quod et omnimodo nobis placuit hoc fecisse. Eo vero tenore ut quamdiu superstites fuerint corpore, ipsa terra teneant atque possideant, et faciant exinde quicquid voluerint, nemini contradicente; post vero illorum discessu quicquid reliquum fuerit ex ipsa terra, tam ędificamentum quam terra, sine litigatione sancto remaneat Maxentio. Et ut hæc carta firma atque subnixa permaneat ..ns, nos propriis nostris manibus subterfirmavimus seu adfirmare rogavimus. Censum vero ad festivitatem sancti Maxentii quator nummos persolvant. Data mense martio, regnante rege Rodberto [1].

XC

Auchier donne à l'abbaye de Saint-Maixent, pour être enseveli avec l'habit monastique dans l'église de Saint-Pierre de Melle, un arpent de vigne sis dans la villa du Mas, en la viguerie de Tillou (D. FONTENEAU, t. LXVI, p. 215, d'après le cartul., p. 150).

XI° siècle.

Igitur ego in Dei nomine Alcherius [2], in ipso articulo mortis

---

1. Au dos, de la même main, est écrit : *Manufirma.*
2. *Alcherius*, fils d'*Alcherius* et d'*Atteldis*, est témoin dans une

positus, tradi ex beneficio meo inclito confessori Maxentio et omni congregationi ibi Deo servienti unum junctum de vinea, qui est situs in pago Metulo, in vicaria vocabulo Tello, in villa que vocatur Masus, scilicet ut tradant mihi habitum sancti Benedicti et sepeliant me honorifice in loco beati Petri apud Metulum. Est autem terminatio hujus vineæ ex una parte via publica, ex aliis omnibus partibus ipsa hereditas. Si aliquis contra hanc donationem surrexerit, maledictus a Deo omnipotente. S. † Plectrudis conjugis ejus. S. † Otrici filii ipsius.

XCI

Notice d'un plaid tenu à la suite d'un concile de Poitiers par le comte de Poitou, Guillaume le Gros, pour régler les droits de justice de l'abbaye de Saint-Maixent dans la paroisse de Verrines et autres lieux (D. Fonteneau, t. XV, p. 227, d'après le cartul., p. 142 [1])

10 décembre 1032.

Cum inter mundi fluctivagos discursus sanctæ Dei ecclesiæ status dilabi videretur, et pro innumeris hominum delictis suadente diabolo religio sancta corrumperetur, misertus Dominus generi humano, non diu passus prevalere Zabulo et dominari mundo, tandem his cladibus permisit finem fieri, sicque voluit ad sanctæ religiositatis mores pristinos revocari. Preveniente ergo misericordia piissimi conditoris, actum est sub principibus Aquitanorum, rege videlicet Rotberto Francorum regna juste disponente, et ducibus sub regimine ejus degentibus, pontificibus quoque quam plurimis, nec non et diversorum sacerdo-

---

donation faite par son père à Saint-Cyprien, vers l'an 990, de terres sises dans le pays de Melle (*Cart. de Saint-Cyprien*, p. 300). Nous n'avons aucune preuve que ce personnage soit le même que l'auteur de la donation ci-dessus; c'est donc sous toutes réserves que nous plaçons cette charte vers le commencement du XIe siècle.

1. Imprimé dans le *Thesaurus anecdotarum* de D. Martenne, p. 79, et dans le *Gallia christiana*, t. II, *instr.*, p. 331.

tum, simulque omni ordini clericorum, ut concilia per singulas civitates celebrarentur, ac innumera multitudo plebium coadunata, tam nobilium quam pauperum, de fide katholica et rebus sanctæ Dei ecclesiæ ibi concionaretur, ut emendata fides in omnibus a Deo confirmaretur. Inter ceteras ergo diversas partes accidit ut Pictave urbi concilium ageretur, duce videlicet nobilissimo Willelmo, sub Isemberto ipsius urbis episcopo, et Jordane Lemovicensium præsule, atque Arnaldo Petragorice regionis, et diversorum ordinum christianorum abbatibus videlicet monachis et clericis, nec non et fidelibus populis [1]. Cum igitur de pluribus rebus tractarent, statuerunt ut si quis hominum res sanctæ Dei ecclesiæ fraudulenter aut violenter possederat, aut injuste rapuerat, cum summo studio restitueret, et ut terras monasteriorum integras liberasque persolverent. Quod et ita omnes decreverunt fieri, et sub omni excommunicatione et juramento firmaverunt. Sub isdem ergo diebus contigit ut domnus Willelmus comes deveniret in quoddam castrum, quod vocatur antiquitus Metulo, ut ibi cum suis judicibus et prepositis ac multis de nobilibus, de rebus plurimis judicia exigerent justa. Cujus presentiam adeuntes monachi ex cenobio beati Maxentii adque beati Leodegarii, interpellati sunt eum de propriis terris, in quibus judices ac prepositi per falsitatem et cupiditatem injusta judicia exercebant et pauperes condempnabant. Tunc ipse convocans majores natu et qui priores antiquitus noverant consuetudines, interrogavit si vera essent que dicebantur? Quibus adtestantibus ait : Accedat quis ex testibus qui sub juramento adfirmet, et fiat sicut ipsi requirunt. Tunc quidam ex subjudicibus testatus est patrem suum judicem fuisse plusquam septuaginta annis, seque post mortem ejus annis quamplurimis exigisset

---

1. Ce concile se tint à Poitiers en 1032.

hujus rei negocium ; sicque super altare et reliquias sanctorum juravit sic esse consuetudines priores. Tunc comes et omnes qui aderant, tam nobiles quam pauperes, testati sunt ita perhenniter absque ulla contradictione permanerent inlesa. Cause autem hujus rei hec sunt : de terra sancti Maxentii, quod est in parrochia Vedrinas et Montiniaco et Bonolio, Virinella, Bossiaco, cum villis qui ad ipsam villam pertinent, et Villam Novam, de quatuor causis : raptum, furtum, homicidium, medietatem vicharii accipiant, aliam dimidiam monachi habeant. Omnem autem clamorem quiscumque hominum se clamaverit deintus in terra sancti Maxentii, monachi rectum faciant sine ullo homine parciente. Et si foras terram sancti Maxentii vicharii clamum habuerint, ipsi districtum accipiant ; sed de propriis hominibus sancti Maxentii nemo prepositorum, nullus judex judicet, nisi ante monachum aut in quo loco ipse jusserit. Et in his causis nemo prepositorum partem habeat. In totam autem terram suprascriptam nullus vicharius, nec ullus prepositus, nullum intersignum mittat ; et si quis miserit, nullus hominum horum ad ipsum pergat, sed ante monachum judicium fiat. Ut autem hæc descriptio firma permaneat, sub omni firmamento et stabilitate et promissione concilii, manibus propriis corroborarunt principes et nobiles qui adfuerunt. Willelmus videlicet et Odo frater, et Willelmus vicecomes, et Constantinus, et Maiengodus, et Leterius, nec non et Stephanus, et Ugo, et Ramnulfus Gaszho, et Girbertus, aliique quamplurimi. Facta est autem stabilitas hujus negotii quarto idus decembris, sub domno Amblardo abbate et monachis sibi subditis, quorum nomina enarrare pretermittimus. Si quis hanc violaverit, iram Dei omnipotentis incurrat, et cum dampnatis pereat, sicque omnibus maledictionibus Dei subjaceat. Sicherius levita rogatus scripsit.

XCII

Guillaume Engelbert et Guillaume fils d'Ansème donnent à l'abbaye de Saint-Maixent un serf et une serve qu'ils affranchissent (D. Fonteneau, t. XV, p. 293, d'après le cartul., p. 233).

Entre 1031 et 1033, 5 décembre.

Hoc inter vetera jura lex Romanorum exposcit, ut inter omnia corpora libertinorum cives Romani meliorem habeant statum, qui et testamenta condere possint et heredes reliquere. Quamobrem ego in Dei nomine Willelmus Engelberti et Willelmus filius Ansemi [1], nomine Lambertum, et sororem ejus nomine Abba, pro animarum nostrarum redemptione vel parentum nostrorum remedio, ut nobis et illis donet Dominus noster Jesus Christus requiem sempiternam quietis et pacis, cum omni libertate vel ingenio relaxamus eos, vel dimittimus in loco beati Maxentii Adjutoris, sub presentia domni Aimerici abbatis, presuli quoque Isemberti, videlicet Archembaudi prepositi, seu Roscelini, ceterorumque fratrum loco supradicto degentium, eo videlicet modo ut omne servitium quod nos isti homines supradicti facere debuerant, ibidem reddant sine ullo contradicente. Si quis vero, quod minime fieri credo, quelibet ulla persona, qui contra hanc libertatem ullum contrarium immittere voluerit, inprimis iram Dei incurrat et cum Datan et Abiron et ceteris qui Dominum occiderunt, in profundum inferni religatus sit, si non emendaverit. S. Willelmi comitis Pictavensi. S. Acfridi vicecomitis de castello Adraldo, de cujus casamentum isti homines erant, et ex cujus jussione hæc donatio beato Maxentio est facta. S. Constantini de Metulo. S. Eustachiæ

---

1. Le texte du cartulaire portait *Anselmi*, mais il a semblé à D. Fonteneau que la lettre *l* avait été grattée à dessein ; à la suite d'*Ansemi* l'original devait porter *quendam servum* ou *hominem*, mots omis par le rédacteur du cartulaire.

comitissæ. S. Alæ comitissæ, sororem Willelmi comitis [1].
Data nonas decembris, regnante Ainrico rege.

XCIII

Eustachie, femme de Guillaume le Gros, duc d'Aquitaine, sur l'ordre de son mari prisonnier, fait don à l'abbaye de Saint-Maixent d'une portion de la forêt d'Argenson (D. Fonteneau, t. XV, p. 233, d'après le cartulaire).

Entre le 20 septembre 1034 et 1037.

Cum certa mors maneat omnibus hominibus, et hæc eadem incerta casu cuique eveniat, oportet sollicite unumquemque in conditione mentis oculos ponere, et per boni operis exibitionem preparare sibi eternæ patriæ hereditatem. Scimus enim, ut ait Apostolus : *Quæcumque seminaverit homo, hæc et metet, et qui seminat in benedictionibus, de benedictionibus et metet;* debitorem namque sibi Deum sanctosque illius statuit qui ea que illi obvenerunt jure hereditatis in melioratione sacrosancti sanctuarii pro premio retributionis eterne concupiscit transfundere. Idcirco ego Willelmus, dux Aquitanorum, positus in captione, reminiscens me contra locum Deo sacratum et beati Adjutoris Maxentii sive monachis ibidem Deo famulantibus in multis offendisse, considerans præsentem hac futurum juditium Dei, vel ejus misericordiam implorans, placuit mihi mandari uxori meæ ut, pro ereptione mea ad supradictum locum, ex terra mea, in silva que vocatur Ariezhun, aliquam portionem daret, quatinus meritis ejusdem pii Adjutoris et famulorum ejus placatur Domi-

---

1. D. Fonteneau date cette pièce de l'année 1058, en s'appuyant sur le nom de l'abbé Aimeri ; il commet en ce faisant une double erreur, car le cartulaire contient une pièce du mois d'avril 1059, où paraît encore l'abbé Archembaud, prédécesseur d'Aimeri ; de plus, si l'on examine les noms des souscripteurs de la charte, le comte Guillaume, sa femme Eustachie, sa sœur Ala, le vicomte de Châtellerault Acfred, on voit qu'ils se rencontrent tous dans des actes de 1030 à 1038 ; c'est donc entre ces deux dates qu'il faut placer celui-ci. Le seul obstacle serait le nom de l'abbé ; mais si l'on observe que la pièce est extraite du cartulaire, dont le rédacteur s'est souvent trompé en complétant les noms dont il ne rencontrait dans les originaux que les lettres initiales, comme nous le verrons plus loin (v. n° XCIII), il est indubitable que le texte primitif devait porter un *A*, première lettre du mot *Amblardus*, qui a été mal interprété par celui d'*Aimericus*.

nus, me a presentibus angustiis eruat, et futuris consolationibus sublevet. Adjacent hujus terre fines ex una parte terra sanctæ Dei genitricis Mariæ, et ex alia almi Leodegarii, nec non ex tercia via publica. Hanc donationem ego Eusthacia comitissa, per mandatum domini mei Willelmi ducis, manu propria firmo una cum consensu sororis ejusdem principis, nec non per consilium domni Hisemberti episcopi hac ceterorum nobilium, ut nullus successorum nostrorum presumat invadere nec ab ipso loco amplius auferre, nec minuere, nec nos, nec aliquis homo. Et si quis præsumpserit, cum Dathan et Abiron et cum Juda traditore demergatur in profundum inferni. S. domni Willelmi comitis. S. Eustachiæ comitissæ. S. domni Hisemberti. S. Alā [1] comitissæ. S. Aldeberti. S. Petroni. S. Costantini. S. abbatis Aimerici [2]. S. Archembaudi monachi.

XCIV

Emmon, abbé de Saint-Maixent, concède à un clerc nommé Aszo des vignes à Vairé, pour en jouir sa vie durant (D. FONTENEAU, t. XV, p. 237, d'après l'original. Cette pièce se trouvait aussi dans le cartul., p. 222).

Avril ou mai, 1040.

Ego Emmo abbas quando post mortem abbati Ablardi cenobium beati Maxentii regendum suscepi, venerunt ad me quidam homines clerici atque laici petentes ut darem eis aliquid ex opibus ipsius sancti, scilicet terras planas aut vineas. Veniens autem quidam clericus nomine Aszo, postulavit a me ut darem illi ex vineas in villa, que vocatur Vairec, quod et feci ; in tali conventu ut post ejus obitum ullus homo aut femina non requirat, nec clamet,

---

1. Cette comtesse Ala, désignée sous le nom d'Alis dans la Chronique de Saint-Maixent, est plus généralement connue sous celui d'Agnès. Elle était fille d'Agnès de Bourgogne et de Guillaume le Grand, et épousa Henri le Noir, empereur d'Allemagne.
2. L'auteur du cartulaire a commis une faute en cet endroit. Lorsque Guillaume le Gros était prisonnier du comte d'Anjou (du 20 septembre 1034 à 1037, selon les chroniques de Saint-Florent de Saumur et de Saint-Maixent), l'abbé de Saint-Maixent avait pour nom Amblard. Il est à croire que la charte originale ne portait qu'un *A*, que par inadvertance le copiste aura interprété par *Aimericus*, au lieu d'*Amblardus*; ce dernier fut abbé de 1027 à 1040.

sed in loco sancti Maxentii, unde fuerunt vineæ supradictæ, revertantur sine ullo contradicente. Propter hoc autem ut hæc convenientia post ejus mortem vel meum transitum non sit requisita, excommunicationem hanc scribere rogavi ita se continentem : Ex auctoritate Patris et Filii et Spiritus sancti, quod tota intelligitur sancta Trinitas, et ex parte beatæ Mariæ matris Domini perpetue virginis et angelis et archangelis et omnium celestium virtutum agminibus, apostolorumque, martyrum et confessorum, atque sanctarum virginum, excommunico ego abbas Emmo Aszonem clericum et omnes eredes, tam mares quam feminas, ut hanc convenientiam non disrumpant, nec dissipent, vel inquietare presumant, nec propter ullum malum ingenium consilium dent ulli homini vel femine post mortem ejus requirendi causas has vineas supradictas. Similiter autem excommunico omnes abbates vel decanos prepositosque et omnes homines, tam potentes quam pauperes, qui ipsas vineas de loco sancti Maxentii abstraxerint vel vendiderint aut donaverint. Fiat.

XCXV

Gautier, homme noble, en réparation des dommages qu'il avait causés à l'abbaye de Saint-Maixent, cède aux religieux l'église de Saint-Héraye avec ses dépendances, un moulin sur la Sèvre, et les serfs attachés à ces domaines (D. FONTENEAU, t. XV, p. 239,. d'après l'original. Cette pièce se trouvait aussi dans le cartul., p. 181).

1041.

Anno millesimo quadragesimo primo, regnante in Francia domno Ainrico rege, in pago quoque Pictavensi domno Willelmo comite cum suo germano Gosfredo persistente, venerabili quoque Agnete comitisse illorum genitrici pagum Galliarum obtime disponente, atque in episcopatu domno Hisemberto episcopo strenue persistente, in cenobio vero almi confessoris Maxentii Adjutoris domno abbate Archimbaldo presidente, contigit in villa supradicti sancti quendam nobilem hominem nomine Galterium cum suis inimicis habere conflictum. Occasione quoque accepta, terras supradicti confessoris predavit, villasque vastavit atque in exterminium redegit, prout sibi libitum fuit. Postremum autem cognoscens ipse reatum suum, quia nichil in hoc facto proficeret, pœnitentia ductus atque in magna humilitate positus, recogitans intra se de salute anime suæ, cum consilio amicorum suorum pro malefactis, quæ ante commiserat, ex suis rebus, que in illius dominatione esse videbantur, pro redemptione anime sue vel parentum suorum, donavit Deo et domino Jesu Christo, et beate Mariæ perpetue virginis, nec non beato Petro apostolo atque beato Maxentio confessore, set et beate Aradie virginis [1], hoc est ecclesia, que in honore ipsius est dedicata in loco qui dicitur Sensciacus, super flumen qui dicitur Severa, superque constructum castrum qui vocatur Mota; ita ut in eadem ecclesia altare beati Maxentii construatur, ibidem quoque Deo famulantibus monachis ex prefato cenobio omnis consuetudo sit relaxata, scilicet vicaria vel decime, que de illorum terris illic adjacentibus exire debuerat, sine ulla dominatione terrena sit illis donata. Donatio autem istius ecclesiæ talis est : scilicet babtisterium, confessiones, proferentia, et tota sepultura, et omnia quod in ecclesia venerit, et in circuitu ecclesiæ tantum de terra ubi officine monachorum construantur et hominibus illo-

---

1. La vierge sainte Héraye, malgré l'autorité de cette charte, doit être rayée du calendrier poitevin. L'église dont il est ici question avait pour patron saint Héraye, *sanctus Aredius*, fondateur au VIe siècle du monastère de Saint-Yrieix en Limousin, auquel il donna par son testament, daté du 30 octobre 572, le territoire de *Sisciac* avec son église et ses dépendances et trois familles de laboureurs. Nous croyons, malgré les écrivains du Limousin (v. *Bulletin de la Soc. archéol.*, 1874, p. 177), que ce n'est pas dans leur région qu'il faut chercher ce *Sisciac*, mais bien le reconnaitre dans le *Sensciacus* du Poitou, devenu plus tard Saint-Héraye, du nom du patron de son église, et qui au XIe siècle, comme tant d'autres biens ecclésiastiques, était tombé dans des mains séculières.

rum qui illis famulatum exhibuerint, et unum mansum de terra laboratoria, et omnia quodcumque edificare potuerint in ipsa terra, scilicet molendinos, vivarios, viridiarios atque ortos, et omnia quodcumque necesse fuerit illis edificare, atque unum molendinum super Mota, et una dimidia sclusam subtus Mota, et per totam aquam, quam supra nominati fratres habent, videlicet Galterius et Ucbertus, cotidie unum piscatorem habeant monachi qui ibidem steterint. Ex servis vero et ancillis quos illic donant iste est numerus.......... Et propter istam donacionem dederunt illi monachi XL solidos et unum caballum valentem CC solidos. Hæc autem omnia facta sunt per licentiam episcopi, qui tunc temporis superstes degebat in episcopatu Pictavensi, videlicet Hisemberti, ad cujus diocesi pertinet ipsa ecclesia, et per consensum Maingoti de Metulo hac filiorum ejus, qui ipsam ecclesiam donavit fideli suo Galterio. Ideo hæc donatio ad hoc firmata est, ut post hac die nullus abbas nec monachus ex supradictis causis hic constitutis quicquam auferre presumat nec dare, set ibidem permaneat ad husum monachorum illorumque famulis ibidem degentibus, pro anima ipsius delatoris vel parentum ejus ob recordationem animarum illorum, ut referantur obsecrationes coram Deo per manus sanctorum angelorum vel sanctorum in eadem ecclesia jacentium. Si quis autem hanc donationem vel adfirmationem inquietare voluerit, quod petierit non vindicet, componatque ex auro libras quinque, et cum Datan et Abiron et cum Juda traditore in infernum inferiorem religatus permaneat. In villa que dicitur Feruls meum alodum totum ex integro, hoc est unum mas, et II borderias [1]. Signum Galterii, qui hanc donacionem fecit, et fratris ejus Ucberti. S.

---

1. Cette phrase est mise dans la copie de D. Chazal entre *steterint* et *Ex servis* (v. même page), et elle est suivie du chiffre X qui semble devoir s'appliquer à la lacune constatée par lui et par D. Fonteneau après *numerus;* il écrit aussi *Fenils* et non *Feruls*.

Raterii filio ipsius. S. Ingelberge uxori ejus, et ejus filio Stephano. S. Lucie filie ejus. S. Maingoti. Item S. Maingoti. S. Petroni. S. Stephani. S. Alberti Crassi. S. Aldemari de Vicinolio. S. Albuini majoris de Mota. Signum Hisemberti episcopi. S. Willelmi comitis. S. Agnete comitisse. Signum domni Archimbaldi abbatis. S. Garnaldi monachi. S. Durandi. S. Johanni. S. Petri magni. S. Rotberti. S. Gilberti. S. Stephani. S. Ramnulfi. S. Galterii. S. Hisemberti qui hoc scripsit. S. Joscelmi presbiteri. S. Rainaldi de Leciniaco. S. Guillelmi Carl.[1]. S. Constantini de Metulo. S. Manassei fratris episcopi. S. Hisemberti filii ejus. S. Ucberti prioris Maliacensis. S. Ingaldi monachi.

XCVI

Archembaud, abbé de Saint-Maixent, et ses religieux, donnent leur consentement au mariage d'une femme nommée Aldéiarde avec Ucbert, fils de Bernard Belenfant, à condition qu'après la mort des deux époux, tous leurs biens appartiendront à l'abbaye (Orig., bibl. de Poitiers, n° 5. D. Fonteneau donne aussi cette pièce, t. XV, p. 247, d'après le cartul., p. 230).

Entre 1041 et 1044, 4 mars.

Ego in Dei nomine Ucbertus filius Bernardi Bel Infant placuit michi uxorem ducere legitime, sicuti decet aliis in seculo manentibus facere. Vocatur autem hæc mulier Aldeiarz. Petivi quoque a senioribus loci ex loco sancti Maxentii Adjutoris, cui tunc temporis preerat domnus Archimbaldus abbas, ut michi eam donarent cum omnia quæ illius esse videbantur, tali modo vel mensura ut si michi vita post ejus discessum comes esset, ego dominus essem ex supradictis illius causis. Hanc autem petitionem seniores cernentes, omnino adquiescere recusaverunt, eo quod Galterius suus primus maritus et ipsa, illo vivente,

---

1. Dans le texte de D. Fonteneau, la dernière lettre de ce mot semble être surmontée d'une abréviation ; on lit *Cant* dans la copie de D. Chazal.

donationem fecerint beato Maxentio vel monachis in eodem loco degentibus. Ego vero amore ductus, et in societate seniorum manere volens, dono post mortem meam omnia, quod meum modo esse videtur, sancto Maxentio vel senioribus, scilicet in terra Girberti de Ulmellum dimidium juctum de vinea ; et in villa quę dicitur Nantolio dimidium juctum de vinea in alodum ; in terra vero sancti Maxentii ad puteum, qui dicitur Ebrardi, dimidium juctum de terra laboratoria, et in ipso loco unum carterium de vinea, et omnia quod ex rebus patris mei vel matris aliorumque parentum meorum michi advenerit, aut ego adquisiero secundum vires meas. Hoc vero ita assensum dederunt scilicet domnus abbas Archimbaldus vel alii seniores, ut si ego isti feminę supervixero, omnia quę illius sunt habeam ut dominus ; quod si illa plus vixerit quam ego, similiter illi omnia remaneat, quod hic ex mea parte scriptum esse videtur. Ita tamen, ut post nostrum discessum nullus homo aut mulier sit, qui ex hoc partem requirat, sed in loco beati Maxentii conservetur ad usum senioribus ibidem manentibus. Quod si hæc mulier ante me mortua fuerit, et ego aliam duxero, et infantes ex illa michi nati fuerint, nullus ex illis in hoc partem requirat. Illo vero in tempore quod hoc factum est, gubernabant honorem Pictavicam domnus Willelmus comes, nec non ejus germanus Gosfredus atque eorum genitrix Agnes comitissa venerabilis, prudentissima, sive in omnibus Deo amantissima, atque in episcopatu Pictavensi manente domno Hisemberto episcopo. Data die III nonas marci, regnante domino nostro Jeshu Christo. S. domni Archimbaldi abbatis. S. Garnaldi. S. Durandi. S. Johanni. S. Stephani. S. Petroni magni. S. Hisemberti qui hanc cartulam scripsit. S. Ucberti qui hoc scribere jussit. S. uxori ejus Aldeiart. S. Bernart Bel Enfant. S. Giraldi fratre Ucberto [1].

---

1. Au dos, de la même main est écrit : *Ucbert, Audeart Tascher.*

XCVII

Simon et sa femme Marguerite donnent à l'abbaye de Saint-Maixent la moitié de l'église et du bourg de Saint-Lin et de leurs coutumes, la moitié du fisc presbytéral de Verruye, des terres et des viviers (D. Fonteneau, t. XV, p. 277, d'après le cartul., p. 194).

Entre 1041 et 1044, mars.

Antiquorum est consuetudo ut unusquisque homo de rebus propriis, quas in isto seculo possidet, ut licentiam habeat faciendi quicquid de his voluerit. Et quid potest homo prudentius agere, quam ut pro salute animæ suæ frequentius debeat cogitare. Et quia legitur Dominum nostrum Jesum Christum precipisse de rebus terrenis atque thesaurizare thesauros in cœlo, ubi neque invidia, neque ira, et ubi non furantur Zabuli nec effodiunt, sed omnia ibidem in quieta pace consistunt. Deinde omnia dimitti, non solum ante omnia, sed proprium corpus abnegare precepisse manifestum est. His nempe preceptis et aliis reminiscentes, quorum non est numerus, ego in Dei nomine Symon et conjux mea Margarita, cogitantes casum humane fragilitatis nostre, pro Dei intuitu et animæ retributionis, ut aliquantulum pius Dominus de peccatis nostris in die judicii minuere jubeat, pertractavimus apud nosmetipsos, ut aliquid de rebus nostris concederemus ad locum sancti Adjutoris Maxentii. Sed dum hoc pertractaremus, largiente Domini misericordia, eadem voluntas completa est in nos, et dedimus medietatem de quadam ecclesia, que est constructa in honore sancti Leonis, et medietatem de omnes consuetudines, quod ad eam pertinet, et medietatem de burcum, qui modo est, et qui in futuro edificatus erit, et medietatem de omnes consuetudines, que ad illam villam pertinent, et unum masum de terra in ipso loco ; et in alio loco octo masuras de terra cum vineis, juxta castrum qui vocatur Hericius, et omnia que illic habemus ; et damus fiscum presbiteri de ecclesia de Verruca post mortem

Odolrici argentarii, et fiscum Gaufredi silvani post ejus; et si in vita sua aliquid emere voluerit abbas supradicti loci, medietatem dabit pretii et aliam Symon. Simili modo, in ecclesia sancti Leonis supradicti, si abbas ex monasterio sancti Maxentii aliquam rem voluerit edificare, supradictus miles Symon medietatem faciet. Et unum vivarium apud Verruca, et alium ad Macerias damus. Si quis vero aut ego ipse, aut ullus ex heredibus aut ex propinquis meis sive conjugi meæ, qui hanc donationem infringere voluerit, inprimis iram Dei omnipotentis et omnibus sanctis suis incurrat, et in diem judicii condempnatus appareat, et in infernalibus claustris cum Juda traditore dimersus fiat, et insuper coactus auri libras mille exolvat, et quod petit non vindicet. Et ut hæc donatio firma et stabilis permaneat, ego Symon et uxor mea Margarita manus proprias firmavimus, et ad venerabiles viros ad roborandum tradidimus. S. domni Archimbaldi abbatis. S. domni Willelmi comitis et fratris ejus Gaufredi. S. Agne comitisse. S. Gaufredi vicecomitis Thoarci. S. Willelmi. S. Gisleberti Lupi. S. Berlai. S. Ugoni de Leziniaco. S. Isemberti episcopi. S. Ginemari monachi. S. Garnaldi monachi. S. Johannis monachi. S. Girberti monachi. S. Rotberti monachi. S. Stephani monachi. S. Ramnulfi monachi. S. Acfredi monachi. Data mense martio, regnante Ainrico rege.

XCVIII

Vivien Brochard et sa femme Arsent font donation à l'abbaye de Saint-Maixent de plusieurs serfs qu'ils avaient reçus en héritage de leurs parents (D. FONTENEAU, t. XV, p. 275, d'après l'original [1]. Cette pièce se trouvait aussi dans le cartul., p. 171).

Entre 1040 et 1044, 26 juin.

Cum inter turbines mundi, et fluctivagos actus mortales

---

1. D. Fonteneau avait laissé en blanc les formules de cette charte ; nous l'avons complétée avec une copie que nous possédons, faite sur l'original, au commencement de ce siècle, par le comte d'Orfeuille.

homines versentur et periculosa vita quam ducimus, multi sunt in seculo qui plus terrena quam celestia cogitant ; sed revertentes ad ea que dicuntur in Scripturis : *Arta et angusta est via que ducit ad vitam, et ampla et spatiosa que ducit ad mortem,* cogitans ego Vivianus et uxor mea Arsendis nomine de salute anime nostre, timentes penas inferni incidere et plus cupientes ad vitam eternam pertingere quam in baratrum illum orribilem descendere, facimus donationem in monasterium beati Maxentii Adjutoris ex rebus propriis quas nobis dimiserunt parentes nostri : hoc est Durandus de Brolio cum uxore sua et filiis quorum nomina hæc sunt : Galterius et Girbertus et Aimericus et Roscelinus et Ucbertus, et mulieres : una dicitur Raintrudis et alia Rosza, et nepotes illius qui fuerunt filii Ebraldi : Galterius et Fulcherius ; ut ab hac die et deinceps nemo ex nobis homo aut ulla persona illos requirere presumat, sed servitium qui nobis debebatur sit beato Maxentio et domno abbate Archimbaldo cum ceteris fratribus usque in finem seculi, sine ullo contradicente. Sane si quis ego, aut ulla persona, aut aliquis ex heredibus nostris, hanc donationem inquietare aut dissipare voluerit, quod pertinere minime dico, et conponat ex auro libras centum, et cum Datam et Abiron et ceteris qui in inferno sunt, qui Domino Deo dixerunt : *Recede a nobis*, sit par illorum in secula seculorum. Signum Viviani Broca et uxori ejus Arsent et [filiorum] illius Vivianum et Gelduinum et Arbertum et filiarum ejus Aremburg........, qui hanc donacionem scribere vel affirmare rogavit. S. Ugoni de Leciniaco. S. Rorgoni fratris ejus. S. Ugun Claret. S. Rainalt nepotis ejus. S. W. de Cursai. S. Aimeric Tuet. S. abbatis Archimbalt. S. Radulfi prioris. S. Petri monachi. S. Petri monachi. S. Rotberti. S. Girberti. S. Petri. S. Winemari. S. Rainalt. S. Isemberti qui hoc scripsit. S. Stephani. De pueris : S. W. F. Ramnulfi. S. Ramnulfi. S. Warin. S. Aldeberti. De caballariis : S. Gisleberti vicarii. S. Ugo. S. Tetbald Boca.

S. Bernart Tiroil. S. Josfredi. Data die vi kal. juli, sub die sollempnitatis beati Maxentii Adjutoris, regnante in Francia Ainrico rege filio Rotberti, et in pago Pictavensi Willelmo filio W. comitis. S. Girberti qui dicitur Grossus.

XCIX

Ainard le Bègue rend aux religieux de Saint-Maixent, pour en jouir après sa mort, tout ce qu'ils lui avaient autrefois concédé ou ce qu'il avait pu acquérir à Marçay, à la réserve toutefois de l'usufruit de la moitié pour sa femme, si elle lui survit (D. FONTENEAU, t. XV, p. 281, d'après le cartul., p. 130).

Entre 1040 et 1044, 19 novembre.

Cum in pago Pictavensi Agnes comitissa cum suis filiis, scilicet Willelmo et Goffredo, gubernacula suscepisset, atque ipsum ducatum, prout sibi posse fuit, strenue regisset, in monasterio beatissimi Adjutoris Maxentii quendam nobilem habere contigit virum, vocatum nomine Archimbaudum, qui ut vidit ipsum cenobium ob culpa precedentium patrum redigere ad solum, inquirere cepit qualimodo opes, que male fuerant distracte, ad eundem reverterent locum, ut exinde possent monachi habere victui solatium. Namque ambiens in suo circuitu terre partes, jam secum reperto consilio, aliquos fideles Deo invenit, qui aliquid ex illius desiderio cum bono animo et sincera mente hoc quod cupiverat, implere gestierunt. Veniens autem ad quendam villam, ipsius supradicti sancti obedientiam, invenit ibi quendam vassum nomine Ainardum Balbum, qui ab antecessoribus in ipsa terra fuerat federatus [1]. Et quid amplius moretur? Quia ex illius parte omne malum veniebat inhabitantibus in illa terra. Inspirante vero Domini misericordia, defuncto

---

1. *Federatus* a, dans les chartes de l'abbaye de Saint-Maixent (v. plus loin, n° CII), le sens de *feudatarius*, celui qui est investi d'un fief, et n'a aucun rapport avec celui du verbe *fœderare*, rapporté par Du Cange, et qui signifie affranchir un fief des devoirs auxquels il est tenu.

prole vel genitrice, propter quibus tanta mala illic facere presumpserat, in semetipsum reversus, cogitare cepit non se debere contra sanctum tanta mala perpetrare. Ad monasterium namque venit, obnixe petens ut pro ipsius anima vel filii sui orationes et preces Deo offerantur, sicuti pro aliis faciunt seniores ibidem degentes, ut sermo impleatur Domini qui dixit : *Gratis accepistis, gratis date.* Supradictus etenim miles, ante conspectum domni Archembaudi abbatis vel seniorum hoc consilio percepto veniens, dixit : Ego in Dei nomine Ainardus Baubus dimitto post obitum meum omnem illam terram, quam mihi abbates de monasterio sancti Maxentii donaverunt in villa quæ Marciacus dicitur, vel ego illic habeo comparatam, scilicet vineis, pratis, silvis, et illud quod ibidem ab hac die et deinceps comparare potero, excepto fevo qui Alealdum fuit; ita tamen ut quamdiu ista mea uxor, que nunc est, vixerit, teneamus, possideamus, et augeamus illud antequam minui presumamus. Quod si ego antequam illa mortuus fuero, illi medietas dimittatur. Post obitum autem illius, sit omnia beato Maxentio sicut locuti sumus. Me autem in corpore vivente, si cum illa impetrare potuero, aut ego in alio loco tantum emere potuero, tantumque valeat, ut dixi, sit firma nostra ratio sine ullo contradicente. Sane si quis homo aut femina aut qualiscumque persona hanc relaxationem vel donationem post nostrum discessum inquietare vel diripere aut abstrahere de loco sancti Maxentii voluerit, quod petierit non adquirat, et eo quod cogitaverit, mille libras ex auro purissimo componat, et quod majus his est, in profunditate inferni cum Juda traditore et Caïphan et Pilato et cum Dathan et Abiron ceterisque qui Dominum occiderunt atque cum illis qui Domino Deo dixerunt : *Recede a nobis*, religatus sit, et anathema permaneat in secula seculorum. Amen. S. Ainardi Balbi, qui istam donationem vel relaxationem scribere vel firmare rogavit. S. uxori ejus. S. filii ejus. S. Helie de Vulvent. S. Beraldi. S. Raimundi.

Crassi. S. Petri de Laurerias. S. domni Archimbaudi abbatis. S. Warnaldi. S. Stephani. S. Girberti. S. Ramnulfi. S. Engelberti. S. Rotberti. S. Grospan. S. Girardi. Data die XIII kal. decembris, regnante in Francia domno Ainrico rege, imperante Domino nostro Jesu Christo per omnia secula seculorum. Amen.

C

Foulques donne au monastère de Saint-Maixent une partie de son alleu comprenant le champ du Châtellier et le champ d'Augier, sis à Trémont, et l'alleu de Puy-*Sulzen* (D. Fonteneau, t. LXVI, p. 227, d'après l'original. Cette pièce se trouvait aussi dans le cartul., p. 186).

Entre 1040 et 1044.

Quamvis sit hoc erumpnale seculum in maligno positum, necesse est unicuique homini ut recogitet semper de anime suæ salutem, qualiter possit pervenire ad paradisi delitias, quas plastus in sua culpa perdidit. Hujusce modi causa ego Fulco, penes me tractans qualiter ad societatem civium merear deduci supernorum cum sanctis et electis Dei, dono aliquid ex meis rebus propriis, quem michi a parentibus meis sunt dimissa, in cœnobio almi confessoris Maxentii, sub presentia domni abbati Archimbaldo ceterorumque fratrum sub eo degentium : hoc est modicum de meo alodo; et est in his locis sicut modo dicemus A Tremunz, scilicet campum de Castellario, et alium campum qui dicitur campus Otgerii et vineas que sunt cum filio Rainalt, qui dicitur Longus; et alodum qui est in Pictavo, et est dictus Podius Sulzen, cum terra laboratoriæ et vineas, sine ullo contradicente. Signum Fulco, qui hanc donacionem fecit. S. domni abbatis Archimbaldo. S. Winemari prioris. S. Guarnaldi. S. Johannis. S. Durandus. S. Ademari fratris istius hominis. S. Girbert. S. Hisemberti qui scripsit hoc. S. Amalui. S. Rainaldus fratre abbatis. S. Gosfredi. S. Bernart. S. Tetbalt. S. Jammoni vicarii.

CI

Sur la demande d'un chevalier nommé Arnaud, l'abbé de Saint-Maixent Archembaud lui concède un arpent de vigne à Trémont, lequel, après sa mort, retournera à l'abbaye augmenté d'un demi-arpent qu'il lui laissera au même lieu (D. FONTENEAU, t. XV, p. 243, d'après l'original. Cette pièce se trouvait aussi dans le cartul., p. 187).

Entre 1040 et 1044.

In villa que dicitur Tremunz habet beatus Maxentius terras, scilicet vineas et alia quamplurima. Contigit autem illo tempore, regnante in pago Pictavensi domno W. comite, necnon ejus germano G., venerabilique A. comitisse eorum genitricem, in cœnobio vero almi confessoris supradicti M. domno Archimbaldo presidente abbate, ut veniret ad eum quidam caballarius nomine Arnaldus, peteretque ab eo in villa supradicta dari sibi unum juctum de vinea, quod ipse hoc facere distulit. Ipse autem homo magnis precibus advolutus promisit ut post suum discessum nemo esset qui hanc vineam requireret, et insuper post suam mortem in eodem loco dimidium juctum daturum de vinea se promisit, ita tamen ut quandiu vixerit teneat, et post suum obitum sancto Maxentio vel monachis ibidem Deo servientibus remaneat, et nullus homo aut femina ex hoc partem requirat. S. domni Archimbaldi abbatis. S. Garnaldi monachi. S. Johanni. S. Hisemberti qui hoc scripsit. S. Arnaldi cui donatum fuit. S. Arnaldi et Tedbaldi filiorum ejus. S. Albuini. S. Otgerii nepotis ejus.

CII

Emenon, homme noble, permet à son fidèle Gauscelin de céder aux religieux de Saint-Maixent, pour l'utilité de l'église de la Mothe, une portion du fief qu'il tenait de lui (D. FONTENEAU, t. XV, p. 251, d'après l'original. Cette pièce se trouvait aussi dans le cartul., p. 184).

Entre 1040 et 1044.

Temporibus quibus regnabat Einricus filius Rotberti

regis in Francia, in pago tamen Pictavensi persistente domno Willelmo duce cum suo germano Gosfredo, necne eorum genitrice Agnete comitisse, venerabilem quoque Gosfredum comitem vitricum illorum cum eis, in cœnobio quoque almi confessoris Maxentii commorante domno Archimbaldo abbate cum suis vernolitiis [1], extitit quidam nobilis vocitatus Emeno, ex cujus alodis fœderatus erat quidam illius fidelis dictus Goscelinus. Prefatus autem abbas emerat quandam ecclesiam, qui est sita secus fluvium qui dicitur Severa, et nominatur ille locus Sensciacus. Habetur autem aliquod edificium quod nominatur Mota. Illius autem ecclesiæ unde nobis est sermo, necesse erat opes accomodari. Postulavit autem abbas jam dictus ipsi Gauscelino, ut illi ex suis facultatibus aut venundaret aliquit aut daret. Tali vero modo placitum illorum evenit, ut ipse Goscelinus profiteretur voluntatem sui senioris talem habere, ut hujus rei causa auctor existeret, quod et factum est. Alium autem conventum habuerunt, quod minime latere oportet, ut si monachi vel abbas ipsius loci ex illo alodio ante jam dicto emere aliquit vellent, Emeno, quem ante nominavimus, non contradiceret; set in omnibus auctor existeret. Hujus rei causa donavit abbas ipsi Emenoni equum unum sub pretio sexaginta solidorum. Sane si quis post hanc diem donacionem istam vel comparationem et conventum... voluerit, hoc quod petierit non vindicet, et cum Datan et Abiron atque Juda traditore in infernum religatus sit, et emendet quingintos solidos. Signum Enrici regis [2]. S. Willelmi ducis Aquitanorum. S. Goffredi

---

1. Du Cange n'a pas relevé ce mot qui dérive de *vernula*, esclave; dans ce passage, il s'applique aux religieux de l'abbaye de Saint-Maixent, qui se disent les serviteurs du saint.
2. Si la présence du roi Henri I en Poitou, entre 1040 et 1046, pouvait être établie par d'autres textes que par celui-ci ou par celui que l'on trouvera plus bas (n° CX), ce serait un fait de plus à ajouter à l'histoire de ce prince, jusqu'ici si peu connue; mais on

fratris ejus. S. Agnetis comitisse genitrice illorum. S. Gausfredi comitis vitrici illorum. S. Archimbaldi abbas. S. Guinemari prioris. S. Garnaldus. S. Durandus. S. Johannes. S. Petrus. S. Rotbertus. S. Gauscelini. S. Emenoni. S. Aleent. S. Hisembertus qui scripsit hoc. S. Girbertus. S. Aimericus. S. Aldeburgis.

CIII

Restitution faite à l'abbaye de Saint-Maixent par un chevalier nommé Rainaud Berchoz de l'alleu de Thorigné, qu'il avait obtenu de la comtesse Agnès sans le consentement des religieux, à la condition toutefois qu'il en jouira sa vie durant (D. FONTENEAU, t. LXVI, p. 225, d'après l'original. Il donne encore la seconde partie de cette charte, t. XV, p. 245, d'après le cartul., p. 157 et 158 [1]).

Entre 1040 et 1044.

Dum inter sacra colloquia olim nobiles quidam de salute animarum suarum compirarent, venit in mentibus illorum ut aliquid de suis heredibus ad cultum sanctæ Dei ecclesie condonarent, sicut mos est facere cunctis qui hujus rei causa Deo fideles existunt. Sed ad ea quæ jam diximus stilum retorqueamus. Fuerunt in isto consensu hii quorum nomina hec sunt : Acfredus de Brisiaco, Arnaldus illi germanus, necnon Anselmus illorum consanguineus, qui Anselmus, uxore accepta, genuit ex ea filium quem Amblardum vocavit, eumque sacris litteris instruere fecit, canonicumque in ecclesia B. Leodegarii martyris, sub manu domni abbatis Bernardi constituit, atque ex suo alodo, qui dicitur Toriniaco, quantum ad illum pertinuit, una per con-

---

ne peut douter que cette mention ne soit autre chose qu'une formule du rédacteur de ces actes, pour indiquer sous quel règne ils ont été passés.

1. Imprimé avec la date de 1052, par Champollion-Figeac, *Docum. hist.*, t. I, p. 488, d'après une copie de Besly, à laquelle le texte de D. Fonteneau apporte quelques corrections.

sensu supradictorum parentum suorum ad locum sancti Maxentii Adjutoris condonavit, ut illic hec donatio jugiter firma permaneat. Tempore autem quo Agnes comitissa in pago Pictavensi cum suis filiis dominari cœpit, surrexit quidam miles nomine Rainaldus Berchoz, qui ipsum alodum per manum ipsius comitisse sibi vindicavit, absque voluntate domni abbatis Archimbaudi vel seniorum sub eo degentium, qui tunc temporis in eodem monasterio preesse videbantur. Penes se agnoscens ipse Rainaldus in hoc facto non esse voluntatem seniorum, petiit ut descriptio hujus rei causa fieret, utque quandiu ipse viveret in suo dominio teneret, atque post illius discessum nec homo nec femina esset qui terram supradictam in presenti evo requirere presumeret. Si quis vero post illius obitum requirere presumpserit, mille solidos componat, et quod petierit non vindicet, et cum Datan et Abiron, vel cum eis qui dixerunt Domino Deo : *Recede a nobis*, et cum eis qui eum occiderunt, in profundum inferni religatus sit. Auctores autem hujus relaxationis illius terre post mortem ejus hi sunt: domnus abba Archimbaldus, et pater illius Rainaldus, et fratres ejus Bernardus Tirolius, Tetbaldus, Rainaldus. S. Archimbaldi clerici. S. Joscelini Folenfant. S. Bernardi de Taslai. De monachis vero nomina hec sunt : S. Warnalt. S. Rotbertus. S. Petri Magni. S. Winemari. S. Aimeric. S. Stephani Mellensis. S. Girberti. S. Agnetis comitisse. S. Wilelmi filii ejus, ducis. S. Gauzfredi fratris ejus. S. Anscherii fratris Rainaldi Bercho. Signum Isemberti Croc, qui hanc scriptionem fecit.

CIV

Vivien Brochard, sa femme Ersent et leurs enfants, donnent à l'abbaye de Saint-Maixent un homme nommé Durand, avec sa famille (D. FONTENEAU, t. XV, p. 267, d'après le cartul., p. 245).

Entre 1040 et 1044.

Hoc inter vetera jura lex Romanorum exposcit ut inter

omnia corpora libertinorum cives Romani meliorem habeant statum, qui et testamenta condere possint et heredes relinquere. Quamobrem ego in Dei nomine Vivianus Brochardus, et uxor mea Ersentis, et filii mei Vivianus [et Al]duinus, tractavimus de Dei timore et eterna retributione ut mihi Dominus in die ultimo veniam tribuere dignetur. Idcirco ex proprietate juris mei dono sancto Maxentio et abbati Archimbaldo, et monachis ejusdem loci, hunc hominem nomine Durandum cum filiis et filiabus suis, pro animæ meæ remedio, et pro animabus parentum meorum, eo videlicet modo ut ab hodierno die omne quod mihi impendebat servitii, Deo et sancto Maxentio et senioribus illius loci exsolvat. Si quis vero fuerit post hunc diem, aut nos ipsi, aut ullus ex heredibus nostris, vel alia persona, qui contra hec faciat, iram Dei incurrat. Testes vero hi sunt : S. abbatis Archimbaldi. S. Rainoldi Coie. S. Rodulfi. S. Petri parafonistæ. S. Rotberti. S. Stephani. S. Rainaldi. S. Martini. S. Girberti. S. Ragi [naldi]. S. Goiffredi. S. Tetbaldi. S. Bernardi. S. Rainaldi. Ego Gislebertus scripsi.

CV

Aubouin, chevalier, ayant fait construire un moulin et un four dans l'alleu de Saint-Germain d'Isernay, propriété de l'abbaye de Saint-Maixent, consent qu'après sa mort la moitié de ces édifices revienne aux religieux en toute propriété (D. FONTENEAU, t. XV, p, 249, d'après le cartul., p. 180).

Entre 1040 et 1044.

In villa que dicitur Senszai, scilicet ad castellum qui Mota vocatur, olim habuerat almus confessor Maxentius Adjutor aliquid de terra in alodum, videlicet terram sancti Germani de Iserniaco, quod adhuc permanet ut ante fuerat. Contigit vero in tempore illo quo pagum Pictavense regebatur sub ditione domni Willelmi comitis, vel ejus germano Goffredo, necne Agnæ comitissæ eorum genitrici, ut quidam miles nomine Albuinus in eodem alodo quoddam molendinum vel pistrinum edificaret, sine voluntate seniorum qui tunc temporis in supradicto loco morabantur. Presidente vero domno Archimbaudo abbate in ipso monasterio, venit ipse miles jam dictus, fecit que placitum vel convenientiam talem cum eo vel aliis senioribus, ut quandiu vixerit, teneat; postque suum discessum medietas de ipso molendino vel de pistrina beato Maxentio remaneat absque ullo contradicente. Et ut causa ista firma permaneret, donavit ei supradictus abbas una carrata de vinum omni anno, ita tamen ut vinum istud simili modo cum aliis causis denominatis post mortem ejus, sicut dictum est, in ipso cenobio remaneat; et nemo sit qui ex hoc partem requirat. Si quis autem hanc donationem dissipare voluerit, inprimis in iram Domini incurrat, et cum Datan et Abiron in profundum inferni religatus sit, et quod petierit non vindicet, et componat auri libras v. S. Albuini. S. Gauterii filii ejus. S. Otgerii nepoti ejus. S. Aenor uxoris ejus. S. Archambaudi abbatis. S. Garnaldi monachi. S. Johannis monachi. S. Petroni monachi. S. Ingelberti pueri. S. Petroni monachi. S. Willelmi monachi. S. Adraldi monachi. S. Rainaldi Pilot. S. Bernardi Tiroil. S. Joscelini Folenfant. S. Aremburgis filia Albuini. S. Gauterii Froter. S. Ucberti Belet. S. Willelmi comitis. S. Goffredi fratris ejus. Regnante Domino Deo Jesu Christo [1].

CVI·

Donation faite au monastère de Saint-Maixent par A......, de terres sises auprès de la Mothe-Saint-Héray (D. FONTENEAU, t. LXVI, p. 223, d'après le cartulaire [2]).

Entre 1040 et 1044.

Dum in hoc seculo unusquisque homo prop[rio vacat]

---

1. V. sur cette clause, que nous retrouvons dans les nos XCVI, XCIX et CVII, la dissertation de Besly : *Deux traictez de la clause Regnante Christo*, à la suite de son *Histoire des comtes de Poictou*, p. 123.

2. Le bord des feuillets du t. LXVI de D. Fonteneau ayant été

arbitrio, oportet ut de rebus sibi adquisitis taliter age[re ut premium] eterne vite mereatur percipere. Quapropter ego A......... do sancto Maxentio molendinum unum et furnum unum......... chia illorum, post mortem meam, in suo ipso alodo, et..... totam terram, quam de Gauterio ad censum teneo mo....... illam do, et junctum unum de prato retro ecclesiam sanctæ Arediæ et dat mihi abbas xx solidos, et unum indumentum quod [ad] equitandum convenit, taliter ut amplius reddita non sit supradicto Gauterio terra. Dono enim in elemosyna, in oblatione perpetua, pro remedium animæ meæ vel parentum meorum ad cenobium almi Maxentii confessoris et egregii martiris Leodegarii, et ad monachos ibi Deo servientes sub regimine domni Archimbaudi abbatis. Illud etiam mihi placuit inserere ut si ulla persona contra hanc donationem\ullam calumniam generare presumpserit, inprimis iram Dei incurrat, et beatum Maxentium atque beatum Leodegarium perpetuos adquirat inimicos, si non emendaverit.

CVII

Emeltrude, autrement dite Bonne, veuve du chevalier Châlon, de Saint-Maixent, et son fils Hugues, donnent à l'abbaye de Saint-Maixent l'alleu de Thorigné (D. Fonteneau, t. XV, p. 263, d'après le cartul., p. 159. Il en donne aussi un extrait, t. LXVI, p. 93)

21 août 1044.

Anno ab Incarnatione Domini millesimo quadragesimo quarto, Francorum regnum adepto Ainricus rex, qui filius fuit Rotberti regis, sub illius temporibus Willelmus filius Willelmi ducis, necne germanus illius nomine Wido cum sua genitrice Agnen comitissam, privigno quoque illorum

---

abîmé par le feu, l'extrémité de plusieurs lignes de cette charte a disparu, ainsi que la mention de la page du cartulaire. Il est à croire qu'il s'agit d'un accord intervenu entre le chevalier Aubouin, cité dans la pièce précédente, et l'abbé Archembaud.

auxilium illis prestante nomine Goffredo pagum Pictavense sibi vindicaverunt, atque illud, prout dominus donavit, cum omni diligentia strenue gubernaverunt. Accidit autem ut illo in tempore quedam matrona nomine Emeltrudis, qui alio nomine mutato Bona vocitabatur, adveniret, qui quondam uxor Kataloni militis fuerat de villa sancti Maxentii, in diebus quibus præerat in ipso cenobio bone indolis Archimbaldus abbas, ex suis rebus propriis, quas a suis parentibus acceperat, in eodem loco condonaret, et sicut mente cepit, opere complevit. Hanc vero donationem, quam fecerat pro redemptione animæ suæ vel sui senioris suorumque parentum, Ugo filius ejus contradicere presumpsit ; sed interveniente causa Itineris, illoque usque ad sepulchrum Domini properare desideranti, supravenit abbas supradictus illi supplicans ut votum sue genitricis ne impedire presumeret poscens. Animum vero suum ad hoc donum flectens, hujus rei causa rogatus adquievit ; et dederunt uterque non solum illum alodum, verum etiam illum, quem ex comite Willelmo ipsa et Katalo, antedictus illius maritus, ex suis facultatibus emerant sine ullo contradicente. Alodum vero illud dicitur Toriniacus cum omnia, que ad illum pertinet, sicut ante jam diximus. Sane si quis hanc donationem inquietare vel contradicere presumpserit, inprimis irám Dei omnipotentis incurrat, et omnium sanctorum, si non emendaverit, et cum illis qui Dominum crucifixerunt in profundum inferni religatus sit. S. Willelmi comitis. S. Widoni fratris ejus. S. Agne comitisse genitrici eorum. S. Ugoni filio Kataloni. S. Emeltrudis, qui alio nomine vocitata est Bona. S. Goffredi filio Ugoni. S. Ademari Rufi. S. Rainaldi Pilot. S. Rainaldi Labahene. S. Bernardi Tiroli. S. Tetbaudi. S. Archimbaldi abbatis. S. Warnaldi monachi. S. Rotberti monachi. S. Girberti monachi. S. Winemari monachi. S. Isemberti Croc, qui hoc scripsit. Data die xii kal. septembris, regnante Domino nostro Jesu Christo.

CVIII

Guillaume Aigret, duc d'Aquitaine, à la sollicitation d'Archembaud, archevêque de Bordeaux et abbé de Saint-Maixent, supprime un droit injuste que le seigneur de Vouvent levait à Marçay et autres lieux, et lui donne la moitié du péage du château de Vouvent, certains droits en la forêt de la Sèvre, les villages d'Argentières et du Linault et la moitié du péage de Saint-Maixent (Orig., bibl. de Poitiers, n° 6. Cette charte est aussi donnée par D. Fonteneau, t. XV, p. 259, d'après le cartul., p. 214 [1]).

Vers 1045, 20 décembre [2].

Tempore quo in pago Pictavensi W. dux Aquitanorum principatum accepit, vivante illi germano illius Gauzfrido, necne illorum genitricem cum eis in hac vita feliciter manenti scilicet Agnen comitissam, sed et in cœnobio almi confessoris Maxentii, domno Archimbaldo, gratia Dei Burdegalensis civitatis archiepiscopo electo, locumque supradictum sancti strenue gubernanti, contigit ut dux ipse haberet conflictum cum quodam milite nomine Helia qui tunc temporis in castello, qui dicitur Vulvent, dominatum tenebat, superatus a duce memorato, vellet, nollet, proprium domicilium [3] reliquit. Fuerat autem in ipso castro quidam miles nomine Raimundus, qui in terra sancti Maxentii, que Marciaco dicitur, consuetudinem misit, quæ ibi numquam fuerat, qualem voluit. Ut autem cognovit archiepiscopus antedictus hanc con-

---

1. Imprimée dans Besly, *Histoire des comtes de Poictou*, p. 314 (qui devrait être chiffrée 414).
2. Geoffroy II, archevêque de Bordeaux, est décédé le 10 juillet d'une année indéterminée entre 1043 et 1047; Archembaud, abbé de Saint-Maixent, fut son successeur. On ne connaît pas l'époque de son élévation à l'archiépiscopat, mais elle ne peut être antérieure à l'année 1045, puisque la charte précédente (n° CVII), datée du 21 août 1044, ne le qualifie encore que d'abbé ; il s'ensuit que c'est au plus tôt à la fin de cette même année 1045 qu'il convient de placer cette charte (n° CVIII) que D. Fonteneau avait datée de 1043.
3. Il peut manquer un mot après *domicilium* ; la charte est rongée en cet endroit.

suetudinem Deo et hominibus omnino esse molestam, consilio reperto cum consensu supradictis senioribus, consuetudinem antedictam ab ipsa terra delevit. Trans autem paucis diebus, superveniens quidam nomine Giraldus, filius ipsi Raimundo, postea quam in ipso castro honorifice est ab ipso comite sublimatus, ipsam maliciam, quam pater ejus sicut diximus tenuerat, dimittere noluit; sed sibi hoc quod premissum est reddere fecit. Non ferens vero archiepiscopus tantam presumptionem, rogavit ducem ut ab ipso jugum tam perfide dominationis auferret, quod et fecit, donavitque ei medietatem ex pedatico ipsius castri, ita ut hoc quod ante in terra sancti Maxentii tenuerat, relinqueret absque ulla requisitione, quod ita factum est. At vero recogitans archiepiscopus penes se ne forte hæc relaxatio in penitudinem aliquando veniret, obsecravit ducem antedictum ut acciperet aliquod munus pro deliberatione illius terræ vel aliarum, quæ modo nominande sunt, scilicet illas malas consuetudines omnes, quæ in plano Alnisio, in terra sancti Maxentii, ab ipsius jussu habebantur, omnino oblivioni delerentur, et consuetudinem quam ipse comes Willemus et uxor sua Ermensendis habebant in villam que vocatur Artit, et in villa que dicitur Ulmes, et illam consuetudinem, quam antecessores ipsius comitis habebant in villam que nominatur Vulliacus. Hęc omnia dedit perpetualiter sancto Maxentio, omnemque videlicet consuetudinem quam comes Willelmus habebat in plano Alnisio in terra sancti Maxentii et illam de Marciaco, et dedit in silva, que nuncupatur Savra, quantum tenet tota revesticio, et in transversum ex via publica quantum potest homo jactare unum lapidem cum manu, et totum gros bosc in omnibus quicquid facere voluerit archiepiscopus videlicet supra nominatus et sui successores, deditque ei villam de Argenterias, et Linales, et ex pedatico medietatem de villa Sancti Maxentii. Pro his igitur adquisitis omnibus placuit domno archiepiscopo ut daretur comiti

Willelmi munus gratum sibi, scilicet unus equus valens quingentis solidis, et insuper trecentos solidos nummorum, ita ut ipsemet comes sua manu archiepiscopo suisque presentibus monachis super altare sancti Maxentii hanc cartulam affirmando perpetim imponeret, quinto videlicet die eveniente illo tempore ante Natale Domini, regnante vero Henrico rege Francorum, obtinenteque duce Willelmo cum sua genetrice Agnete Aquitanorum fines, Hysembertoque presule Pictavorum sedem regente, atque archiepiscopo Archimbaldo utriusque ordinis infula preminente. Sunt hec prefixa firma manu et perpetualiter concessa. S. W. ducis sueque conjugis Hermensendis. S. Agnetis comitisse. S. Hisemberti presulis. S. archiepiscopi Archimbaldi. S. Rainaldi prioris. S. Isemberti monachi qui hanc cartulam composuit. S. Rotberti monachi. S. Girberti monachi. S. Stephani monachi. S. Martini monachi [1].

CIX

Ramnulfe et sa femme Adélaïs donnent à l'abbaye de Saint-Maixent l'alleu de Vilaine, sis dans la villa d'Azay, auprès de la ville de Saint-Maixent, avec ses dépendances de maisons et de prés, et un moulin (D. FONTENEAU, t. LXVI, p. 181, d'après l'original. Il donne aussi cette pièce, t. LXVI, p. 179, d'après le cartul., p. 190).

Vers 1045.

Cum certa mors maneat omnibus hominibus....... Hec ego in Dei nomine Ramnulfus et uxor mea Adelaiz [perpentes futuram aliquando districti judicii discussionem pro remedio animarum nostrarum] [2], de proprio jure hereditatis nostre cedimus atque transfundimus domino nostro precellentissimo Christi confessori Maxencio adque abbati, quendam alodum nostrum, qui est situs in pago Picta-

---

1. Au dos, de la même main, est écrit : *Carta de vineada de Marciaco et de revesticia de Savra et de Argenteriis et de Linalibus et de grosso bosco et de pedagio de burco Sancti Maxentii.*
2. Les mots placés entre crochets sont empruntés au texte du cartulaire.

vensi, in villa que vocatur Tiziacus, juxta castellum sancti Maxencii, masnilium unum qui vocatur Villena[1], quantum nobis evenit de terram arabilem, et habet mansiones sex, et jugeros de pratos septem, et molendinum unum. De una parte est terra ipsius sancti Maxencii, de alia parte terra de Liziniaco castello, de duabus partibus via publica. Censum duodecim denarios omni anno persolvat ad festivitatem sancti Maxencii. Ea racione tradimus ut jamdictus confessor prebeat nobis auxilium in futuro seculo factus adjutor...... Ecce enim tali tenore tradimus ut post obitum nostrum abbas vel monachi loci istius si alicui homini tradiderint, vel manum firmam fecerint, aut vendiderint, vel aliquo modo ex monasterio jactaverint, parentes nostri qui superstites fuerint contra voluntatem monachorum res ipsas accipiant et aliquo modo in monasterio jure hereditario reddant, nostraque donacio omni tempore firma permaneat. Signum Ramnulfi et uxoris ejus Adelaiz, qui hanc donacionem fecerunt [2].

---

1. Le seul domaine avec lequel nous puissions identifier le *masnilium Villena*, est celui de Vilaine, situé dans la paroisse d'Azay près Saint-Maixent, laquelle s'étendait jusqu'aux murailles de cette ville ; il avoisinait les possessions des Lusignan à Saint-Maixent et aux environs, dont Alphonse de Poitou s'empara sur Hugues x, en 1242 (v. Bardonnet, *Hommages d'Alphonse, comte de Poitiers*, p. 59 et suiv.). Aussi pensons-nous que D. Fonteneau a commis une erreur en lisant *Tiziacus*, au lieu d'*Aziacus*. Nous devons toutefois faire remarquer que dans la paroisse de Saint-Eanne se trouve le moulin de Tizay, sur la Sèvre, qui répondrait bien au vocable *Tiziacus*; mais aucune des autres indications de la charte ne peut convenir à cette localité.

2. Le nom de Ramnulfe ne se rencontrant plus après le milieu du xie siècle dans les chartes de l'abbaye de Saint-Maixent, il nous semble que l'auteur de cette donation peut être identifié avec un personnage du même nom qui parait dans des actes de 1040 à 1044 (v. n[os] XCV et XCVIII), et doit être le père de *Willelmus Ramnulfi* qui souscrit à une charte de 1059 (v. n° CXVI) ; ce dernier comparait comme enfant dans un autre acte daté de 1040 à 1044 (n° XCVIII). Voici du reste ce que dit D. Fonteneau de l'original qu'il a eu entre les mains : « L'écriture du titre est belle et semblable à celle de la « fin du onzième siècle. Elle est assez menue ; j'en ai vu souvent de « semblable dans le commencement du treizième ».

CX

Girbert et son frère Barthélemy vendent un moulin au nommé Guirat, avec le consentement d'Archembaud, abbé de Saint-Maixent (D. Fonteneau, t. XV, p. 269, d'après l'original).

Vers 1046.

Contigit preterito tempore maximam famem in terra evenire, veneruntque ad me qui Guiratus vocor, duo homines districti per maxime pre nimia valitudine famis, postulantes auxilium si forte cum meo adjutorio possent inopiam famis temperare. Vocatur autem unus ex his Girbertus, alius vero Bertholomeus, et habebant unum molinum tunc temporis, precaveruntque me ut eum compararem; sed domnus abba Archimbaldus me prohibuit. At nunc per consensum ipsius qui nunc est archiepiscopus effectus, vel ceterorum fratrum, habeo illis fratribus donatum quantum michi visum fuit ipsum molinum valere, scilicet tres libras et duos solidos, presentibus istis hominibus quorum nomina hec sunt : Girbertus presbiter, Constantinum fratrem ejus, Rainaldus Barrilarius, Girardus Coccus, Agenulfus fidejussor, Engelbertus judex, Arbertus Travers, Gauffredus, Johannes, Unbertus, Goscelmus et multi alii, quos dinumerare longum est, et hoc sine ullo contradicente. Sane si quis homo aut ulla persona hanc venditionem vel comparationem destruere voluerit, quod petierit non vindicet, [vel] componat ducentos quinquaginta solidos. S. Girberti et fratris ejus Bertholomei, qui hanc venditionem fecerant. S. Constantini filii ipsius Bertholomei. Signum Emenoni. S. Einrici regis. S. Willelmi comitis Pictavensis. S. Gauffredi fratris ejus. S. Agne comitisse. S. Constantini Mellensis. S. archipresulis Archimbaldi Burdegalensis. S. Radulfi prioris. S. Petri. S. Rotberti. S. Girberti. S. Guirati qui hoc comparavit vel scribere fecit. S. Girberti filii ejus. S. Petri fratris ejus. S.

Giraldi. S. Galterii. S I semberti monachi qui hoc scripsit. Censum vero illi molini sunt octo denarii.

CXI

Affranchissement du serf Adzon par Archembaud, abbé de Saint-Maixent (D. FONTENEAU, t. XV, p. 271, d'après l'original).
1047 ou 1049.

Hoc inter vetera [jura lex] [1] Romanorum exposcit auctoritas ut inter om[nia corpora libertinorum] cives Romani meliorem habeant statum, qui et testamentum [condere] possint et heredes relinquere. Quapropter ego in Dei nomine archiepiscopus et abba Archenbauldus et ceteri seniores sancti Maxencii tractavimus de Dei timore et eterna, retribucione et pro sancti Maxencii amore, ut nobis pius Dominus in die magni judicii veniam tribuere dignetur. Idcirco Adzo servum ingenuitate relaxare deberemus, quod ita sicut manifestum est fecimus, eo scilicet modo, ut ab odierna die sibi vivat, sibi agat, suique juris se esse cognoscant, omnique libertati deditus sit. Nemini hominum quicquam servicii exibeat, neque libertatis obsequium prestet, sed in plenissima ingenuitate, tanquam bene de genuis parentibus fuisset natus, securus vivensque maneat, et quod proprie videtur possidere ab odierna die, et quod in reliqum adquisierit, concessum sibi et secum habebat libertatem, senioremque hac defensorem quecumque placuerit eligat, et si ex ipsis proles nate fuerit, in eadem ingenuitate permaneat. Si quis quoque post hunc diem ex nobis ipsis aut qualibet intromissa potens persona fuerit, que hanc ingenuitatis kartulam inquietare presumpserit, inprimis iram

---

1. Les mots placés entre crochets étaient remplacés par des points dans la copie de D. Fonteneau; ils manquaient sans doute dans l'original qu'il avait transcrit; nous les avons empruntés aux formules initiales de la charte n° CIV, qui est vraisemblablement l'œuvre du même rédacteur.

Dei omnipotentis incurrat, et in id quod expetit nihil prevaleat. Insuper cui litem intulit, judiciari sede coactus auri libras mille componat. Ut ergo firmiter credatur, manu propria firmare curavimus, nobilium quoque virorum nomine sigillamus. S. Archenbauldi archiepiscopi et abbatis. S. Rodulfi decani. S. Petri. S. Stephani. S. Ysemberti. S. Martini. S. Amelii et ceteri monachi. S. comitis et ducis Guilelmi. S. Ugoni. S. Gofridi filii sui. S. Constantini de Metulo. S. Tetbaldi la Buche. S. Bernardi Tirol. S. Gosfridi de Gurdun. S. Rainaldi Grosgren. Actum monasterio sancti Maxencii, anno Incarnationis Domini millesimo xlviiii, regnante Henrico rege Francorum, anno xvi regni ejus [1].

CXII

Relation de la perte des coutumes de Montamisé par l'abbaye de Saint-Maixent, laquelle arriva pendant un voyage que fit la comtesse Agnès, accompagnée de l'abbé Archembaud, vers le comte Thibaut (D. FONTENEAU, t. XV, p. 255, d'après le cartul., p. 208).

Entre 1045 et 1050.

Regni gubernacula obtinente domno Enrico rege Francorum, atque Aquitanensium ducaminis moderamina regente domno comite Willelmo filio Agnetis comitissæ, et terras sanctorum infelicissime pervasas, pro animarum suarum salute ad rectissimorum sanctorum, quibus pro Dei amore retroactis temporibus a catholicis Christi fuerunt data, per curias et judicia restituentibus, contigit ut quandam terram, quam dono dotis et Christi servus Maxentius diu suique ac sibi famulantes possederant, infelicissime ab Ademaro vicario furto sublatam, per judi-

---

1. Le roi Robert II étant mort le 20 juillet 1031, c'est à partir de cette date qu'il convient de compter les années de son fils Henri I. Or, la seizième année du règne de ce prince tombe en 1047; cette date ne concordant pas avec le millésime donné dans la charte, on doit supposer une erreur, soit dans la notation de l'année, soit dans celle du règne.

cium curie recuperasset archiepiscopus Archimbaudus ; que terra sita est quatuor mille passuum a Pictavis civitate, in parroechia sanctæ Mariæ de Monte Thamaserio, podium sancti Maxentii omni tempore ob hoc vocatum et alio nomine videlicet Sivrec. Que terra omnes suos cultores ac suos habitatores et omnes qui in ea nati sunt sine ulla consuetudine, quam comes habeat, detinet, quia debitum sui capitis pro cartis servilibus, quas illic habent, et ubicumque fuerint, in omni honore comitis reddunt ad altare sancti Maxentii. Habuerunt autem Christi servi Maxentii post hoc judicium cultores omnem terræ consuetudinem sine ullius contradictione usque ad illud tempus, quod Agnes comitissa at Tetbaudum comitem [1] profecta est, unaque cum ea archiepiscopus Archimbaudus, et in ipso itinere captum est consilium, quo ex toto perdidit sanctus Maxentius supradictam terram sine consilio et auctoritate monachorum.

CXIII

Maxime, femme de Boson Boreau, donne à l'abbaye de Saint-Maixent deux colliberts ayant appartenu à son premier mari, Pierre Fort, homme noble (D. Fonteneau, t. XV, p. 289, d'après l'original. Cette pièce se trouvait aussi dans le cartul., p. 170).

1051.

Anno xx post transitum domni Rotberti regis, regnum Francorum filius ejus Ainricus suscepit regendum. In pago vero Pictavensi dominari contigit domnum Willelmum ducem cum suo germano Goffredo, nec non illorum genitricem Agnen comitissam ; illis autem in temporibus quidam bone indolis Archimbaldus abbas vocitatus cœnobium sancti Maxentii Adjutoris procurandum suscepit, qui illum magnis opibus ditavit, atque in omnibus rebus

---

1. Vraisemblablement Thibaut I, comte de Champagne de 1045 à 1050.

Deo se devotum exhibuit. Igitur quidam vir nobilis, nomine Petrus, qui dicebatur Fortis, oppressus est infirmitate qua et mortuus est, qui quandiu vixit tam in servis quam in colibertis possessor extitit. Post obitum autem ejus accedens memoratus abbas ad ejus successorem, uxoremque vel filiis, petiit ab eis ut pro illius anima duo coliberti darentur cum infantibus suis, scilicet Rainaldus cl.[1] et Adalfredus, cum omnia que illorum erant, excepto quod de unumquemque infantem unum retinuerunt qualiscumque,....... Atque super hæc omnia donavit illis abbas jamdictus aliquit ex opibus supradicti sancti, hoc quod ipsi petierunt, et societatem in monasterio cum ceteris senioribus.... Si quis hoc post hanc diem contradixerit vel inquietare voluerit, quod petierit non vindicet, atque excommunicatus permaneat et componat centum libras ex auro purissimo. Signum Petri qui dictus est Fortis, pro cujus anima hæc donatio est facta. S. Willelmi ducis. S. Goffredi fratris ejus. S. Agnetis comitissæ genitrici illorum. S. Hisemberti episcopi urbis Pictavensis. S. Bosoni Borelli, mariti uxoris supradicti Petri qui dictus est Fortis. S. Maxime uxoris ejus. S. Willelmi filii ejus. S. Arve fratris ejus. Signum Aimerici fratris ejus.

CXIV

Pressel et sa femme Rohenteline donnent à l'abbaye de Saint-Maixent l'église de Saint-Gildas, avec toutes ses dépendances (D. FONTENEAU, t. LXVI, p. 229, d'après l'original).

Entre 1040 et 1059.

Cum humane nature fragilitas multo nutriatur augmento, et amministretur officio, nimirum insipienter desipiunt

---

1. Cette abréviation, donnée telle par D. Fonteneau, qui ne s'est pas hasardé à l'interpréter, se rapporte au surnom de Rainaud, ou plutôt à sa profession.

et a recto veritatis tramite deviantur qui laborem et studium suum in amministratione hujus exigue et momentanee vite dediti inaniter expendunt. Que quanto pressa pondere fragilitatis tendit in inferioribus tantum necesse est juvamine saniori substatie semper summa requirere, et ad eam totis desideriis anhelare. Quapropter hoc ego Pressel dictus nomine et mea conjux Rohentelina, juxta modulum nostrorum jurium equa examinatione conpensantes, et hujus caduce vite defectionem laboremque considerantes, necnon et alterius vite succedentis nobilitatem simulque beatorum meritum inestimabile credens, statui de rebus jure mihi hereditario, provenientibus Deo et sancto Maxentio confessori, in cenobio ejusdem sub domno abbate Herchambaldo dare et perpetualiter tradere, videlicet ecclesiam sancti Gildasii, et terram quatuor carrucis sufficientem, et silvam quantum necesse est, decimamque omnium meorum jumentorum, hoc est de equabus ac de pullis earum, de vaccis quoque ac vitulis, porcis ac bubus, et decimam proprie annone, de molendinis quoque decimam, et duas exclusas dominicas, et de reliquis quartam partem. Si quis ergo ex heredibus aut propinquis aut ulla immissa persona contra hanc donationem insurgere voluerit, maledictus et excommunicatus sit a Deo omnipotente et a sancta Maria Dei genitrice, et sancto Michaele et a sanctis omnibus, et cum Juda traditore et cum Dathan et Abiron in subplicium ignis eterni precipitentur, si non emendaverint. Hanc cartam ego Pressel, manu propria firmavi et super altare sancti posui Maxentii, et manu meæ conjugis firmare jussi. Propter hoc ergo munus a me sibi collatum, datum est mihi et meæ conjugi et filiis nostris cum omni progenie nostra societas omnis benefacti, ut sumus quasi unus ex illis. S. Pressel et uxoris suæ Rohentelinæ.

CXV

Adémar, sous-chantre du chapitre de Sainte-Radegonde de Poitiers, affranchit un collibert du consentement de tous ceux dont il dépendait (D. Fonteneau, t. XV, p. 291, d'après l'original).

Entre 1047 et 1059.

Quisquis superne beatitudinis adeptionis beatus fieri desideret...... Hujus igitur prefationis compulsus dulcedine, ego Ademarus, Sancte Radegundis clericus et subcantor, et frater meus Agardus damus libertatem cuidam coliberto nostro nomine videlicet Gosberto, cum auctoritate Gisleberti ac Johannis fratris sui, quorum dono eum habemus, et Ademari vicarii Pictavis, et uxoris suæ Helisabet, et filii sui Ademari, qui unam sellam habuit, a cujus patre isti tenebant hunc virum, necnon et auctoritate Archimbaldi sancti Maxentii abbatis idem Burdegalensium archiepiscopi, a quo hic Ademarus Pictavis vicarius eum tenebat, et ab eo movebat omne; ut deinde servitutis absolutus vinculis nullius legibus subjaceat, nisi tantummodo Dei omnipotentis, ac potestatem faciendi quicquic voluerit habeat, et abiat quoquo loco placuerit. Hæc scripta si quis infringere voluerit, iram Dei habeat, et quod petet non vindicet, ac insuper mille solidos auri componat. S. Ademari. S. Agardi. S. Aymerici filii sui. S. Gisleberti et Johannis fratris sui et aliorum fratrum.

CXVI

Archembaud, abbé de Saint-Maixent et archevêque de Bordeaux, obtient du comte Guy-Geoffroy un terrain dans la forêt de Vouvent, pour y fonder une église et remplacer celle de Sainte-Radegonde que les habitants de cette paroisse avaient abandonnée (D. Fonteneau, t. XV, p. 295, d'après l'original. Cette pièce se trouvait aussi dans le cartul., p. 125).

Avril 1059.

Rectore summo disponente affectum devotionis humanæ,

cernitur irrefragabilibus oculis nostre mentis compassio divinæ bonitatis, pelliturque incomoditas vanæ securitatis; ipso enim assensum præbente, imo potius operante efficitur capax ratione sensus homini attributus, quod a Deo fieri non dubium est, quia constat in communa humanum genus animalia præcellere atque anhelo spiritu conditorem quærere, voluntate simul et actione terrena, ac si precipitium fugere, alioquin sunt nullo modo sibi rectorem fore Dominum nisi supleverit facultas bene agendi. Namque pacto eum diligimus, si præceptis ejus negligende contraimus cum enim scriptum sit quod: *Perfecta caritas mittit timorem* et *Initium sapientiæ timor Domini*, qualiter eum diligere probatur qui post tergum rejicit hujus sapientiæ jugum. Item dicit Scriptura: *Nihil negligere eum qui cognoscitur timere Deum*, et e contrario sicut is nihil negligit; ita prætermittit cuncta parvipendens Omnipotentis imperia non obsequendo, amando ergo supra modum terrena paulatim videtur oculis frigescere amor conditoris, sic dicit Scriptura: *Ubi abundavit iniquitas refrigescet et caritas*. Sæpissime ergo volvendo animi motu quæ ante oculos hominum ad tempus deest corpori, fit miro modo divina dispensatione ut deducatur coram mentis aciem, sponsio vera Salvatoris dicentis: *Reliquenti centuplum recipere ad ipsum insuper animæ vitam largiturum æternam*. Hoc idcirco fit ut eosdem quos antiquus hostis conatur rapere, quos socios adfiscat suæ perfidiæ, illi versa vice hunc eumdem respuant et comtemnant omni animi voluntate, et non sicut illum esse qui olim innocenti sua pestifera propinavit viro pocula, ille etenim quanto majus videt finem sæculi apropinquare eo magis evordescit invidia et festinat sævire [1], quare necesse est ut unusquisque dum vacat, laborare pro se studeat. Ideo hoc dicimus quia erat sancto

---

1. D. Fonteneau avait omis tout ce préambule, que nous restituons d'après D. Chazal, *Chronicon*, cap. 36.

Maxentio quendam ecclesiam honore sanctæ Radegundis cum parroechia sua; sed oriente permixtione terre fugati sunt omnes habitatores ecclesiæ; rustici enim relinquintes ecclesiam, venerunt habitare in silva Volvensis, nolentes illuc amplius redire; quod cernens Archimbaldus archiepiscopus, qui ejusdem monasterii regimen tenebat, peciit comitem dari sibi ex eadem silva, ubi fabricaretur ecclesia; qui ejus peticioni non renuens, ei junctum silve ejusdem dedit : et ecclesia illic fabricata est in honore sancti Maxencii, ipso annuente [1]. Ipse autem comes hanc cartulam firmavit et manu propria super aram sancti Maxencii posuit. Et ut inconvulsa permaneret, dixit et si quis eam infringere vellet, iram omnipotentis incurreret, et anathema, et a consorcio tocius christianitatis seclusus solidos mille coactus redderet. Signum Widoni comitis

---

1. Il n'existe pas dans l'enceinte de la forêt de Vouvent d'église placée sous le vocable de saint Maixent. Quelques écrivains, trompés par une similitude de nom, ont cru que l'église dont il est ici question était celle de Saint-Maixent de Beugné, commune du canton de Coulonges (Deux-Sèvres). Deux raisons péremptoires s'opposent à cette attribution : d'abord l'église de Saint-Maixent de Beugné n'a jamais dépendu de l'abbaye de Saint-Maixent, ainsi qu'il résulte des pouillés et particulièrement de la bulle du pape Pascal II, du 17 avril 1110, que nous reproduisons plus bas; en outre elle est placée hors des limites de la forêt de Vouvent, dont elle est distante de plus de deux lieues. Pour une raison ou pour une autre, le patron de l'église construite par l'abbé Archembaud ne tarda pas à être changé. En effet, la bulle de Pascal II, après avoir énuméré les églises que l'abbaye possédait d'ancienneté dans diverses localités sises entre Fontenay et la Caillère, en indique une qu'elle désigne simplement par son vocable ecclésiastique: *ecclesia sancti Johannis Euvangelistæ*. Cette église était donc placée dans un lieu encore innommé ; pour retrouver ce nom, nous avons recouru aux pouillés, et le rapprochement des mentions qu'ils fournissent nous a permis de reconnaitre exactement quel était aujourd'hui l'emplacement de cette église de Saint-Jean l'évangeliste; dans celui de l'évêque Gauthier de Bruges (commencement du XIVe siècle) on trouve: *ecclesia de Burgo-Novo, patronatum habet idem abbas* (*Sancti Maxentii*); puis dans celui d'Alliot de 1625 : *cura sancti Johannis de Burgo-Novo, abbas Sancti Maxentii* (*patronus*). Une agglomération, un bourg neuf, s'était donc formé autour de l'église de Saint-Jean ; c'est aujourd'hui Bourneau, *Burgus Novus*, commune du canton de l'Hermenault (Vendée), placée sur les reins de la forêt de Vouvent, à une lieue de Sainte-Radegonde, toutes indications qui sont parfaitement d'accord avec celles fournies par notre charte.

qui hanc firmavit. S. archiepiscopi Archembaldi. S. Isemberti episcopi. S. Fulconi comitis Engolismensis. S. Ademari Male Capsa. S. Willelmi de Rocha. S. Petri filii Mainart. S. Willelmi de Turre. S. Willelmi Ramnulfi. S. Tetbaldi Brabori. S. Jeldoini Forester. Data mensis aprilis, anno ab Incarnatione Domini millesimo LVIIII, regnante Henrico Francorum rege.

CXVII

Le chevalier Hugues, pour obtenir le pardon du meurtre d'un homme de l'abbaye de Saint-Maixent, abandonne aux religieux le fief qu'il tenait d'eux à la Bigotière, près Marçay (D. FONTENEAU, t. XV, p. 307, d'après le cartul., p. 134) [1].

1060 ou 1061 [2].

Presidente Philippo rege in regimine Francorum et obtinente Widone duce Gallorum fines, atque dominante archiepiscopo Archimbaudo abbatiam sancti Maxentii adepto sacerdotum gradu, Isemberto episcopo Pictavensis ecclesiæ, accidit quidam casus in villa, que vocatur Marciacus, quod quidam miles, Hugo videlicet nomine, insurgente ira, agressus est quendam hominem supradicti sancti, occiditque eum. Quapropter transacto unius anni spatio, recognoscens contra locum et seniores male egisse, deprecatus est eos suppliciter convocatus in capitulo, veniam sibi dari

---

1. Imprimée par Champollion-Figeac, *Docum. hist.*, t. I, p. 489, d'après les manuscrits de Besly.
2. D. Fonteneau a placé cette charte en 1068 environ, dans la pensée qu'elle pouvait appartenir aux quelques mois pendant lesquels, selon l'interprétation qu'il donne à un passage de la Chronique de Saint-Maixent, Archembaud aurait repris ses fonctions d'abbé. Nous ne pouvons partager cette manière de voir; il n'est pas supposable que, dix ans après la déposition d'Archembaud du siège archiépiscopal de Bordeaux, un acte authentique soit venu rappeler ce fait; celui-ci devait être encore tout à fait récent, et comme les autres indications chronologiques de la charte ne s'opposent pas à cette manière de voir, nous croyons devoir la rapprocher autant que possible de la date où Archembaud abandonna à la fois son abbaye et son archevêché, c'est-à-dire de la fin de l'année 1059.

pro istius facti crimine, spondensque se gratenter derelicturus fedum patris sui, quod obtinebat per manum abbatis et seniorum loci; illut etiam quod post modum addiderat et archiepiscopus, pro cujus occasione federis homo fuerat occisus, ita tamen requirens ut se vivente hereditario jure possideret subjectus eorum jussioni, et post obitus sui terminum supradicto sancto esset absque ulla contradictione parentis sui vel filii. Quod si aliquis requisierit propter propinquitatem vel consanguinitatem post hujus mortem, anathema fiat, insuper viginti libras auri persolvat. De illo enim federe dicimus, quod ille in Marciaco habebat, à la Bigotere. Ergo seniores accepto consilio peticioni ejus adquieverunt, et ut suppliciter postulaverat, data caritate ei concesserunt. S. Ugonis. S. Wuidoni prioris. S. Girberti monachi. S. Petri monachi. S. Winemari monachi. S. Benedicti monachi. S. Willelmi pueri. S. Focaldi pueri. S. Wuidoni comitis. S. Ugonis. S. Wautfredi filii ejus. S. Bernardi Tiroil. S. Wauteni. S. Wautfredi de Gordo. S. Rufini. S. Tetbaudi Taoni. S. Drohoni. S. Dodoni Duntis.

CXVIII

Béraud et sa famille donnent à l'abbaye de Saint-Maixent la moitié du pacage de Marçay et de celui de Vouillé; en outre, Pierre, frère de Béraud, ajoute en 1066 à cette donation celle d'une serve et de ses deux fils (Orig , Arch. des Deux-Sèvres, H 80. Cette pièce se trouve aussi dans D. Fonteneau, t. XV, p. 297 et 305, qui la reproduit d'après l'original, et qui l'avait aussi trouvée dans le cartul., p. 132. Il en donne encore un extrait, t. LXVI, p. 93).

13 mai 1061.

Priscorum mos extitisse dinoscitur ut quisque mortalium de proprietate substantię suę secundum sibi placitum facultas non denegetur erogandi. Enimvero quid prudentius agere salubriusve potest quàm pro salute anime absque cessatione cogitare. Legimus enim Dominum nostrum jussisse sequaces thesaurizare thesaurum indeficientem et acquirere amicos de iniquo mammona, qui nos recipiant cum defecerimus in eterna tabernacula. Sane fertur Dominum imperiosa voce percepisse, et cum imperio necessitatem induxisse, quod si quis semetipsum non abnegaverit et bajulans crucem invictam Christumque sequitus fuerit, ipsius esse discipulus minime valebit. His et similibus preceptis reminiscentes, ego Beraldus dictus nomine, fraterque meus Petrus, et uxor mea Beatrix nuncupata, cum filiis nostris quorum hec sunt nomina : Johannes, Wautfridus, atque Geraldus, cogitantes examinatione æterni arbitris ut ipsæ sua immensa clementia in supradicta examinatione faciat nostrum opus absque consumatione indeficientem persistere, statuimus ex propriis rebus Deo conditori nostro paululum largire, sanctoque Maxentio confessore atque adjutore, videlicet medietatem de paschario de Marciaco, una cum illo de Vulliaco, tali interposita pactione quod abbas, scilicet Aimericus, qui ejusdem loci tenebat regimen, datis mihi sexaginta solidis et supradicto fratri meo quadraginta, secundum placita nobis voluntatem et beneficium commune seniorum ejusdem loci. Posthec, accepta hac cartula et super altare sancti Maxencii imposita, manu mea propria et firmavi, et firmare jussi. Si quis vero, aut ego, aut aliquis ex eredibus nostris hanc infringere voluerit, inprimis iram Dei omnipotentis incurrat, et quod petit minime consequatur ; insuper auri libras centum coactus persolvat. Signum Wuidonis ducis, qui hanc firmavit et manu principum suorum firmare jussit. S. Agnetis comitissę et sanctimonialis, genitricis ejusdem ducis. S. Isemberti Pictavorum pontificis. S. Aimerici domni abbatis. S. Rainaldi monachi prioris. S. Gerberti monachi prepositi. S. Petri monachi cantoris. S. Ramnulfi monachi, qui hanc edidit. S. Beraldi, qui hanc firmavit. S. Petri fratris ejus. S. Beatricis uxoris meę. S. Johannis. S. Wautfridi. S. Geraldi, filiorum nostrorum. S. Ingelberti prepositi ducis, quo presente firmata est et super aram sancti posita. S. Wuillelmi generis hujus prepositi. S. Wigonis Aranni. Quibus astantibus super altare sancti Maxencii oblata est.

Posthec igitur, necdum paucis temporibus peractis, supradictus Petrus, frater Beraldi, quandam suam ancillam nomine Aldeardis cum duabus filiis suis dedit et cum omni genere suo, quod umquam a Pictavis civitate in his nostris infimioribus partibus inveniri umquam potuerit. Et si aliquis ex supradicto genere inquisitus denegaret, adquisitus per manum supradicti Petri monasterio sancti Maxencii redderetur accepta ob hoc peccunia quinquaginta solidos et loci istius beneficium. Hec autem facta sunt anno quo primum adiit dux Pictavorum Wido peregrinas partes Rome et quo exiit de sua captione Aimericus vicecomes, millesimo sexagesimo sexto ab Incarnacione Domini anno. Hujus rei testes sunt : Vi. vigerius de Luhcé, Engelbertus prepositus, Woslenus, Woffredus de Gurdun, Radulfus Grossus.

Data mense maio tercio idus ipsius mensis, regnante Philippo rege Francorum, anno ab Incarnacione Domini millesimo sexagesimo primo [1].

CXIX

Etienne, fils du viguier Jammon, donne à l'abbaye de Saint-Maixent la moitié d'un moulin et tout ce qu'il possède par droit héréditaire (D. Fonteneau, t. XV, p. 301, d'après le cartul., p. 220).

1064.

Omnis igitur homo quem regit Dei protectio in hujus seculi ergastulo, celestia pro terrenis appetat omnimodo, ut illic perpetuo fruatur gaudio, unde hic libero sua dispersit arbitrio. Namque sciens se summum beatitudinis

---

[1]. Cette charte a été écrite à deux fois, comme le prouve la couleur de l'encre; dans un blanc resté libre entre *oblata est* et la date, un second scribe a transcrit la donation de Pierre, frère de Béraud. Le premier scribe a en outre écrit au dos: *Hec est carta de pascario Marciaco quam dedit Beraldus.*

adquirere donum, et justicie sue modulum permanere in eterne hereditatis subsidium, idcirco ego Stephanus, Jammonis videlicet vicarii filius, Christi clementia undique fretus, pro innumerabili criminum meorum enormitate timens gehenne incendii flammas, omnem alodi mei divisionem, scilicet medium molendinum et omnia quæ ego hereditario jure possideo, Deo et sancto Maxentio Adjutori atque domno abbati Aymerico seu cunctis monachis semper famulantibus in ipsius loco, spontanea voluntate concedo ut, absque ulla parentum meorum aut quorumcumque hominum personarum inquietudine, locus supradicti sancti jugi affirmationis titulatione habeat. Ita vero sub Isemberti Pictave sedis pontificis, vel Widonis comitis agnomento Joffridi suorumque successorum manu, hujus cartule scripta sanctio, ut si umquam aliquis mortalium temerario ausu eam contradixerit, eorum legali institutione condempnetur, et ad rei effectum nullatenus attingat; sed omnis maledictionis privilegio, qui in canonice auctoritatis continetur articulo, mulcentur. Si denique egrotaverit in lectulo, non detur ei divini officii largitio, nec tradatur ei dominici corporis ac sanguinis perceptio; et si mortis ei evenerit preoccupatio, caro ejus ponatur in sterquilio, et cum Datan et Abiron fiat ejus habitatio in inferni tetri clausulo, ubi vermis non moritur ullo modo, nec sulphurei ignis extingitur concrematio, sed prorsus flammivome pene persistit turbatio. Ergo ego Isembertus presul meæ manus tactu hujus scedulam affirmo, et meæ excommunicationis vinculis ligo cunctos qui hujus donationis helymosinam a loco sancti Maxentii auferre voluerint, sit abbas, vel monachus, aut clericus, vel laicus, seu ex quocumque ordinis sit genere. Anno ab Incarnatione Christi millesimo sexagesimo quarto, regnante serenissimo rege Francorum Philippo, roborata est hujus membrani donatio, et sub presentia Isemberti episcopi vel Widonis ducis atque comitissæ Agnetis, seu domni Aymerici abbatis, decanique

Rainaldi monachi. S. Martini monachi. S. Gauterii monachi. S. Fulcaldi monachi. S. Ademari monachi. S. Warini monachi. S. Guinemari monachi. S. Giraldi monachi. S. Hildini monachi.

CXX

Guy donne à l'abbaye de Saint-Maixent une borderie de terre dite Champ-Barzelle, et son cousin Gauscelin, un fief qu'il tenait de lui au même lieu (Orig., arch. des Deux-Sèvres, H 79. D. Fonteneau, t. XV, p. 299, donne aussi cette pièce d'après l'original ; elle se trouvait encore dans le cartul., p. 188 [1]).

Entre 1060 et 1067, septembre.

Cum humanę naturę fragilitas multo nutriatur alimento et administretur offitio, nimirum insipienter desipiunt et a recto veritatis tramite deviant qui laborem et studium suum in administratione hujus exiguę et momentaneę vitę dediti inaniter expendunt. Quę quanto pressa pondere fragilitatis tendit in inferioribus, tanto necesse est juvamine sanioris substantię semper summa requirere, et ad eam totis desideriis anhelare. Quod ego Wuido dictus nomine, juxta modulum mearum virium equa examinatione compensans, et hujus caducę vitę defectionem laboremque considerans, necnon et alterius vitę succendentis nobilitatem simulque beatorum meritum inestimabile credens, statui de rebus mihi jure hereditario provenientibus Deo et sancto Maxentio confessori in cenobio ejusdem sub domno abbate Aimerico dare, et perpetualiter tradere unam borderiam terrę, que dicitur Campus Barzela ; item alios duos campos, accepto ab eis freno. Similiter quidam meus cognatus, timore et amore Dei commotus, nomine Gauscelinus, fedum, quem de me in eodem loco habere videbatur, statuit dandum, duas videlicet borderias terrę, unum

---

1. Publiée par M. Ravan : *Essai historique sur l'abbaye de Saint-Maixent et sur ses abbés*, Niort, 1864, appendice, p. 97.

medium junctum prati, accepta sella ab abbate et monasterio ejusdem loci et societatem omnium seniorum de benefacto omni in eodem loco. Et ego sub presentia domni Aimerici abbatis et omnium monachorum hanc cartulam firmavi, et quę in ea continentur, absque ulla contradictione omnium parentum meorum. Signum domni Aimerici abbatis, sub cujus presentia firmata est. S. Wauterii de Fort. S. Rainaldi de Mairech. S. Josberti Gauscelini. S. Ingelberti prepositi. S. Wuillelmi Arvernensis. Data mense septembri, regnante Philippo rege Francorum [1].

CXXI

Guy-Geoffroy, comte de Poitou, confirme la donation faite à l'abbaye de Saint-Maixent par le comte Guillaume, son frère, des coutumes qu'elle possédait à la Font-de-Lay (D. FONTENEAU, t. LXVI, p. 231 [2]).

Entre 1059 et 1068.

. . . . [3].
comite obtineret, qualiter pro anime sue salute ac matris sue Agnetis, ac venerabilis Ermensedis uxoris suæ, consuetudines quas habebat in villa quadam, que vocatur Fons des Lois, quæ sita est in Aunisio, sancto Maxentio ac archiepiscopo Archimbaudo, ac monachis sibi servientibus remitteret, scilicet espaut et vehe, et frescenge, et sues sibi proprias, et vigerias et meteerias, et ne sub monitu alicujus sui hominis aliquod servitium agant. Ex hac autem causa cartulam perscriptam sancti Maxentii posuit. Dum vero post mortem hujus principatum Aquitanorum venerabilis comes Goffridus predictam cartulam dampnavit. Sed a domno abbate Aymerico rogatus, et trecentis solidis datis,

---

1. Au dos, de la même main, est écrit : *Carta Wuidonis Aremberti.*
2. Par suite de la brûlure du feuillet, il ne reste de l'indication de provenance donnée par D. Fonteneau, que ces mots : Collat. à l'original.
3. Le commencement de la charte est déchiré (Note de D. F.).

sicut frater ejus donavit prius Christo sanctoque Maxentio, sic iste nunc domno abbati Aymerico ceterisque fratribus in loco degentibus, pro suæ animæ salute ac fratri sui et ut Dominus per intercessione sanctorum, quorum merita venerantur in eodem cenobio, prosperas sibi sua faceret, grantanti animo redonavit. Hujus cause prelocutores fuerunt Ugo de Viveunna, et Aymericus Gotmars, et Petrus de Briderias, et Aymericus Alboinus. S. Goffridi comitis. S. domni abbatis Aymerici. S. Rainaldi prioris. S. Guidonis monachi. S. Rainaldi monachi.

CXXII

Joscelin et son fils Hugues cèdent à l'abbaye de Saint-Maixent une femme serve avec sa postérité (D. FONTENEAU, t. XV, p. 303, d'après le cartul., p. 172).

Entre 1059 et 1068.

Que nobis immeritis a Deo collata novimus et credidimus non pigeat impedere consimilibus, presertim cum in Christo omnes fratres simus, sub uno Domino, sub una fide, sub uno baptismate, passione redempti, resurrectione convivificati, corporis ac sanguinis ejus misteriis insigniti. His ita vere se habentibus ego Joscelinus et filius meus Hugo, pro amore ejus qui judicaturus est omnes, cum reddet unicuique secundum quod fecit, ipsi inquam et sancto Maxentio, magni apud Deum meriti, mei juris ancillam Constanciam nomine dono dedi, ut meo servicio libera, Deo sanctoque Maxentio tam ipsa, quam filii ejus, semper serviant, nichil inquietudinis a nobis percipiant, nec a me scilicet, nec ab ullo meorum, abbati Aimerico, senioribus loci, qui nobis etiam pro hac re sex libras dederunt, subjecti sint semper tam ipsi quam qui ex ipsis sequenti tempore nati fuerint. Et ut hoc stabile ac firmum permaneat, ego et uxor mea atque liberi, testibus subscriptis, confirmavimus. S. Joscelini, per cujus manus hæc libertatis cartula sanctita dinoscitur. S. Ugoni filii ejus. S. abbatis Aimerici. S. Rainaldi prioris. Et quicumque istam cartam contradixerit vel destruxerit, nec nullus de heredibus, nec filius, primum iram Dei incurrat et cum Datan et Abiron excommunicatus permaneat. Fiat.

CXXIII

Hugues VI de Lusignan renonce, en échange de services religieux, à toutes les mauvaises coutumes que lui et ses hommes avaient pris l'habitude de lever sur les terres de l'abbaye de Saint-Maixent (D. Fonteneau, t. XV, p. 313, d'après le cartul., p. 247).

10 mars 1069.

Anno ab Incarnatione Domini millesimo sexagesimo nono, presidente Romæ papa Alexandro, Francis rege Philippo, Aquitanis duce Guidone, Pictavensibus Iemberto presule, Santonensibus Goderanno, indictione III [1], VI idus martii, die Inventionis sancti Maxentii, talem convenientiam facit Ugo Lezinonensis cum domno abbate Benedicto et monachis sancti Maxentii, scilicet dimisit idem Hugo abbati predicto quingentos solidos, quos habuerant antecessores ejus de abbatibus precedentibus sancti Maxentii in augmento reliqui beneficii sui et dimisit omnes malas consuetudines, quas temporibus suis inmiserant ipse et homines sui in terris sancti Maxentii, pro redemptione animæ suæ et parentum suorum. Pro qua bonitate promisit eidem Hugoni predictus abbas, quamdiu vixerit, per unamquaque ebdomadam unam pro eo cantare missam ; post mortem vero ejus anniversarium plenum, tam de vigiliis quam de missis, pro anima ejus agendum spopondit, si eum supervixerit. Quod si ante ipse abbas obierit, fratres superstites ita anniversarium ut dictum est complebunt. Domni quoque [2]. . . . . . .

---

1. En 1069, le chiffre de l'indiction était VII et non III (V. la charte n° CXXIV, donnée le même jour que celle-ci).
2. Le reste est déchiré. Il manque dix-huit chartes de suite (Note de D. F.).

CXXIV

Hugues VI de Lusignan se reconnait vassal de l'abbaye de Saint-Maixent pour les fiefs qu'il tient d'elle, et lui restitue trois églises et d'autres domaines qu'il lui avait enlevés pendant le temps qu'il était en guerre avec le comte de Poitou (D. FONTENEAU, t. XV, p. 315, d'après les manuscrits de D. Etiennot, part. 2, fol. 429 [1]).

10 mars 1069.

Anno ab Incarnatione Domini millesimo septuagesimo nono [2], præsidente Romæ papa Alexandro, Francorum rege Philippo, Aquitanis duce Guidone, Pictavensibus Isemberto præsule, Sanctonensibus Goderanno, indictione VII, VI idus martii, die Inventionis sancti Maxentii, fuit Hugo de Leziniaco homo abbati Benedicti, et fecit ei hominium de casamento suo, quod habebat de sancto Maxentio, et propter guerram quam habuit comes cum eo, ipse Hugo monachos sancti Maxentii de terra sua fugaverat. Benedictus abbas reduci reclamabat. In placito recognovit se male egisse et ecclesias sancti Maxentii, sanctæ Mariæ, sanctæque Genovefæ cum aliis pluribus quæ in rotulis et cartis sancti Maxentii continentur, restituit, et cum alio suo feodo ab ipso sancto se et parem suum habuisse affirmavit. Postea ibidem dimisit D solidos, quos habuerunt antecessores sui de abbatibus præcedentibus sancti Maxentii...; fratres pro ea bonitate anniversarium ejus complebunt, nomen quoque ejus scribetur in martyrologio et recitabitur quotannis [3].

---

1. Cette charte faisait sans doute partie de celles dont D. Fonteneau avait constaté l'absence après la précédente. L'analyse qu'en donne D. Chazal, cap. 39, nous a permis de rectifier sur quelques points la lecture de D. Etiennot.
2. Il faut lire *millesimo sexagesimo nono*, car en 1079 ce n'est pas Alexandre II qui était pape, mais bien Grégoire VII, et le chiffre de l'indiction était 2 et non 7.
3. Les clauses finales de cet accord sont ainsi rapportées par D. Chazal : *ea lege ut per singulas hebdomadas abbas pro eo missam cantaret et ipse Hugone mortuo anniversarium plenum tam de missis quam de vigiliis monachi facerent.*

CXXV

Le prêtre Arbert donne à l'abbaye de Saint-Maixent la prévôté de l'église canoniale de Saint-Léger de Saint-Maixent, avec ses dépendances et les droits curiaux qui lui appartenaient (D. FONTENEAU, t. XV, p. 317, d'après le cartul., p. 239).

19 avril 1070.

Anno ab Incarnatione Domini millesimo septuagesimo, presidente Romæ papa Alexandro, Francis rege Philippo, Aquitanis duce Widone, Pictavensibus Isemberto presule, xiii kalendas maï, dedit et concessit Arbertus presbiter domno abbati Benedicto et cunctis monachis sancti Maxentii in capitulo eorum, omne beneficium et fedum quod idem Arbertus emerat ab Johanne Pictavensi clerico jussu abbatis Aimerici et monachis suis, scilicet preposituram canonie sancti Leodegarii, et de omni terra que pertinet ad eandem canoniam, hoc est de terra et villa et ecclesia de Campellis, et in eadem villa unum modium tritici, et de terra de Trevint, et de terra de Valle Vulgrini, et in alio loco iii modios annone, et capellaniam sanctæ ecclesiæ beati Leodegarii, et matriculam et totum panem altaris, et penitus omnia que tenebat prefatus presbiter pertinentia ad preposituram jam dictam, quam habebat ipse et alii homines de illo, preter unum ortum, que retinuit in vita sua, ut post mortem suam redeat ad dominicatum abbatis et fratrum. Quam convenientiam tali tenore fecit jam dictus presbiter, ut hac die omne quod diximus fedum haberet abbas et fratres proprium, et nunquam aliquando ulli hominum daretur. Huic autem conventioni interfuerunt viri laici : Ugo Joscelmus. Ugo Araneo. Tetbaudus Taonis. Ramnulfus Garinus. Radulfus Calvellus. Radulfus Borrellus. Girbertus Serviens. Monachi vero : domnus abba Benedictus. Rainaldus. Martinus. Rainaldus. Girardus. Ingelbertus, et ceteri qui sedebant in capitulo.

CXXVI

Aléard de Melle et ses enfants, pour obtenir le vivre de la part des religieux de Saint-Maixent, leur donnent certaines sommes d'argent (D. Fonteneau, t. XV, p. 325, d'après le cartul., p. 238).

1070.

Anno ab Incarnatione Domini millesimo septuagesimo, regnante rege Philippo, et Guidone Pictavensis comite, remisit Aleardus de Mello monachis sancti Maxentii cccc solidos, et reddidit eis unam cappam, quam habebat in vadio super xl solidos, et dedit eis xxxv solidos ut concederet sibi et Natali, filio suo, domnus abba Benedictus una cum consensu monachorum suorum mesalem [1] suum, sicut fecerant antecessores sui abbates, quamdiu viverent Aleardus et filius ejus Natalis. Tum domnus abba Benedictus primum concessit ei et uxori sue et filiis ejus Petro et Natali societatem monasterii et beneficium. Deinde auctorizavit Aleardo et Natali filio suo mesalem suum de omnibus rebus sicut petebant excepto vino ; nam vendam de vino non concessit Natali nisi in vita patris sui Aleardi. Si enim post patrem vixerit, nisi placitum cum abbate et monachis illius temporis fecerit, reddet tantum de vino ; de aliis rebus nequaquam que ad mesalem pertinent. Huic conventioni interfuerunt Rainaldus prior et omnes monachi qui sedebant in capitulo sancti Maxentii, vidente Tetbaudo Grosso et Radulfo et multis aliis laicis inter quos item fuerunt Martinus cognomento Calcar, Mainardus quoque et Garnerius.

---

1. Le glossaire de Du Cange ne donne le mot *mesalis* qu'avec la seule acception de mesure agraire. Ici nous nous trouvons en présence de l'adjectif latin *mensalis* sous une forme substantive et qui signifie le manger dans le sens le plus restreint, le boire en étant soigneusement distinct, comme on le voit plus loin. L'abbé concède sans difficulté la participation aux prières des religieux et aux bienfaits qu'elles procurent, *societas et beneficium*, mais le manger et le boire étant une charge onéreuse, *venda*, pour le couvent, il n'accorde que l'une des deux.

CXXVII

Girbert de Montigné rétrocède à l'abbaye de Saint-Maixent la prévôté de Rigaudan, qu'il lui avait précédemment achetée (D. Fonteneau, t. XV, p. 329, d'après le cartul., p. 237).

1071.

Anno ab Incarnatione Domini millesimo septuagesimo primo, Guidone ducatum Aquitanorum tenente et Isemberto presulatum Pictavorum, Girbertus de Montiniaco reliquid preposituram et villicationem quam emerat de abbate Aimerico et Rainaldo priore in terra que vocatur Rigaldanus, domno abbati Benedicto et monachis suis, et ideo accepit ab eis centum solidos. Cui conventioni interfuerunt laici in capitulo sancti Maxentii : Ugo Araneo. Ingelbertus prepositus. Ramnulfus Garinus. Radulfus Calvellus. Radulfus Borrellus, et alii plures. Monachi vero : domnus abba Benedictus. Guido Arnaldus. Gauterius infans. Garinus. Gauterius, et alii quotquot erant in capitulo.

CXXVIII

Châlon, vicomte d'Aunay, renonce en faveur de l'abbaye de Saint-Maixent aux mauvaises coutumes que son père et lui-même levaient sur le village de Vandelaigne, qu'ils lui avaient autrefois donné en toute franchise (D. Fonteneau, t. XV, p. 331, d'après le cartul., p. 169).

1071.

Anno Incarnationis Dominicæ millesimo septuagesimo primo, presidente papa Alexandro Romæ, Francis Philippo rege, Aquitanis Widone duce, Pictaviensibus Isemberto presule, Cadelo Oenacensis vicecomes habuit familiare colloquium cum domno Benedicto abbate sancti Maxentii, et amore Omnipotentis inspiratus, pro remedio animæ suæ ac omnium parentum suorum, omnes consuetudines malas, quas habuerat pater ejus et ipse in terram et in villam, que dicitur Vindolemia, remisit abbati prescripto, magis autem cenobio sancti Maxentii, cui proavi ejus predecessoresque villam illam et quecumque ad eam pertinent, liberam et quietam jam olim concesserant. Undè iste ammonitus Cadelo vicecomes, queque mala consueta in prefata villa tam ipse quam pater ejus tenuerant, postea quam sancto Maxentio antiquitus data fuit, eicit, remittit, villamque illam liberam et quietam decernit, et quecumque ad eam pertinent, terras cultas videlicet et incultas, et queque alia ad eadem pertinentia, sancto Maxentio adtribuit, cartamque istam manu propria firmavit et suis firmandam tradidit, Jordano, Gaufredo, et multis aliis, et super altare sancti Maxentii posuit. Si quis autem hanc donationem et concessionem violare presumpserit, a communione sanctæ ecclesiæ abscisus et perpetuo anatemate percussus, in baratrum inferni cum omnibus inimicis Dei detrudatur damnandus, nisi penituerit emendatus. Fiat. Fiat.

CXXIX

Jean de l'Aubarée renonce au fief de blé qu'il tenait de l'abbaye de Saint-Maixent et, en retour, l'abbé Benoît le nomme, pour sa vie, sergent de la prévôté de Damvix (D. Fonteneau, t. XV, p. 333, d'après le cartul., p 141).

1071.

Anno ab Incarnatione Domini millesimo septuagesimo primo, Johannes de Alberada reliquid domno abbati Benedicto et monachis sancti Maxentii omnem fedum annone quod habuerat ipse et pater ejus de abbatibus sancti Maxentii, et domnus abba Benedictus dat ei servientiam prepositure de villa Celesio, sicut eam recte habuit Tetbaudus de Vernia de abbate Aimerico, preter terram que data fuerat Joscelino. Si vero isdem Johannes aliquod forisfactum in ipsa servientia fecerit quod non possit emendare ad misericordiam et voluntatem abbatis et monachorum, perdet preposituram, et fedum quod reliquid non recuperabit. Habebit autem preposituram donec vixerit, nisi eam ut dictum est forisfecerit. Post mortem vero ejus nullus unquam progeniei ejus nec preposituram, nec fedum, quod diximus, habebit; quod ita definitum est, ipso Johanne consentiente. Huic conventioni interfuerunt : Ademarus, Arbertus, Letgerius, Mathiels, Constantinus de Alberada, Petrus, Constantinus, Tetbaudus ; monachi autem : Petrus, Martinus, Rainaldus, Gauterius puer, Garinus puer, Beraldus puer, Gauterius puer, Petrus puer, et alii omnes qui sedebant in capitulo.

CXXX

L'abbé Benoit accense aux bourgeois de Saint-Maixent une partie du pré de Charnay, afin d'y établir des jardins (D. FONTENEAU, t. XV, p. 337, d'après le cartul., p. 236).

1073 [1].

Anno ab Incarnatione Domini millesimo septuagesimo tertio, indictione XI, presidente Romæ papa Alexandro, Francigenis rege Philippo, Aquitanis duce Widone, domnus abba Benedictus una cum consensu monachorum suorum dedit et vendidit quandam partem prati, qui Carniacus dicitur, quibusdam burgensibus burgi sancti Maxentii, ut unusquisque in designata sibi parte ortum faciat, et pro unaquaque pertica duos denarios quotannis in festivitate sancti Maxentii in censu solvat, et sic firmiter partem suam quisque possideat jure perpetuo ; qui vero in portione sua linum vel canabam severit, aut vineam plantaverit, decimam sancto Maxentio reddet. Ut autem hæc

---

1. Le pape Alexandre II étant mort le 20 avril 1073, cette charte doit être placée dans les premiers mois de cette même année.

vindicio, immo censatio, firma et stabilis perseveret, prefatus abba in capitulo suo coram fratribus suis confirmavit, et eisdem auctoribus presentem cartam scribere fecit, et que secuntur sic dixit : Quisque successorum nostrorum, sive monacus, sive abbas, sive laicus, aut clericus, hanc venditionem, immo censationem, violaverit aut destruxerit, primum iram Dei cum diabolo et angelis ejus maledictus et excommunicatus incurrat, deinde mille solidos his quibus calumpniam fecerit coactus impendat ; postremo sigillatio ejus vana sit et frustrata. Que vero nos auctore Deo tam legaliter egimus, recta sint et firma ratione perpetua. Fiat. Fiat. S. Benedicti abbatis. S. Petri. S. Gisberti. S. Rainaldi. S. Unberti. S. Gauterii. S. Beraldi. S. Tetbaudi Grossi. S. Ascionis. S. Hyldegarii. S. Radulfi.

CXXXI

L'abbé et les religieux de Saint-Maixent abandonnent à Rorgon et à Aimeri, fils de Châlon, pour en jouir leur vie durant, le fisc presbytéral des églises que tenait de l'abbaye le prêtre Raoul et que celui-ci lui avait rendu (D. FONTENEAU, t. XV, p. 339, d'après l'original. Cette pièce se trouvait encore dans le cartul., p. 168).

27 juin 1074.

Anno ab Incarnatione Domini millesimo septuagesimo quarto, presidente Romæ papa Gregorio, Francis rege Philippo, Aquitanis duce Guidone, Pictavensibus Isemberto presule clarissimo, quinto kalendas julii termino, reliquit Radulphus presbiter fedus presbiteratus ecclesiarum quas tenebat domno abbati Benedicto sancti Maxencii piissimique confessoris Adjutoris, presidentibus fratribus in capitolio ejusdem loci, per consilium domni abbatis Odonis sancti Johannis. Et postmodum rogatus domnus abba Benedictus ab ipso domno abbate Odone, vel a ceteris fratribus loco servientibus Deo, ut daret ipsum fedum Rorgoni [et Aimerici], filii videlicet Cathalonis, tali loquucionis modo, ut quandiu viverint, haberent; post mortem vero eorum nullus ex heredibus illorum aliqua occasionis causa auderet requirere. Huic igitur affirmacioni interfuerunt domnus abba videlicet Benedictus, qui hanc cartam cum dono scribere fecit, atque domnus abba Odo et fratres ipsius loci : Rainaldus, Girbertus præpositus, Rainaldus Grossus Panis, Wido, Garnerius, Rainaldus Comes, Galterius. S. Stephanus. S. Beraldus. S. laici autem quam plures nobiles : S. Johannes Venderius et Radulphus Borrellus, et Mathyels. S. Johannis. S. Gathelonis patris Rorgonis et Aimerici.

CXXXII

Rainaud Bernier donne son alleu de Trémont à l'abbaye de Saint-Maixent, en se faisant moine (D. Fonteneau, t. XV, p. 345, d'après l'original. Cette pièce se trouvait aussi dans le cartul., p. 187).

1075.

Anno ab Incarnatione Domini millesimo LXXV, apostolice sedis presidente Gregorio, regnante Philippo rege, Aquitanie Guidone ducatum tenente, Isemberto episcopo Pictave civitatis residente, cenobium Adjutoris Maxentii domno Benedicto abbate curam pastoralem gerente, venit quidam laicus, Rainaldus Bernerius nomine, habitum sanctæ religionis accipiens, fecitque donationem supradicto sancto Maxentio ex propriis rebus, que ei jure successerant, scilicet alodum qui est situs in villa que vocatur Tremunt, flagitans indulgentiam suorum criminum. Hanc ergo donationem firmaverunt duo filii ejus, Petrus atque Rainaldus, ejus rogatu; insuper societatem loci acceperunt causa testimonii, eo modo ut si post aliquantum tempus venundare cuiquam voluerint hunc alodum, quod absit, licentiam eis tribuant admonendo ut emant; si renuerint, faciant quod justum esse probaverint. S. domni Benedicti abbatis. S. Rainaldi monachi. S. Girberti monachi. S. Willelmi monachi qui ei habitum monachi tradidit. S. Ademari ceterorumque fratrum. S. Benedicti sacerdotis. S. Radulfi Gros. S. Archimbaldi.

CXXXIII

Fouchard d'Aiffres, en se faisant moine dans l'abbaye de Saint-Maixent, lui donne cent aires de marais salants à Voutron et d'autres domaines (D. FONTENEAU, t. XV, p. 351, d'après le cartul., p. 110).

1076.

Anno ab Incarnatione Domini millesimo septuagesimo sexto, domno Gregorio papa sedis Romanæ ecclesiæ presidente, atque Isemberto presule urbis Pictavensis, Widoque duce Aquitanorum, et domno abbate Benedicto sancti Maxentii, ego Fulchardus de Aifre accepi propositum monachile et dedi sancto Maxentio et fratribus sub abbate antedicto servientibus in marisco Vultrunni centum areas salinarias et tria carteria de vineis.... [1] le Fortis et juxta Corzai de terra arabile........ atam liberam, excepto decimam.

CXXXIV

Benoît, abbé de Saint-Maixent, vend au prêtre Arbert un demi-arpent de vigne sis à Saint-Maixent, près de la porte de la Croix (D. FONTENEAU, t. XV, p. 353, d'après le cartul., p. 71).

1076.

Priscorum legum sanccita exposcunt ut quisquis homo de rebus sibi traditis in alterius persone transferre voluerit, ut coram pluris testibus per seriem scripturarum facere studeat, ut inevum et inconvulsum valeat perdurare. Quamobrem ego in Dei nomine Benedictus, abbas sancti Maxentii Adjutoris, omnisque congregatio insimul, constat nos vendere ita et vendimus alicui viro nomine Arberto presbi-

---

1. Les endroits où l'on voit des points sont déchirés (Note de D. F.).

tero, filio Arnaldi sacerdotis, dimidium jugerum vinee, quod fuit Ermensendis monache ; et est situm extra portam qua itur ad Crucem, excepto censum et desme [1] ad nostrum opus in monasterii. Nos vero isti predicto Arberto hanc vineam tradimus a die presente omnibus diebus vite sue vel duobus fratribus ejus, scilicet Andrea et Bernardo, et omnibus nepotibus ejus, precio ab eodem nobis dato, videlicet LX solidis ; insuper decem ad caritatem qui in capitulo auctorizati fuerunt. Fuit hec cartula facta anno ab Incarnatione Domini millesimo septuagesimo sexto, regnante rege Philippo et Gaufredo duce Aquitanorum. Si quis vero hoc illi auferre voluerit, anathema sit. S. domni Benedicti abbatis. S. Girberti monachi qui habuit quinque solidis, et in opus monasterii os dedit ad boves. S. Stephani prepositi qui habuit duodecim. S. Geraldi monachi. S. Ingelberti monachi. S. Rainaldi Comiti monachi. S. Benedicti monachi. S. Garini monachi. S. Ademari cantoris monachi. S. Willelmi Calvi monachi. S. Rainaldi Grospan monachi. S. Johannis armarii monachi. S. Beraldi pueri monachi. S. Galterii pueri monachi. S. Petri pueri monachi. S. Galterii pueri monachi. S. Petri pueri monachi. S. Airaldi pueri. S. Odonis presbiteri. S. Petri capellani. S. Rainaldi Davi. S. Aimerici Taschers. S. Ugonis Goscelmi. S. Mainerii sutoris.

CXXXV

Boson, fils de Joscelin de Vivonne, confirme le don que son père avait fait à l'abbaye de Saint-Maixent, d'une femme avec toute sa postérité (D. FONTENEAU, t. XV, p. 355, d'après le cartul., p. 173).

1076.

Anno ab Incarnatione Domini millesimo septuagesimo sexto, domno Gregorio papa residente in Romana sede,

---

1. *Desme* est le mot français qui a précédé *dixme*.

et Philippo rege Francorum, et Goffredo duce Aquitanorum, Boso, filius Joscelini de Vivedona, venit in capitolium sancti Maxentii coram domno abbate Benedicto et ceteris senioribus ; donum, quod pater ejus dederat, de quadam femina nomine Constantia sancto Maxentio, auctorisavit et affirmavit et dimisit, ita ut nec ille nec aliquis ex sua progenie requirat eam nec suos infantes. Et si evenerit ut alius ex suis heredibus hanc cartam contradixerit vel calumniaverit aut requisierit, primum in iram Dei incidat et cum Dathan et Abiron et Chore et cum Juda traditore anathema sit. S. Bosoni. S. abbatis Benedicti. S. Girberti prepositi. S. Rainaldi. S. Aimerici. S. Stephani. S. Ingelberti, et aliorum. Laici : S. Aimerici Abelin. S. Petri Abelin. S. Raterii. S. Girberti. S. Petroni Bruni.

CXXXVI

Aimeri et Audayer de Champagnac cèdent à l'abbaye de Saint-Maixent la forêt de Cogulet et ce qu'ils possédaient au village de Margnat. Deux ans après ce don, ils lui font encore cadeau de la borderie des Vergnes et d'une autre borderie à Cogulet (D. FONTENEAU, t. XV, p. 359, d'après le cartul., p. 195 v°. Il donne aussi un extrait de cette pièce, t. LXVI, p. 93).

1077.

Cum certa mors maneat omnibus hominibus, et hæc eadem incerta casu cuique eveniat, oportet sollicite unumquemque in conditione sue mentis oculos ponere et per boni operis exibitionem preparare sibi eterne patrie hereditatem. Scimus enim, ut ait Apostolus, quia : *Quecumque seminaverit homo, hæc et metet, et qui seminat in benedictionibus, de benedictionibus et metet ;* debitorem sibi Deum sanctosque illius statuit qui ea que illi obvenerunt jure hereditatis in melioratione sacrosancti sanctuarii pro premio retributionis eterne concupiscit transfundere. Hæc ergo ego in Dei nomine Aimericus et frater meus Aldeerius, viri peccatores, perpendentes considerantesque futuram aliquando districti judicii discussionem, pro remedio animarum nostrarum seu patris nostri, plena fidei devotione, de proprio jure hereditatis nostre cedimus atque transfundimus domino nostro ac precellentissimo Adjutori Maxentio Christi confessori, atque domno Benedicto abbati, quandam silvam, que vocatur Cugulet, et ea que videntur esse nostra in villa, que dicitur Margnac, ad stipendium monachorum ibidem militantium Deo. Que villa est sita in parroechia que vocatur Vitrac; habet etiam ecclesiam sitam in honore sancti Maxentii Adjutoris. Ea ratione tradimus accepta pecunia a senioribus loci ego Aimericus quinquaginta solidos, et supradictus frater meus sexaginta. Insuper concesserunt nobis societatem loci nomenque patris nostri scripserunt in martyrologio, promittentes se ejus anniversarium omni anno se celebraturos. Si quis ergo, quod minime fieri credimus, pos[t] obitum nostrum ullus heres aut propinquus vel quelibet opposita persona contra cessionis donationem venire voluerit, aut eam infringere temptaverit, inprimis omnipotentis Dei iram perpetueque virginis Mariæ cum omnibus sanctis incurat, et sub Dei maledictione in eternum, nisi resipuerit, pereat confusus sine recuperatione. Huic rei interfuerunt meæ parti adjutores: Fulcaldus de Multenbo, Girardus Curel, Unbertus presbyter, Gauterius monachus, qui hoc donum recepit. Ex parte vero Audeerii fratris mei fuerunt: Bernardus Venator, Giraldus de Suels, Ugo Claret, Willelmus frater ejus, Giraldus Coquus, Petrus de Confolent, Constantinus Airalt. Hoc fuit factum in anno ab Incarnatione Domini millesimo septuagesimo septimo, regnante Philippo rege Francorum, Goffredo quoque Aquitanorum duce, et Isemberto Pictavensi ecclesiæ pontifice, viventibus.

Secundo vero hujus donationis anno, morante monacho nomine Fortone in villa eadem nomine Vitrac, isdem Aimericus, per unum linteum valde bonum, dedit sancto Maxentio unam borderiam terre, que vocatur de la Verna ; Audeerius vero frater ejus dedit alteram borderiam de Cugulet, acceptis duodecim solidis ab eodem Fortone monacho. Hujus rei testes sunt : Fulcaldus de Multenbo, et Fulcherius frater ejus, et Aldebertus frater eorum presbyter, Goffredu de Canybis, Ainardus.

CXXXVII

Haumot, femme de Pierre de Floriat, cède à l'abbaye de Saint-Maixent le terrage de la borderie de Cogulet en échange d'une jument; elle se réserve la jouissance de la moitié de ce terrage pendant sa vie (D. FONTENEAU, t. XV, p. 357, d'après le cartul., p. 497).

Vers 1077.

Conjux Petri de Fluriaco, Haumot nomine, medietatem terradii de borderia de Cugulet dedit sancto Maxentio per unam equam, quam dedi illi vel monacus Rainaldus Grospans, ita ut illa vivente ipsam medietatem sanctus Maxentius habeat ; post mortem vero ejus totum terradium. Hoc fuit factum affirmante Audeerio de Campania, de cujus honore procedit, et Aimerici fratris sui, qui ante monachis sancti Maxentii jusserat omnia emere de suis hominibus quicquid venale invenirent. Testes hujus dati : Giraldus vicarius de Carbis, Goffredus et Aldebertus frater ejus, Giraldus de Talaise, Froinus Haumot, Rotbertus de Suels, Petrus Molners, Bernardus Bregart.

CXXXVIII

Hugues Claret et son frère Pétrone donnent à l'abbaye de Saint-Maixent la moitié de l'église de Verrines avec le terrain qui l'entoure (D. FONTENEAU, t. XV, p. 363, d'après le cartul., p. 200).

1078.

Tempore Philippi regis Francorum, Aquitaniæ ducatum tenente domno Goffredo Aquitanorum duce, Isemberto quoque Pictavensi ecclesiæ presidente, in anno millesimo septuagesimo octavo a Passione Domini, placuit Ugoni Clareto, Petroni quoque fratri suo, pro redemptione animarum suarum parentumque eorum, rogante avunculo eorum Rainaldo monacho, dare sancto Maxentio medietatem ecclesiæ de Vetrinis, cum terra que est in circuitu ipsius ecclesiæ, sicut ambo fratres monstraverunt Rainaldo et Willelmo monachis, vidente Engelberto preposito aliarum Vetrinarum, et Amelio filio Bartholomei, et Lono filio Goffredi, cum uno maso terre atque uno juncto prati. Hanc donationem habebat Ugo de Maingoto Metuliensi, et Petrus Alboinus de Ugone, qui omnes sancto Maxentio dederunt in capitulo ipsius cum fratribus et filiis. Hujus carte affirmatores sunt : S. Goffredi ducis. S. Ugoni Clareti. S. Maingoti Metuli. S. Petri Alboini. S. Froterii. S. Petri capellani. S. Willelmi de Brolio. S. Tetbaudi Comitis. S. Engelberti de Vetrinis. S. Bruneti Malfet. S. Rainaldi Grospan prioris. S. Stephani monachi. S. Petri pueri. S. Goscelmi pueri. S. Rainaldi Clareti monachi. S. Willelmi de Alnisio monachi.

CXXXIX

Notice de la donation faite par Guy-Geoffroi, comte de Poitou, à l'abbaye de Saint-Maixent, de l'église de Saint-Philippe et Saint-Jacques de Tallent, suivie de la confirmation de ce don par Arbert de Talmont, et de la levée de cens par le prévôt des religieux (D. FONTENEAU, t. XV, p. 311, d'après le cartul., p. 211).

1078.

Anno ab Incarnatione Domini millesimo sexagesimo octavo [1], regnante Philippo Francorum rege et Isemberto presule Pictaviensi ecclesiæ presidenti, Guido comes Pic-

---

1. Rainaud, abbé de Saint-Cyprien de Poitiers, qui comparait comme témoin dans cet acte, ne fut élevé à cette dignité que le 4 novembre 1073 (et non en 1068, comme l'indique la notice du *Gallia*). Il s'en suit donc que la date de 1068 que porte le texte de cette donation dans la copie de D. Fonteneau n'est pas exacte et qu'il faut adopter celle que nous donne D. Chazal (*Chronicon*, cap. 29), qui a lu *septuagesimo* au lieu de *sexagesimo*.

tavorum, qui et alio nomine Goffredus vocabatur, penas gehenne volens evitare, pro redemptione sue anime parentumque suorum, sancto Adjutori Maxentio atque domino abbati Benedicto, seu cunctis monachis in ipsius loco famulantibus, dedit ecclesiam sanctorum Philippi et Jacobi, que est in villa nomine Talenti, et omnem decimam ipsius ville et totius terre, que est usque ad planum de ....uht [1], et ex altera parte, que est usque ad Jart, de omni rem, necnon hospitalitatum atque censuum medietatem, et calefagium, qui est nemore Harbert. Et Fulco Normannus, qui ab eo tenebat hanc villam, similiter dedit et concessit a susponte et bona voluntate. Postea contigit ipsum ducem et comitem comedere in domo Acfredi monachi, juxta eandem ecclesiam sanctorum Philippi et Jacobi, ubi ipse comes cum cultro de officio monachi, quod ipse in manu tenebat, confirmavit hoc donum beato Maxentio, audientibus : Simone postea Agennensi episcopo, et Rainaldo abbate sancti Cipriani, et Petro de Briderio, sive eodem Fulcone Normanno.

Altera vice hoc donum confirmavit Arbertus de Talamundo beato Maxentio, acceptis LX solidis a Rainaldo priore cognomento Grospan, quos ipse in gremio Aremburgis uxoris suæ projecit et reddidit, vidente Rainaldo Chosmaing qui eos denarios tradiderat Rainaldo priori.

Guillelmus de Lespinei et Aimericus Paganus levaverunt censum quatuordecim denariorum inter vineas et ortum, VII ex eis sunt altari et monacho, VII Arberto, videntibus : Rotberto presbitero et Rainone milite et aliis multis. S. Simonis Agennensis [2]. S. Rainaldi abbatis. S. Petri Briderii. S. Fulconis Normani. S. Arberti Tala-

---

1. L'endroit est déchiré, je crois qu'il y avait *Rieuth* (Note de D. F.); D. Chazal a lu *Cuth*.
2. Simon n'ayant été nommé évêque d'Agen qu'en 1083, et Rainaud, abbé de Saint-Cyprien de Poitiers, étant mort en l'an 1100, c'est entre ces deux dates qu'il convient de placer la rédaction de cette notice.

moni. S. Rainonis militis. S. Guillelmi de Lespinei prepositi. S. Rotberti presbiteri.

CXL

Aimeri et ses quatre fils donnent à l'abbaye de Saint-Maixent l'église de Verrines et des pièces de terre au même lieu (D. FONTENEAU, t. XV, p. 365, d'après le cartul., p. 202 [1]).

1078.

Temporibus Philippi Francorum regis, Goffredo Pictavensi principe totius Aquitaniæ ducatum tenente, Isemberto quoque Pictavorum pontifice, in anno ab Incarnatione Domini millesimo septuagesimo octavo, ego Aimericus, vir peccator, perpendens consideransque districti judicii inquisitionem multis nimium asperam, quorum unus pro peccatis timeo esse, pro remedio meæ animæ parentumque meorum, dono sancto Adjutori Maxentio et monachis in ejusdem cenobio Deo famulantibus, de meo franco alodo, octo sexteriadas et unum junctum prati. Filii quoque mei Goscelmus videlicet, Johannes, Arnaldus et Aimericus presbyter, ex sua parte concedunt supradicto monasterio de sua terra, quam emerunt de Petro Maiengoto, unum massum et unum junctum prati, necnon et ecclesiæ de Vetrinis, cum terra in qua possint fieri trigenta domus in circuiti ecclesiæ. Hoc donum fecit Aimericus vivens in capitulo sancti Maxentii. Ipso autem mortuo atque in ejusdem monasterii cimitterio honorifice sicut monachum decet sepulto, filii sui illi quatuor, quos supradiximus, mox in capitulo donum patris et suum confirmaverunt coram testibus, quorum nomina hæc sunt : Aimericus de Bun, Frotgerius Li Franes, Aimericus Guitbertus, Garinus præpositus, Rainaldus Cosmas, Bernardus ortolarius, Engelbaudus de Campels. Signa vero Aimerici et filiorum suorum, nec-

---

1. En titre, dans le cartulaire, est écrit : *Carta Aimerici de Vetrinis parvis* (Note de D. F.).

non et Aimerici generis sui, sunt ille cruces que subscribuntur, quas ipsi super altare sancti Maxentii fecerunt. Si quis vero heres aut propinquus vel quislibet alius hoc donum auferre vel diminuere presumpserit, sub diro anathemate confusus pereat in perpetuum. S. monachi : S. Rainaldi prioris. S. Willelmi monachi. S. Petri pueri. ††††††
S. Ademari pueri. S. Goscelmi pueri.

CXLI

Le prêtre Aimeri, fils d'Arnaud de Péré, donne à l'abbaye de Saint-Maixent la maison où avait demeuré son père, en dehors de laquelle le moine qui y habitera pourra construire une chapelle et une aire ; si des gens viennent faire leur demeure dans ce lieu, le moine en sera prévôt et partagera le profit de sa prévôté avec Aimeri et ses successeurs (D. FONTENEAU, t. LXVI, p. 237, d'après le cartul., p. 204).

Vers 1078.

Supradictis temporibus[1], Aimericus presbiter, filius Arnaldi de Perers, pro anima sua vel parentum suorum, dedit sancto Maxentio, de proprio alodo, scilicet masnilium in quo pater suus habitavit, sicut clausura fovee et muri cingitur, cum viridario et puteo et furno, cum orto usque ad viam. Et extra hanc clausuram, si placuerit monacho habitanti ibidem, faciet capellam suam et aream. Si extra clausuram habitaverint homines, erit monachus prepositus eorum, et de omni proficuo, quod inde exierit, reddet monachus medietatem Aimerico et successoribus ejus. Hoc donum fecit Aimericus, videntibus Goscelmo filio Aimerici, et Girberto de Vetrinis.

CXLII

Aimeri Maucouronne donne à l'abbaye de Saint-Maixent quatre sexterées de terre au delà de l'Aive-aux-Pendus (D. FONTENEAU, t. LXVI, p. 237, d'après le cartul., p. 204).

Vers 1079.

Aimericus Malacorona, filius Otrie, dedit sancto Maxen-

---

1. Cette charte venait dans le cartulaire immédiatement à la suite de la précédente (n° CXL) et portait pour titre : *De Perers* (Note de D. F.).

tio quatuor sexteradas terre ultra aquam Aus Penduz. S. Petri Maiengoti. S. Goscelmi Daient. S. Ugonis de Pampro [1].

CXLIII

Etienne donne à l'abbaye de Saint-Maixent les terres de Champagné et d'Asnier, ainsi que la moitié de la dime de Viviers (D. FONTENEAU, t. XV, p. 367, d'après l'original. Cette pièce se trouvait aussi dans le cartul., p. 200 et 201 [2]).

1079.

Cum certa mors maneat omnibus hominibus..., Hæc ego in Dei nomine Stephanus, biennio corporali infirmitate valde graviter detentus..., terram de Campanola et de Asneriis, quam emi de Ramnulfo de Bolio, dono sancto Adjutori Maxentio, nec non et medietatem decime de Viveriis, supradicto Adjutori per consilium Stephani monachi, mei karissimi nepotis, in perpetuum concedo, ea ratione ut ipsius sancti monachi anime mee et corporis, a modo usque in sempiternum, plenam curam habeant. Si quis heres... Hanc donationem fecit Stephanus sancto Maxentio prius apud Severiacum castrum, in manu Rainaldi prioris, cum ramulo sarmenti, videntibus et audientibus : Petro ipsius castri possessore, et Guillelmo Torpane, atque Arquenbaldo de Gordun, Aimerico Tascher, Johanne de Laubareda, Bruneto Maufé.

Secunda vice ipse Stephanus, jam portatus ad sanctum Maxentium, jacens in domo infirmorum, confirmavit hoc donum, tradens istam cartam in manibus Rainaldi abbatis sancti Cipriani, qui eum benedixit ibidem ad monachum, atque in manibus Rainaldi prioris, Benedicti subprioris, Giraldi monachi, Aimerici monachi, videntibus testibus :

---

1. Cette petite charte est à la suite de la précédente (n° CXLI), page 204 du cartulaire original (Note de D. F.).
2. Un fragment de cette charte est imprimé dans le *Gall. Christ.*, t. II, col. 1252.

Giraldo presbitero, Rainaldo Qui non ridet, Arnaldo de Bosco, Dorino, Tetbaldo Comite. Hoc fuit datum sancto Maxentio anno ab Incarnatione Domini MLXXVIIII, regnante Philippo Franchorum rege, Gofredo quoque Aquitanorum duce, Isemberto vero Pictavensi ecclesiæ pontifice [1].

CXLIV

Abandon fait par Hugues, sénéchal de Lusignan, après le refus fait par lui de recourir au jugement du duel, de la coutume de métive qu'il voulait percevoir à Rigaudan, dans la terre de l'aumônier de l'abbaye de Saint-Maixent (D. FONTENEAU, t. LXVI, p. 233, d'après ....[2]).

Vers 1079.

Ugo, dapifer Liziniaci, causa mestive, predam fecit in terra elemosine sancti Maxentii apud Lugaudau. Monacus Garnerius autem et Gosbertus prepositus [3] insequuti sunt eum, et acceperunt legem duellii cum eo, qui, legem excusans et peccato exterritus, libenter illam malam consuetudinem mestive in perpetuum reliquid. Costantini presbiteri. Daniel. Costantini Cuneo de Muro. Rainaldi de Toirec. Ugo de Pampro. S. Bernardi monachi. S. Stephani monachi [4].

---

1. Le texte du cartulaire transcrit par D. Chazal (*Chronicon*, cap. 41) renfermait deux erreurs : il attribuait au donateur le nom de *Guillelmus*, au lieu de *Stephanus*, et donnait à l'acte la date de 1089, qui est manifestement fausse.

2. Le feu ayant détruit la partie supérieure du feuillet, l'indication de la provenance de cette pièce a disparu; on ne lit plus que : Collat. à l'original.

3. En 1079, le prévôt de Montamisé portait le nom de Gosbert.

4. Deux corrections ont été faites par D. Fonteneau à la copie de cette charte lorsqu'il la revisa : 1º on avait lu *Bugaudo*. D. Fonteneau a corrigé par *Lugaudau*. Il y a encore erreur, et l'on doit lire *Rugaudan*; la métairie de Rigaudan, paroisse de Soudan, faisant encore en 1790 partie des domaines de l'aumônerie de l'abbaye; 2º au lieu de *Cuneo de Nucro*, lu par son copiste, D. Fonteneau a mis *de Muro*.

CXLV

Guy-Geoffroy, comte de Poitou, restitue à l'abbaye de Saint-Maixent la moitié du péage du bourg du même nom qu'il lui avait enlevé, bien que son frère Guillaume le Hardi et sa mère Agnès lui en eussent primitivement fait la concession. Son fils Guillaume confirme cet acte le 6 février 1081 (D. FONTENEAU, t. XV, p. 375, d'après le cartul., p. 218 [1]).

5 décembre 1080.

Quoniam sepe videmus modernos calumpniari, vel penitus auferre, seu denegare longevi temporis oblivione ea que antiqui patres juste ecclesiis dederunt aut vendiderunt, oportunum nobis videtur eorum, que in hac cartula subscribuntur, memoriam tradere ad posteros. Anno autem ab Incarnatione Domini nostri Jesu Christi millesimo octuagesimo, Aldebrando papa, qui et Gregorius dicitur, sanctæ Romanæ ecclesiæ presidente, Philippo autem regnum Francorum gubernante, Burdegale civitatis archiepiscopo Goscelino, et Isemberto Pictavensis sedis episcopo, Goffredus venerabilis comes et omnipotens dux Aquitanorum, medietatem pedagii de burco sancti Maxentii, quod comes Willelmus frater suus et mater amborum Agnes comitissa, per unum equum quingentos solidos valentem, et insuper trecentos solidos, longe ante archiepiscopo Archembaudo dederunt [2], iste supradictus dux, acceptis a senioribus loci bis mille solidis, quamdiu abstulerat reddidit sancto Maxentio. Post mortem enim fratris sui et matris hoc pedagium monachis abstulit, dicens se non concessisse quando fuit donatum illis; sed postea injuriæ magne, quam sancto Maxentio faciebat, reminiscens, roga-

---

1. Cette charte a été imprimée en partie dans le *Gall. Christ.*, t. II, *instr*, col. 332, qui, à l'article de l'abbé Anségise, col. 1253, lui donne la date de 1081, laquelle ne pourrait être que celle de la confirmation donnée par le fils du comte de Poitou le 6 février suivant.
2. Le 20 décembre 1045 ou environ (V, n° CVIII).

tus a senioribus ipsius loci, tempore quo supra scribitur, eandem pedagii medietatem sancto Maxentio in perpetuum concessit pro munere quod supradiximus. Si quis vero heres aut propinquus seu quelibet alia persona hodie vel post diem contra hoc donum insurgere aut calumpniari temptaverit, et auctoritate omnipotentis Dei et genitricis ejus semper virginis Mariæ omniumque sanctorum suorum et precipue beati Maxentii atque Leodegarii, quibus hoc donum fit, sit excommunicatus, et cum Datan et Abiron tristis ad judicium ultionis adductus, postea cum reprobis a ministris Sathane sit in Tartara missus. Hanc cartam confirmavit comes Gofredus in capitulo sancti Maxentii, nonas decembris, et ipsemet propria manu subterscriptam crucem signavit, et deinde super altare sancti Maxentii posuit, inde levaverunt eam monachi duo Girbertus videlicet et Willelmus. S. Rotberti Burgundi † [1]. S. Petri Briderii. S. Ugonis Lobet. S. Aimerici de Mota. S. Aimerici Mantrolia. S. Petri Carnerii. S. Ramnulfi Garini. S. Audeberti de Sancto Leone. S. Petri Tetbaud. S. Angoti capellani. S. Guitberti archipresbiteri. S. Rainaldi monachi prioris. S. Stephani monachi.

† Et hanc crucem fecit Willelmus, ejus filius, apud Pictavum, viii idus februarii, qui pro hac carta firmanda habuit c solidos, videntibus et audientibus quorum nomina subscripta sunt. S. Audeberti comitis de Marchia. S. Gofredi Motesii [2]. S. Ugonis prepositi. S. Odonis ejus fratris. S. Olgisii cantoris sancti Ylarii. S. Cadelonis mercatoris. S. Udulrici mercatoris. S. Ademari Letardi. S. Giraudi. Gillelmus cancellarius relegendo subscripsit.

---

1. Cette croix et la suivante sont, dans le texte, entourées d'un cercle de points.
2. D. Fonteneau fait remarquer que l'on pourrait aussi bien lire *Motesu*.

CXLVI

Geoffroy de Gourdon et ses enfants abandonnent à l'abbaye de Saint-Maixent des vignes qu'ils avaient usurpées sur elle (D. Fonteneau, t. XV, p. 373, d'après l'original. Cette pièce se trouvait aussi dans le cartul., p. 242).

1080.

Quoniam per successionem temporum.... possessiones oblivione vel ignorantia... aliquando denegantur, volumus nostrorum memorie posterorum vinearum mentionem relinquere, quas Gofredus de Gordone vel filii sui injuste aliquandiu possidentes, tandem justo judicio convicti, sine ulla convenientia vel requisitione sui... parentum suorum, reliquerunt sancto Adjutori Maxentio, concessis sibi ab eodem sancto vel domno abbate Ansegiso earumdem vinearum quatuor jugeribus. Hanc dimissionem Giraldus, Arquembaldus et Johannes fecerunt in capitulo sancti Maxentii, promittentes ut fratres suos, Petrum videlicet et Ugonem, facerent hoc similiter affirmare. Hoc fuit factum anno ab Incarnatione Domini MLXXX, regnante Philippo Francorum rege, Wofredo duce Aquitanorum, Isemberto Pictavensis ecclesiæ pontifice. S. Gofredi, Ugonis Lobet, Gauterii Froter, Aldeberti, Petri capellani, Petri d'Augé, Teardi, Petri Vender, Odonis, Rainaldi Cosman, Rainaldi Grosgren, Ugo Araneo.

CXLVII

Hugues, abbé de Saint-Liguaire, se défend d'avoir cherché à imposer son autorité dans l'abbaye de Saint-Maixent (D. Fonteneau, t. LXVI, p. 273, d'après le cartul., p. 31).

Vers 1080.

Carta de domno Hugone abbate [1]. — De abbatia sancti

---

1. Cet abbé du nom d'Hugues ne peut être autre qu'Hugues, neveu

Maxentii interrogati a vobis, sic respondemus: nichil potestatis, nichil dominii in ea nobis vendicamus; filium nostrum domnum War, quia olim in ea se absque licencia nostra ordinari permisit, culpavimus; culpam cognovit, absolvimus. Abbatiam vero sive ordinacionem vestram non nobis donavit, quia nec donare potuit. Nos vero, ne beatum Maxentium offenderemus, neve ipsum bonum fratrem, si quos fructus bonos inibi facere posset, frustrari videremur; non respectu quidem subjugande abbacie illius, set pocius misericordie humanitatisque gratia ad locum in quo ordinatus fuerat, remisimus. Per hoc nos non vituperationes et odia hominum, sed pacem magis ac benevolentiam rectorum promeruisse arbitrati. Valete.

CXLVIII

Maingot, seigneur du château de Melle, constitue sur sa villa de Gascougnolle la rente de cinq sous que son père Maingot, aussi seigneur de Melle, enseveli dans le monastère de Saint-Maixent, avait donnée pour la célébration annuelle de son anniversaire (D. Fonteneau, t. LXVI, p. 241, d'après le cartul., p. 35).

Vers 1080.

Maingotus senior et dominus castri Metuli, apud villam sancti Maxentii jacens eger de infirmitate, qua et mortuus est, jussit se sepeliri in eodem monasterio, et omni anno ad anniversarium suum ex rebus suis dare v solidos ad caritatem et cibum fratrum qui eum celebraverint. Quod multis annis observatum est, quousque vixit Luppa[1], uxor sua. Maingotus item filius suus[2] videns esse negligenciam reddendi de-

---

d'Aimeri, abbé de Saint-Maixent, qui, mis par son oncle à la tête de l'abbaye de Saint-Liguaire, jusqu'alors soumise à celle de Saint-Maixent, l'en rendit indépendante. Il était abbé, selon le *Gallia*, dès 1068 et fut déposé en 1080 au concile de Bordeaux, peut-être à l'occasion des faits ci-dessus relatés.

1. On peut aussi lire *Juppa* (Note de D. F.).
2. Maingot de Melle paraît dans des actes de 1081 à 1086.

nariorum, precepit ut de censibus Gasconolie, ville sue, omni anno redderentur.

CXLIX

Geoffroy, fils d'Hugues de Saint-Maixent, donne à l'abbaye de Saint-Maixent l'église de Saint-Gaudence de Fouras avec de nombreux domaines, à la condition d'y édifier un monastère pour huit religieux (Orig., bibl. de Poitiers, n° 7 [1]).

24 février 1081.

In nomine Domini nostri Jhesu Christi. Ego Woffredus, filius Ugonis, cupiens devitare pęnas inferni, et particeps fore sempiternę glorie paradisi, pro remedio animę meę omniumque parentum meorum vel fidelium defunctorum, dono Deo et sancto Maxentio ipsiusque ęcclesię servitoribus ęcclesiam sancti Gaudentii, quę est in Alnisio, juxta castrum Currasium, cum terra quę est a castello usque ad silvam, et a silva usque ad mare terram arabilem, et ab ęcclesia inter duas vias usque ad castrum, et terram hominis Costet, et censum de salinis Robelini, et a salinis totam terram usque ad mare. Si silva supradicta deserta ab arboribus fuerit, sit terra sancti Maxentii. Terram Rainmundi de Botavilla, quę est subtus ecclesia, cum terra Peitrin et Otgerii et orto Arneis cum silvula concedo. De piscatura ponte Naau medietatem meę medietatis, hoc est quarta anguilla, do eis, et censum de molendino Marsilie. De salina Robelini inferius usque ad Aguillam, si salina

---

1. Imprimé par M. Faye : *Nouvelles recherches sur la maison de Chatelaillon en Aunis* (*Mém. de la Soc. des Antiq. de l'Ouest*, t. XX, p. 242). Il existe aux archives des Deux-Sèvres, H. 81, un double de cet acte qui a été transcrit par D. Fonteneau, t. XV, p. 369, et reproduit par M. Faye dans ses *Notes sur quelques chartes relatives à l'église de Fouras en Aunis* (*Bulletins de la Soc. des Antiq. de l'Ouest*, t. V, p. 381). Ce dernier document est moins complet que celui de la bibliothèque de Poitiers, auquel il est du reste antérieur, les passages qu'il ne contient pas étant des adjonctions importantes aux conditions de la donation, spécifiées dans l'acte primitif.

aut molendinum factum fuerit, consuetudo sit monachorum. Si ipsi monachi in eadem terra molendinum aut salinam facere voluerint, faciant sicut domini [1]. Hoc supradictum donum aliquanto tempore promiseram habere Benedicto et Warino monacho antequam darem sancto Maxentio [2]. Nunc vero, prędictam ecclesiam et cetera quę subscribuntur, Deum et sanctum Maxentium et servitores ecclesię ejusdem cum omni libertate habere concedo. Terrę autem de Alantia et de Lironis partem michi divino nutu concessam, duarum scilicet medietatem insularum, et bessam qua Vindocimenses monachi supradictas insulas circuire inceperunt, inmutabiliter dono : hac in hoc dono conventione habita, ut monachi sancti Maxentii inceptam bessam usque ad Sensmurum perficiant, et ipsius bessę piscaturam omnem optineant. Pecoribus quoque sive aliis bestiis monachorum quibuslibet seu famulorum, sine aliqua consuetudine, omni tempore pasturam habere concedo; ædificia vero domorum quę monachi sunt facturi in supradictis insulis et circa monasterium, non prępositus, non quęlibet persona, violare aut judicare presumat, nisi forte monachus vel alius jussione ejus [3]. Hanc itaque donationem ego W., et uxor mea Osiria et filius meus primogenitus Ugo ceterisque filiis meis et filiabus id annuentibus, confirmo et corroboro, conventione tali ut ad sanctum Gaudentium monasterium ędificent, quod equiperari possit monasterio sancti Aniani, cum monachorum officinis; et

---

1. Le passage qui suit jusqu'à *predictam* ne se trouve pas dans la charte des archives des Deux-Sèvres, qui ne contient que ces mots : *Ista vero omnia, hoc est.*

2. Dans le chartrier de Nouaillé, se trouve un acte du 17 octobre 1074, publié par M. Faye (*Notes sur quelques chartes,* p. 328), par lequel le même Geoffroy faisait donation de cette église de Fouras à l'abbaye de Nouaillé. Les religieux Benoit et Guérin furent vraisemblablement les intermédiaire de cet acte, qui, comme on le voit, ne fut pas suivi d'effet.

3. La charte des Deux-Sèvres ne contient pas le paragraphe qui suit jusqu'au mot *disponente.*

hoc constructum sit monasterium a festivitate sancti Michaelis usque ad quinque annos, aut per illos respectus quos ego monachis dedero. Quod si interea me mori contigerit, uxori meę et filio meo, meum honorem illum possessuro, hęc eadem conventio servetur, et monasterio constructo, ibidem regulariter septem monachi, octavo priore, Deo serviant, abbate sancti Maxentii omni tempore illius loci dominatore, et priorem vel alios monachos secundum regulam sancti Benedicti juxta possibilitatem loci justę disponente.

Rursus hoc, convenio et promitto, ut pro injuriis vel aliis forisfactis, quę michi abbas vel monachi sancti Maxentii fortassis quandoque facient, de hoc loco vel de omnibus rebus ad eundem pertinentibus, non accipiam aliquam vindictam, neque subtraham servitoribus loci beneficium meum. Si in his partibus me, vel uxorem meam, seu heredem meum, hujus honoris possessorem contigerit mori, expeto ut hic, si voluero, monachi et abbas sancti Maxentii me honorifice sepeliant, vel hinc, si petiero, deferant ad sanctum Maxentium sine pręcio, nisi aliquid spontanea voluntate dedero. Si vero comes Pictaviensis, vel suorum aliquis, injuriam aut pressuram aliquam ipsius loci habitatoribus monachis vel insolitam consuetudinem inferre voluerit, pręter id dominium quod me superstite ibi habet, hoc divino jure ei prohibeatur, et ex mea parte et meorum pęnitus ei sit prohibitum. Et iterum, si uxor vel heredum meorum aliquis monachos molestare aut elemosinam meam voluerit prorsus adnullare, comitis judicio jussione mea subjaceant, et ut ei placuerit, ad ęquitatis tramitem, quod injuste contra monachos egerint, reducat.

S. Gauffridi, filii Hugonis, qui hoc ✝ donum dedit. S. Hugonis, filii ejusdem Gofre ✝ di, qui idem confirmavit [1].

---

[1]. Les souscriptions de Geoffroy et d'Hugues sont inscrites dans un cercle partagé verticalement en deux; à gauche est la souscrip-

Si quis vero supradictam sententiam ac donationem, quod absit, violenter anullare voluerit, ex actoritate Dei omnipotentis et beatissime Marię matris ejus et beatissimi Petri apostolorum principis ac gloriosi confessoris Adjutoris Maxentii sanctorumque martyrum Gaudentii atdque Eutropii omniumque sanctorum quicumque in libro vitę scripti sunt, excomunicetur et anathematizetur, et a liminibus sanctę Dei ęcclesię sequestretur, et cum Dathan et Abiran, qui vivi sunt a terra absorti, cum Faraone et Juda traditore Domini inrecuperabiliter, nisi resipuerit, in profundo inferni inextinguibili igne comburatur, atque reproborum sententiam judiciariam in die judicii dicturi Creatoris patiatur : Ite maledicti in ignem ęternum. Amen. Fiat. Fiat.

S. Rainaldi Grospan prioris. S. Willelmi Gratun. S. Fortonis. S. Huncberti cantoris. S. Warini. S. Petri conventus cellerarii. S. Johannis. S. Giraldi diaconi, qui dictavit hanc cartam. S. Ingonis. S. Ademari subscriptoris hujus donationis. S. Petri pueri. S. Ademari pueri. S. Joscelmi pueri et monachi. S. ceterorum monachorum confratrum nostrorum.

Huic donationi testes extiterunt et manu propria confirmaverunt : Wuitbertus archipresbiter, Arbertus presbiter, Rainaldus David presbiter, Willelmus olim presbiter, Hugo Joscelmus miles, Rufinus miles, Ramnulfus Warins, Hugo Arainuns, Aimericus Maintrole miles, Petrus Daalgé, Ramnulfus Engelgers, Brunetus Maufet, Josbertus Ferier, Josbertus Joscelins, Johannes Vendarius, Tetbaudus Comes, Bernardus Serviens, Hugo Boillete, Stephanus Bastart [1].

Data vi kal. marcii, in capitulo sancti Maxentii, domno

---

tion de Geoffroy et à droite celle d'Hugues, accompagnées chacune d'une grande croix.

1. Les noms des témoins Ingon, Josbert Joscelin et Etienne Bastart ne se trouvent pas dans la charte des archives des Deux-Sèvres, qui n'ajoute pas non plus la qualification de *miles* au nom d'Aimeri Maintrole, et écrit *Garinus*, *Maufe* et *Feriers*.

Ansegiso abbate eundem capitulum tenente monasteriique regimen solerter gubernante, Isemberto vero Pictavensis sedis curam habente, anno ab Incarnatione Domini millesimo octogesimo, regnantibus Philippo rege in Francia, Woffredo duce in Aquitania [1].

CL

Par jugement du comte de Poitou, la terre de Montamisé est restituée à l'abbaye de Saint-Maixent, sur qui Robert de Bonneuil l'avait usurpée (D. Fonteneau, t. XV, p. 379, d'après le cartul., p. 210).

1081.

Anno ab Incarnatione Domini millesimo octogesimo primo, regnante Philippo Francorum rege, Isemberto quoque presule Pictavesedis, domnus Ansegisus, sancti Maxentii abbas, fecit clamorem ad Gofredum comitem Pictavis de terra de Monte Tamiserio, que ei injuste Rotbertus de Bonolio auferebat; qui eum ad se venire mandavit, et Petro de Briderio, ut hujus terre judicium audiret, precepit. Qui facto judicio legem duorum hominum inter abbatem et Rotbertum fieri decrevit ad terminum deffinitum apud Pictavim. In quo termino, monachi sancti Maxentii, Stephanus videlicet et Aimericus Brito, fuerunt parati ad legem cum hominibus suis in aula Pictavis, videntibus Ugone preposito et Odone ejus germano et Gosberto ipsius terre preposito atque Girberto vel Martino de Vetrinis. Robertus vero non venit ad legem. Postea predictus abbas et Stephanus prepositus apud Pictavim clamaverunt se ad comitem, et comes fecit Rotbertum ante se venire et, propter hoc quod non fecit legem, destrixit eum comes, et facto iterum judicio terre, Rotbertus ipsam terram abbati et monachis

---

1. Au dos, d'une écriture un peu plus récente, est écrit : *De Folloraso.*

reliquid.; insuper promisit fidem suam Petro de Briderio ut amplius eandem terram non requirat, vel aliquo modo invadat, nec homo vel femina per suam fortitudinem vel assensum. Hoc fuit factum apud aulam Pictavis, videntibus Willelmo Bastardo, Gosberto Francisco, Ugone preposito, Cadelone Arcuzun[1], domno Ansegiso abbate, Stephano preposito.

CLI

Adémar, fils de Martin Éperon, restitue à l'abbaye de Saint-Maixent certains droits que son père lui avait enlevés (D. FONTENEAU, t. XV, p. 381, d'après le cartul., p. 241).

1081.

Oportet, ut per nuntium litterarum cognoscat filiorum posteritas, quod pro animabus suis ecclesi[i]s juste dedit vel vendidit providens patrum benignitas. Igitur ego Ademarus, filius Martini Esperun, audiens patrem meum quedam, que ad sanctam ecclesiam pertinent, male possedisse, unde creditur anima ejus dampnata, pro remedio animæ meæ omniumque parentum meorum, relinquo eadem sancto Maxentio in presentia domni Ansegisi abbatis. Et ipse hujus rei gratia reddidit michi fevum meum, sicut mei ab abbatibus sancti Maxentii juste habuerunt; que relinquo sunt: redecimum annone et de obliis Natalis Domini, et de censu qui redditur in marcio et ad festivitatem sancti Johannis, vel de lana seu de agnis, porcellis et vitulis. Acta in capitulo sancti Maxentii, anno ab Incarnatione Domini millesimo octogesimo primo, regnante Philippo in Francia, Gofredo duce in Aquitania, Isemberto Pictavis pontifice. S. Ademari Esperun. S. Petri Borbel. S. Aimerici Tascher. S. Teardi. S. Geraldi Cocu.

---

1. *Arcuzun* paraît être une mauvaise lecture pour *Arainun*.

CLII

Geoffroy, fils d'Hugues de Saint-Maixent, ayant usurpé les coutumes de la ville de Saint-Maixent, est traduit par l'abbé devant le comte de Poitou, et restitue ce qu'il détenait à tort (D. Fonteneau, t. XV, p. 383, d'après le cartul., p. 246).

1081.

Temporibus Philippi Francorum regis, cum Gofridus erat dux Aquitanorum et comes Pictavensis, Isembertus quoque ejusdem civitatis episcopus, inter domnum Ansegisum abbatem sancti Maxentii et Gofredum filium Ugonis fuit contentio de consuetudinibus ville sancti Maxentii, quas ipse Gofredus injuste rapiebat. Unde facto clamore ante supradictum comitem, convictus ab abbate et recognoscens rectum sancti Maxentii, reliquit ei que subscribuntur, videlicet quadrigas, boves et asinos, ramam, fornilam et genestum, caseos quoque, ova, fructum et sepum. Hoc factum est anno ab Incarnatione Domini millesimo octogesimo primo, in domo Guillelmi Esvelechen, videntibus : Gofredo comite, Maingoto de Metulo, Ugone de Surgeriis, Ugone præposito, Stephano Acardo, Petro capellano, Ansegiso abbate, Rainaldo Comite, Stephano præposito.

CLIII

Hugues, fils de Jamon, se désiste en faveur de l'abbaye de Saint-Maixent de toutes les prétentions qu'il avait sur l'église de Saint-Saturnin, à Saint-Maixent (D. Fonteneau, t. XV, p. 385, d'après le cartul., p. 243).

1081.

Antiquitus necessario constituitur, ut quod animale, videlicet presentia patrum, quia non est, non potest narrare ; inanimale, presentia scilicet litterarum, quid quondam actum sit, notificet posteris. Quapropter hic scribitur quomodo Hugo, filius Jamonis, quod clamabat in ecclesia sancti Saturnini, reliquit sancto Maxentio. Videns enim quod pater suus aliquandiu, quod prediximus, contra canonicam auctoritatem male possederat, accepto salubri consilio, pro salute animæ suæ parentumque suorum, totum reliquit vel dedit sancto Maxentio in capitulo sub presentia domni Ansegisi abbatis. Cui ibidem domnus Ansegisus dedit alium fevum suum, sicut pater suus ab abbatibus sancti Maxentii recte habuerat, et ipse Hugo dedit illi unum equum satis sibi gratum. Anno ab Incarnatione Domini millesimo octogesimo primo, regnantibus Philippo rege in Francia, Gofredo comite Pictavis, duce in Aquitania, Isemberto Pictavensis sedis antistite. S. ipsius Ugonis. S. Petri Dorin. S. Fradini. S. Ramnulfi Garin. S. Willelmi Esveilequen. S. Constantini Goscelmi. S. Brunet Maufé. S. Johannis Teart. S. Ademari Esperun. S. infantibus monachis in scola: Petro, Goscelmo, Ademaro et Constancio.

CLIV

Raymond de Marsais restitue à l'abbaye de Saint-Maixent un pré sis près du moulin de *Bechineo*, et une mine d'avoine due sur le village de Chatenay (D. Fonteneau, t. XV, p. 388, d'après le cartul., p. 246 [1]).

1082.

Anno ab Incarnatione Domini millesimo octogesimo secundo, regnantibus Philippo rege in Francia, Gofredo duce in Aquitania, Isemberto Pictavis episcopo, Raimundus de Marciaco reliquit sancto Maxentio pratum, quod situm est apud molendinum de Bechineo, quod diu injuste possederat, et IIII denarios ad Natale Domini, et

---

1. Cette pièce se trouvait encore à la page 263 du cartulaire. La seule différence que D. Fonteneau ait constatée dans ce second texte avec celui qu'il a reproduit est qu'on y lit *Radulpho Bofrel* au lieu de *Borrel* et *Tetbaudo* au lieu de *Tetbaldo*.

ad Natale sancti Johannis v denarios, et unam minam avene apud villam Catiner [1]. Hoc factum est in capitulo sancti Maxentii sub regimine domni Ansegisi abbatis, videntibus : Bernardo Tirolio, Rofino et filiis ejus Willelmo et Ugone, Radulfo Borrel, Unberto Candelario et filio ejus Tetbaldo.

CLV

Rainaud, fils d'Audayer, donne à l'abbaye de Saint-Maixent divers héritages sis en la paroisse de Romans (D. FONTENEAU, t. XV, p. 393, d'après l'original).

Décembre 1084.

In nomine summe et individue Trinitatis. Ego Rainaldus filius Alderii, accipiens habitum monachi in monasterio sancti Maxentii sub regimine domni Ansegisi abbatis, do ipsi sancto alodum meum, quem pater meus vivens sibi emit, et moriens michi dedit ; que terra sita est in parrochia ecclesiæ Rotmantii, et est in pluribus locis divisa : apud Ribbleriam, juxta rivum, est campus qui vocatur Clausus, et ex altera parte ipsius rivuli terra, que dicitur Anscherii; apud Rotmantium, les Canaberils ; apud Boscum Vaslet, terra que vocatur Groia, et terra de Ruptit, et terra de Cosseia et terra que vocatur Martellus ; apud Premultus, unum quarterium prati....... pratum Pollempne, alterum quarterium prati. Que omnes terre penitus absque ulla consuetudine sunt. Huic dono recenter facto calumpniam fecerunt Andreas et Gauterius parentes Rainaldi, qui postea tamen sancto Maxentio ipsum donum concesserunt in perpetuum. [Actum] in monasterio sancti Maxentii, audientibus : Ugone Araneo et Giraldo presbitero

---

1. *Catiner* est une correction que nous croyons devoir faire à la copie de D. Fonteneau qui porte *Catmer*, le point sur l'*i* pouvant parfaitement avoir été omis par son copiste ou par l'auteur du cartulaire.

et Andreas, in capitulo quod tunc fiebat in [cripta] sanctæ Mariæ ; videntibus : Grosseto pistore et Rainaldo infirmario vel Cristiano Coco. Data mense decembri, regnante Philippo rege, annis Domini millesimo LXXXIIII.

CLVI

Notice de la restitution de la moitié de l'église de Vitrac faite à l'abbaye de Saint-Maixent par Foucaud de Chabannais, de la donation du quart du bourg de Vitrac faite par le même et de la sixième partie par Jourdain Frotier ; le tout confirmé par Adémar, évêque d'Angoulême, qui donne comme avoué aux moines son neveu Jourdain de Confolens. Rainaud Alon leur abandonne aussi tout le droit curial de la même église de Vitrac (D. FONTENEAU, t. XV, p. 391, d'après l'original. D. Chazal, *Chronicon*, cap. 40, donne aussi cette pièce d'après le cartul., p. 332).

1084.

Temporibus Phylipi Francorum regis, Fulcaudus de Castro Cabanneis, pro remedio animæ suæ parentumque suorum, dedit sancto Maxentio, vel reddidit, medietatem ecclesiæ de Vitrac : fuerat enim tota ecclesia ipsius sancti cum accidentibus suis in antiquis temporibus. Dedit insuper de medietate burgi ipsius ville, que sua erat, medietatem, et unam propriam domum et unum quarterium vineæ, et omnia dona, que sui homines vellent facere sancto, ipse bono animo confirmavit.

Quo mortuo post paucos annos, Willelmus filius ejus cum matre sua et conjuge vel filio omnia, sicut pater suus dederat, redonavit domno Ansegiso abbati sancti Maxentii cum pastorali virga, quod factum est in solio domus sue in suprascripto castro, videntibus : Helia de Blaun, Petro de Floriaco, Ugone presbytero, Giraldo Coco ; monachis : Arnaldus Bertranno, et Giraldo qui hoc scripsit.

Item Jordanus Froterius dedit sancto Maxentio tertiam partem medietatis burgi ville Vitrac, que sua erat, et quod habebat in villa Marnac, et duas quarterias vineæ.

Tandem Ademarus Engolisme episcopus hanc donacionem ecclesiæ libenti animo confirmavit, commendans Jordani de castro Confolent, nepoti videlicet suo, et deprecans eum ut in omnibus necessitatibus eorum esset monachis sancti Maxentii adjutor, et circa ecclesiam, vel que ad eam accidunt, fidelis protector; insuper etiam, si contigerit aliquando ecclesiam propter aliquas exactiones interdici, vel ab officio divino cessare, jussit ipse episcopus ut parrochiani sua licencia eant ad ecclesiam novam sancti Stephani de Cogulet, donec ipsa ecclesia de Vitrac absoluta sit et divinum officium in ea celebretur [1]. Sed si ipse episcopus interdixerit ecclesiæ divinum officium propter injuriam aliquam sibi factam, obediat pastori sicut placuerit.

Altera vice Guillielmus et Gauterius monachi petierunt ab episcopo ut, videntibus testibus, adhuc donationem ecclesiæ confirmaret : quod voluntarie fecit in camera sua apud Engolismam. Et ibidem Raynaldus Alo totam ecclesiæ supradictæ capellaniam concessit in perpetuum sancto Maxentio, videntibus utriusque partis Rainaldo Alone, Willielmo Nivernus, Giraldo Gasquet, Mainardo......., Roberto presbitero ; mox Guillielmus et Gauterius in die Pentecostes per manum et voluntatem episcopi assumpserunt ecclesiam et beneficium ejus, gaudente parrochia, et sua parte confirmante. Deinde supradictus Rainaldus veniens ad sanctum Maxentium, ipsius ecclesiæ supradictæ Vitrac capellaniam totam iterum sancto concessit Adjutori Maxentio, data sibi societate ipsius loci, et ipse cartam super altare sancti Maxentii posuit, videntibus Ugone de Tusca Moysen et Giraudo presbitero. Hoc fuit novissime factum in capi-

---

1. Le texte original donné par D. Fonteneau s'arrête en cet endroit. La suite est empruntée à la copie du cartulaire conservée par D. Chazal.

tulo sancti Maxentii, quod tunc fiebat in cripta sanctæ Mariæ sub regimine domni Ansegisi abbatis, anno Incarnatione Domini MLXXXIIII.

CLVII

Rainaud, fils de Lanfroy, vend pour cent sous à l'abbaye de Saint-Maixent la prévôté de l'île de Vouillé qu'il avait achetée d'elle pour la même somme (D. FONTENEAU, t. XV, p. 395, d'après l'original. Cette pièce se trouvait aussi dans le cartul., p. 249 et 250 [1]).

1085.

In nomine Dei omnipotentis Patris et Filii et Spiritus sancti. Ego Rainaldus, filius Lanfredi, preposituram insule Vulliaci, quam emi centum solidis ab abbatibus sancti Maxentii, Benedicto videlicet et Ansegiso, eandem ex integro postea similiter pro centum solidis monachis ipsius loci dedi et in perpetuum reliqui; conveniens eis ut si frater aut soror, nepos vel neptis, hodie vel post diem temptaret eis aliquam calumpniam ingerere, terra de Trelia, que michi ex patrimonio meo accidit, propria esset sancti Maxentii, donec, calumpnia finita, ipsam preposituram in pace haberent, et pratum de Nuceriis in hac fiducia similiter sit. Hanc vendicionem fecit Rainaldus apud Vulliacum, affirmante matre sua Richelde cum filia Aleende, et audientibus vicinis Abram et Rainaldo, Pipino atque Lanberto Blancaspels; presentibus monachis: Giraldo priore qui hanc cartam scripsit, et Rainaldo Grospan, et Martino ipsius insule preposito cum Johanne. Postea ipse Rainaldus in capitulo sancti Maxentii hoc confirmavit, et hanc cartam super altare matutinale posuit, videntibus his quorum nomina subscribuntur : S. Girardi Longi. S. Ademari de Maisuns. S. Jamonis Marscalci. S. Gosleni Be-

---

1. Imprimée par Champollion-Figeac (*Docum. hist.*, t. I, p. 496), d'après les manuscrits de Besly.

quet. Actum est anno ab Incarnatione Domini millesimo octuagesimo quinto, regnantibus Philippo rege in Francia, Gofredo duce in Aquitania, Isemberto Pictavensi pontifice.

CLVIII

Isembert, évêque de Poitiers, Pierre et Gosceran Pierre donnent à l'abbaye de Saint-Maixent l'église de Saint-Martin de Lorigné, avec les droits qui y étaient attachés (D. FONTENEAU, t. XV, p. 397, d'après le cartul., page 256 [1]).

1085.

Anno ab Incarnatione Domini millesimo octogesimo quinto, Isembertus, Dei gratia Pictavensis sedis episcopus, apud Mariacum Episcopalem rogatus a Radulfo archidiacono et Aldeberto monacho, dedit ecclesiam sancti Martini Deo et sancto Maxentio, que est sita in pago Briocense, in villa Lorniaco. Hujus ecclesiæ donum eidem sancto Maxentio fecerant duo fratres, prout sui juris erat, Petrus videlicet et Goscerannus Petrus, apud castrum Sivriacum, in domo sua cum codam libro, videntibus Guillelmo Botba et Giret Aleart; Goscerannus vero, apud Voaciacum, cum filiis suis Girberto scilicet et Goscerannu, cum Ermensende matre eorum, videntibus Bernardo milite et Garnaldo Loripede. Denique post paucum tempus Petrus defunctus est apud Campaniam, et inde deportatus, sepultus est honorifice in cymeterio sancti Maxentii. Quod audito, germanus ejus Goscerannus libenter ampliavit donum et confirmavit in manu domni Ade abbatis in ecclesia, cum libro missali, apud Lorniacum, videntibus Ugone Boleta et Jamone. In hoc dono est ecclesia cum presbiterali fevo et cymeterio cum sepultura, cum tertia parte decime lane, et omnibus agnis, porcellis seu vitulis,

---

1. Le *Gall. Christ.*, t. II, col. 1167, donne en note un extrait de cette charte.

sive toto burco. Que omnia, sicut supra taxavimus, Maingotus de Metulo, cujus juris est, funditus confirmavit super altare sancti Maxentii jure perpetuo, videntibus Tetbaudo Bucca, Ugone Araneo, Tetbaudo Comite. Et Audebertus monachus dedit Maiengoto mascule monete xx solidos pro medietate agrarii et toto dominio cujusdam massi terre que est juxta ecclesiam. Dedit Audebertus Gosceranno xx solidos et conjugi ejus xv ; insuper totam consuetudinem ipsius terre et hospitalitatem. Acta sunt Philippo rege et Guillelmo Aquitanorum duce.

CLIX

Jean d'Angoumois donne à l'abbaye de Saint-Maixent une écluse sur la Sèvre, entre Damvix et Maillé (D. Fonteneau, t. XV, p. 401, d'après le cartul., p. 250).

1086, avant le 24 septembre.

In nomine Domini nostri Jesu Christi. Ego Johannes Engolismensis, tactus amore divino, dono et devotissime concedo sancto Adjutori Maxentio exclusam, quam emi de Gofredo Voladair et de David vel Maria Tronna. Et est de ista exclusa octava pars Rotberti Burgundi, que sita est in annæ[1] Severa, inter villam Celesium et portum Malliaci, et vocant eam indigene Portel. Hoc donum fecit Johannes apud vicum Bennaciacum, in domo sua, cum hac cartula, anno ab Incarnatione Domini millesimo octogesimo sexto, regnantibus Philippo rege in Francia, Gofredo duce in Aquitania. Hæc sunt nomina testium : S. ipsius Johannis. S. Teophanie ipsius conjugis. S. Unberti Botel. S. Tetbaldi capellani. S. Petri de Traient. S. Willelmi archipresbiteri. S. Johannis. S. Johannis. S. Jamonis. S. Giraldi prioris. S. Rainaldi monachi. S. Johannis monachi.

---

1. Ainsi dans le cartulaire, mais faute de copiste pour *in amne Severa* (Note de D. F.).

CLX

Pierre, fils de Martin Éperon, vend à l'abbaye de Saint-Maixent son domaine de Cerzeau (D. FONTENEAU, t. XV, p. 407, d'après l'original).

1086, avant le 24 septembre.

Antiquorum providentia patrum hoc posteris suis providit, ut rerum venditarum, emptarum seu datarum, memoria in cartis scriberetur. Qua de causa hic scribitur quomodo Petrus filius Martini Esperunt totam terram de Cersiolo, que sue parti acciderat, sicut pater suus ante possederat, vendidit monachis sancti Maxentii, unde accepit in denariis quatuordecim libras. Ademarus vero frater ejus preter hoc habuit v solidos et emptionem firmavit ; Simon vero tertius frater eorum, sepe a Petro fratre suo ammonitus ut hanc terram emeret, nec fecit sed calumpniabat. Idcirco ut ejus calumpnia legaliter excluderetur, ventum est ad judicium, et rectitudine justicie vel timore peccati paratus fuit Stephanus, prepositus sancti Maxentii, recipere a Simone easdem quatuordecim libras in termino certo invicem constituto et terram ; sed ipse ad terminum nec denarios reddidit, neque postea, sicut judicaverunt Bernardus Tirolius, Aimericus Mantrolii, Petrus d'Augé, habere terram debuit.

Hoc venditum affirmavit ipse Petrus et frater ejus Ademarus in capitulo sancti Maxentii, quod tunc fiebat in cripta sanctæ Mariæ, anno ab Incarnatione Domini millesimo LXXXVII [1]; regnantibus Phylippo rege in Francia, Gofredo duce in Aquitania, Isemberto Pictavense presule.

---

1. Les chroniques de Montierneuf, de Saint-Florent de Saumur et de Saint-Maixent, l'inscription qui se lit encore dans l'église de Montierneuf, établissent positivement que Guy-Geoffroy est mort au château de Chizé le 24 septembre 1086. Il y a donc lieu de se ranger à l'opinion de D. Fonteneau, qui estime que dans la date de cette pièce il y a une erreur d'un chiffre, et qu'il faut lire LXXXVI.

S. Petri. S. Ademari fratris ejus. S. Gosberti Ferger. S. Johannis Vender. S. Gosleni Bequet. S. Odonis. S. Tetbaldi Comitis. S. Stephani monachi. S. Willelmi monachi. S. Christiani monachi. S. Giraldi prioris qui hanc cartam scripsit.

CLXI

Châlon le jeune, fils d'un autre Châlon le jeune, donne à l'abbaye de Saint-Maixent un verger sis en dehors de la porte Châlon et la moitié de son alleu de Faye (Orig., arch. des Deux-Sèvres, H 83. Cette pièce a été aussi donnée par D. Fonteneau, d'après l'original. Elle se trouvait encore dans le cartul., page 251 [1]).

1086, avant le 24 septembre.

Anno ab Incarnatione Domini millesimo octogesimo sexto, Cadelo juvenis, filius alterius Cadelonis juvenis, jacens graviter vulneratus apud Campdinarium, dedit sancto Adjutori Maxentio viridarium quod est situm extra portam Cadelonis avi sui, unde ipse solebat reddere censum sancto Maxentio denarios quatuor. Insuper dedit suam partem alodi de Faia, medietatem videlicet totam. Hoc fuit factum apud Campdinarium, audientibus istis : S. Gofredi avunculi sui. S. Fulconis consobrini sui. S. Ademari de Barbaste. S. Wilelmi presbiteri. S. Aenor matris ejus. S. Gauterii Gosleni. S. Ademari Gosleni, qui calumpniam quam in hoc dono habebat ibi finivit. S. Brientii.

Post illam infirmitatem veniens ipse Cadelo in capitulum sancti Maxentii, quod tunc fiebat in monasterio ante altare sanctę Marię, hoc donum fideliter confirmavit. Testibus : Witberto archipresbitero, Ademaro d'Augé, Ugone Tirolio, Aimone ; monachis : Christiano monacho, Stephano monacho, Giraldo priore qui hanc cartam scripsit. Actum est regnantibus Phylippo rege in Francia, Gofredo duce in Aquitania, Isęmberto Pictavis presule.

---

1. Imprimée par M. Ravan, *Essai historique*, p. 98.

CLXII

Osirie, veuve de Geoffroy de Saint-Maixent, et ses deux fils Châlon et Ebles, en reconnaissance des obsèques faites audit Geoffroy par les religieux de Saint-Maixent, leur font abandon des droits qu'ils prétendaient avoir sur une portion du cimetière de l'abbaye, là où ils avaient eu autrefois une chambre et un verger (Orig., arch. des Deux-Sèvres, H 82 [1]).

1086, avant le 24 septembre.

Temporibus Phylippi Francorum regis, cum Gofredus comes Pictavis esset dux in Aquitania, et Isembertus supradictę civitatis episcopus, contigit ut Gofredus de Sancto Maxentio moreretur apud castrum Rocafort[2], quem conjux Osiria nomine et filii ejus Cathalo et Ebulo deferre fecerunt ad sanctum Maxentium ; monachi vero revestiti, occurrentes ei, exequias ejus in monasterio celebraverunt, et deinde honorifice juxta parentes suos in cymitterio sepelierunt. Osiria autem et duo filii sui, viso obsequio quod monachi exibuerunt domino suo, spontanea voluntate calumpniam quam habuerant in quadam parte suprascripti cymitterii in perpetuum finierunt. Habuerant enim aliquandiu intra muros cameram et viridiarium ; que omnia concesserunt sancto Maxentio perpetualiter, sicut infra muros continetur. Hanc cartam affirmaverunt Osiria et duo filii sui, Catalo videlicet et Ebulo, et eam posuerunt super altare sancti Maxentii, presentibus his qui suscribuntur : S. Aimerici Mantrolia. S. Aimerici Rufi. S. Giraldi de Gordun. S. Petri d'Augé. S. Cathalonis. S. Ebulonis. S. Gofredi pueri, fratris sui. S. Stephani monachi. S. Warini monachi. S. Radulfi monachi [3].

---

1. Imprimée par M. Ravan, *Essai historique*, p. 98, et par M. Faye, *Nouvelles recherches*, p. 246.
2. Ce Geoffroy semble être le même personnage que celui qui assiste comme témoin dans la charte précédente (n° CLXI), laquelle est sûrement de l'année 1086, et n'a dû précéder celle-ci que de quelques mois.
3. Au dos, est écrit de la même main : *Calumpnia cimiterii finita.*

CLXIII

Notice des difficultés qu'eut l'abbaye de Saint-Maixent avec le comte de Poitou Guy-Geoffroy, au sujet de la moitié du péage de la forêt de la Sèvre, des défrichements et du gros bois de cette forêt, que leur avait jadis abandonné le comte Guillaume Aigret (D. FONTENEAU, t. XV, p. 389, d'après l'original).

Entre 1082 et le 24 septembre 1086.

Quando accepimus abbatem a Majore Monasterio, convenit nobis comes Gofredus et ipsis monachis Majoris Monasterii se redditurum [complu]ra beneficia, que nobis injuste auferebat. Quo tandem accepto et in sede legitime intronizato, requisivimus comitem que promiserat. Imprimis requisivimus medietatem pedagii, et revesticionem[1] Savre, et grossum boscum, que omnia ante nostra fuerant dono et emptione Willelmi comitis et matris sue Agnetis[2]. Ipse vero comes omnia denegavit nobis et nichil reddidit. Quo viso, abbas Ansegisus, in tantum his et aliis dissimilibus affectus injuriis iratus est, quod reversus est Majus Monasterium, promittens se non amplius rediturum nisi prius omnia sibi redderentur; et comes nichil propter hoc reddidit. Interim mortuo Fulcone, qui pedagium nostrum habebat, minatus est comes iterum pedagium vendere et dare. Nos vero, coacti dolore, emimus ab ipso ipsum pedagium duobus milibus et ducentis solidis et amplius. Tandem abbate reverso, nichil adhuc comes de omnibus reddidit; sed grossum boscum, quem per viginti annos et amplius quibusdam militibus dederat, tandem abbati Novi Monasterii dedit. Quod audiens abbas Ansegisus, gravi ira permotus, calumpniatus est legitime in camera comitis apud Pictavi, videntibus ducentis

---

1. Le glossaire de Du Cange ne donne pas le mot *revesticio* avec le sens que nous lui attribuons et que nous faisons dériver de celui qu'il applique au verbe *revestire* : *Revestire terras*, agros aliquandiu incultos iterum colere.
2. V. la charte du 20 décembre, vers 1045, n° CVIII.

plus minusve, inter quos fuerunt Rainaldus abbas sancti Cipriani et Bertrandus abbas sancti Juniani. Calumpniatus est in sinodo Pictavinsi coram multis. Calumpniatus est ipsi abbati coram Amato, legato Romano, videntibus episcopis et abbatibus apud Karrofense concilium [1]. Calumpniantur et ipsi monachi coram comite vel coram abbate nunc et in perpetuum.

CLXIV

Notice des entreprises d'Ebles, seigneur de Châtelaillon, sur un marais appartenant aux religieux de Saint-Maixent et dépendant de leur terre de la Font-de-Lay (D. FONTENEAU, t. XV, p. 403, d'après le cartul., p. 271 [2]).

1086, après le 24 septembre.

Temporibus Philippi Francorum regis, monachi sancti Maxentii fecerunt clamorem ad comitem Pictavis et ducem Aquitanorum nomine Goffredum, de Ebulone domino castri Allionis, qui mala invasione et violentia auferebat eis magnam terre possessionem, scilicet mariscus qui cingit plurimam partem terre Fontis des Lois ; qui mariscus in longitudine usque ad sterium Mali Lupi totus erat sancti Maxentii a temporibus Pipini, Ludovici, regum Francorum. Quo clamore comes audito, monuit Ebulonem ut monachis redderet terram suam, qui tamen reddere noluit. Comes autem, cognita pessima et violenta injuria, noluit amplius pati, sed reddidit monachis funditus totum mariscum suum. Quo viso, Ebulo turbatus est. Postea comes, ne videretur monachis terram reddidisse injuste, precepit eis ut percalcarent terram, quam suam esse dicebant, et salvarent eam sibi illa lege qua melius judicaretur ; quod absque dubio bis factum est, vidente Ebulone cum aliquibus militibus suis, Giraldo priore, et Garnerio monacho ipsius

---

1. Le concile de Charroux se tint en 1082.
2. Imprimée par M. Faye, *Recherches sur l'ancienne maison de Châtelaillon en Aunis* (*Mém. de la Soc. des Antiq. de l'Ouest*, t. XIII, p. 415).

loci obedientiario, cum suis militibus et clientibus terram circumeuntibus. Tandem postea judicavit comes fieri legem hujus terræ inter monachos et Ebulonem, termino constituto et loco, apud Surgerias. Quod ita sicut ipse precepit ex utraque parte confirmatum est. Denique venerunt monachi parati ad legem, et ospitati sunt honorifice in aula comitis et cameris Surgeriis. Altera die venit et domnus Ebulo, congregatis utrobique judicibus omnibus, fuerunt parati monachi ad peragendam legem, sicut comes et curia sua judicaverat, vel sicuti antiqua carta monstrabat et ut melius judices adfirmarent. Ebulo vero, sicut ille qui nolebat vel non audebat incipere duellium, nulla tamen alia ocasione vel contentione habita, alludens, dixit pugnatorem suum non habere sutulares ad monomachiam aptos. Cui unus ex omnibus monachorum, nomine Jamo, suos sibi abstraxit, et pugili Ebulonis, ne tam turpi penuria lex remaneret, libenter obtulit; que omnia recusando penitus Ebulo stupuit. Monachi vero obtinuerunt mariscum usque ad mortem comitis. Quo mortuo, Ebulo in nequitia sua adhuc perdurans, statim illud abstulit monachis. Unde multoties clamore facto ad comitem, qui tunc puer erat, et ad episcopos, usque hodie non consecuti sunt justiciam. Acta sunt anno ab Incarnatione Domini millesimo octogesimo sexto. Testes : Maingotus Metuli, Otho de Rocha, Aleardus prepositus, Petrus de Augé, Girardus prior ; monachi : Stephanus prepositus, Ademarus, Garnerius, Martinus.

CLXV

Hugues, fils de Jamon, vend à l'abbaye de Saint-Maixent la moitié du moulin de Leigne (D. Fonteneau, t. XV, p. 405, d'après l'original).

1087.

Quoniam longevo intercurrente tempore sepe ignorat novitas quod fecit antiquitas, loquitur non ore suo, sed aperto scripto hæc carta et innotescit nescientibus quando vel quomodo Ugo filius Jamonis suam partem molendini de Lempnia, medietatem videlicet, vendidit sancto Maxentio. Coactus enim Ugo iste dudum a feneratoribus suis, medietatem supradicti molendini in capitulo sancti Maxentii vendidit domno Ade abbati centum LX solidis, presentibus et confirmantibus his qui subscribuntur : S. Ugonis Bolete, qui hanc cartam super altare sancti Maxentii posuit et ibidem crucem subterscriptam signavit. S. Petri Dorin nepotis ejus. S. Costantini Goscelmi. S. Bernardi Tirol. S. Giraldi de Gordun. S. Petri d'Augé. S. Ademari de Barbaste. S. Radulfi Grossi ; monachorum : S. domni Ade abbatis. S. Ingelberti monachi. S. Unberti monachi. S. Christiani monachi. S. Giraldi prioris qui hanc cartam scripsit. Actum anno ab Incarnatione Domini millesimo LXXXVII, regnantibus Philippo rege in Francia, Willelmo infante duce in Aquitania, Petro Pictavis episcopo.

CLXVI

Pierre, fils de Chrétien de Pamprou, reconnaît, après avoir été mis en prison, qu'il est homme de corps de l'abbé de Saint-Maixent. Vers le même temps, Aimeri Chauvet et sa femme, cousine dudit Pierre, font une semblable déclaration (D. FONTENEAU, t. LXVI, p. 299, et t. XV, p. 431, d'après le cartul., p. 34).

Vers 1087.

Petrus filius Christiani de Pampro, dudum pro malis quæ dicebat vel faciebat monachis suis dominis, captus est, et compeditus in archa missus ; quotandem, quod male denegaverat, firmiter confessus est, scilicet se esse proprium capitis sui hominem sancti Maxentii, quod firmavit libenter pater suus Christianus et Willelmus sacerdos filius ejus et multi alii sui parentes. Et postea hoc juravit super altare ad pedes sancti Maxentii se hoc tenere bona fide in perpetuum, post posita et indulta verberum injuria. Insuper dedit de suis amicis obsides per mille solidis, si hoc aliquo modo violabit, in manu Giraldi prioris et Stephani prepositi[1]. Richardum Pipot. Waufredum Aufre.

Similiter postea Aimericus Calvet se ablicans [2], captus fuit, et compeditus in eadem archa missus, unde non exiit per sigillum comitis vel episcopi, donec ad voluntatem domni Ade abbatis et dominorum suorum. Tandem aliquando compedibus solutus, venit cum conjuge sua, consobrina supradicti Petri, coram hostia sepulchri domini sui sancti Maxentii, et viva voce, sicut solet loqui aliquis, ancxius ad dominum suum confessi sunt ambo similibus verbis : *Domine sancte Maxenti, confiteor me esse tuum mei capitis proprium hominem et fideliter tibi et tuis serviturum.* Hoc juravit tenere se firmiter, et insuper dedit fiducias : Engelbertum prepositum, Aimericum de Ponte, Richardum Pipot, Gaufredum Aufre, Lanbertum Borgeric, Johannes Alant, Johannes Berengerius, Arnaudus Grosset, Garnaldus Porcarius, unusquisque istorum pro centum solidis, si juramentum offenderit. Ad ultimum hoc juravit ejus conjux [3].

CLXVII

Adémar, fils de Martin Éperon, cède à l'abbaye de Saint-Maixent la tierce partie de la prévôté de ladite ville de Saint-Maixent (Orig., arch. des Deux-Sèvres, H 100. D. Fonteneau donne aussi cette pièce d'après l'original, t. XV, p. 409. Elle se trouvait encore dans le cartul., p. 240).

1088.

Temporibus Phylippi Francorum regis, Ademarus filius Martini Esperun vendidit domno Ade abbati sancti Maxenti que sua erant et sue parti acciderant de prepositura

---

1. Etienne était prévôt en 1086 et en 1087; en 1089, cette dignité est occupée par Bernard.
2. Ainsi dans le cartulaire, mais faute de copiste, pour *abdicans* (Note de D. F.).
3. Nous avons réuni ces deux textes, qui se complètent l'un l'autre, et que D. Fonteneau, nous ne savons pour quelle cause, avait disjoints; la seconde partie se trouve dans le tome XV de son recueil, tandis que le commencement avait été renvoyé au t. LXVI.

quę est in villa sancti Maxentii, et extra villam, scilicet terciam partem de gadiis et terciam partem de venditionibus domorum seu vinearum, et omne quod suum erat de prepositura reliquit in perpetuum sancto Maxentio, accipiens inde centum solidos et duos sextarios, unum frumenti, alterum segulę, et solmam vini, atque duobus filiis suis unicuique tunicam unam. Ante ammonuerat Ademarus iste fratres suos Petrum et Symonem ut hanc suam partem prepositurę emerent. Qui, eum graviter fame tabescentem et pueros suos frigore et inedia affectos considerantes, ferme nullam compassionem eis habuerunt, neque auxilium aliquod fecerunt ; et ita convicti fratres et ammoniti legaliter a fratre et a monachis ut emerent, non emerunt. Hanc venditionem fecit Ademarus in capitulo sancti Maxentii, affirmantibus filiis suis, Gofredo videlicet et Rainaldo, cum matre eorum, anno ab Incarnatione Domini millesimo octogesimo octavo. S. Ugonis Aranei. S. Girberti Servientis. S. Johannis Venderii. S. Odonis. S. Tetbaldi Comitis. S. Giraldi coqui. S. domni Adę abbatis. S. Unberti monachi. S. Christiani monachi. S. Giraldi prioris qui hanc cartam scripsit [1].

CLXVIII.

Adémar, fils de Martin Éperon, vend le tiers de deux moulins à l'abbaye de Saint-Maixent (D. Fonteneau, t. XV, p. 417, d'après le cartul., page 240).

1088.

Sub regimine Philippi Francorum regis, Aquitaniæ ducatum tunc tenente Guillelmo infante Pictavis' comite, ejusdemque civitatis Petro antistite, Ademarus filius Martini Esperun terciam partem duorum molendinorum, que sibi accidebat, vendidit domno Ade abbati et fratribus cum multagio et accessu vie, accipiens ab eis sexaginta

---

1. Au dos, de la même main est écrit : *De prepositura Ademari Esperun.*

solidos et duos sextarios annone. Iste vero Ademarus ante monuerat fratres suos, quia fame tabescebat, ut hoc emerent et sibi succurrerent, qui hoc penitus non fecerunt. Hoc fuit factum in capitulo sancti Maxentii, coram testibus quorum nomina subscribuntur, anno ab Incarnatione Domini millesimo octogesimo octavo. S. Radulfi Grossi. S. Ricardi Clientis. S. Johannis Venderii. S. Girardi. S. Ademari et duorum filiorum ejus, Rainaldi videlicet et Gofredi, qui subtersignatas tres cruces super altare fecerunt.

CLXIX

Adam, abbé de Saint-Maixent, remet l'église de Saint-Léger de Saint-Maixent sous la puissance de l'abbaye, après la mort de quatre clercs séculiers qui s'étaient fort mal acquittés d'y célébrer le service divin (D. Fonteneau, t. XV, p. 411, d'après le cartul., p. 262 [1]. Il en donne aussi un résumé, t. LXVI, p. 93).

1088.

Successorum memorie notificare curavit antiquitas, quod ecclesia sancti Leodegarii proprii juris sit ecclesiæ sancti Maxentii, prope quam constructa est. Hanc antiquitus seculares abbates tradiderunt quatuor secularibus clericis, qui male se erga Deum habebant, et eandem ecclesiam suo pigro officio impeditam tenebant. Unde accidit quod domnus abba Adam et monachi sui, videntes multimodum sue ecclesiæ dampnum, noluerunt illos clericos, inevitabili sorte defunctos, ulterius in eadem ecclesia propagare, sed jussu atque consilio domni Petri Pictavensis sedis episcopi, et Radulphi archidiaconi, vel Aimerici diaconi, seu Garnerii clericorum sanctæ Mariæ abbatis, sive Stephani Sicci, ipsam ecclesiam, antiquo errore liberatam, in propriam sibi retinuerunt taliter, ut divinum officium, sicut ab antiquis constitutum est, in ea fieret : scilicet matutine cum missa matitunali tantum, et in

---

1. Imprimée dans le *Gallia Christ.*, t. II, *instr.*, col. 343.

diebus dominicis intra ecclesiam, humili cantu celerique, processio fiat, et vespere. Hæc autem ecclesia nullam habet parrœchiam, sed quod monasterium non capit, ista suscipit. Anno ab Incarnatione Domini millesimo octogesimo octavo, regnantibus Philippo rege in Francia, Guillelmo, tunc infante septimum decimum annum habente, duce in Aquitania [1].

CLXX

Engelbert, prévôt de la forêt de la Sèvre, tenant des moines de Saint-Maixent une terre qui devait leur faire retour après sa mort, consent à la leur rendre immédiatement pour un cheval gris pommelé, et leur cède par-dessus le marché un champ qu'il avait acquis du comte Guillaume en échange d'une épée (Orig., arch. de la Société des Antiquaires de l'Ouest, n° 5. D. Fonteneau donne aussi cette pièce d'après l'original [2]. Elle était encore dans le cartul., p. 253 et 254).

1088.

Sepe experimento didicimus quod ea quę voluntario animo et recta fide a precedentibus patribus dantur vel venduntur ęcclesiis aut secularibus, a sequentibus filiis prava et iniqua voluntate violenter auferuntur, in quibus oblivio officit, memoria adjuvat. Idcirco hujus scedę scripto memoria cernitur quod Engelbertus, silvę quę Savra nuncupatur prepositus, terram quam ei monachi sancti Maxentii tantum in vita sua dederant, tali pacto ut post mortem ejus reverteretur ad sanctum, hanc ipse superstes eis per unum equum liardum in perpetuum reddidit. Est autem terra ipsi inter viam quę ducit ad Fenestram et silvulam quæ vocatur Garmentarius. Tunc etiam campum quem emit per unum ensem a comite Guilelmo eis simi-

---

[1]. D. Fonteneau, t. XV, p. 413, donne une seconde copie de cet acte d'après les manuscrits de D. Etiennot, part. 2, fol. 430. Le texte offre quelques variantes, sans réelle importance, mais qui suffisent pour justifier l'opinion de D. Fonteneau sur le manque d'exactitude et surtout de précision dans les copies de cet écrivain.

[2]. Dans sa copie, D. Fonteneau a supprimé les formules du commencement depuis *quod ea* jusqu'à *adjuvat*.

liter dedit, qui campus vocatur Falgerius Clausus. Actum est in capitulo sancti Maxentii, temporibus Phylippi regis Francorum, et Wilelmi infantis ducis Aquitanorum, necne Petri pontificis Pictavorum, anno ab Incarnatione Domini M° LXXX°VIII°. S. Engelberti ipsius †. S. Jamonis Marscalli. S. Garini Barbę [1].

CLXXI
Droits d'usage de l'abbaye de Saint-Maixent et des habitants de Saint-Martin dans la forêt de la Sèvre (D. FONTENEAU, t. LXVI, p. 221, d'après le cartul., p. 224).

Vers 1088.

Has consuetudines habet sanctus Maxentius in silva quæ Savra vocatur, ut omnia, que ex ligno opus sunt ad ecclesias vel domos sancti Maxentii, vel ad alia quelibet necessaria, extra Expautum sine jussu prepositi secure accipiantur, necnon etiam intra Spautum, si aliqua conveniens arbor accipiatur, tantum comiti reddetur ratio. Rustici vero de curia sancti Martini hanc potestatem in eadem silva creduntur habere, sicut Engelbertus, Goffredi ducis de eadem silva prepositus et in supradicta curia natus, narravit mihi Giraldo, qui hanc cartam scripsi, ut sine jussu prepositi vel silvatici totum applectum [2] accipiant, et furgonem cum roablo, et manubrium pale, et perticas super focum, et tenalias ovili sui, et ramam. Accipiet quoque ejusdem curie rusticus omnia que opus fuerint quadrige sue cum jussu prepositi, et si non jusserit, tamen non dabit vadium. Accipiet et bobus suis frisgo-

---

1. Au dos, on lit d'une écriture du même temps : *De terra que est juxta Garmenterium*.
2. Le glossaire de Du Cange ne donne pas les mots *applectum*, *roablum*, *tenalia*. *Applectum* nous paraît avoir le même sens qu'*expletum*, droit d'user d'une chose pour un but déterminé ; *roablum* est le rouable, instrument qui sert à ramener la braise du four, braise qui a été remuée avec le furgon ; *tenalia* est le râtelier de la bergerie. Les mots rouable et furgon sont encore employés dans les campagnes du Poitou ; celui de tenaillé ne s'applique plus qu'au râtelier suspendu horizontalement au-dessus de la table de la cuisine et où les paysans placent leur pain et leur cuillère.

nem [1], sine jussu prepositi intra Expautum vel extra Expautum. Si potuerit quodlibet clam accipere de silva, et non inventus fuerit usque ad domum suam, non dabit gadium neque faciet judicium. Si silvicola obviaverit ejusdem curie agricole afferenti aliquod lignum de silva, si non potuerit monstrare unde fuerit abscisum, non dabit gadium nec faciet judicium. Si intra silvam aliquid seminatum fuerit, decima et terradium [2] erit sancti Maxentii. Si rusticus, domo vendita, voluerit aliam facere, quesierit ligna preposito, sed si non vendiderit, accipiet sine jussu illius omnia recisa arborum extra Expautum. Si acciperit ramam ad clausuram in circuitu domus sue, non dabit gadium. Si carpentarius ad opus sancti Maxentii absciderit arborem totam ex integro, ad opus ipsius operetur, quia sine jussu prepositi non poterit reliquias retinere sibi. In tota curia sancti Martini venatores nullam habent consuetudinem, nisi tantum avenam, et de illa non dabitur gadium, nisi transierit festivitas sancti Michaelis.

Ego Engelbertus has supradictas consuetudines sicut scio certas affirmo; insuper et pro remedio meæ animæ dono sancto Maxentio, post mortem meam, campum qui vocatur Faugeres Clos, quem comes Gofredus dedit mihi propter unum ensem satis preciosum [3]. Nomina eorum qui has supradictas consuetudines audierunt Engelbertum ipsius silve prepositum affirmare in capitulo sancti Maxentii, hæc sunt : S. Teardi. S. Bruneti Maufe.

CLXXII

Adémar, évêque d'Angoulême, étant alors au concile de Saintes, donne à l'abbaye de Saint-Maixent les églises d'Yvrac et de Fleurignac en Angoumois (Orig., arch. de la Société des Antiquaires de

---

1. *Frisgo*, qui ne se trouve pas non plus dans le Glossaire, doit dériver de *friscus*, et avoir la signification de droit de pacage dans les terres en friche.
2. *Terradium*, qui n'est pas donné par Du Cange, a le même sens que *terragium*.
3. Ce paragraphe est un rappel de l'acte précédent, n° CLXX.

l'Ouest, n° 6. D. Fonteneau, t. XV, p. 429, donne aussi cette pièce d'après l'original [1]).

5 novembre 1089.

Ego Ademarus, Dei gratia Engolisme sedis episcopus, perpendens et considerans futuram districcionem extremi judicii, volui amicos et patronos sanctos Dei facere michi. Quapropter dedi beato Adjutori Maxentio et servitoribus ejus in perpetuum ecclesias Vraci et Flornaci, de episcopatu meo, quarum prima constructa est in honore sancti Bibiani, et altera in veneracione sanctissimi Remigii, in manu Ade abbatis ejusdem cenobii, consilio clericorum nostrorum qui tunc erant mecum : Mainardo Cramal et Arnaldo de Porta, et aliorum videntibus istis ex mea parte et de parte abbatis : Giraudo priore, et Unberto monacho, et Johanne monacho; laicis : Radulfo Grosso, Johanne Marmoreo et Aimerico Tascherio. Hoc donum feci ego apud Sanctonas, quando sinodum vel concilium fuit factum in quo Amatus archiepiscopus Burdegale civitati datus est et elevatus nolente comite, anno ab Incarnatione Domini M° LXXXVIIII [2], indictione XI, nonis novembris, inperante Airico imperatore et Philippo in Francia, Guillelmo comite in Aquitania [3].

---

1. Il existait aussi une analyse de cet acte dans le cartulaire avec diverses adjonctions; nous la donnons ci-après, n° CXCVII, d'après D. Fonteneau.

2. L'indication précise de cet acte, celle non moins formelle de la Chronique de Saint-Maixent qui porte : « Anno M° LXXXVIIII *Amatus tenuit concilium Sanctonas* IIII *novembris, in quo idem elevatus est archiepiscopus Burdegale* », sembleraient ne pouvoir permettre de douter qu'au mois de novembre 1089 il se tint à Saintes un concile où Amat fut élu archevêque de Bordeaux. Mais, d'un autre côté, on trouve dans le cartulaire de la Réole (*Arch. hist. de la Gironde*, t. V, p. 103), qu'en 1089 Amat présidait un concile dans sa ville archiépiscopale de Bordeaux, ce qui est difficile à allier avec ce que nous venons de rapporter; puis la charte que nous publions plus loin, n° CXCVII, contient, sous la date de 1088, une donation venant compléter celle faite par Adémar au concile de Saintes; enfin, dans notre même acte n° CLXII, on trouve pour l'indiction le chiffre XI qui se rapporte à 1088 et non à 1089. Toutes ces données contredisant les premières que nous avons exposées impliquent un doute qu'un texte plus précis que ceux que nous avons pu nous procurer viendra peut-être éclaircir.

3. Au dos, est écrit de la même main : *De ecclesiis Vraci et Flonaci.*

CLXXIII

Aimeri Abelin et ses cousins vendent à l'abbaye de Saint-Maixent la rente de blé qu'elle payait à leur cousin Adémar Arondeau, dont ils avaient hérité (D. FONTENEAU, t. XV, p. 427, d'après le cartul., p. 251).

1089.

Sepius accidit quod subreptionem oblivio ingerat. Idcirco posterorum cautele intimare studemus quod Aimericus cognomento Abelinus et duo consobrini sui, Willelmus Peiroardus videlicet et Petrus frater ejus, annonam, quam Ademarus Arundellus eorum consanguineus habebat de abbatibus sancti Maxentii, quamque ipsis post mortem suam dedit, ipsi et vendiderunt et in perpetuum reliquerunt sancto Maxentio, promittentes sancto defendere de omni parentela sua ; quod si facere non possent, post quindecim dies reddere monachis precium quod acceperant, scilicet VIII libras et amplius. Hoc affirmaverunt in capitulo Willelmus Peiroardus et frater ejus Petrus, et Aimericus Abelinus, et extra capitulum conjux ejus nomine Phania et filius ejus Andreas apud Motam, videntibus Ugone de Isernai et Girberto Cliente. S. Girardi. S. Gauterii, clienti de Mota. S. Stephani de Casa. Anno ab Incarnatione Domini millesimo octogesimo nono, Philippo rege in Francia, Willelmo duce in Aquitania, Petro Pictavis antistite. S. Ademari de Barbaste. S. Johannis Venderii, Bernardi Bruneti, Jamonis, Goffredi de Taslai.

CLXXIV

Adam, abbé de Saint-Maixent, pour venir en aide à Berton, de Melle, qui avait perdu tout son bien en procès, lui concède, sa vie durant, ce qu'avait possédé sa femme à Verrines et qui était alors la propriété de l'abbaye (D. FONTENEAU, t. XV, p. 423, d'après le cartul., p. 33).

Entre 1087 et 1094.

Bertonum de Metulo omnia que ab abbatibus sancti

Maxentii habuerat, perdidisse dudum in judicio propter suas nequitias et plurimas fraudes, moderni et futuri cognoscant. Sed postea domnus abba Adam, misertus ejus, illa que de conjuge sua ei acciderant et quod solebat habere apud Vetrinas, ipsi reddidit. Ista vero que sequuntur, quecumque sint, tantum in vita sua ei dedit in ballia, tali convenientia ut post decessum ejus nullus heres vel propincus requirere valeat, ablata omni misericordia : hæc sunt redecimum totius annone, vini vel porcellorum. Solum panitium totum ei datum est. Et vice prati, quod est in marisco et per viridarium, in quibus aliquantulum desudaverat, permissum est ei similiter in vita sua pratum de sancto Faziolo. Ad decimam colligendam semper erit presens homo monachorum cum homine Bertoni. Colla [1] et balagia parcientur invicem usque ad ultimum plenum pugnum. Comedere vero in domo monachorum non est ei concessum, nisi prout viderint ejus famulatum. Huic rei interfuerunt testes : Aimericus de Mota, Aimericus Abelins, Bernardus Brunet, Johannes Venderius, Johannes d'Azai, Constantinus Daniel, Petrus Aleart; monachi : domnus abbas Adam, Giraldus prior, Gofredus frater ejus, Ucbertus, Bernardus prepositus ; regnantibus Philippo rege in Francia, Willelmo infante duce in Aquitania, Petro Pictavis episcopo.

CLXXV

Notice de la donation de l'église de Saint-Martin de la Roche, faite à l'abbaye de Saint-Maixent par Pierre II, évêque de Poitiers, conjointement avec divers personnages (D. Fonteneau, t. XV, p. 425, d'après le cartul., p. 258).

Entre 1087 et 1091.

Posterorum memoriæ notificare decrevimus, quod

---

1. Ce mot *collum*, que Du Cange n'a pas relevé, semble être particulier au Poitou, où il avait pour équivalent en langue vulgaire

Petrus, Dei gratia Pictave civitatis episcopus, sedens in viridario domus sue in eadem urbe, dedit Deo et sancto Maxentio atque abbati Ade, cum consilio Radulfi archidiaconi et Aimerici decani, ecclesiam sancti Martini de Roca, que sita distat interstitio unius miliari contra occidentem ab opido Voluria. Quidam autem clericus nomine Achardus, cujus juris et patrimonii hecclesia erat secundum antiquum seculi morem, ibidem coram episcopo confirmavit. Confirmavit etiam ipse altera vice hujus ecclesiæ donum, cum presbiterali fevo panis et vini, in capitulo sancti Maxentii, audientibus Guitberto Cormarici et Costantio Brunet. Postea apud castrum Fontiniacum, hujus Achardi consilio et prece, annuerunt Deo et sancto Maxentio hujus ecclesiæ donum Costantinus Petit cum uxore sua et dominis suis, filiis videlicet Ebulonis de Niorto : Jona, Alexandro et Achille. Sed Achilles concessit hoc donum abbati Ade, extra castrum Fontiniacum, in via qua itur Niortum, datis sibi ab abbate v solidis ; alii vero omnes intra castrum, in domo Ramnulfi Moysardi, ipso audiente, et Hugone filio Amelii audiente et concedente cum uxore sua, scilicet supradictorum trium puerorum matre.

CLXXVI

Rainaud de Biaroue, ayant combattu pour soutenir les intérêts de l'abbaye, reçoit en récompense une procuration complète toutes les fois qu'il viendra en la ville de Saint-Maixent (D. Fonteneau, t. XV, p. 433, d'après le cartul., p. 39).

Entre 1087 et 1091.

Rainaldus de Biaroe fecit quoddam bellum pro fidelitate

---

colleys, que le patois prononçait *collis*. C'était un des produits du van, lorsqu'au lieu du moulin usité aujourd'hui on se servait d'une pelle de bois, avec laquelle on jetait fortement le grain en l'air, lequel, en retombant, formait un cercle, appelé *roue*, autour du vanneur ; sur cette roue se déposaient des graines d'herbes et des grains de blé imparfait ; ce résidu était le *collis* que le *couleur* enlevait légèrement avec un balai (v. Beauchet-Filleau, *Essai sur le patois poitevin*, 1864).

sancti Maxentii, tempore Ade abbatis, pro decima quarumdam vinearum, et alacriter Deo juvante vicit; propter quod datus est ei panis et vinum et cibus in vita sua quot vicibus venisset in hac villa.

CLXXVII

Geoffroy de Saint-Maixent est reconnu homme lige de l'abbé Benoît, et son fils Châlon de l'abbé Adam (D. FONTENEAU, t. LXVI, p. 354, d'après le cartul., fol. 30 v°).

Entre 1087 et 1094.

Goffredus de Sancto Maxentio fuit homo junctis manibus abbati Benedicto et Katalo filius suus abbati Ade [1]. Petrus de Augeo. Aimericus Rufus.

CLXXVIII

Gervais de Verruye donne à l'abbaye de Saint-Maixent des églises, une motte et l'étang sis auprès de l'église de Verruye, et lui cède une borderie de terre à la Tiffaille. Ermengod de Ternant fait aussi abandon à l'abbaye de tout ce qu'il pouvait réclamer dans les domaines qu'elle venait ainsi d'acquérir (D. FONTENEAU, t. XV, p. 439, d'après le cartul., p. 248).

1091.

[2] . . . .

puero filio eorum confirmaverunt et amplificaverunt hoc donum concedentes sancto Maxentio et fratribus in ipsius cenobio Deo servientibus, et mota, que est juxta ecclesiam Verruce, cum stagno, audientibus istis : Rainaldo

---

1. Il est question de ces deux personnages dans une charte de 1086 (v. n° CLXII).

2. Le commencement de la charte est perdu (Note de D. F.). Nous avons pu restituer le nom de l'auteur de cet acte, resté inconnu à D. Fonteneau, d'après une charte que l'on peut placer entre 1105 et 1114 (v. n° CCX), et qui nous a été conservée par D. Chazal.

Bovelin, Petro Leziniaci, Cadelone Mercatore, Petro Peloquin, Ugone Boleta, Johanne de Albareda. Item quoque Gervasius supradictis monachis vendidit unam borderiam terre cum tota consuetudine ; nichil penitus sibi retinuit in ea ; et vocatur ipsa terra Tifalia, que irrigatur rivo fontis sancti Remigii, unde accepit ab ipsis monachis quatuor equos. Que omnia sicut scripta sunt, scilicet terram, ecclesias et que altaribus accidunt, seniores castri Parteniaci, Geldoinus videlicet et Ebbo frater ejus, concesserunt perpetualiter sancto Maxentio et abbati Ade, presentibus monachis, Giraldo priore et Radulfo, in subterraneis cameris, ubi erant conjuges amborum, Petronilla atque Phania, que similiter affirmaverunt hæc omnia, audientibus istis : Ramnulfo Taun et Tetbaldo fratre ejus, Moïse quoque necnon Rainaldo filio Fulconis.

Ermengodus de oppidulo Ternant, ea que in supradictis donis seculariter reclamabat, reliquit sancto Maxentio et fratribus ejusdem. Hoc ultimum fuit factum apud domum Goscelmi Belli Podii, audientibus Engelelmo et Otberto de Ternant. Et habuit Ermengodus iste propter hoc a senioribus c solidos. Acta sunt hæc anno ab Incarnatione Domini millesimo nonagesimo primo, Phylippo rege in Gallia, Willelmo tunc juvene duce in Aquitania.

CLXXIX

Drohon Ladent, Raina sa femme et Rohon son fillâtre, cèdent en 1071 à Benoît, abbé de Saint-Maixent, le fief presbytéral de l'église d'Azay, sous certaines conditions. Plus tard, Rohon étant mort, l'abbé Robert fait concession à Girbert, fils de ce dernier, d'une rente de blé, sous réserve de retour après sa mort (Orig., bibliboth. de Poitiers, n° 8. D. Fonteneau donne aussi cette pièce, t. XV, p. 327, d'après le cartul., p. 235).

1071, 1092.

Anno ab Incarnatione Domini millesimo septuagesimo

primo, Droho cognomento Ladent una cum uxore sua nomine Raina et filiastro nomine Roho acceperunt societatem cum domno abbate Benedicto et monachis sancti Maxentii, et reliquerunt presbiterale fędum de ęcclesia Aziaco, quam habuerant parentes eorum et ipsi, et tres modios annonę, quos simul habuerant de abbatibus sancti Maxencii ; et prefatus abbas Benedictus et monachi sui dedit eis per singulos annos unum modium segulę ad justam minam, et unum massum terrę totum quietum, quandiu vixerint. Ubi autem ex illis tribus obierit, sepelient eum monachi et possidebunt terciam partem de annonę modio et de masso terrę ; ubi secundus obierit, sepelient eum monachi et abebunt aliam terciam partem de annona et de masso terrę ; jam vero defuncto tercio, sepelient eum, et ex tunc et annonam et massum terrę monachi possidebunt. Huic convencioni interfuerunt in capitulo sancti Maxencii, laici : Bos Borrellus, Stephanus Jamoni filius, Hugo Araneo, Ingelbertus prepositus, et multi alii ; monachi : Guido prepositus, Giraldus, Ingelbertus, Ademarus, Galterius infans, Garinus, et reliqui quotquot sedebant in capitulo. Si quis autem hoc fedus violaverit, disperdat et destruat illum Deus, et sit pars ejus cum Cain, et Cham, Chore, Abiron et Datan, et iniquo Aab et Iheroboam. Fiat. Fiat [1].

Tandem novissime mortuo Roho, placuit domino Rotberto abbati dare Girberto, filio ipsius Roho, illos quinque sextarios annonę, tali pacto ut post mortem suam remanerent in perpetuum sancto Maxencio ; quod ipse Girbertus concessit in capitulo, audientibus : Ugone¡Mimel, Warino fratre ejus, Constantinus Cotins, Jamo judex, Arveus cocus, Constantinus Bertrans, Bernardus Faber, Johannes Boruchuns [2].

---

1. La copie de D. Fonteneau se termine au mot *fiat*.
2. Au dos, de la même main est écrit : *Carta Droho Ladent.*

CLXXX

Guy de Ternant donne à l'abbaye de Saint-Maixent le fief presbytéral de l'église de Mazières et le tiers de la dîme des agneaux, des pourceaux et de la laine de la paroisse (D. FONTENEAU, t. XV, p. 451, d'après le cartul., p. 249).

1093.

Sub regimine domni Warnerii abbatis, Wido, miles de castro Ternant, dedit Deo et sancto Maxentio presbiteralem fevum ecclesiæ, que dicitur ad Matherias, et tertiam partem decime agnorum, porcellorum et lane tocius parrochiæ, que omnia quamvis injuste diu possederat. Dederunt et ipsi Guidoni seniores ipsius loci societatem et beneficium monasterii et Pipino nepoti ejus, qui hæc omnia sancto concessit. In karitate quoque, quia captus erat nuperrime, dederunt ei centum v solidos. Actum est in capitulo sancti Maxentii anno ab Incarnatione Domini millesimo nonagesimo tertio, regnantibus Phylippo rege in Gallia, Willelmo duce in Aquitania, Petro Pictavis pontifice. S. Widonis. S. Pipini nepotis ejus, qui ambo illas duas cruces subtitulaverunt. S. Aimerici de Ponte. S. Engelelmi. S. Guntardi monachi. S. Arnaldi monachi. S. Giraldi prioris qui hæc scripsit.

CLXXXI

Le prêtre André donne à l'abbaye de Saint-Maixent un demi-arpent de vigne contigu au cimetière de Mazières (D. FONTENEAU, t. XV, p. 453, d'après le cartul., p. 256).

1094.

Ego in Dei nomine Andreas presbiter, pro remedio animæ meæ parentumque meorum, do Deo et sancto Maxentio vel fratribus in ejusdem cenobio deservientibus dimidium jugeri vineæ, que est sita juxta cimiterium sanctæ

Mariæ de Matheriis. Emi autem hanc terram, in qua vinea est, a filiis Fulcherii Cabiranni, Petro videlicet et Ademaro, qui mecum in capitulo concesserunt eandem vineam. Deo et sancto Maxentio atque abbati Garnerio, audientibus quorum nomina subscribuntur. Actum est anno ab Incarnatione Domini millesimo nonagesimo quarto, regnante Philippo rege in Gallia, Willelmo duce in Aquitania, Petro Pictavis pontifice. S. Petri Gerini. S. Ademari fratris ejus, qui duas cruces subtersignaverunt. S. Johannis Ebroardi. S. Bruneti. S. Odonis. S. Rainaldi Popet.

CLXXXII

Pierre II, évêque de Poitiers, donne à l'abbaye de Saint-Maixent l'église de Saint-Symphorien de Romans, avec l'assentiment de divers particuliers qui la tenaient en fief ; ceux-ci vendent en outre à l'abbaye les terrains environnant l'église, et renoncent à la plupart des droits qu'ils percevaient sur les hommes qui y avaient leur demeure (D. Fonteneau, t. XV, p. 455, d'après l'original).

1094.

Petrus, Dei gratia Pictavorum episcopus, fecit donum ecclesiæ sancti Symphoriani de Rotmantio sancto Maxentio et domno Garnerio abbati vel fratribus ipsius loci, per consilium Arvei archidiaconi et Aimerici decani nec non Gofredi cantoris. Hoc donum, prout eis accidebat, confirmaverunt beato Maxentio Ademarus, Froterius et filii ejus Stephanus, Morandus, Gauterius, Ademarus et Cadelo cum Aremburge matre eorum. Confirmaverunt etiam hoc donum duo fratres qui de supradictis in fedo habebant : Raimundus videlicet et Gelduinus cum filiis suis, filii Raimundi : Petrus et Ugo, filii Gelduini : Gofredus et Aleaiz. Hujus doni medietatem similiter concesserunt beato Maxentio Froterius et filii ejus Unbertus, Petrus et Rainaldus ; Johannes quoque de Masellis et Aldeardis conjux ejus cum Petro filio et Ilaria filia sua confirmaverunt hoc donum beato Maxentio. Isti supradicti ecclesiæ donatores vendiderunt circa quingentos solidos etiam beato Maxentio terram totam ex integro que attinet ecclesiæ, de qua tamen ecclesia non erat vestita, et fedum Richardi silvatici, et Johannis clerici, nec non habitationem hominum circa ecclesiam, liberam ab omni servitio eorum, hoc excepto quod decimam bestiarum hominum milites retinuerunt sibi, sicut in alia parrochia, et veteres vineas tantum. Hanc cartam posuerunt hi complures super altare sancti Maxentii, crucibusque ab ipsis subter signatis. Actum est anno ab Incarnatione Domini millesimo nonagesimo quarto, Philippo rege in Gallia, Willelmo juvene duce in Aquitania. Testes : S. Moïsi. S. Radulfi. S. Witberti. S. Costantini Cotin, qui ab ipsis fidem accepit ut bono corde hoc donum in perpetuo defenderent beato Maxentio ; monachorum : S. Giraldi prioris qui hanc cartam dictavit. S. Archimbaldi. S. Unberti. S. Andree. S. Warini [1]. † Signum Stephani Morandi †††. Sign. Woffredi filii ejus †. Sign. Aleait †. Sign. Aremburgis †. Sign. Ademari filii ejus †. Sign. Chadelonis filii †.

CLXXXIII

Aimeri Bislingueas, partant pour la croisade, vend à l'abbaye de Saint-Maixent la vigne qu'il possédait à Romans (D. FONTENEAU, t. LXVI, p. 311, d'après le cartul., p. 38).

Entre 1085 et 1096.

Similiter [2] vendidit aliam vineam Aimericus Bislingueas, quando habiit in Jerusalem, que erat sua apud Rotmancium, xx et v solidis, in manu Giraudi prioris ; videntibus

---

1. Toutes les souscriptions qui suivent étaient renversées dans l'original et paraissaient, dit D. Fonteneau, être de la même main.
2. Dans le cartulaire, cet acte vient immédiatement après celui qui commence par *Quicumque vult* (V. n° CCXLIX).

et concedentibus Johanne fratre suo et Gauterio avunculo, sub istis testibus qui hic scribuntur : Tetbaudus Arverno, Baudoino Cliente, Arberto Lemovice, Archimbaudo Aufré, Petro de Gastina, Giraudo priore, Tetbaudo monacho, Johanne monacho.

CLXXXIV

Les religieux de Saint-Maixent accensent à Girbert Vendier cinq quartiers de vignes dans les Saziliers, avec réserve de la dîme et autres droits au profit du monastère (D. FONTENEAU, t. LXVI, p. 247, d'après le cartul., p. 32).

Vers 1089 à 1096.

Vinea de Saziliaco, que vocatur Clausus, scilicet quinque quarteria, dantur Girberto Venderio clienti in capitulo, retentis tamen quarto et decima ad opus sancti Maxentii, et de recepto III denariis, de censu duobus denariis. Testibus : Goffredo de Taslai, Constantino Calvo, Baldone de Azai [1].

CLXXXV

Notice de la donation faite à l'abbaye de Saint-Maixent par Guillaume le jeune, comte de Poitou, des coutumes et de la viguerie de Romans, excepté les quatre cas d'homicide, de larcin, d'incendie et de rapt. Plusieurs vassaux du comte acquiescent à ce don en ce qui pouvait leur toucher (D. FONTENEAU, t. XV, p. 441, d'après le cartul., p. 267).

Entre 1093 et 1096.

Guillelmus junior, comes Pictavorum, advocatus in capitulo beati Maxentii et rogatus ibidem a domno abbate Garnerio et monachis ut de tantilla terra, quam sanctus Adjutor Maxentius habebat apud Rothmancium, dedisset omnem consuetudinem, quod et fecit, audientibus Hugone

---

[1]. Geoffroy de Taslai et Constantin Chauvet comparaissent dans des actes de 1089 et de 1096.

de Duerio et Rainaldo venatore et omnibus monachis. Alia vice, postquam reversus est de Jerusalem, in camera rogatus est similiter ut dedisset vicariam, ipso abbate Garnerio et ipso Rainaldo venatore, qui supradictus est, audientibus, Gisleberto; et dedit vicariam, et Giraudus prior et Archimbaldus subprior aderant et multi alii.

Sequenti tempore Costantinus Mincuns et filii ejus Johannes et Ademarus, clientes comitis ejusdem, dederunt eam similiter in capitulo sancto Adjutori Maxentio, et ibidem tocius monasterii acceperunt beneficium et matri et fratribus suis defunctis, exceptis quatuor rebus : id est homicidio, furto, incendio et rapina, tali pacto ut si homines, qui ibi starent, in terra aliquid forisfecerint, eis redament et ad monachos qui ibi steterint. Et si non rectificaverit, in terra eos non capiant, set foras in vicaria sua. Testes hujus doni et crucibus quas ipsi fecerunt sunt : Johannes Tosels, Goscelmus Marscals. Ugo de Tusca eodem modo dedit, sicut pater ejus dederat ad obitum matris sue, videntibus et audientibus: Moïse, Ugo Araneo avunculo suo, Stephano judice, Giraudo cliente ejusdem Ugonis, Archimbaldo Aufré, et aliis multis; monachis: Ugo Boleto, Giraudo priore, Archimbaldo, in manus domni Garnerii abbatis. Alia vice concessit Constantinus Arbuluta, vicarius ejus, in capitulo, videntibus multis monachis et laicis ; ex quibus tamen testes sunt Ademarus et Johannes Minchonelli.

CLXXXVI

Bernard Goscelme et son frère Guillaume s'engagent à rendre leur maison à l'abbé de Saint-Maixent aussitôt qu'ils en seront requis (D. FONTENEAU, t. XV, p. 479, d'après le cartul., p. 37).

Entre 1093 et 1096.

Bernardus Goscelmus et frater ejus Guillelmus promiserunt fidem suam Johanni Gordonensi, ut domum suam abbati et monachis reddant quacumque hora quesierint eam, ut per nullum hominem contradicant eis; et si contigerit ut ipsi in ea adversus abbatem et monachos se defenderint, monebuntur ut rectificent, et si noluerint, per eandem fidem admoniti ipsam domum reddant. S. Stephanus judex et Johannes Gordonus. Testes : Giraudus prior, Archimbaldus monachus, Johannes monacus, Hugo Bolleta. Hoc factum est tempore Garnerii abbatis.

CLXXXVII

Déclaration d'Othon, sénéchal de Poitou, portant qu'il reconnaît n'avoir pas le droit d'exiger un cadeau d'oignons de la part des religieux, lorsqu'il vient dans l'abbaye de Saint-Maixent, cette prestation étant due seulement au comte et à la comtesse de Poitou (D. FONTENEAU, t. XV, p. 457, d'après l'original).

Entre 1093 et 1096.

Ego Otho dapifer veni apud sanctum Maxentium, et quesivi ad opus meum sepias ; quod monachi et venderius respuerunt et responderunt non esse consuetudinis, nisi comes presens esset et comitissa ; et ad curiam comitis c tantum, et ad curiam comitisse L, ad alias curias nequaquam. Quod ego discuciens, inveni ita esse, et ita definitum est coram comitissa et ante me, vidente Ugone de Doe, et abbate Garnerio, et Johanne venderio, qui hoc voluit probare et monstrare. Arnaldus Mimarot, quoqus comitis antiquissimus, adfirmavit ita esse. Fuerunt quoque multi testes et sunt : S. comitisse. S. Otonis dapiferi. S. Ugonis de Doe. S. Radulfi de Rolec presbiteri. S. Gauterii Buzanel. S. Johannis venderii. S. Fulconis monachi, qui adhuc erat puer laicus. S. domni Garnerii abbatis. S. Giraudi prioris.

CLXXXVIII

Mascelin, prieur de Saint-Gildas de Tonnay-Charente, restitue à l'abbaye de Saint-Maixent l'église de Saint-Gaudence de Fouras, dont il s'était emparé à prix d'argent (D. FONTENEAU, t. XV, p. 459, d'après le cartul., p. 258 [1]).

1096.

Posteris nostris notificare volumus ego Warnerius abbas sancti Maxentii ceterique fratres contemporanei, mei finem controversie, que aliquandiu versata est inter nos et Mascelinum monachum, sancti Gildasii priorem apud castrum Talniaci, super ecclesiam sancti Gaudencii, que est sita juxta mare, prope castellum quod vulgari nomine nuncupatur Currasium. Hic siquidem Mascelinus prefatam ecclesiam multa pecunia injuste invaserat, et virtute tirannica possidebat. Unde facto clamore in auribus et corde domni Ramnulfi Sanctonensis episcopi clerique sui, dieque judicii inter utramque partem constituto, decrevit episcopus consilio curie sue ut Garinus monachus noster, si veraciter posset et vellet, propria manu juraret cum duobus legitimis fratribus istius monasterii, scilicet Ademaro Giraldi et Ademaro Toselini, predictam ecclesiam donatam sancto Maxentio ab Arnulfo Sanctonensi episcopo cum concessione Ugonis domini Rocafortis. Id enim idem Garinus, se, fratresque illos et alios plurimos oculis suis vidisse in audientia tocius curie, professus est quod sacramentum, cum in facie domni Ramnulfi Sanctonensis presulis et Gaufridi abbatis Malliacensis Petrique archidiaconi multorumque aliorum Mascelino priori presentatum fuisset, ex deliberatione consilii sui juramentum dimisit; et ecclesiam cum rebus suis quod injuste pervaserat, reddidit sancto Maxentio et abbati Garnerio, a quo

---

1. Imprimée par M. Faye, *Notes sur quelques chartes*, p. 336.

accepit ipse Mascelinus c et x solidos pro labore edificiorum in quibus aliquantulum desudaverat. Quod cum vidisset antiquam illam donationem predecessoris sui supradictus antistes, quasi novo et proprio dono, confirmavit. Eodem vero anno contigit infirmari Ebulonem filium Goffredi domini Rocafortis, qua infirmitate vivens, accepit habitum monachi, et tandem defunctus est. Ad cujus obitum accurrentes mater ejus Ausiria cum filiis suis Gofredi, videlicet Guilelmo et Mauricio, pro amore defuncti sui et honesto obsequio, quod circa eum abbas cum monachis celebraverunt, concesserunt ipsi quatuor predictam ecclesiam, quia sui juris antiquitus erat, sancto Maxentio et monachis suis sicut Mascelinus monachus possederat †. Testes, ad confirmationem episcopi vel dimissionem Mascelini monachi fuerunt : Ugo Arberti, Engelricus, ad confirmationem Ausirie filiorumque suorum fuerunt : ipse Ugo Arberti, Ugo Villanus, Rainaldus Aimo, Tetbaldus, Aldeardis comitissa. Acta sunt hæc anno ab Incarnatione Domini millesimo nonagesimo sexto, regnantibus Philippo rege in Francia, Willelmo duce in Aquitania.

CLXXXIX

Description de terres sises près de l'Ort-Poitiers et de Leigne, que les religieux de Saint-Maixent avaient acquises de Guillaume, fils de Gosthald, et de son frère Geoffroy (D. FONTENEAU, t. XV, p. 463, d'après le cartul., p. 261).

1096.

Posterorum memorie notificare curavimus, quod Guilelmus filius Gosthaldi et frater ejus Gofredus Villanus, fevum terre quam de sancto Maxentio habebant, et illum quem de Ugone filio Jamonis, totum ex integro dederunt Deo et sancto Maxentio vel senioribus loci pro sex libris denariorum ; que terra, sita circa Ortum Pictavis, pluribus locis dividitur in pratis et vineis vel arabilibus campis. Ad Ortum, juxta vineas Chabot, est unus campus et campus de capite borderii, ubi stetit Arduinus Besardit et Maineldis uxor sua; campus de ponto de Lengna, qui tenet usque ad Cairui; campus de Frasgnea, ubi est ortus Bernardi; campus Galterii de Lemgna, qui est subtus domum Gauterii Crechet et pasticuis, unde ipse Gauterius de Lemgna reddidit duos denarios de censu; campus quem Gosthaldus emit de Lamberto Gaucherio, qui est de sancto Maxentio; quinque carteria de pratis juxta pratum Stephani Canuti; pratum quod vocatur Insula, subtus domum Mainfredi, qui reddebat II denarios; unum junctum juxta pratum Ugonis Bolleti; de vineis unum junctum : dimidium juxta nostras vineas, dimidium juxta vineas Ugonis Bolleti; de fevo Ugonis Bolleti, habet unum campum subtus terram Martini de Ponto : decimam habemus de dimidio, terragium et decimam de dimidio; et de campo Culture, similiter; de campo de pratis Palude, qui tenet usque ad Cairui et usque ad terram Arnaldi Boverii, est medietas nostra, et de alia, decima ; de campo qui est inter molendinum de Lengna et domum Galterii de Lengna, et tenet usque ad Carui, tercia pars est nostra, et de alia, terragium et decimam, de alia tertia parte, decimam; pasticium quem habet Mainerius, ubi habemus decimam. Hoc scriptum docuit nobis Garinus Barba, qui ita terram sciebat ut descripta est. Acta sunt hæc anno ab Incarnatione Domini millesimo nonagesimo sexto, Urbano papa, rege Philippo, Guillelmo duce, regnantibus, domno Garnerio abbate monasterium sancti Maxentii regente. S. Ugonis Bolleti. S. Johannis nepotis ejus, Rainaldi nepotis ejus, Hugonis nepotis ejus. S. Johannis Calvi coqui, Costantini fratris ejus. Radulfus carpentarius. Arnaldus. S. Giraudi prioris. S. Costantini Cotin monachi, Arberti monachi. S. Johannis monachi. S. Hugonis monachi.

CXC

Jourdain Frotier et sa femme Emma, en faisant moine leur fils Foulques, donnent à l'abbaye de Saint-Maixent la moitié de la dime de la paroisse de Fleurignac et la terre du Mascouraut (D. FONTENEAU, t. XV, p. 465, d'après l'original. Il donne aussi un résumé de cette pièce, t. LXVI, p. 94).

1096.

Cum certa mors maneat omnibus hominibus, et hæc casu inicuique eveniat, oportet unumquemque hominem in conditione mortis oculos ponere et per boni operis exibitionem fructum vite eterne percipere. Quapropter ego Jordanus Froterii et uxor mea nomine Emma, perpendentes considerantesque districti judicii diem, cupientes habere advocatos apud pium judicem, damus Deo et pio Adjutori Maxentio Fulconem filium nostrum ad monachicum habitum, pro remedio animarum nostrarum et parentum nostrorum, dantes cum eo beato Maxentio et servitoribus ejusdem cenobii medietatem decime, que est in parrœchia de Flornac, et terram, que vocatur Mascoraus, retinendo nobis medietatem agrarii. Hoc donum concesserunt fratres ejusdem Fulconis Jordani, Willelmus Jordani videlicet et Giraudus Rotberti et Goffredus Jordani, in capitulo sancti Maxentii, ubi acceperunt societatem et beneficium tocius monasterii, videntibus testibus subscriptis : S. Garnerii abbatis. S. Archimbaldi prioris. S. Goffredi de Rothmantio. S. Petri Fulcherii. S. Willelmi Jordani. S. Giraudi Rotberti. S. Goffredi Jordani. S. Audeerii. S. Giraudola de Lascoz, tunc temporis clientis ejusdem decime. Hoc donum fuit factum anno ab Incarnatione Domini millesimo xcvi, quando Urbanus papa fuit Sanctonas, et signum crucis apparuit in celo, regnante Philippo rege in Francia et Willelmo comite in Aquitania.

CXCI

Emma, veuve de Jourdain Frotier, et ses enfants, confirment le don fait à l'abbaye de Saint-Maixent par ledit Jourdain, de toutes les églises qu'il possédait et de tous les fiefs dépendants de ces églises (Orig., collection de M. Benj. Fillon [1]. D. Fonteneau, t. XV, p. 463, donne aussi cette pièce d'après l'original. Elle se trouvait encore dans le cartul., p. 333 [2]).

1096.

Posterorum multitudini notificare volumus quod Jordanus Froterius, de omnibus ecclesiis quas habebat in vita sua, ubicumque essent, dedit feoda presbiterorum Fulconi filio suo, quando obtulit eum Deo et Ademaro episcopo ad clericum et corona ei fuit benedicta. Postea ego Emma mater sua, post mortem patris sui, dedi eum sancto Adjutori Maxentio ad monachum esse perpetuum, cum omnibus donis ecclesiarum supradictis ; et ipsa concessi et tradidi in manibus Archimbaudi prioris et Goffredi de Rothmancio et Petri Fulcherii, monachorum sancti Maxentii, videntibus testibus: Guidone David et Fulcaudo de Salacans. Item quoque ego Guillelmus Jordanus, et fratres mei Gi. Robertus, Go. Jorda, Fulconi fratri nostro karissimo, jam monaco facto, et Johanni de Gasnachia et Petro Fulcherio, monachis, eodem modo quo et mater nostra, dedimus sancto Adjutori Maxentio in perpetuum, absque ulla requisicione, cum capite corrigie quam habebam in manu, videntibus Petro Escarpil et Constantino Calvello. Et in capitulo etiam, quando ad Pascha Domini recepit monachicum habitum, Garnerio abbate tribuente et presi-

---

1. Au dos, et de la même écriture que celle du corps de la charte, est inscrite cette mention : *Carta de Fulcone Jordano.*
2. Publiée par M. Beauchet-Filleau, *Dictionnaire des familles de l'ancien Poitou*, t. II, p. 129, en tête de l'article consacré à la famille Frotier.

dente et omnibus fratribus in capitulo, ubi accepimus societatem et beneficium totius monasterii, concessimus sicut et prius, videntibus istis testibus: S. Guillelmus Jordanus. S. Goffredus frater ejus. S. Audeerius. S. Giraudola. S. Bernardus Gislebertus. S. Archimbaudus Aufred. S. Ugo monacus. S. Johannes monacus. S. Constantinus monacus, omnesque fratres simul.

Primum donum fuit factum tempore abbatis Ade, et secundum Garnerii temporibus, cum supradictis testibus.

Anno ab Incarnatione Domini millesimo CVI [1], quando Urbanus papa fuit Sanctonas, et signum crucis apparuit in cęlo, regnante Philippo rege in Frantia, et Guillelmo comite in Aquitania, Petro Pictaviense presule et Garnerio abbate regentibus ęcclesiis suis.

CXCII

Etienne de Sargnac et son frère Geoffroy renoncent, moyennant 45 sous et un denier, à la poursuite de leur procès avec les moines de Saint-Maixent, au sujet des vignes de la Côte (D. FONTENEAU, t. LXVI, p. 235, d'après le cartul., p. 198).

Vers 1096.

Sciant omnes monachi beati Adjutoris Maxentii presentes vel futuri quod Stephanus de Sernac et Goffredus frater ejus finierunt calumpniam quam habebant in vineis de Costa, acceptis a monacho Gofredo XL et V solidis et uno denario, et jus quod requirebant, cum missallo ecclesiæ de Vitrac in eadem basilica super altare, dederunt sancto Maxentio et servitoribus ejus, audientibus et videntibus infra-

---

1. D. Fonteneau fait justement remarquer qu'il ne faut pas s'arrêter à cette date, car il est certain qu'Urbain II se trouvait à Saintes le 13 avril 1096, jour de Pâques. Le scribe, en copiant l'original qui portait MXCVI, aura sans nul doute oublié l'x, ce qui, par suite, donne la date de 1106. Du reste, la charte précédente, n° CXC, dont celle-ci rappelle les dispositions, est portée à sa véritable date de 1096.

scriptis testibus. S. Willelmi Fulcadi. S. Audierii de Vitrac [1]. S. Giraudi Freele. S. Guillelmi de Broca. S. Goffredi filii Goffredi Rotberti. S. Goffredi monachi. S. Johannis monachi. S. Audeberti monachi. S. Petri Fulcherii monachi. S. Giraudi Rotberti.

CXCIII

Reconstruction par les religieux de Saint-Maixent du moulin des Vergnes, et accord à ce sujet entre eux et les propriétaires de ce moulin (D. Fonteneau, t. LXVI, p. 269, d'après le cartul., p. 199).

Vers 1096.

Intellegant legentes et disputent ignorantibus que atramenti linea demonstrat. In paroechia sancti Maxentii, que dicitur Vitrac, fuerunt duos fratres, Frotmaldus et Rotbertus, qui dederunt sancto Maxentio et fratribus sibi servientibus jure hereditario de duobus molendinis medietatem, pro eo ut, noviter fundatos et molentes, monachi qui tunc inerant, scilicet Gauterius et Guillelmus Gavius, supradictis fratribus redderent. Cum missallo de ecclesia supra altare hoc donum miserunt. Hujus rei testes fuerunt duo fratres Fulcaldus et Audeerius, qui pro suis mulieribus IIII denarios et duo sextaria de tiracia [2] in his molendinis censualiter habent ; medietatem census monachus reddit et fratres duo aliam. Guido de Rocha miles, cujus alodum est, hoc firmavit, vidente Ulricho Arnulfo. In hac etiam parroechia, supra aquam Bonobriam, edificaverunt supradicti monachi, Gauterius et Guillelmus, unum molendinum indominicum, in borderia que dicitur Verna, et redditur census in festi-

---

1. En 1096 (v. n° CXC), Audayer de Vitrac, Pierre Foucher, Giraud Robert, comparaissent comme témoins.
2. Le terme *tiracia* semble désigner un grain de rebut, mêlé de terre, les balayures de l'aire; il nous parait avoir la même origine et par suite le même sens que les mots *terrata*, *terreata*, donnés par le glossaire de Du Cange.

vitate sancti Michaelis 1 sextarium de frumento et alium de sigula.

De dono quod fecit Petrus Rustauzt Gofredo monacho sunt testes : Goffredo Rotberto, Jordanus et Gofredus filii sui, Elias Fulcher, Aimericus presbiter, Elias Fulcaudi ; domini qui concesserunt : Guillelmus Jordanus, Geraudus Rotbertus et fratres sui [1].

CXCIV

Guillaume de Rochefort abandonne aux religieux de Saint-Maixent deux cents sous qu'il recevait d'eux lorsqu'il leur rendait hommage et certains droits qu'il levait sur le marché de l'abbaye, pour les indemniser d'avoir tué deux de leurs hommes (D. FONTENEAU, t. XV, p. 467, d'après le cartul., p. 278).

1097.

Notum fieri volumus tam noticie presentium quam posteritati futurorum, olim fuisse ortam gravem discordiam inter abbatem et monachos ecclesiæ beati Adjutoris Maxentii et Willelmum de Rochaforti. Ipse enim Guillelmus, iracundie stimulis perfossus, cum suis hominibus adversus homines beati Maxentii insurgens, duos ex eis proprios et monachis servientes, ut pote cocum abbatis, Johannem videlicet Calvum, Airaudumque Porcarium, qui census monachorum ipsorum accipere solitus erat, propriis manibus occidit ; que res prelibate discordie causa extitit. Tan-

---

[1]. La plupart des chartes du cartulaire qui se rapportent aux domaines que l'abbaye de Saint-Maixent possédait en Angoumois ne sont que des notices, sans dates, et où les faits sont singulièrement confondus. Il est évident que l'acte ci-dessus n'est que l'analyse incomplète de deux autres actes, concernant tous les deux le moulin des Vergnes, bien que la chose ne soit pas spécifiée ; les noms des moines desservant le domaine de Cogulet indiquent aussi péremptoirement qu'ils appartiennent à deux époques distinctes : Guillaume et Gautier sont cités dans la notice de 1084 (n° CLVI), tandis que Geoffroy comparait dans une pièce que nous avons placée vers 1096 (n° CXCII). En donnant cette dernière date à notre charte, nous ne devons pas nous éloigner beaucoup de la vérité.

dem vero ipse Guillelmus, rei geste et Dei timore commotus, ad predicte culpe emendacionem ac discordie cum monachis habite concordiam veniens, cc solidos quos ab abbatibus predictæ ecclesiæ in faciendo illis suum hominium patrimonii jure querebat, in perpetuum finivit. Item alia quedam, que in foro rerum venalium sui homines violentia aufferre solebant, quadrigas, boves et asinos, ramam, fornillam, genestum, caseos, ova, fructum, sepum, circulos, hæc omnia domno Garnerio abbati et monachis omnino reliquit ac definivit, presente domno Willelmo Aquitanorum duce, Othone dapifero et Hugone de Duerio et aliis multis pluribus monachis, Johanne monacho, Guillelmo monacho, Petro monacho et aliis, Maingodus de Mota. S. Willelmi comitis. S. Othonis. S. Hugonis; monachorum : S. Johannis. S. Willelmi. S. Petri. Acta sunt hæc anno Incarnationis dominicæ millesimo nonagesimo septimo.

CXCV.

Guillaume de la Ronce, prieur de Saint-Germain d'Isernay, achète d'Abeline de Regné et de sa fille Aldéarde, deux deniers de service qui leur étaient dus sur des vignes sises devant la porte de Saint-Germain (D. FONTENEAU, t. LXVI, p. 309, d'après le cartul., p. 328).

Vers 1147.

Notum sit omnibus hominibus tam futuris quam presentibus, quod Willelmus de Roonza, prior sancti Germani, acquisivit Abeline de Regnec et de Aldearde filia sua duos denarios servicii, quos habebant in vineis secus viam que est ante portam sancti Germani, audientibus istis : Maingoto de Mota [1] et Savaric et Reginaldo clerico, cum multis aliis.

---

1. Cet acte et le suivant étant intercalés dans le cartulaire parmi des actes classés suivant un ordre chronologique, datés de 1147, et intéressant la même localité, il convient de les placer aux environs de cette date, d'autant plus que Maingot de la Mothe, témoin dans ce premier acte, est le principal auteur de celui de 1147. Un Maingot

CXCVI

Guillaume de la Ronce, prieur de Saint-Germain d'Isernay, fait un accord avec des particuliers pour régler les redevances dues à son bénéfice (D. FONTENEAU, t. LXVI, p. 239, d'après le cartul., p. 329).

Vers 1147.

Scire volo omnibus post me viventibus, quod ego Willelmus de Ronza, prior de sancto Germano, cum scirem obedientiam istam impeditam esse multis ex causis, malui magis illi aliquid conferre, quam de consuetudinibus ejus quicquam minuere. Igitur cum ex debito persolvisse quidam rusticus de quodam ortulo, alio rustico censum unius minute et nobis alterius minute aviditate adquirendi feci, per quod utrumque possedi. Emi ego censum alterius minute, quam non antea habebamus, a Pagano, taliter vocitato, et a fratre suo Brucardo, denariis duodecim, audientibus: Petro Tetbaudo monacho, Gauterio Chauvet, Guillelmo de la Revestizon cum multis aliis. Alium vero emi ortulum de quadam vidua, cui nomen Rufella, concedentibus duobus filiis, Rainaldo videlicet et Natale, duobus minimis modiis frumenti, qui apud nos vulgo dicuntur buisselli. Alia quedam erat mulier, cui nomen est Aremburgis, qui habebat de nobis quendam juxta nos ortum, de quo amiseramus quatuor vel v annis censum ; propterea accepimus eum, venitque ad nos ipsa mulier, rogans ut saltim ei aliquid daremus pro orto, ne anime nostre impedirentur peccato; accepitque a nobis duos buxellos de frumento, derelicto nobis imposterum orto. Testes fuerunt hujus rei : Guillonis et Asali et alii ex hujus ville habitantibus multi.

---

de la Mothe comparait dans un acte de 1097 (v. n° CXCIV) ; le même personnage ou celui que nous rencontrons ici est indiqué en 1127 dans une charte de Saint-Hilaire de Poitiers sous le nom de *Maingodus de Mota* (*Chartes de Saint-Hilaire*, t. I, p. 127).

CXCVII

A la donation des églises d'Yvrac et de Fleurignac faite par l'évêque d'Angoulême, Adémar, à l'abbaye de Saint-Maixent, Giraud, curé de ces deux paroisses, ajoute l'abandon de ses droits curiaux, en se faisant moine. En 1098, Adémar confirme ses précédentes donations (D. Fonteneau, t. XV, p. 421 et 471, d'après le cartul., p. 287 [1]).

1088-1098.

Ego Ademarus, Dei gratia Engolisme sedis episcopus, fui Sanctonas ad sinodum, in quo ab omnibus nobis Amatus Burdegale civitati archiepiscopus electus est, ubi nobis satis convenienter abbas Adam sancti Adjutoris Maxentii servivit et honoravit. Nobis quoque amore sancti Maxentii placuit ei dare, cum consilio clericorum meorum, ecclesias de episcopatu meo Florniaci et Vraci, quarum prima constructa est in honore sancti Remigii, alia in honore sancti Bibiani. Hoc donum firmavit mecum Achardus archidiaconus meus et Arnaldus de Porta, videntibus monachis et laicis, qui ibi aderant : Uberto cantore, Johanne monacho, Radulfo Grosso et Johanne Marmoreo.

Sequenti tempore Giraudus capellanus harum æcclesiarum, veniens ad monachicum habitum in manu Goffredi monachi, concessit eas pio Adjutori Maxentio, videntibus : Arnaldo clerico nepote suo, Audeberto Giraudo, Davit et Rotberto filio suo, Goffredo quoque et Johanne monachorum. Anno ab Incarnatione Domini millesimo octogesimo octavo [2], presidente Guillelmo comite in Aquitania.

Sequenti item tempore, idem ipse Ademarus sedens in capitulo sancti Petri Engolismæ, venit ad me Garnerius abba successor Ade, et Ugo, et easdem æcclesias, cum illa

---

1. Imprimée dans le *Gall. Christ.*, t. II, *instr.*, col. 446.
2. V., p. 205, la charte n° CLXXII.

de Montebo, que in honore sancti Salvatoris est consecrata, dedi, videntibus istis testibus : Achardo archidiacono, Runaldo [episcopo] Petragoricensi, Ugone abbate, Mainardo Gerainallo, Arnaldo de Porta, Lidrado capellano, Goffredo Nano, Giraudo Begone, Johanne archipresbytero, Rainaldo Ingelberto, Giraudo priore, Fulchone Jordane et multis aliis ibi sedentibus. Hoc donum affirmavit Guido de Roca cujus juris erat, in camera sua, videntibus : Fulcaudo de Salacans et Guidone Davit.

Jordanus de la Branda firmavit hoc donum, vidente Giraudo Ulrico ; Stephanus de Sarnac et Goffredus frater ejus, ad Vitrac, cum missallo æcclesiæ, videntibus : Goffredo Rotberto et Audiero de Vitrac; Guido Davit et Osbertus frater ejus, ante æcclesiam, videntibus : Rotberto Letgerio et Bernardo Episcopo, et Stephano Foaut; Osbertus Vetulus, ad Marlac, audientibus : Guillelmo de Mornac et Davit Rodit ; Goffredus de Mota et Aimericus frater ejus, videntibus : Arnaldo Guillelmi et Jordane de Mota.

Anno ab Incarnatione Domini millesimo nonagesimo octavo, indictione quinta, Guillelmo in Aquitania et Philippo rege in Francia. S. Ademari episcopi. S. Ade abbatis. S. Garnerii abbatis. S. Guillelmi Menemau. S. Archardi archidiaconi. S. Fulconis Jordanis. S. Ugonis armarii ; multique testes sunt.

CXCVIII

Ermengod de Ternant donne à l'abbaye de Saint-Maixent sa métairie de Mazières et quelques autres domaines (D. FONTENEAU, t. XV, p. 469, d'après le cartul., p. 310).

1098.

In nomine Domini. Ego Ermengodus, positus in infirmitate magna, cognoscens peccata mea, quesivi remedii animæ meæ, et veni ad habitum monachi in manibus domni Garnerii abbatis et Archimbaudi prioris, et pro absolutione peccatorum meorum et parentum meorum dedi sancto Adjutori Maxentio et servitoribus ejus meteriam meam de Mazeriis, quam agricolabat Martinus mercenarius meus, in elemosinam ad opus sancti et servitoribus ejus. Hoc donum feci Garnerii abbatis et Radulfi monachi apud Ternant in domo mea, affirmantibus : Petronilla conjuge mea et Willelmo filio meo, videntibus : Ingelelmo et Petro Venderio. Dedi etiam decimam terre Tiphalie et terram Vineti, que est ante ecclesiam sancti Martini Veruce, et pratum de Mazeries concessit, quod ante dederat beato Maxentio, Girbertus Rufus, et vineas de Frauberteria de Mazeriis, et decimam terre de Agreia, quam Otbertus ante dederat. Dedi etiam pratum Veteris Verruce, quod Mateus, cujus feodi erat, concessit: Hæc supradicta concessi ego Ermengodus sancto Maxencio in manus domni Garnerii abbatis et Radulfi monachi obedienciarii, videntibus omnibus istis sequentibus testibus. S. Costantini presbiteri. S. Petri Venderii. S. Rainaldi Calcaporret militis. S. Ingelelmi de Ternant. S. Audeberti Taupeia. S. Rotberti de Podio. S. Adam Cacaut. Dona etiam omnia que fuerunt data sancto Maxentio, que sunt de casamentis meis, concedo in perpetuum sancto, et benedicti sint qui dederint a domino Jesu Christo. Acta sunt hæc anno millesimo nonagesimo octavo ab Incarnatione Domini, regnantibus Philippo rege in Francia, Guillelmo filio Goffredi ducis in Aquitania et Petro Pictavine sedis antistite.

CXCIX

Pierre II, évêque de Poitiers, donne à l'abbaye de Saint-Maixent les églises de Nanteuil, d'Augé et de Romans (D. FONTENEAU, t. XV, p. 477, d'après l'original).

15 janvier 1099.

Antiquorum scancitum est patrum industria modernorumque combrobatur sollercia, res in statu firmo permansuras scripto commendare, ne amplius ullis impugnationibus possint..... Quapropter ego Petrus, Dei gracia Pictavorum episcopus, presentibus et futuris privilegii attestatione notificare volo, quod consilio et consensu canonicorum... concessi in manu Guarnerii abbatis ecclesiæ sancti Maxencii ecclesias de Nantolio et de Aigec [1] et de Rutmant. Quod ut firmissimum maneret in perpetuum.... robore confirmavi, et proprie manus impositione signavi, aliisque ad confirmandum tradidi, quorum nomina subjecta declarat descriptio. Si quis vero aliquando exurrexerit, qui hoc donum et concessionem nostram ausu temeritatis infringere presunxerit, auri libras L coactus episcopo persolvat, et calumpnia illius irrita permaneat. S. Petri † episcopi. S. Aimerici decani. S. Gaufridi cantoris. S. Hervei archidiaconi. S. Leodgarii archidiaconi. S. Petri archidiaconi. S. Guilelmi magistri scolarum. S. Odonis subdecani. S. Lecfredi subcantoris. S. canonicorum... XVIII kal. febr., luna XVIIII, epacta XXVI, anno ab Incarnatione Domini MXCVIIII, papa Urbano, Philippo rege Francorum, Petro episcopo Pictavorum, Guillelmo duce Aquitanorum.

CC

Maurice, fils de Goscelin de Marçay, abandonne à l'abbaye de Saint-Maixent la moitié du moulin Garot que son père avait précédemment donné à cette abbaye (D. FONTENEAU, t. XV, p. 481, d'après l'original. Cette pièce se trouvait aussi dans le cartul., p. 263).

1099.

Experimento sepe didicimus quia quod æcclesiis autentice coram testibus hodie datur vel venditur, cras vel in futuro aperta injuria vel oblivionis culpa, quia non fuit scriptum, a posteris parentibus ipsis ecclesiis injuste dene-

---

1. D. Fonteneau a écrit *Vigec*, mais ce mot est une erreur de lecture au lieu d'*Aigec*, que l'on trouve dans la bulle de Pascal II en 1110 ; il s'agit de l'église d'Augé, non loin de Saint-Maixent.

gatur, seu vi penitus aufertur. Idcirco hujus scedule scripto innotescere posteris nostris curavimus, quod Mauricius filius Goscelini de Marciaco, medietatem molendini Garrelli, que sua erat, quamque pater suus ante sancto Maxentio dederat, dedit et ipse ipsi sancto et monachis suis, et confirmavit hoc donum patris sui in capitulo sancti Maxentii in presentia domni Garnerii abbatis et Giraldi prioris seu Martini obedientiarii Marciaci sive Lamberti claustralis tunc prioris, audientibus laicis, quorum nomina et quorum cruces subscribuntur. Accepit insuper ipse Mauricius ibidem ab eodem abbate aliud feodum suum, hac sola vice pro amore et confirmatione supradicti doni sine precii relevatione, que solet esse sex librarum vel amplius. Actum est anno ab Incarnatione Domini millesimo nonagesimo nono, temporibus Philippi Francorum regis, Willemo duce in Aquitania, Petro Pictavis pontifice. S. Petri Lunelli. S. Ugonis filii Amelii. S. Achillis. S. Pagani Gaisedenarii. S. Constantini Goscelmi. S. Petri Bernerii. S. Willelmi de Sacconis. S. Goscelmi Marcalli. S. Viviani de Secundiniaco. S. Constantini Coci. S. Radulfi Borrelli.
† † † † †

CCI

Adémar de Chizé, Hugues et Aimeri, ses frères, et Roland, son fils, donnent à l'abbaye de Saint-Maixent l'église de Saint-Georges-du-Doret (D. Fonteneau, t. XV, p. 487, d'après l'original).

1100.

In nomine Domini. Ego Ademarus de Chisec, et fratres mei Ugo et Aimericus, et filius meus Rotlandus, donamus Deo et beato Adjutori Maxentio ecclesiam de Oirec [1], que

---

1. D'après une charte de 1117 (v. n° CCLXVI), l'église de Saint-Georges d'Oirec était située dans le diocèse de Saintes; en outre il est à croire qu'elle n'était pas très éloignée de Damvix (*Celesium*),

est in honore sancti Georgii et servitoribus suis in perpetuum, sine ulla requisicione parentum nostrorum, in manu Stephani monachi, qui vocatur de Boscho. Hoc donum facimus pro remedium animarum nostrarum et parentum nostrorum ; et si quis huic dono contradicere, voluerit, ex parte Dei et sancti Georgii maledictus sit in eternum. Amen. Testes sunt hujus doni qui adfuerunt et viderunt illi dedeorsum scripti : S. Arberti presbyteri. S. Tetbaudi Aigaie. S. Guillelmi Aimonis. S. Johannis de Alberada, et alii multi de villa Celesio. Acta sunt hæc anno ab Incarnatione Domini millesimo centesimo, regnante in Francia Philippo rege, et Guillelmo comite in Aquitania.

CCII

Hugues Clérembaud et Guillaume, son frère, abandonnent aux religieux de Saint-Maixent la redevance d'une charretée de vin qu'ils percevaient dans leur fief de Marçay, alors que ceux-ci reçurent parmi eux leur frère Aimeri, devenu lépreux (D. FONTENEAU, t. XV, p. 495, d'après l'original).

1102 [1].

Quoniam jam nostris temporibus nonnullos distractores

---

dont les habitants assistèrent en foule à cette donation. Dans un rayon assez rapproché de cette localité, on trouve les églises de Saint-Georges de Rex et de Saint-Georges du Bois ; or Rex, en latin *Ressia*, ne répond pas à Oirec, et quant à Saint-Georges du Bois, bien que nous eussions été tenté d'admettre une mutation de nom inspirée par la présence du surnom du moine Etienne, nous n'avons pas cru devoir nous arrêter à cette assimilation. Nous avons plutôt cherché cette église de Saint-Georges d'Oirec parmi celles, si nombreuses, qui ont disparu de bonne heure ; à deux lieues de Damvix, se trouve le Doret, village de la commune de Saint-Cyr-du-Doret, dont le nom, suivant une règle fréquente dans la formation des noms de lieux, répond parfaitement à celui d'Oirec ; l'église du Doret, tombée vraisemblablement en ruine à une époque inconnue, aura été remplacée par celle de Saint-Cyr et de Sainte-Julitte, élevée un quart de lieue plus loin, et qui serait ainsi devenue le cheflieu de la paroisse.

1. D. Fonteneau a donné à cette pièce la date de 1103, parce qu'il

sanctæ Dei ecclesiæ cernimus..., noscat itaque successio nostra quod Ugo Clerembaudus et Willelmus frater ejus concesserunt ac dimiserunt beato Maxentio et loci senioribus carratam unam de vino vel viginti solidos, quam habebant in fevo de abbatibus apud Marciacum, ideo quod idem monachi susceperunt fratrem eorum Aimericum infirmum vel leprosum ad monachicum habitum. De hoc dono retinuerunt unam solmam asini vino albo vel rubicundo a sancto in feodo, et hanc redditam usque ad Nativitatem Domini nostri Jesu Christi. Postea ibidem in capitulo ubi hæc fiebant, promiserunt fidem suam Ugoni Arberto ut fideliter tenerent ad opus sancti Maxencii, ut neque heres eorum neque propinquus aliquis requireret amplius in perpetuum. Hoc donum fecimus in manu domni Garnerii abbatis, audientibus et videntibus monachis et laicis plurimis, sicut in capitulo erant congregati. Tamen testes sunt : Johannes Gordonensis, Bernardus Goscelmus, Ugo Arbertus, Giraudus prior, Archimbaldus claustralis prior, Martinus obedienciarius Marciaci, Ugonellus armarius, Petrus Venderius. De suis qui cum eis venerunt : Borellus Aduret, Tebaudus de Pairé, Raimundus Clarulet [1]. Actum est anno ab Incarnacione Domini millesimo centesimo secundo, Philippo rege in Francia, Willelmo duce in Aquitania, Petro episcopo Pictavis presidente. Signum Ugonis †. Signum Petri †.

---

pensait, ainsi qu'il nous l'apprend dans une note, que le duc Guillaume n'était revenu de la croisade qu'en 1103 ; or, ce motif devient sans valeur, par la raison que le retour du duc d'Aquitaine dans ses états est expressément énoncé dans deux chartes du chapitre de Saint-Hilaire-le-Grand de Poitiers, datées l'une du 29 octobre 1102 et l'autre de la même année 1102, sans indication de mois, et qui portent ces mentions : « *ejusdem regressionis ab Iherusalem anno primo, ejus recessionis ab Ierosolymis anno primo* » (*Chartes de Saint-Hilaire*, t. I, p. 116 et 118).

1. D. Fonteneau fait remarquer que l'on peut aussi lire « *Clarult.* »

CCIII

Ramnulfe, évêque de Saintes, donne à l'abbaye de Saint-Maixent l'église de Saint-Gaudence de Fouras (D. Fonteneau, t. XV, p. 443, d'après le cartul., p. 260 [1]).

Entre 1093 et 1103.

Omnibus tam futuris quam presentibus veraciter esse volumus notum, quod ego Ramnulfus, Sanctonensis ecclesiæ episcopus, do beato Maxentio ecclesiam beati Gaudencii de Folloraso, quod seculares homines usualiter turpi nomine vocant. Hoc donum facio hujusque crucis †.

CCIV

Foucaud de Montembœuf donne à l'abbaye de Saint-Maixent la moitié de la prévôté de la forêt de Cogulet (D. Fonteneau, t. XV, p. 501, d'après le cartul., p. 198).

Vers 1103 [2].

Fucaldus de Montebo medietatem prepositure de silva de Cugulet dedit beato Maxentio.

CCV

Audayer de Champagnac donne à l'abbaye de Saint-Maixent le droit de ramage dans ses bois de Montembœuf (Orig., arch. des Deux-Sèvres, H 84. D. Fonteneau, t. XV, p. 497, donne aussi cette pièce, d'après l'original. Il reproduit encore, t. XV, p. 501, le texte qui se trouvait dans le cartul., p. 198).

1104.

Ego Audierius de Campania dedi beato Maxencio ram-

---

1. Imprimée par M. Faye, *Notes sur quelques chartes*, p. 340.
2. Dans le cartulaire, cette note se trouvant immédiatement avant la donation d'Audayer de Champagnac, datée de 1104, il y a lieu de supposer que celle de Foucaud de Montembœuf est à peu près du même temps.

magium per omnes boschos meos in curte de Montebo, ad hoc ut homines de Coguleto accipiant ad omnes necessitates suas, sine vendicione et empcione et donacione, accipiens a Fulcone et Petro monachis sancti Maxencii equum unum et decem solidos de caritate. Videntibus, audientibus et concedentibus simul Arsende uxore mea et Petro meo filio, qui Petrus fluebat sanguine per nasum suum quando hoc donum concessit. Actum est hoc in sala mea apud Campaniam, castrum meum, et cum parte corticis cujusdam folli fecimus hoc donum ego, et filius meus, et uxor mea, videntibus testibus istis : S. Audierii de Campania. S. Petri filii sui. S. Arsendis uxoris sue. S. Adierii de Vitrac. S. Petri de Brigul. S. Petri Villani. S. Petri Fulcher. S. Fulconis Jordan, in manibus et temporibus eorum. Actum est hoc anno ab Incarnatione Domini millesimo centesimo quarto, regnante Guillelmo comite[1].

CCVI

Frotier Belet donne à l'abbaye de Saint-Maixent la moitié d'un four, le moulin de Tapon et d'autres domaines (D. FONTENEAU, t. XV, p. 499, d'après l'original).

1104.

Anno ab Incarnatione Domini millesimo centesimo quarto, Froterius cognomento Belet dedit sancto Maxencio medietatem cujusdam furni, et molendinum quoddam, quod vocatur Tapun : et est situm in aqua que appellatur Pamp.[2] ; unam ocham de terra juxta Ortum Pictavis et unum quarterium vinee et alium de prato juxta Ortum Pictavis, que Ugo Tascherius habet in fevo ; alio loco, duo quarteria terre que fuerunt Guidoni Escolorii ; alio loco,

---

1. Au dos, est écrit de la même main : *De rammagio de Coguleto.*
2. D. Fonteneau se contente de reproduire l'abréviation qui complète ce mot ; nous croyons qu'il faut lire « *Pampro* », aujourd'hui le Pamprou, le premier affluent de la Sèvre Niortaise.

unum quarterium terre quod Botina femina habet et alium quarterium quod Goffredus Bertrannus habet, et quibus unum de censu reddit quatuor denarios, alium duos. Hoc donum fecit in capitulo Garnerio abbati et omnibus monachis, causa filii sui Rainaldi, quem monachaverant, videntibus et faventibus filiis suis Huncberto et Petro, qui cum eo has cruces subtusscriptas fecerunt. Alia vice affirmaverunt alii duo filii Ugo Drullart et Elias Bucca. Huic dono interfuit omnis conventus, sicut erant in capitulo congregati, et has cruces viderunt eis facere Hugo monachus armarius, Stephanus sacrista et Andreas monachus tunc elemosinarius, et famuli : Andreas cliens elemosine et Abbo sartor et Rainaldus anscherius. S. Froterii Belet. S. Huncberti Belet filii sui. S. Petri filii sui. S. Andreæ cliens elemosine. S. Abbonis sartoris. Rainaldi anscherii. Signum Frotterii †[1]. Signum Huncberti filii †. Signum Petri filii †.

CCVII

L'abbé Garnier donne en fief à Aschon Airemer un domaine qu'il avait acheté de Thebaud Prestesègle (D. FONTENEAU, t. LXVI, p. 279, d'après le cartul., p. 37).

Entre 1093 et 1104.

Aschoni Airemer dedit domnus abba G. illam domum et terram in feodo que ipse antea Tetbaudo Prestesegle emerat, et unum quarterium vinee, et pro his ipse Ascho effectus est homo abbatis, junctis manibus, et fide promissa. Videntibus: Ugone Amelio, Rorgone filio suo ipsius Aschonis, Petro Pulvereo, Arnaldo Pesant, Hugone presbitero ; monachis : Giraudo priore, Archimbaldo priore, Hugo Bolleta.

---

1. D. Fonteneau fait remarquer que ces croix et, du reste, presque toutes celles que l'on rencontre dans les actes de cette époque, sont de la main des souscripteurs, dont le nom a été auparavant écrit par le scribe.

CCVIII

Raoul de la Garde, en se faisant religieux dans l'abbaye de Saint-
Maixent, lui donne ses terres de la Riblerie et de Painperdu (D.
Fonteneau, t. XV, p. 503, d'après l'original. Cette pièce se trou-
vait aussi dans le cartul., p. 266).

1105.

Universis dominis et fratribus meis, scilicet monachis et servitoribus ecclesiæ sancti Adjutoris Maxencii tam presentibus quam futuris, clarum esse volo quod ego Radulfus de Garda terram meam, quam emi et que mea erat, non ex patrimonio neque ex hereditate, set epcione possedi, terram scilicet Riblerie et Panperdu, illam dedi sancto Adjutori Maxencio quando me sui fideles monachi habitum sancti Benedicti dederunt, ut Deus, suorum meritis et precibus liberet me ab incendiis gehennalibus et perducat ad vitam eternam. Hoc donum feci in manu domini Garnerii abbatis, audiente filio meo et concedente Tetbaudo et conveniente ut recto servaret eam. Testes hujus doni sunt : Giraudus monachus prior, Archimbaldus monachus prior claustralis, Stephanus de Bocsho monachus, Johannes de Rotmant tunc clericus postea monachus, Garnerius nepos ejus, Johannes Toselinus. Item hoc donum ipse Tetbaudus concessit et firmavit bis in capitulo, audientibus infra scriptis; in primo dono testes sunt : Stephanus judex, Arbertus Madut, Petrus Sarpaut, Giraudus de Bungunt ; in secundo : Aimericus Cogivus, Richardus Raino, Radulfus Raino, Johannes de Aient, qui viderunt subtusscriptas cruces eis facere, Tetbaudo et Gofredo Arboluto. Anno Ascensionis [1] dominice millesimo centesimo quinto,

---

1. D. Fonteneau croit qu'on a voulu dire « die Ascensionis », et que par suite cette charte doit être placée au 18 mai, jour où tomba l'Ascension en 1105. Rien ne justifie cette interprétation, et il y a lieu de penser que nous nous trouvons en présence d'une singularité de chronologiste, analogue à celle qui a fait dater certaines chartes de l'an de la Passion de N.-S. Nous trouverons, du reste,

— 240 —

quo die nobis inundacio magna pluvie in hac villa cecidit. S. Tetbaudi presbiteri. S. Goffredi Arboluti. S. Stephanus judex. S. Arbertus Madut. S. Richardi Rainonis. S. Aimerici Cogivi. Facta anno ab Incarnatione Domini millesimo centesimo quinto. Petro episcopo, Guilelmo comite Aquitanorum. Signum Radulfi †. Signum Gofredi †. Signum Tetbaudi †.

CCIX

L'évêque de Poitiers et autres personnages notables se portent témoins d'un traité intervenu entre Hugues de Lusignan, dit le Vieux, et les religieux de Saint-Maixent (D. FONTENEAU, t. XV, p. 505, d'après le cartul., p. 264. Il en donne aussi un extrait, t. LXVI, p. 93).

1105.

. . . .
. . . . [1].
domum etiam sui clientis Aschonis, que in curte de Pampro fuerat, obruere fecit. Hoc itaque, sicut dictum est, firmum ratum habeatur. Et si forte vel ipse Hugo [2] vel aliquis heredum suorum contra hoc facere presumpserit, perpetue maledictionis anathemate ferietur. S. Leodegarii Bituricensis archiepiscopi. S. Willelmi Aquitanorum ducis. S. Petri episcopi. S. Aimerici decani. S. Hervei archidiaconi. S. Petri archidiaconi. S. Marquerii abbatis Novi Monasterii. S. Garnerii abbatis sanctæ Mariæ. S. Willelmi magistri

---

plus loin (v. n^{os} CCXVIII et CCLXXXIII) d'autres exemples de l'emploi, vraisemblablement par le même scribe, du jour de l'Ascension, pris pour celui de l'Incarnation, dans la composition d'une date.

1. D. Fonteneau, en signalant l'absence du commencement de cette charte, ajoute qu'il a relevé, sur le cartulaire, cette indication mise par une main moderne : *hic desunt 12 cartæ*. Il a alors recouru à l'ancienne table du cartulaire, dans laquelle il a trouvé les deux mentions suivantes : *Carta CLXXXVII, de placito Ugonis Leziniaci et filiorum ejus. — Carta CLXXXVIII, item de placito eodem carta episcopi et carta testium*. Cette dernière cote est évidemment celle de la pièce que nous publions sous ce n° CCIX.

2. Il s'agit d'Hugues de Lusignan, mari d'Hildéarde, père d'Hugues et de Rorgon.

scolarum. S. Henrici abbatis sancti Johannis Engeriaci. S. Baudrici abbatis Buguliensis. S. Rotberti de Abrisello. S. Hugonis de Duerio. S. Gisleberti dapiferi. Facta anno ab Incarnatione Domini millesimo centesimo quinto, epacta xxii, indictione xii [1], papa Pascali, Philippo rege Francorum, Petro episcopo Pictavorum, Willelmo duce Aquitanorum.

CCX

Simon de Verruye confirme la donation de la terre de Raoul et de Goscelin, faite précédemment par son père Gervais à l'abbaye de Saint-Maixent [2].

1105, 1111.

Universis in terra...... sanctæ ecclesiæ constitutis, præsentibus necnon et futuris volo scire quod ego Symon de Verruca, filius Gervasii, dono Deo et sancti Adjutori Maxentio et servitoribus ejus terram Radulfi et Goscelini et omnia quæ pater meus dederat temporibus Adæ abbatis, et ego similiter do pro patre meo et matre mea in manu domni Garnerii abbatis, in capitulo beati Maxentii, videntibus monachis et meis militibus : Ubelino et Brunaudo Unaudo, Johanne Popelino, Giraudo Audeberto, et Guidone de Ternanz [3]. In eodem ca-

---

1. L'indiction et l'épacte se rapportent à 1104 et non à 1105.
2. Besly, à qui nous empruntons cette pièce, et qui l'a publiée dans son *Histoire des comtes de Poictou*, p. 426, la donne comme extraite du cartulaire de Saint-Cyprien de Poitiers. Cette indication est erronée. Outre qu'il est presque superflu de faire remarquer que cet acte concerne uniquement l'abbaye de Saint-Maixent, il faut ajouter qu'il ne se trouve pas dans le cartulaire de Saint-Cyprien, dont l'original existe encore à la Bibliothèque Nationale et a été publié intégralement par M. Rédet (*Archives historiques du Poitou*, t. III). L'indication de provenance mise sous le nom du cartulaire de Saint-Cyprien est un lapsus, imputable soit à Besly, soit plutôt à ses éditeurs.
3. Le texte de Besly porte *Guidone et Ternanz*; nous avons rectifié sa lecture, car il s'agit évidemment de Guy de Ternant, qui comparaît dans des actes de 1093 à 1115 ; de même, plus bas, nous avons écrit *Symon Esperuns*, au lieu de *Symon Espernus*.

pitulo cum meis militibus accepi totum ecclesiæ beneficium et societatem, et promisi me in perpetuum servaturum ; et habui octo libras turonensium et unum porcum optimum, et cartam super altare posui et signo meo firmavi. Testes sunt hujus doni isti : S. Archimbaldus Aufres. S. Johannes frater ejus. S. Aimericus coquus. S. Simon Esperuns. S. Radulfus monachus. S. Ugo armarius. S. Rainaldus Pipinus. Acta sunt hæc anno ab Incarnatione Domini MCV, quo cometa apparuit, regnante rege Philippo in Francia et Guillelmo in Aquitania.

Sequenti tempore idem Simon concessit quod pater suus et ipse fecerat in manibus aliorum abbatum Adæ et Garnerii, et ipse adfirmavit in propria manu domni Gosfridi abbatis, videntibus : Aimerico Homo et Johanne a Vuilliaco et Ramnulfo Ingelgerio et Petro Venderio et aliorum plurimorum monachorum et laicorum residentium in capitulo. Anno ab Incarnatione Domini millesimo centesimo undecimo, indictione IIII, regnante Ludovico rege et Guillelmo comite debellante contra Ugonem et Simonem de Parteniaco.

CCXI

Hugues de Lusignan, le Vieux, reconnaît avec son fils Rorgon qu'ils sont vassaux de l'abbaye et qu'ils défendront sa terre ; il maintient aussi l'accord fait entre lui et l'abbé Benoît, trente-cinq ans auparavant (D. FONTENEAU, t. XV, p. 511, d'après le cartul., p. 264).

1106.

Sequenti anno [1] idem Vetulus et filius ejus Rorgo venientes in capitulo beati Maxentii, et cum isto libro placitum hoc firmaverunt in manu domni Garnerii abbatis, vidente ipso episcopo domno Petro et Marquerio abbate et

---

1. Cette charte est dans le cartulaire à la suite d'une autre qui est de l'an 1105 (Note de D. F.).

ceteris ducentis aliis tam clericis quam laicis, et promisit se terram illam et omnem aliam sancti Maxentii servaturum et defensurum ab omnibus quibus potuerit, et hoc amore Dei et sanctissimi Adjutoris Maxentii. Insuper etiam affirmavit quod cum domno abbate Benedicto de quingentis solidis placitaverat dimissionem, jam xxx et v annis exactis, quod qui plenius voluerit scire, in hoc libro superius in carta requirat. S. Goffredi Reburche. Guillelmi fratris sui. S. Costantini Goscelmi et filiorum suorum. S. Froterii Belet et filiorum suorum. S. Petri episcopi et clericorum suorum. S. Marquerii abbatis et monachorum suorum. S. Garnerii abbatis et totius conventus capituli. S. Archimbaldi clientis nostri et fratris sui, et aliorum multorum.

CCXII

Renoul Garin fait don à l'abbaye de Saint-Maixent d'un bourg sis dans la ville auprès du Chadeuil (D. FONTENEAU, t. XV, p. 447, d'après le cartul., p. 37).

Entre 1093 et 1106.

Ramnulfus Garinus accipiens habitum monachi dedit sancto Maxentio burgum, qui est juxta Capitolium. Audientibus: Garino filio suo, Ugone privigno ejus et Guillelmo nepote ipsius Ugonis, Tetbaudo Pulverello. Tempore Garnerii abbatis.

CCXIII

André, clerc de Verruye, donne à l'abbaye de Saint-Maixent ce qu'il possédait de l'église de Saint-Martin de Verruye et quelques autres domaines (D. FONTENEAU, t. XV, p. 473, d'après le cartul., p. 33).

Entre 1093 et 1106.

Andreas clericus de Verruca volens fieri monachus, omnia que in ecclesia sancti Martini vel foras ecclesiam possidebat, reliquit et dedit Deo et sancto Maxentio cum consilio Nicolai militis consanguinei videlicet sui, necne Gauterii fratris sui. Dedit et terram, quam Rotgerius presbiter pater Nicolai emerat de Arnaldo Parnarmes. Dedit insuper borderiam terre, que est sita super aquam Igoriam, cum molinario uno, que terra est de casamento Rainaldi Calcaporrete. Hoc factum est in capitulo sancti Maxentii coram domno Garnerio abbate, videntibus et audientibus : S. Ermengaudi de Ternant. S. Engelelmi de Ternant. S. Gauterii Audeberti. S. Andreæ qui hoc donum fecit. S. Gauterii fratris sui. S. Nicolai consanguinei ipsorum, qui ibidem monasterii acceperunt societatem, cui etiam promissum est si vellet fieri monachus, dare de suis et consequi posse.

CCXIV

Guibert, fils de Geoffroy Fasin, désirant se faire moine, donne à l'abbaye de Saint-Maixent quelques terres et certains droits dont il jouissait à Azay. Cet acte est ensuite confirmé par Constant le Portier, cousin de Guibert (D. FONTENEAU, t. XV, p. 437, d'après le cartul., p. 34).

Entre 1093 et 1106.

Guitbertus filius Gofredi Fasini, desiderans fieri monacus, reliquit et dedit Deo et sancto Maxentio vel senioribus loci fevum annone, quem habebat de abbatibus sancti Maxentii, scilicet dimidium modium segule. Dedit quoque de uno quarterii vineæ quartum, et censum et receptum et decimam; et de quarterio et dimidio alterius vineæ, quartum. Quæ vineæ site sunt juxta viam, qua itur ad Vetulum Molendinum, major subtus via, minor vero desuper. Dedit etiam suam partem gerbatici de curia Azai, et unum quartarium prati quod est in marisco juxta nostram. Reliquit insuper omnia, que per fevum redamare solebat. Hoc factum est in auditorio, ante quoquinam, coram domno Garnerio abbate, audientibus: Constantino Cotin, Johanne Venderio, et Bertrando, qui Mariam sororem ipsius Guitberti habebat uxorem ; qui ambo hoc affirmaverunt taliter ut Bertrannus, tantum in vita sua, habeat panem et vinum vel carnem in quinque festis, sicut ceteri clientes. Postea Costantius Ostiarius, Guitberti consanguineus, hoc idem confirmavit.

CCXV

Bernard, aumônier de l'abbaye de Saint-Maixent, achète un pré a Pallu et quelques autres pièces de terre pour le service de son aumônerie (D. FONTENEAU, t. XV, p. 491, d'après le cartul., p. 262).

Entre 1093 et 1106.

Antecessores nostri patres, seu pro negligencia vel pro habundantia rerum tardiores in adquirendis rebus ecclesiarum existentes, successoribus suis aliquantulum dampnum intulerunt. Qua de re moderni avidiores effecti, quecumque possunt, adquirunt, et jungunt corpori ecclesiæ in substancia posterorum inibi serviencium, seu in elemosinis ad victum pauperum, et domesticum peregrinorum. Ex quibus quidam elemosinarius nomine Bernardus emit quinque carteria de pratis ab avunculo suo Ugone Bolleto, dato in precio caballo uno, quod pratum est ad Palu. Habet quoque in eadem empcione unum junctum et dimidium de terra ad Joec, que olim extitit pratum. Item emit fevum Radulfi Boiselli, id est modium siliginis, quatuor nummorum libris, in opus elemosina......[1], concessu Garnerii abbatis et totus conventus firmavit, tali pacto ut si unquam in posterum exierit nullus de parentela, qui eum requirat, helemosina quatuor libras habeat. Hæc annona ad justam mensuram redditur in area, que est in Groibus.

1. Ce passage est déchiré (Note de D. F.).

CCXVI

Rainaud Pilot et sa famille donnent à l'abbaye de Saint-Maixent la dime de leur bien sis à Nanteuil (D. FONTENEAU, t. XV, p. 475, d'après le cartul., p. 35).

Entre 1096 et 1106.

Rainaldus Pilot dedit sancto Maxentio decimam de terra sua, que est apud Nantolium, vidente et concedente fratre suo Petro Maindrus et uxore Ainorde et Hilaria sorore sua, in manu domni Garnerii abbatis, et cum hoc libro fecerunt donum, et eodem datum est eis beneficium tocius monasterii in salmis et missis, insuper patri et matri eorum. S. Ademari Talefer. S. Ademari Gosleni. Vitalis Garnaldi. S. Archibaldi prioris et Ugonis Bolleti, monacorum.

CCXVII

Constantin Goscelme, Maurice et Simon, ses fils, abandonnent à l'abbaye de Saint-Maixent ce qu'ils possédaient dans la terre de Raoul de la Garde et le moulin d'Audin (D. FONTENEAU, t. XV, p. 489, d'après le cartul., p. 35).

Entre 1104 et 1106.

Costantinus Goscelmus et filii sui Mauricius et Simon acceperunt societatem nostram in manu domni Garnerii abbatis et concesserunt dominicationem et quod habebant in terra Radulfi de Garda, et molinarium Eldini in aqua Marolii, sancto Adjutori Maxentio; et Ugo Boleta, socer ejus, dedit ei in caritate unum sciphum argenteum, audiente omni capitulo. Lanbertus prior, Archimbaldus prior, Hugo monachus, Arbertus miles.

CCXVIII

Guérin de Bonnay donne à l'abbaye de Saint-Maixent une ouche dans laquelle se trouve un quartier de vigne (D. FONTENEAU, t. XV, p. 515, d'après le cartul., p. 275).

1107.

Garinus de Botnai dedit sancto Maxentio ocham, que

vocata est Gauterii de Frntun [1], pro Natali filio suo monacho, in qua est unum carterum vineæ in capite, et cum hoc pargameno fecit donum super altare et cruces subterscriptas ipse et Simon filius ejus major ; videntibus : Petro de Gastina, Stephano judice, Tetbaudo Arvenat et Hugone Arvenat, Bormaudo judice. Ad villam confirmaverunt hoc donum cum eadem carta in manu Rainaldi monachi : Senegundis uxor sua, scilicet Garini, et ceteri filii sui, Clemens, Guillelmus, Rainaldus, Goscelmus, Garnerius, Borrellus; videntibus : Pagano presbytero, Gauterio presbytero, Petro presbytero, Petro milite de Campellis, Boschet Meschinet. S. Paganus presbyter. S. Gauterius presbyter. S. Petrus miles de Campellis. S. Giraudus. S. Meschinet. S. Garini. S. Simonis filii sui. Acta sunt hæc anno Ascensionis dominice millesimo centesimo septimo, regnante Philippo rege in Francia et Willelmo Aquitanorum duce.

CCXIX

L'abbé Garnier, avant de mourir, se fait restituer, par Simon le jeune fils de Martin Éperon, et par ses neveux, un moulin et une pièce de terre faisant partie des domaines qu'Adémar et Pierre, autres fils de Martin Éperon, avaient vendus à l'abbaye de Saint-Maixent (D. Fonteneau, t. XV, p. 513, d'après l'original. Cette pièce se trouvait aussi dans le cartul., p. 265).

1107.

Sciant omnes venturi quicumque successerint nobis, quod filii Martini Esperun, Ademarus et Petrus, unus laicus, alter monacus, multa de patrimonio suo, scilicet molendina, terras et preposituram, vendiderunt sancto Maxencio, Simone juniore contradicente, et nepotibus Gauterio et Martino. Quam calumpniam domnus Garne-

---

1. Ainsi écrit dans le cartulaire (Note de D. F.). Il faut lire *Fruntun*, aujourd'hui Fronton, nom d'un village situé à peu de distance de Bonnay, commune de la Chapelle-Bâton (Deux-Sèvres).

rius abba ab obitum suum [1] jussit finire, et rogavit monacos ut redderent eis unum molendinum, et quecumque pertinent ad eum, scilicet medietatem ex eis que exierint, exceptis tribus noctibus piscacionum, quas habemus in omnibus molendinis, que circa nos sunt. Ad Ulmum Malamaale, duo quarteria de terra arabili pro uno de prato reddita sunt eis. Alia omnia finierunt in capitulo in perpetuum in manu prioris Giraudi et Lanberti. Videntibus omnibus fratribus in capitulo et multis laicis, qui infra sunt scripti. S. Tetbaudi Petri. S. Stephani judicis. S. Archimbaldi Aufret. S. Johannis fratris sui. S. Tetbaudi Ricardi. S. Goscelmi [2] Marscalli. S. Ricardi Rainonis. S. Hugonis Porcherii. S. Tetbaudi monachi pueri. S. Rainaldi monachi pueri. S. Goffredi monachi pueri. S. Hugonis armarii. Anno ab Incarnatione Domini millesimo centesimo septimo, Pascali papa, Petro episcopo, Philippo rege Francorum, Willelmo duce Aquitanorum, presidentibus atque regnantibus.

CCXX

Rappel des possessions de l'abbaye de Saint-Maixent à Montamisé et de l'abandon de la coutume de métive fait par le sénéchal de Guillaume de Mirebeau (D. Fonteneau, t. LXVI, p. 255, d'après le cartul., p. 29).

Vers 1060-1108.

De terra quam habemus ad Montem Tamiserium sciatur tantum, et qui plus potuerit scire et adquirere ad opus Dei, Deus remuneret eum. Terra que est ad puteum de Negrum, terra que vocatur Ad Ines que est ad Vatoneriam, campus per Cahit, terra que est ad domum Durandi

---

1. Selon la Chronique de Saint-Maixent, l'abbé Garnier serait mort le jour de Noël 1107, ce qui placerait la rédaction de cette charte dans les derniers jours de décembre de cette même année.
2. Le cartulaire écrit *Goscelini* (Note de D. F.).

de Cholet, terram de Valle Morca[1] quæ vadit ad Chiruns, terra que est ad Sivrec, terra de Faiola, terra Galenti Bosonis quod vocatur Trofet, terram ad Closeas.

Tempore Willelmi de Mirebello, dapifer ejus[2]..... querebat injuste mestivam in terra sancti Maxentii. . . .
. . . . [3] Audientibus : Ugo Chemaillere, Rorgo Bu. . . . . .

CCXXI

Béliarde, femme d'Hugues Amel, lègue à l'abbaye de Saint-Maixent une quarte de terre qu'elle possédait à Verrines (D. FONTENEAU, t. LXVI, p. 281, d'après le cartul., p. 39).

Vers 1089-1108.

Beliardis uxor Ugonis Amelii[4] apud Pampro veniens ad mortem, quartam quam habebat apud Vetrinas reliquid suo proprio domno beato Maxentio, ex quo tenebat, in manu Guillelmi obedienciarii ejusdem ville ; videntibus subtusscriptis testibus : Ugone judice, Aschone Airemer et filiis, Tetbaudo Pristasigulam, Ugone presbitero, Guillelmo monacho et aliis pluribus.

CCXXII

Guérin de Niort ayant converti en une vigne plantée d'arbres huit sexterées de terre que les religieux de Saint-Maixent lui avaient données pour les cultiver à charge de la dîme et du terrage, il reçoit en récompense deux de ces sexterées en toute franchise (D. FONTENEAU, t. XV, p. 527, d'après le cartul., p. 285).

Décembre 1108.

Ego Garinus de Niorto cognomento Chenet habebam de

---

1. On peut lire aussi *de Valle Morca* (Note de D. F.).
2. Guillaume de Mirebeau est témoin dans trois chartes de Saint-Cyprien, dont la date se place entre 1060 et 1108 (*Cart. de Saint-Cyprien*, p. 77, 100, 101), et dans une charte de l'abbaye de Saint-Florent du 11 mars 1090 (*Arch. hist. du Poitou*, t. II, p. 128).
3. Aux endroits indiqués par les points, il manque pour la première fois un mot, et pour la seconde deux mots, effacés dans le texte (Note de D. F.).
4. Hugues Amel comparaît dans des actes de 1089, 1099 et 1108.

sancto Maxentio octo sexteradas de terra in agricultura, sicut rusticus ad terragium et decimam, et fuit ipsa terra tradita ad vivenas, me volente et rogante, et concedente. Et fuerunt michi ex ipsis due quipte date in capitulo extra decimam et censum, et meæ generacioni in perpetuum ; et hoc volo scire omnibus nobis posterioribus succedentibus. Temporibus domni Goffredi abbatis et Fulconis prepositi fuit hoc factum, videntibus omnibus monachis sedentibus in capitulo et laicis testibus subtusscriptis : S. domni Goffredi abbatis. S. Fulconis prepositi. S. Ugonis armarii. S. Goscelmi Borrucun. S. Martini Esperun. S. Ugonis Porcherii. S. Constanci Borrelli. S. Bormaudi. S. Giraudi presbiteri Sermocinatorum. Anno ab Incarnatione Domini millesimo centesimo octavo ante Natale Domini in adventu ejus facta, regnante Guillelmo comite, et Petro episcopo in Pictaviensi solo.

CCXXIII

Pierre Bernard confirme les dons faits à l'abbaye de Saint-Maixent par Aimeri et Audayer, ses oncles (D. Fonteneau, t. XV, p. 517,° d'après une copie paraissant être du xiie siècle. Cette pièce se trouvait aussi dans le cartul., p. 334 et 335).

1108.

Anno ab Incarnatione Domini millesimo centesimo viii, ego Petrus Bernardus, filius Bernardi de Sivrac, et Petronille cognomento Mirabilis, dedi et concessi beato Adjutori Maxencio apud Coguletum ea dona, que Aimericus et Audierius germani fratres et mei avunculi de. . . . . . . beato Maxentio et servitoribus suis. . . . . . Hoc donum feci ego cum m. . . . . postea super altare posui, audientibus et placitantibus. . . . . . . scripti habui, que ab ipso Petro de caritate xxv solidos. . . . . . avunculus meus habuit v solidos in caritate. S. Petrus Bernardus. S. Audierius de Campania. S. Ab. . . . cato. S. Guillelmus de Soels. S. Giraudus Frotger. S. Giraudus Faber. S. Benedictus Fornerius. S. Petrus.: monachi. Acta sunt hæc apud Coguletum, [anno] Incarnationis dominice millesimo centesimo octavo, rege in Francia Ludovico rege[1] et Willelmo [comite] in Aquitania, Petro episcopo in civitate Pictava, et Girberto[2] episcopo in Engolisma.

CCXXIV

Gilbert Grosgrenz se désiste d'un devoir de peaux de renards qu'il exigeait de l'abbaye de Saint-Maixent (D. FONTENEAU, t. XV, p. 525, d'après le cartul., p. 257. Cette pièce se trouvait encore dans le même cartul., p. 78, avec quelques variantes insignifiantes).

1108.

Sciant omnes quicumque venturi sunt, quod Gislebertus Grosgrenz injuste querebat pelles vulpinas abbatibus sancti Maxentii; quas contradixit Goffredus abbas, et judicatum est ei ut juraret et mostraret. Quod recognoscens, dimisit eas in capitulo in perpetuum beato Maxentio, in manu ipsius Goffredi abbatis et Rainaldi fratris ejus, videntibus monachis sedentibus in capitulo et laicis istis: S. Garinus Meschins. S. Petrus Venderius. Ascho Gandoti. S. Archimbaldus Auffrez. Bobinus et multii alii. Anno millesimo centesimo octavo ab Incarnatione Domini, et primo Ludovici regis Francorum, Willelmo duce in Aquitania et Petro Pictavensi episcopo regnantibus.

---

1. Cette pièce et les deux suivantes indiquant Louis le Gros comme roi de France, il y a lieu de les placer après le 29 juillet 1108, date de la mort de Philippe I.
2. Il n'y a jamais eu d'évêque d'Angoulême qui ait porté le nom de Girbert. En 1108, l'évêque s'appelait Gérard. Cette erreur manifeste est une preuve de plus à ajouter aux remarques que nous avons faites à diverses reprises sur la liberté que prenaient les copistes des cartulaires en interprétant à leur guise les noms dont ils rencontraient la première lettre dans les actes qu'ils avaient à transcrire.

CCXXV

Jean d'Angoumois, sa femme et ses enfants vendent aux religieux de Saint-Maixent une écluse sise près de Damvix dont ils lui avaient précédemment fait don (D. Fonteneau, t. XV, p. 521, d'après le cartul., p. 276).

1108.

Antiquorum mos est ut in cartis et paginis scribant et tradant memoriæ, que filiis sanctæ ecclesiæ venduntur et dantur ad opus ejusdem ecclesiæ, ut si quando aliquis insurrexerit per scripta et testimonia convincatur, et male repeti denegentur. Ideo que memoriæ tradidimus quod Johannes Engolismensis, de exclusa quam prius dederat sancto Maxentio [1], postea ipse et Theophania uxor ejus et filii eorum Petrus et Ugo vendiderunt Deo et sancto Maxentio et domno Goffredo abbati c solidos. Exclusa illa est apud Celesium, quam ipse Johannes emit a Goffredo Voladair et de Deodata [2] vel Maria Truna, et est de illa exclusa octava pars domini Bennaciaci; que sita est in amne Severa, inter villam Celesium et portum Malliaci, et vocatur Portel. Habuit autem, sicut dictum est supra, ipse Johannes c solidos et filius ejus Petrus L. Hoc firmatum est memoriter apud Bennaciacum, ante portam domus sue, videntibus subtusscriptis testibus : S. domni Goffredi. Johannes. S. Ramnulfi Ingelgerii. S. Alaardi prepositi. S. Goffredi Salpe. S. Droet nepotis abbatis. S. Johannis. S. Teophaniæ. S. Petri. Anno ab Incarnatione Domini millesimo centesimo octavo, et primo Ludovici regis Francorum, Petro Pictavis episcopo et Guillelmo duce in Aquitania.

---

1. Cette donation remontait à l'année 1086 (V. n° CLIX).
2. D. Fonteneau, ayant trouvé ce sigle $\overline{dd}$ dans l'original, s'est contenté de le reproduire; nous croyons pouvoir l'interpréter par *Deodata*.

CCXXVI

Arbert Truaud et son frère Rainaud abandonnent à Geoffroi, abbé de Saint-Maixent, tous les droits qu'ils prétendaient sur l'église de Saint-Symphorien de Romans (Orig., arch. des Deux-Sèvres, H 85. D. Fonteneau, t. XV, p. 519, donne aussi cette pièce d'après l'original. Elle se trouvait encore dans le cartul., p. 268).

1108.

Notum fieri volumus tam noticie presentium quam posteritati futurorum quod Arbertus Truaudus et frater ejus Rainaldus hoc quod requirebant in ecclesia sancti Simphoriani ad Rotmancium dederunt sancto Maxentio, in capitulo, in manu domni Goffredi abbatis, videntibus omnibus monachis et clericis et laicis infra subsscriptis : Arveo archidiacono, Petrus Girbertus, Guillelmus Gorret, Guillelmus Orios, Costantinus de Metulo, Giraudus de Vulliaco et frater ejus, Petrus Audebertus, Ugo Arbertus, Ugo Amelius, Hugo presbiter, Petrus Ricardus, Hugo Porcher. Ibidem concessum est eis totum beneficium de monasterio et patri et matri facere anniversarium, in martirologio nominibus eorum scriptis. † Arberti. † Rainaldi. S. Costantini de Metulo. S. Arvei archidiaconi. S. Ugonis armarii monachi. S. Tetbaudi Ricardi. Facta anno ab Incarnacione Domini millesimo cviii. Cruces [1] † Arberti et Ra † inaldi [2].

CCXXVII

Geoffroy, abbé de Saint-Maixent, et Rainaud, prévôt-moine de Damvix, concèdent au fils d'Anscher de Courdau, sa vie durant, la terre que son père avait tenue de l'abbaye audit lieu de Courdau, à la charge de payer la septième partie des fruits, sans dime ni terrage (D. Fonteneau, t. XV, p. 523, d'après le cartul., p. 40).

Vers 1108.

Omnibus tam presentibus quam futuris volumus notum fieri, quod terram frostam sancti Maxentii de Cordoau commodavit monachus prepositus sancti Maxentii de

---

1. Les deux croix grossières qui accompagnent les noms d'Arbert et de Rainaud sont de leur main.
2. Au dos, de la même main est écrit : *Carta Arberti Truaud.*

Dumvir Anscher de Cordoau ; quam terram, post mortem ipsius, simili modo abbas Adam comodavit uxori ipsius nomine Mariæ ; quam terram, post ejus mortem, voluit Rainaldus monachus sancti Maxentii, prepositus ipsius loci, possidere ; et cum monuisset filium ipsius, Petrum Aprilium, ut terram ipsam ad suum opus salvaret, si posset, ipseque hoc facere nullomodo posset, tandem facto placito cum domno Goffredo abbate et cum eodem monacho Rainaldo, accepit ipsam terram ab ipsis ad septimum, ut septimam gerbam redderet, excepta decima et terragio. Ita plane ut quamdiu ipse vixerit, ita terram ipsam possideat, et post ejus mortem revertatur ad sanctum. Et per istud placitum dedit ipse Petrus cum fratre suo abbati v solidos. Hoc placitum factum est coram domno abbate G. et coram R., ejusdem loci preposito, audientibus : Rotberto monacho et Johanne Engolismario et Ramnulfo Cabacio et Andrea Girberti et Goffredo Salpeio [1].

CCXXVIII

Pierre Hélie de Nuaillé donne à l'abbaye de Saint-Maixent trois marais situés à la Tranche en Aunis (D. FONTENEAU, t. XXVII *bis*, p. 617, d'après l'original. Cette pièce se trouvait aussi dans le cartul., p. 275. Il en donne encore un résumé, t. LXVI, p. 94 [2]).

1109.

Sciant presentes et futuri maximeque filii æcclesie sancti Maxentii, quod ego Petrus Helias de Nobiliaco habebam contentionem cum Guidone Barabino et fratribus suis de tribus campis salinarum, quos habebat de me. Hos campos querebat nobis abbas Goffredus, ut daremus sibi in helemosinam sancti Maxentii pro remedio animarum nostrarum et misericordia. Nos autem videntes et finientes contentionem, concordantesque insimul, dedimus

---

1. Jean d'Angoumois et Geoffroy Salpé comparaissent dans une charte de l'an 1108, au sujet de domaines sis au même lieu (V. n° CCXXV).

2. Imprimée par Duchesne, *Hist. généal. de la maison des Chasteigners*, preuves, p. 181.

eos quiptos, ut vulgariter loquar, ab omni consuetudine, excepta decima, quam retinuimus Deo et sancto Adjutori Maxentio et ipsi domno abbati, et hoc cum corrigia quadam quam tenebamus in manu, in qua tres nodi sunt facti ad signum ; que corrigia adhuc servatur. Hoc donum fecimus videntibus : Guillelmo de Ruperforti, et Johanne Mantrola, et Goscelmo Marsquallo et aliis famulis suis, et convenimus ut in manu domni Petri Sanctonensis episcopi firmaremur. Quod et factum est. Nam apud Boetum, cellam Novi Monasterii, in camera monachorum dedimus et firmavimus tali conventione ut ipse episcopus et successores sui et ministri ecclesie Sanctonensis distringerent nos et heredes nostros, si non quiptaverimus eos in perpetuum ab omnibus hominibus ad opus sancti Maxentii. Hoc donum firmatum est ibi, videntibus : abbatibus Marquerio Novi Monasterii et Tetbaudo sancti Leodegarii martiris, Goscelmo archidiacono Sanctonensi, de Gelmodac, et Ramnulfo Solvanc archipresbitero, et monachis plurimis et laicis, et famulis abbatis Goffredi. Terra hæc vocatur ubi campi sunt Trunca, juxta Villam Dulce, et accepimus ab ipso abbate sexaginta solidos de caritate. Ego Petrus et Guido, et fratres mei Lanbertus, decem solidos. Acta sunt anno millesimo centesimo nono, anno primo regnante in Francia Ludovico rege [1] et Willelmo juniore filio Goffredi in Aquitania, Petro quoque sedem Sanctonensis ecclesiæ regente.

CCXXIX

Marbaud, ses frères Thebaut et Guillaume, et sa mère Christine se désistent, moyennant un cens de quatre deniers, des réclamations qu'ils adressaient à l'abbaye au sujet du moulin de Mounée (D. Fonteneau, t. XV, p. 529, d'après l'original. Cette pièce se trouvait aussi dans le cartul., p. 279).

1109.

Omnibus notum est quod molendinum ad Moneam fecit

---

1. L'indication de la première année du règne de Louis le Gros place cette pièce avant le 29 juillet 1109.

Petrus monachus et cellararius cognomento Brunet, tempore Rotberti abbatis vocati. Quod post longum tempus calumpniati sunt filii Durandi Breiart de Mota. Quam calumpniam, que injusta erat et male fiebat, finierunt ad Motam in domo propria, hoc modo sicut scriptum est. Ego Marbaudus volo ut sciant omnes qui venturi sunt, quod ego et fratres mei Tetbaudus et Guillelmus et mater mea Christina favemus et concedimus amore patris mei et omnium parentum nostrorum, ut det eis Dominus requiem sempiternam, sancto Maxencio et servitoribus suis, hoc molendinum, quatuor denariis retentis inde censu omni anno reddendos, et hoc facimus in manu Gauterii monachi et cellararii et Hugonis armarii, tempore Goffredi abbatis, et cum hoc pargameno et carta que in ea scripta est, damus in perpetuum sine requisicione aliqua parentum nostrorum, videntibus testibus in ea scriptis. Anno ab Incarnacione Domini millesimo centesimo nono, Petro Pictavis episcopo, et Guillelmo duce in Aquitania, et Ludovico rege in Francia. S. Marbaudi. S. Tetbaudi fratris. S. Guillelmi fratris eorum. S. Christine mardis [1] eorum. S. Bertoni mariti ejus. S. Johannis molendinarii. S. Goffredi. S. Gauffredi Fauchet.

CCXXX

Bulle du pape Pascal II qui met l'abbaye de Saint-Maixent sous la protection du Saint-Siège et énumère toutes les églises et grands domaines lui appartenant (D. FONTENEAU, t. XV, p. 534, d'après l'original [2]. Cette pièce se trouvait aussi dans le cartul., p. 88 et 89 [3]).

27 avril 1110.

Paschalis, episcopus, servus servorum Dei, dilecto in

---

1. *Sic* pour *matris*.
2. Au bas de la bulle pend à un las de soye rouge un sceau de plomb, où d'un côté on voit les deux têtes ordinaires et de l'autre on lit : † PASCHALIS P. P. II (Note de D. F.).
3. Imprimée par Besly, *Hist. des comtes de Poictou*, p. 431.

Christo filio Goffrido, abbati venerabilis monasterii sancti Maxentii Adjutoris, ejusque successoribus regulariter promovendis, in perpetuum. Pie postulatio voluntatis effectu debet pro sequente compleri, quatinus et devotionis sinceritas laudabiliter enitescat, et utilitas postulata vires indubitanter assumat. Quia igitur dilectio tua ad sedis apostolice portum confugiens, ejus tuitionem devotione debita requisivit; nos supplicationi tue clementer annuimus, et beati Maxentii monasterium, cui auctore Deo presides, et tam ei adjacentem villam quam cetera omnia ad ipsum pertinentia sub tutelam apostolice sedis excipimus. Per presentis igitur privilegii paginam apostolica auctoritate statuimus ut quecumque predia, quascumque possessiones in presenti tertia indictione idem monasterium legitime possidet, sive in futurum concessione pontificum, liberalitate principum, vel oblatione fidelium juste atque canonice poterit adipisci, firma tibi tuisque successoribus et illibata permaneant ; in quibus hæc visa sunt propriis vocabulis annotanda : monasterium sancti Saturnini, ecclesia sancti Leodegarii, ecclesia sancti Martini, ecclesia sancti Gaudentii de Nantolio, ecclesia sancti Bartholomei de Azai cum appendiciis suis, ecclesia sancti Maxentii de Sirolio, ecclesia sancti Petri de Saivera, ecclesia de Agec, ecclesia sanctæ Mariæ de Capella Bastone, ecclesia sancti Martini de Verroca, ecclesia sancti Maxentii de Vetrinis cum pertinentiis suis, ecclesia sancti Martini de Montiniaco, ecclesia sancti Petri de Metulo, ecclesia sancti Maxentii de Fonte des Lois cum terris et vineis, pratis et mariscis et omnibus ad ipsam pertinentibus, ecclesia sancti Johannis Baptistæ de Priscie, ecclesia sancti Georgii de Oric, ecclesia sanctorum Viti et Modestii et Crescentie de Duumvir cum omnibus suis pertinentiis, ecclesia sancti Martini de Franel, ecclesia sancti Petri de Marciaco cum pertinentiis suis, ecclesia sanctæ Radegundis, ecclesia sancti Martini de Fontanella, ecclesia sancti Laurentii juxta Marciacum, ecclesia sancti Johannis Euvangelistæ, ecclesia sancti Maxentii de Praec, ecclesia sanctæ Mariæ Magdalenæ de Praalle, ecclesia sanctæ Mariæ de Soldano, ecclesia sancti Germani de Igernai, ecclesia sancti Maxentii de Volgiaco cum pertinentiis suis, ecclesia sancti Sinphoriani de Rumontio, ecclesia sanctæ Mariæ de Solviniaco, ecclesia sancti Martini de Lorneg, ecclesia sancti Stephani de Cuguleto, ecclesia sancti Maxentii de Vitrac cum appendiciis suis, ecclesia sancti Salvatoris de Monteboue, ecclesia sancti Remigii de Flornac, ecclesia sancti Viviani de Vrac, ecclesia de Vonziaco, ecclesia sancti Amondi de Vitrinis, ecclesia sancti Petri de Berlo, ecclesia de Nainec, ecclesia de Clavé, ecclesia de Rubrio, ecclesia de Carvio, ecclesia de Cantacorvo, ecclesia de Costerias, ecclesia de Fonte Petri, ecclesia sanctorum Philippi et Jacobi de Talant, ecclesia sancti Leodegarii apud Pictavin, terra de Monte Tamiserio, terra apud Milibellum castrum, terra elemosine de Rivodano, terra de Artitio, terra de Vendolenia, terra de Trevintio, terra de Aifra cum appendiciis suis, ecclesia sanctæ Mariæ de Maceriis, ecclesia de Ternonto, ecclesia de Campello cum appendiciis suis, ecclesia sancti Gaudentii de Forras, saline de Vultru saline, saline de Engulins, saline de Aitrec, saline apud Esnendam, ecclesia Bracidunensis cum suis pertinentiis, ecclesia de Parinec cum suis pertinentiis, silva que vocatur Grosbois, ecclesia sancti Maxentii cum terra que dicitur Pompro, ecclesia sancti Germerii cum tota terra que ejus nomine nuncupatur, terra que dicitur Regaldani, terra que dicitur Agient ; de quibus nimirum terris pictaviensium solidos quinque quotannis Lateranensi palatio persolvetis. Decernimus ergo ut nulli omnino hominum liceat idem monasterium temere perturbare, aut ejus possessiones auferre, vel ablatas retinere, minuere, vel temerariis vexationibus fatigare ; sed omnia integra conserventur eorum, pro quorum sustentatione et gubernatione concessa sunt, usibus omnimodis profutura; sed neque interdicione vel excommunicatione ipsum monasterium addicatur, nisi forte pro certioribus culpis, quas vel abbas vel monachi emendare contempserint, nec ipsi tamen excommunicatos aut interdictos ad officia divina suscipiant, nec in communi parrochie interdicto signa pulsentur. Obeunte te nunc ejus loci abbate vel tuorum quolibet successorum, nullus ibi qualibet surreptionis astutia seu violentia preponatur, nisi quem fratres communi consensu vel fratrum pars consilii sanioris vel de suo vel de alieno si oportuerit collegio, secundum Dei timorem et beati Benedicti regulam elegerint. Si quis igitur in crastinum, archiepiscopus aut episcopus, inperator aut rex, princeps aut dux, comes, vicecomes, judex, aut ecclesiastica quelibet secularisve persona hanc nostre constitutionis paginam sciens, contra eam temere venire temptaverit, secundo tertiove commonita, si non satisfactione congrua emendaverit, potestatis, honorisque sui dignitate careat, reamque se divino judicio existere de perpetrata iniquitate cognoscat, et a sacratissimo corpore ac sanguine Dei et Domini Redemptoris nostri Jesu Christi aliena fiat, atque in extremo examine districte ultioni subjaceat; cunctis autem eidem loco justa servantibus sit pax Domini nostri Jesu Christi, quatinus et hic fructum bone actionis percipiant, et apud districtum judicem premia eterne pacis inveniant. Amen. Amen. Scriptum per manum Rainerii scriniarii regionarii et notarii sacri palatii[1]. Datum Romæ, in porticu beati Petri, per manum Johannis sanctæ Romanæ ecclesiæ diaconi cardinalis ac bibliothecarii, v kal. maii, Incarnationis dominice anno millesimo centesimo decimo, pontificatus autem domini Paschalis secundi papæ anno XI.

---

1. Avant la date, la copie de D. Fonteneau place la *rota*, qui dans son cercle extérieur porte cette devise : *Verbo Dei celi firmati s.*, et dans les quatre quartiers du cercle intérieur : *Scs Petrus, Scs Paulus, Pascha lis, pp.* II. A côté est le monogramme du *Bene Valete.*

CCXXXI

Bref adressé par le pape Pascal II à Pierre II, évêque de Poitiers, pour qu'il contraigne par les voies canoniques Hugues de Lusignan à cesser ses entreprises contre l'abbaye de Saint-Maixent [1] (D. Fonteneau, t. XV, p. 539, d'après le cartul., p. 42).

1110.

Paschalis, episcopus servorum Dei, venerabili fratri P. Pictaviensi episcopo, salutem et apostolicam benedictionem. Hugonem de Liciniaco, quia beati Petri fidelem novimus, specialius diligimus; sed neque beatus Petrus fidelitatem contra ecclesiarum sibi commissarum utilitatem recipit, neque nos dilectionem contra Deum possumus exibere. Ipsum igitur efficaciter commone ut injurias, quas monasterio beati Maxentii irrogat, corrigere et emendare non differat, ne longi temporis labores, quos Deo exibuisse creditur, parva occasione destinat [2], alioquin infra duos menses post quos has litteras acceperis, canonico eum mandamus judicio coerceri [3].

CCXXXII

Bref adressé par le pape Pascal II à Pierre II, évêque de Poitiers, pour faire rendre à l'abbaye de Saint-Maixent des églises et des domaines qui lui étaient contestés par des établissements religieux ou par des laïques (D. Fonteneau, t. XV, p. 537, d'après le cartul., p. 42).

1110.

P., episcopus, servus servorum Dei, venerabili fratri P. Pictavorum episcopo, salutem et apostolicam benedictio-

---

1. Ce bref et les suivants ayant été rapportés de Rome par l'abbé de Saint-Maixent avec la bulle de 1110 (v. n° CCXXX), il est indubitable que tous ces actes sont de même date.
2. Ce mot me parait une faute de copiste, pour *detineat* (Note de D. F.).
3. L'auteur du cartulaire a écrit au commencement de la charte : *Has litteras domnus G. detulit a Roma* (Note de D. F.).

nem. Lator presencium, G. abbas sancti Maxentii, multa per Hugonem de Liciniaco auferri suo monasterio queritur. Causam etiam cum abbate Case-Dei se dicunt habere pro ecclesiis Gazenogili ; cum abbate etiam sancti Severini pro ecclesiis Lezaii vel Berlaum ; etiam de Mostarolo monasterium suum gravari conqueritur, et per Simonem de Verruca, et per Tetbaudum Meschinum, et alios plures. Tue igitur fraternitati precipimus, ut, tam de his quam de aliis monasterii querelis, ei efficacem justiciam facias. Terram de Pampro et de Rigaudano et sancti Germerii, de qua Romanæ ecclesiæ census annus solvitur, tutele tue specialius commendamus [1].

CCXXXIII

Bref adressé par le papé Pascal II à Pierre II, évêque de Saintes, pour faire rendre justice aux religieux de Saint-Maixent, que molestaient les chevaliers Isembert de Châtelaillon et Jean d'Angoumois (D. Fonteneau, t. XV, p. 541, d'après le cartul., p. 42).

1110.

P., episcopus [2] servorum Dei, venerabili fratri Santonensi episcopo, salutem et apostolicam benedictionem. Adversus Isembertum de Castello Allione et Johannem de Engumesio milites, G. abbas sancti Maxentii queritur quod . . . . graves monasterio suo molestias ferunt. Tue igitur fraternitati precipimus, ut tam de his quam de aliis monasterii querelis, eidem efficacem justitiam facias.

---

1. L'auteur du cartulaire a écrit en tête : *Has quoque domnus G. successor ejus post eum detulit cum privilegio* (Note de D. F.).
2. Le compilateur du cartulaire a oublié le mot *servus* (Note de D. F.). Cette observation pourrait aussi se rapporter à l'un des brefs précédents (v. n° CCXXXI).

CCXXXIV

Le prêtre Gautier, fils d'Adémar de la Garde, en se donnant à l'abbaye de Saint-Maixent, lui fait aussi l'abandon d'une borderie de terre et d'un quartier de pré (Orig., arch. de la Société des Antiq. de l'Ouest, n° 8. D. Fonteneau, t. XV, p. 557, donne aussi cette pièce d'après l'original).

Décembre 1110.

In nomine Domini. Ego Gauterius, presbiter, filius Ademari de Garda, dedi animam meam et corpus meum domno Goffredo abbati, sedenti in capitulo cum monachis suis die quodam dominico Adventus Domini, in societatem et beneficium tocius monasterii ; et quando voluero monachus esse, cum rebus quas habuero accipiant me, sive sanum sive infirmum. Dedi eis unam borderiam de terra et unum quarterium de prato, pro beneficio et salute animarum parentum meorum in helemosinam, sine ulla requisitione progenie mee. Ipsi autem me et fratrem meum Lucium de hoc beneficio cum regula revestierunt nos et osculati sunt. Et ibidem convenimus donum hoc a dominis nostris carnalibus servaturos. Hoc donum fecimus cum isto pargameno super altare, videntibus istis subtusscriptis : Martinus Esperuns [1], Hugo Porchens, Tetbaudus Richardus, Constantius Borrellus, Hugo armarius, Rainaudus de Bolosa, Acfredus monachus. Et ego Gauterius cum signo crucis † firmavi. Facta est autem hec quartula anno ab Incarnatione Domini millesimo cx, regnante Ludovico rege, et Guillelmo comite in Aquitania, Petro quoque episcopo Pictaviensi.

---

1. Tous les surnoms des témoins sont placés en interligne au-dessus du nom.

CCXXXV

Goscelin de Lezay se reconnaît vassal de l'abbaye de Saint-Maixent, lui restitue le domaine de Laleu de Thorigné, et l'église de Prahec, et reconnaît qu'il a frauduleusement vendu à l'abbaye de Saint-Séverin les églises de Lezay que son père avait données à Saint-Maixent (D. Fonteneau, t. XV, p. 543, d'après l'original. Cette pièce se trouvait aussi dans le cartul., p. 280).

1110.

In nomine Domini nostri Jesu Christi. Ego Goscellinus de Liziaco debeo esse homo et sum sancti Adjutoris Maxentii propter magnum beneficium, quod teneo ab ipso sancto et ab abbatibus qui locum et regimen ipsius cenobii tenent. Quod ego ipse et pater meus, fideliter tenuimus et tenere debemus ; et tamen ego ipse, pro ignorancia mea, aliquantum tempus injuste abstuleram a jure et potestate ipsius sancti terram que vocatur Alodus de Torgnié [1]. Quod malum recognoscens, in manu domni Goffredi abbatis reliqui, et fideliter dedi et concessi in perpetuum sancto, sicut donum quod fit ad sanctum. Hoc donum feci cum cospello de prunerio, quod tenebam in manu mea, et Guillelmo filio meo, infra tres dies, quibus monitus fuero, faciam similiter adfirmare, sicut et ego feci. In ipsa hora feci hominium ipsi abbati, propter beneficium sancti supradictum, et recognovi quia ego ipse et pater meus habuimus ecclesiam de Prahec et decimam, de sancto Maxentio cum aliis casamentis, et illud proprie quod Arveus Fortis tenet de me, et ego a sancto Maxentio, videntibus istis testibus et audientibus : S. Gisleberti dapiferi. S. Guillelmi de Rochaforti. S. Goscelini militis ipsius Goscelini. S. Ugonis Bolleta, et prioris Goffredi. S. Johannis Roberti. Ipso die, ante episcopum et

---

1. Le copiste de D. Fonteneau a écrit *Corgnié*, par suite d'une erreur de lecture qui dans les noms propres lui a fait quelquefois prendre la lettre T pour la lettre C.

archidiaconum Arveum, confessus sum de ecclesiis Liziaci, quia pater meus dederat ipsas sancto Maxentio, et ego sicut juvenis vendidi eas, mea culpa, Fulcherio, priori sive abbati sancti Severini ; et tamen vere sciebam quod male feceram, et semper retinebam in placitis meis abbatum scilicet Ansegisi, Ade et Garnerii, cum faciebam fidelitatis eorum, quod hoc malum tantum emendassem ; et modo eas concedo Deo et sancto Maxentio. Eodem die, ante comitem, ecclesiam de Prahæc ego Goscelinus concedo sancto Maxentio, a quo habeo, vidente Petro abbate Malliacensi et aliis multis. S. Guillelmi comitis. S. Gisleberti dapiferi. S. Petri Nivart. S. Goffredi Roberti. S. aliorum militum de curia. Anno ab Incarnatione Domini millesimo centesimo decimo, Petro Pictavensi presule et Willelmo duce in Aquitania et Goffredo abbate sancti Maxentii.

CCXXXVI

Hugues d'Isernay fait don à l'abbaye de Saint-Maixent de tout ce qu'il tenait d'elle à Saint-Germain d'Isernay (D. FONTENEAU, t. XV, p. 547, d'après le cartul., p. 277).

1110.

Sciant presentes et futuri quod Ugo de Isernai ad obitum suum, in remissionem omnium peccatorum suorum et germanorum et matris sue et patris, dedit et reliquid totum quod habebat apud sanctum Germanum beato Maxentio, scilicet unam mansionem cum viridario juxta ecclesiam sancti Germani, et duas ochas linarias, et suam partem decime de terra que est inter ecclesiam et aquam. Hæc dedit et concessit sancto Maxentio a quo habebat, et hoc donum fecit in manu Beraudi monachi ipse et filius suus Ugo et filia et mater eorum, videntibus testibus infrascriptis. Anno ab Incarnatione Domini millesimo centesimo decimo, Goffredo abbate regente abbatiam. S. Goscelini presbiteri. S. Calvini fratris sui.

S. Guillelmi de Rocha. S. Andree de Vergo. S. Johannis de Lobigné.

CCXXXVII

Adémar de la Roche abandonne à l'abbaye de Saint-Maixent quelques droits qu'il prétendait à Cogulet (D. Fonteneau, t. XV, p. 549, d'après l'original. Cette pièce se trouvait encore dans le cartul., p. 335).

1110.

In nomine Domini. Ademarus de Rocha, filius Guidonis, querebam injuste sazinam..... de Coguleto sancti Adjutoris Maxentii; quam finiv..... fideliter ipsi Adjutori f...... ribus suis pro salute animeæ meæ et parentum meorum in perpetuum absque ulla requisitione..... legaliter fit donum sanctæ ecclesiæ. Hoc donum feci..... de manu mea in ma......rii obedienciarii et monachi sancti Maxentii, videntibus testibus infra notatis : Gu..., [Ste]phano de Sernac qui hoc placitaverunt. Habui..... ab ipso monacho Petro..... Guillelmus Jordanus, Stephanus de Sernac, Goffredus frater suus, Am..... et alii plures milites de Rocha ; Petrus monacus, Stephanus monachus, Giraudus monacus, Laurentius monacus, Audebertus monacus. Isti stabant tunc.... Anno ab Incarnatione Domini millesimo centesimo decimo, regnante Ludovico rege, et Willelmo comite in Aquitania, et Girardo episcopo et legato in Engolisma civitate.

CCXXXVIII

Rainaud le Veneur, du consentement de sa femme et de son fils, donne à l'abbaye de Saint-Maixent le droit de dîme sur son domaine du Plessis. En l'an 1019, son fils Peloquin confirme ce don (D. Fonteneau, t. XV, p. 515, d'après le cartul., p. 341. Il en donne aussi un résumé, t. LXVI, p. 94).

1110.

In nomine Domini nostri Jesu Christi. Ego Rainaldus

---

1. La plus grande partie du titre est déchirée et pourrie par l'eau qui est tombée dessus (Note de D. F.).

Venator et uxor mea Arsendis et filius meus Ramnulfus donamus et devotissime concedimus Deo et sancto Adjutori Maxentio omnem decimam ex omnibus rebus que nobis exeunt de terra nostra, que est Monsterolio[1] castro, et vocatur Ad Plaiseit, scilicet in annona, in bestiis et omnibus leguminibus. Hoc donum facimus perpetuum, sine ulla requisitione nostre progenie, pro redemptione animarum nostrarum et parentum nostrorum, et proprie pro Engelberto, filio nostro, qui in via sancti Sepulcri de Hierusalem obiit. Videntibus istis testibus: Johanne presbitero de Praales, Tetbaudo Arvernico et Ugone fratre ejus. Et convenimus ut filio nostro Peloquino faceremus confirmare, quod et fecit, sicut et nos fecimus, et dompno Guillelmo comiti, et omnibus dominis carnalibus. S. Rainaldus Venator. S. Ramnulfus. S. Johannes presbiter de Praales. S. Tetbaldus Arvernicus. S. Hugo Arvernicus. S. Rad[ulfus] Bisardus. S. Giraudus. S. Archimbaldus. S. Petrus Lucellus. S. Gauterius. S. Johannes monacus. Et cum hoc pargameno facimus donum super altare Domini, ut Dominus sit remunerator et sua crux, pro qua hunc signum crucis signamus manibus nostris. Anno ab Incarnatione Domini millesimo centesimo decimo, quando Guillelmus comes et Ugo Brunus habuerunt guerram, et illa terra et alie multe combuste sunt et destructe, regnante Ludovico rege in Francia et Paschali papa Romano et Carolo in Alamannia.

Alia vice venit Peloquinus et concessit et confirmavit quod pater ejus et frater donaverant et fecit crucem suam; videntibus: Petro Maientia et Tetbaudo Barba, anno quo Gelasius papa obiit. Peloqui✝ni. Rai✝naldi. Ramnul✝fi.

---

1. Ce nom est écrit *Monasteriolo* dans le résumé de D. F.

CCXXXIX

Rainaud le Veneur abandonne le droit de chevage qu'il prétendait sur le Breuil d'Aen, en récompense de quoi Gosbert Fregier lui donne une demi-maille (D. Fonteneau, t. LXVI, p. 189, d'après le cartul., p. 39).

Vers 1140 [1].

Rainaldus Venator requirebat injuste cavagium in Brolio Aient. Postea recognoscens se male requirere, dimisit in perpetuum, et Gosbertus Fergerius hac gratia dedit ipsi Rainaldo mediam macram [2]. S. Odonis. S. Tetbaudi Comitis. S. Costantini Cotiri.

CCXL

Constatation du droit de propriété de l'abbaye de Saint-Maixent sur un four détruit pendant les querelles intervenues entre les seigneurs de la Mothe et ceux de Saint-Héraye (D. Fonteneau, t. XV, p. 493, d'après le cartul., p. 24).

Vers 1097-1110.

Tempore Maengoti de Mota [3], patris Maengoti Rulfi, erat quidam clibanus, quedam dissessio mangna inter milites de sancto Aredio et milites de Mota. Tunc temporis erat quidam clibanus in vico moniani, qui est ante sanctum Aredium, et per illam dissessionem victis, ille monialis [4] desertus fuit, et clibanus cecidit, et propter illam antiquam tenorem debent habere monachi furnum.

---

1. A défaut d'autre élément de date, nous plaçons cette petite charte à la suite de la précédente, émanée du même personnage.

2. *Macram* est mis pour *maclam, maculam*, maille; *media macra* serait la demi-maille, le quart de denier, la pièce que plus tard on a appelée pite.

3. Ce Maingot de la Mothe est vraisemblablement le même que celui qui souscrit dans un titre de 1097 (v. n° CXCIV); quant au personnage du même nom, mari d'Orengarde, qui partit pour la croisade en 1147 (v. n° CCCXXIX), ce pourrait être Maingot le Roux, son fils.

4. *Monianus, monialis*, sont des formes variées du mot *mongnale* donné par le glossaire de Du Cange et signifiant moulin.

CCXLI

Reconnaissance donnée par Thibaud Taon et Alait la Grasse, sa sœur, que certains domaines sis à Saint-Maixent et aux environs sont dans la mouvance de l'abbaye (D. FONTENEAU, t. LXVI, p. 283, d'après le cartul., p. 8).

Vers 1059-1111.

.....[1] Abeant in memoria tam presentes quam futuri quod Teobaudus [dictus] Taons [2] et Alait la Grasse, soror sua, cognoverunt quod tora de Pi.... [3], molendinus et prata cum apendiciis suis erant de feodo [sancti] Maxentii et de lejancia abbatis, et vicus Taonis et domus Airaudi Bo-[rer] que est in capite illus vici, et domus Guillelmi de sancto Martino que modo erat clibanus Theobaudi Taon, et domus Girberti de Senol, et domus Hugonis Pait-sun-ventre, et domus Andreæ Borrea, et domus Garnerii Li Peleter que est ad portam Aimerici Joscelmi, et vicus qui est juxta murum [4] a porta Anseis usque ad posternam sancti Maxentii, et vicus de Jadolio ex alia parte a domo Gibonnam usque ad domum Tifaudi, et ipsa, et domus Guillelmi de Regné que est à Le Jacer cum quatuor denariis de censu, vinee que sunt à la Bormaude quas Reginaudus de Costis possidet, et terra Caamin de molendino fari Stephani cum tribus denariis de censu, et quatuor quarteria de pratis que sunt Petro Vignan en Charnai cum octo denariis de censu, et prata Radulphi de Quercu ad domum Billole, vineæ Caamin, tria quarteria que sunt post domum suam, et vicus, qui est ex parte Jadolii, est proprius

---

1. Des points indiquent des passages déchirés (Note de D. F.).
2. Thibaut Taon comparaît dans plusieurs actes du cartulaire de 1059, 1070, 1091, 1111.
3. Il s'agit probablement de Piozay, colline et moulin situés auprès de Saint-Maixent.
4. D. Fonteneau a lu *mirum*, mais lui-même ajoute en note : peut-être a-t-on voulu dire *murum*.

sancto Maxentio, et terra que fuit Giraudo Barbe, que est in capite excluse de molendino de Moneie, est propria sancto Maxentio cum quatuor denariis de censu. Hoc cognoverunt, vidente et audiente, Vezin et Airaudo Borer.

CCXLII

Fradin de l'Ile délaisse la moitié du four des Bancs qu'il tenait des abbés de Saint-Maixent, à la condition que ses fils auront la faculté de le reprendre s'ils peuvent payer aux religieux cent sous et la moitié du prix de la restauration dudit four (D. Fonteneau, t. LXVI, p. 245, d'après le cartul., p. 32).

De 1096 à 1111.

Fradinus de Isla ad mortem habitum monachicum accipiens, reliquid sancto Maxentio medietatem furni de Scannis quam habebat ab abbatibus, tali convencione ut si filii sui potuerint reddere centum solidos et medietatem precii, quod ad furnum restaurandum missum est, accipiant totum. Testes : Petrus de Tusca, Rainaldus Bolletus, Tetbaudus presbiter, Tetbaudus Auvernet.

CCXLIII

Audebert de Pamprou, pour être admis au bénéfice de la société des religieux de Saint-Maixent, leur abandonne une rente de cinq sextiers de seigle qu'il tenait d'eux en fief, mais avec réserve de la jouissance, sa vie durant (D. Fonteneau, t. LXVI, p. 251, d'après le cartul., p. 38).

De 1106 à 1111.

Audebertus de Pampro accipiens societatem sancti Maxentii, in capitulum dedit senioribus v sextarios segule quos habebat in fevo de ipso sancto, tali modo ut in vita sua tantum habeat, et post mortem habeat sanctus. Dedit insuper post mortem sue conjugis omnia, que de sancto Maxentio habebat, et si ipse in gravem paupertatem deciderit, sustentet eum obedienciarius ipsius ville Pampro, et jam possideat ipsos, v sexterios segule etiam in vita Audeberti. S. Gisleberti filii. Bernardi monachi. S. Willelmi molendinarii.

CCXLIV

Notice rappelant les donations faites à diverses reprises à l'abbaye de Saint-Maixent par Pierre II, évêque de Poitiers, et autres personnages, des églises de Saint-Laurent de la Salle et de Saint-Sébastien, et de quelques autres domaines (D. FONTENEAU, t. XV, p. 535, d'après le cartul., p. 276).

Mars 1110.

Omnibus tam futuris quam presentibus veraciter notum esse volo, quod ego Petrus Pictaviensis ecclesiæ episcopus, do beato Adjutori Maxentio ecclesias sanctorum Laurentii et Sebastiani martirum, que sunt apud Marciacum, in ipsa obedientia, juxta castrum Callerii, in perpetuum in opus servitorum sancti Maxentii atque beati Leodegarii. Hoc donum feci domno Ade abbati et Ademaro obedientiario ejusdem Marciaci et omnibus aliis fratribus per consilium Simonis canonici, postea Agennensis episcopi, [qui] tunc mecum erat, et Radulfi archidiaconi et aliorum clericorum meorum. Postea hoc idem donum firmavi Fontiniaco, ad quamdam benedictionem, Martino monacho, preposito Marciaci, per consilium Guillelmi Adelelmi, postea archidiaconi, et Constantini archipresbiteri et aliorum clericorum meorum, tempore Garnerii abbatis. Hoc donum, prout eis accidebat, dederunt beatissimo Maxentio perpetualiter Arduinus de Sala et filii ejus Johannes, Aimericus, Tetbaudus et Giraudus cum Johanna matre eorum, videntibus Gelduino Pagano et Gauterio celerario, Gauterio monacho et Ugone Eschax. Concesserunt et confirmaverunt hoc donum Alexander Ivonensis [1] et filium

---

1. On peut également lire dans le cartulaire *Luonensis* (Note de D. F.).

ejus cum matre sua Amelia beato Maxentio, ex quorum feodo erat. Sequenti tempore confirmavit hoc donum Petrus de Qualleria Martino monacho preposito, videntibus Aimerico Milet, Garino Doet et Raimundo Oaut et Gauterio cellarario domus, Goffredo et Giraudo monachis. Dehinc quoque sequenti tempore Guillelmus Sarrazins, nepos Arduini, ad mortem veniens, monachicum habitum suscipiens, reliquid et concessit hoc donum in manu Unberti monachi; Gauvain ipse et fratres ejus Johannes et Alexander et mater eorum Arneudis et Petrus cognomento Vicinus consanguineus ejus, Aimericus Sustaid, qui prius cum patre et fratribus donaverat, alacer firmavit, et cum tabulis quibusdam, ubi dona scripta erant, super altare sancti Petri, Marciaco in ecclesia, videntibus subtusscriptis testibus, concessit ecclesias duas et duas domos, unius vineæ carterii medietatem, in Bello Podio de Vignaus panis et vini medietatem, de molendino ad Torindus decimum boissellum, de feria sancti Laurentii tertiam partem, et ex decima parrochiæ de terra Petri Callerii quartam. S. Aimerici Milet. S. Gauterii cellarii. S. Johannis Porcharii, S. Gauterini filii Hilarii et aliorum multorum. Actum est hoc anno ab Incarnatione Domini millesimo centesimo decimo, regnante in Francia Ludovico rege, Guillelmo comite in Aquitania, Petro sedem Pictavis regente, concurrente v, epacta xxviiii, facta in martio mense.

CCXLV

Pierre de Nuaillé restitue à l'abbaye de Saint-Maixent une saline située en Aunis, à la Tranche, dont il se réserve la dime (D. Fonteneau, t. XXVII *bis*, p. 621, d'après l'original).

1111, 5 juin.

Ego Petrus de Nobiliaco, in Dei nomine, dico omnibus monachis sancti Maxencii presentibus et futuris: Habebam salinam ad Truncam, que vocatur Thesaurus, et est sita juxta viam qua pergitur ad Esnepdem ; et illa olim fuerat sancto pio Adjutori Maxencio ; set ipse sanctus et habitatores ejus quo nescio modo perdiderant. Quod ego videns et recognoscens, reddidi eam sancto Maxencio, et fideliter dedi perpetualiter per manus Goffredi abbatis, et feci ei donum cum parte corrigie, que abscisa fuit de sella ejusdem abbatis. Hoc feci in via, quando veniebamus simul de castro Chesiaco, videntibus Ugone de Niorto, filio Arsendis et Bertranno de Granzai, et famulis suis Goscelmo Marsquallo, Johanne Gauterio. Promisi quoque ei fidem meam ut ab omnibus hominibus conservarem, et tamen mihi retinui decimam sicut feceram in aliis. Et si quis hoc donum infringere voluit, anathema maranatha sit. Data mense junio intrante, nonas ejusdem mensis, anno ab Incarnatione Domini millesimo centesimo undecimo, indictione IIII, regnante Ludovico rege in Francia. S. Petri Nobiliaci. S. domni Goffredi abbatis. S. Fulconis monachi. S. Ademari monachi.

CCXLVI

Ingelelme de Ternant donne à l'abbaye de Saint-Maixent une borderie de terre, des maisons à Ternant qui avaient été brûlées par le comte de Poitou pendant sa lutte avec Hugues de Lusignan et Simon de Parthenay, et d'autres domaines (D. FONTENEAU, t. XV, p. 559, d'après l'original. Cette pièce se trouvait encore dans le cartul., p. 284. D. Fonteneau en donne aussi un extrait, t. LXVI, p. 94).

1111.

In nomine Domini nostri Jesu Christi. Ego Ingelelmus de Ternant veniens ad monachicum habitum, dedi beato Adjutori Maxencio borderiam unam ; et videtur mansura meam propriam...... [1] quam habebam dominicam sine ullo parente totam integram, sicut possederam in vita mea a do-

---

1. Les endroits où l'on voit des points sont rompus (Note de D. F.).

mino carnali, cum boscho, terris cultis et incultis..... meæ et parentum meorum, ut sit in perpetuum in hereditate pro Adjutori Maxencio et servitoribus ejus. Hoc donum prius sanus feceram in manu abbatis in capitulo, videntibus monachis sedentibus ibidem, et Giraudo Audeberto, et Ramnulfo presbitero, et Ramnulfo monacho de sancto Pro-[jecto],.... monacho, qui simul ipsam terram circuivimus. Hoc donum asserue.... [Rai]naldus Piloz et Ainors conjunx ejus, Radulfo obedienciario de Ver[ruca], Gauterio et Aimerico de sancto Projecto. Dedi quoque decimam meam propriam, quam habebam ad Bugnum, de duabus domibus, omnibus rebus, et domos meas, quas... Ternant cum viridario, in manu Hugonis Boleta prioris, et in manu Hugonis armarii et Stephani monachi; videntibus: Guillelmo nepote meo et fratribus meis Pa... Petro, Tetbaudo Ingelgerio et Martino Esperuns. S. Johannis Gordoni. S. Ademari Talafer. S. Ugonis Aranei. S. Constancii Borrelli. S. Archimbaldi Aufredi. S. Gosberti Ainardi. [Hoc do]num feci ego cum hoc pargameno et super altare posui et manu mea signum crucis feci †. Anno ab Incarnacione Domini millesimo centesimo undecimo, indictione IIII, regnante Ludovico rege in Francia, et Petro episcopo Pictavis, Guillelmo comite, qui ipsam combusrat propter guerram Hugonis Liziniaci et cognati sui Simonis de Gastina. S. Petri et Martini infirmariorum. Petri Garnaldi. S. Petri Richardi. S. Popopardi. S. Simonis Esperun. S. Manisei.

CCXLVII

Rathier le jeune ayant reçu en don de Guillaume IX, comte de Poitou, la portion de la forêt de la Sèvre appelée Château-Tizon, sur laquelle l'abbaye de Saint-Maixent élevait des prétentions, construisit en ce lieu une maison et une église; pour éviter que cette dernière ne devînt paroissiale, les religieux la détachent de la paroisse de Saint Martin et la réunissent à celle de Souvigné, dont le curé ira faire le service à Château-Tizon et y jouira de certains droits (D. FONTENEAU, t. XV, p. 561, d'après l'original. Cette pièce se trouvait aussi dans le cartul., p. 288 et suivantes. D. Fonteneau en donne encore un extrait, t. LXVI, p. 94).

1111.

Priscis temporibus sicut in nostris preceptis regalibus scriptum invenimus, que a Clodoveo rege usque ad Pipinum regem Aquitanorum nobis tradita fuerunt, quia tota silva que vocatur Savra, et terra que intus est, et in circuitu, et extra a regibus et principibus Francorum fuit donata propria beato et sancto Adjutori Maxencio, nutritori eorum et dominico patrono, servitoribusque suis et successoribus jure perpetuo et hereditario. Ideoque hoc notum fieri omnibus volumus tam futuris quam presentibus quod in hac carta legitur : domnus Guillelmus, comes et dux Aquitanorum, precellens potestate et virtute, in eadem silva, scilicet in nostra terra et parrochia sancti Martini, dedit quandam partem, que vocatur castellum Tizun, cuidam suo militi, Ratherio juveni, voluntate sua propria ; quod postquam audivimus, contradiximus ; sed nostro principi sicut potestati contraire non potuimus. Ratherius vero, sub contradiccione in eodem castellulo et nostra terra edificavit sibi domum et capellulam suis et secum manentibus, sancti Maxentii monachis semper contradicentibus. Qui in se reversus, et recognoscens cujus juris erat, reddidit beato Adjutori Maxencio et domno Goffredo abbati ejusdem temporibus et monachis, per auctoritatem Guillelmi comitis et uxoris sue et filii sui, iterum Guillelmi vocati, ea que secuntur scripta in carta : ecclesiam scilicet ipsam dominicam, que erit nostra, sicut illa de Silvinec, in cujus parochia est ; et non habebit aliam parochiam capellanus de Silvinec ; cantabit ibi sicut et in sua, si voluerit, vel alius ab eo missus ; nullus ibi sepelietur nisi in cimiterio de Silvinec ; quatuor festis ibunt ad parochiam suam, Natali, Pasce, Pentecosten, et Omnium Sanctorum ; de stagno et molendino medietas est sancto Maxentio ; in stagno piscabitur communiter ; de molendino iterum erit decima ad opus capellani ; decima de omni annona sua, que inde exiet ex illis hominibus ibi habitantibus, erit presbitero; de furno decima presbitero de illa terra, quam ibi adquisierit. Similiter baptisterium, nupcie, femine levantes ibunt ad missam Silvinec ; capellanus habebit illam partem, que est data Tetbaudo, vel qualem placuerit abbati. Et hanc cartam posuit manu sua Ratherius super altare sancti Maxentii, et crucem manu sua, que est scripta subtus fecit, videntibus et audientibus domno abbate et omnibus in capitulo fratribus sedentibus, presbiteris quoque et laicis deorsum subscriptis. S. Ratherii. S. Guillelmi fratris sui. S. Morandi cognati sui. S. Ramnulfi Ingelgerii. S. Tetbaudi cappellani de Silvinec. S. Radulfi presbiteri. S. Goffredi Rotberti. S. Goscelini Marscalli. S. Arberti probi hominis. S. Archimbaudi Aufredi et Johannis fratris sui et aliorum testium multorum. Primum in capitulo dedit in manibus domni Goffredi hoc donum, et ibidem ab eo accepit ipse et frater suus societatem et beneficium monasterii, et patrem et matrem absolvit, et in regula scribi precepit, et anniversarium omni anno peragere. Postea super altare, ut supra dictum est, posuit et cruce sancta firmavit. S. Frotterii monachi. S. Ugonis armarii. S. Johannis subarmarii. S. Gauterii monachi et aliorum multorum. Acta sunt hæc anno ab Incarnatione Domini millesimo centesimo XI, Romæ Pascali papa presidente, Ludovico in Francia rege et Guillelmo Aquitanorum duce, indictione IIII, concurrente VI, epacta VIIII. †.

CCXLVIII

Mainard Limousin, en se faisant religieux, donne à l'abbaye de Saint-Maixent la demi-borderie de terre de Lozillière avec un petit bois et un moulin (Orig., arch. de la Société des Antiq. de l'Ouest, n° 9; D. Fonteneau, t. XV, p. 565, donne aussi cette pièce d'après l'original. Elle se trouvait encore dans le cartul., p. 294).

1111.

In nomine Domini nostri Jhesu Christi. Ego Mainardus cognomento Lemovix [1], intuens animadversionem districti judicii et perpendens hoc quia qui steriles erunt et bonis operibus in judicio, et tales inventi fuerint, quanta pena plectendi sint, et ad ultimum in quantis tormentis perpetualiter dampnandi sunt, et penis infernalibus jugiter tradendi. Quapropter veniens ad habitum monachicum in cenobio beati Adjutoris Maxencii, temporibus domni Goffredi abbatis, dono et devotissime concedo dimidiam borderii cum silvula que vocatur Terra Ozea, et molendinum cum motagio et piscariam de aqua et pratum quiptum, Deo et beato Adjutori Maxencio et servitoribus suis jure perpetuo. Aliam quoque dimidiam reliqui nepoti meo Airaudo, tali convencione ut ipse utrasque serviat dominis carnalibus, et reddat servicium, et heres suus omnibus diebus. Quod si noluerit, seniores habeant et serviant dominis terre. Hoc fuit factum Segundiniaco castellulo, in domo Giraudi Charmenol, et ibidem promisit fidem suam Airaudus, nepos meus, se hoc tenendo, me vidente et fratre suo Bernardo, Goffredo Fulchardo qui fidem suam accepit, Giraudo Audeberto, et multis aliis qui nobiscum erant in domo. Duos quoque denarios de prato de Macicais, et xii alios quos querebam in terra que est ad Quercum super Verrucam, decimam de vineis que sunt juxta villam [2]. Acta sunt anno ab Incarnacione Domini millesimo cxi, indictione iiii, regnante Pascali papa, Ludovico in Francia, Guillelmo comite impugnante Ugone et Simone nepote suo. S. Mainardi monachi. S. Arnaldi monachi. S. Rainaldi Pipini monachi. S. Giraudi Carmenol. S. Goffredi Fulcardi. S. Giraudi Audeberti. S. Airaudi nepotis Mainardi. S. Bernardi fratris sui. Arnaldus monachus hunc recepit ad monachum [3].

1. D. Fonteneau a omis les formules qui suivent jusqu'à *quapropter*.
2. Une ligne et demie ont été laissées en blanc dans la charte après ce mot et avant la date, pour y inscrire les autres donations que Mainard aurait pu ajouter à ses premiers dons.
3. Le parchemin est réglé à la pointe sèche du côté opposé à celui où se trouve l'écriture.

CCXLIX

Payen de la Mothe, forestier du Fouilloux, renonce au droit de métive qu'il voulait exiger de l'obédiencier de la Mothe (D. FONTENEAU, t. XV, p. 567, d'après le cartul., p. 285).

1111.

Omnibus notum sit quod Paganus de Mota, forestarius de Foluns, querebat a monacho de Mota unum prevenderium de frumento in mestivam, et hoc injuste; ideoque tempore Gauterii monachi accepit suum bovem. Et idcirco venerunt in judicium; et alii forestarii, Gauterius Burzans et Constantinus Chibresemblant, antiquiores, ibidem negaverunt non habere ab illo proprie mestivam, et facto recto reddidit bovem. Postea definitum est ante abbatem Garnerium et Constantinum, tunc prepositum comitis, aliis forestariis affirmantibus, ut deinceps non requireretur. S. domni Garnerii [1] abbatis. S. Gauterii monachi. S. Gauterii Buzans. S. Constantini forestarii. S. Arberti arbalesterii. S. Aimerici coqui. Anno ab Incarnatione Domini millesimo centesimo undecimo, regnante Guillelmo comite.

CCL

Gautier Vilain vend à l'abbaye de Saint-Maixent ce qu'il possédait à Nanteuil (D. FONTENEAU, t. LXVI, p. 311, d'après le cartul., p. 38).

Vers 1111.

Quicumque vult sciat quod filius Arnaldi Rustici, Gauterius Vilans de Nantolio, vendidit Deo et sancto Maxentio in perpetuum domum suam et ortum et totum quod habebat apud Nantolium de sancto Maxentio in manu Ugonis

---

[1]. Le rédacteur du cartulaire, rencontrant sans nul doute un G. dans la charte originale, a mis à tort *Garnerius* pour *Goffredus*. D. Fonteneau, qui ne s'était pas rendu compte de ce fait, trouvant en 1111, époque où Geoffroy était abbé de Saint-Maixent, la mention d'un abbé Garnier, a été jusqu'à supposer qu'à cette époque l'abbaye comptait deux abbés à sa tête.

prioris, x solidis. Videntibus testibus istis qui subscribuntur : Vitale Garnaldo, Johanne Molnerio, Costancio Borello et aliis pluribus ; Rotberto monacho, Hugo monacho, Archimbaldo monacho, Gosberto monacho.

CCLI

Constant le Portier et son frère Pierre font accord avec l'abbé de Saint-Maixent au sujet d'un muid de blé, mesure de Lusignan, dont la moitié leur reste en jouissance, leur vie durant, et terminent un procès qu'ils avaient à l'occasion du cimetière (D. FONTENEAU, t. LXVI, p. 277, d'après le cartul., p. 34).

Vers 1111.

Constancius Hostiarius et frater ejus Petrus reliquierunt sancto Maxentio in capitulo dimidium modium annone Leziniacensem, tali convencione ut alium dimidium habeant in vita sua sine placito abbatis hujus ecclesiæ. Finierunt eciam calumpniam cimiterii, et concessum est eis quartus et decima cujusdam vinee, que est ejusdem feodi, audientibus David Cliente, Girardo Audeberti.

CCLII

Guillaume restitue aux religieux de Saint-Maixent la sixième partie de la terre d'Asnier qui leur avait été donnée en totalité par son oncle Etienne, moine de l'abbaye, et qu'il leur avait reprise après la mort de celui-ci (D. FONTENEAU, t. LXVI, p. 317, d'après le cartul., p. 205).

Vers 1111.

Ego Guillelmus, servus servorum monacorum sancti Adjutoris Maxentii, volo benigne notum esse omnibus fratribus nostris presentibus et futuris, quod Stephanus, avunculus meus, dedit sancto pio Adjutori Maxentio, cujus monacus fuit, terram suam de Asneriis, que erat de proprio jure, et medietatem decime de Vivers per consilium fratris mei karissimi Stephani monachi, ad opus servorum Dei habitancium in cenobio beati Adjutoris Maxencii. Hoc donum fecit apud Sivraicum castrum in manu Rainaldi prioris, videntibus et adfirmantibus Petro domino ipsius castri et Guillelmo Torpane, et [in] infirmaria item in manu Rainaldi abbatis sancti Cipriani, qui eum benedixit ad monacum [1]. Post mortem vero ejus et frater mei Bertrannus et Goscelmus abstulimus a sancto et injuste tenuimus in forisfacto contra sanctum ; quod ego recognoscens, secutus avunculum meum et fratrem, accipiens monachicum habitum, reddidi sextam partem illius terre in manu Hugonis, prioris tempore domni Goffredi abbatis, patrono meo beato Maxentio, videntibus et placitantibus Goscelino de Liziaco.

CCLIII

Humbert Chabot et son frère Aimeri vendent à l'abbaye de Saint-Maixent un chemin pour aller de la prairie à Lort-Poitiers (D. Fonteneau, t. LXVI, p. 293, d'après le cartul., p. 44).

Entre 1081 et 1113.

Omnibus notum sit quod Uncbertus Cabot et Aimericus frater ejus vendiderunt et dederunt sancto Maxentio, pro remedio animæ suæ et parentum suorum, de terra sua viam que exit de pratis et pergit ad Ortum, et in alia intrat viam, que similiter fuit mutuata de Petro Borbello, cui fuit datus quartus de quadam vinea. Uncbertus et Aimericus has cruces fecerunt. Testibus : Aboino Mercatore, Morando, Archimbaldo Hortolano et Joanne fratre ejus. Habuerunt tamen viii solidos et viii denarios. ✝✝ de Garnal, de Hortolano.

CCLIV

En vertu d'un accord intervenu entre les religieux de Maillezais et ceux de Saint-Maixent, ces derniers forcent le prieur de Prahec à leur payer les arrérages d'une redevance annuelle à laquelle il

---

1. V. la charte de 1079, n° CXLIII.

était obligé envers eux (D. FONTENEAU, t. XV, p. 493, d'après le cartul., p. 24).

Entre 1100 et 1113.

In tempore quando episcopus Petrus regebat Pictavensem sedem, et Garnerius abbaciam sancti Maxentii et Petrus Malliacensem abbatiam, erat quedam altercacio inter monachos Malliacenses et monachos sancti Maxentii de ecclesia de Praec; de qua fuit facta concordia ante presentiam supradicti episcopi ut semper annuatim in vigilia beatæ Mariæ media augusti redderet prior de Praec quinque solidos Pictavensis monete in capitulo sancti Maxentii. Fuit quidam prior in illa obediencia, qui per quatuor annos numeros supra dictos non reddidit, et monachi sancti Maxentii invenerunt eum, et abstulerunt ei equitaturam suam, et eum in tantum cogerunt usque dum nummos reddidit per quot annos non reddiderat.

CCLV

Morand et ses frères Gautier et Adémar abandonnent à l'abbaye de Saint-Maixent la saisine et la maltôte qu'ils levaient à Saint-Germain d'Isernay (D. FONTENEAU, t. XV, p. 571, d'après le cartul., p. 297).

Novembre 1113.

In nomine Domini. Ego Morandus, Gauterius et Ademarus fratres mei, bono animo et devota caritate finivimus et dedimus sancto Adjutori Maxentio sazinam et malatotam quam querebamus in villa sancti Germani de Isernia, pro remedio patris nostri et matris et omnium parentum nostrorum et pro amore Dei et sanctæ Mariæ et omnium sanctorum, ut sine ulla contradictione possideat et habeat sanctus Maxentius et servitores sui in perpetuum. Et si quis in posterum voluerit hanc cartam infringere, inprimis iram Dei, et cum Datan et Abiron maledictus permaneat, et x libras auri persolvat sancto Adjutori

Maxentio. Hoc donum fecimus manu domni Goffredi abbatis, vidente domno episcopo Petro et omni clero ejus, qui tunc forte aderat ad quandam benedictionem altaris sancti Egidii, quam fecerat, et ante portam sanctæ Mariæ, ubi tunc manebamus, capitulum tenebamus. Testes item sunt multi laici et pene omnes monachi, qui tunc propter benedictionem aderant, et qui viderunt etiam hanc cartam Morando et Ademaro super altare ponere, et cruces subtus-scriptas facere. Ex quibus nominatim vidit Beraudus decanus ipsius obedientie, et Gauterius monacus, et Hugo armarius, qui hanc cartam scripsit, et Audebertus Broterius de Mota, et Gosbertus Raimundus et multi alii. Gauterius firmavit et concessit, videntibus : Petro Froterio, et Gauterio Gosleno, et Hilario de Renec. S. Morandi. S. Gauterii. S. Ademari. Data mense novembris, Incarnationis dominicæ anno millesimo centesimo decimo tertio, indictione sexta, epacta prima, regnante Ludovico rege in Francia, et Guillelmo comite in Aquitania, Petro episcopo Pictaviense.

CCLVI

Geoffroy Rebochet donne aux religieux de Saint-Maixent la dîme qu'il prélevait sur leurs brebis et leurs bestiaux de Fouras, et les droits qu'il percevait sur les vignes placées à droite du château (D. FONTENEAU, t. XV, p. 569, d'après le cartul., p. 260 [1]).

1113.

Goffredus cognomento Rebochet dedit sancto Maxentio apud Follorasum ovium nostrarum et bestiarum propriarum decimam, et quartum et decimam vinearum, que sunt supra mare, quando pergitur de ecclesia ad castrum ad dexteram, sive cum venitur de castro ad ecclesiam sunt ad sinistram. Hoc donum fecit in capitulo quando

---

1. Imprimée par M. Faye, *Notes sur quelques chartes*, p. 341.

Goffredum nepotem suum monachavit, et mater sua Ausiria obtulit in manu domni Garnerii abbatis ; videntibus : Guillelmo, nepote suo, de Mausec, Tetbaudo Taun, Tetbaudo Rofino, Rainaldus Aimone et multis aliis et monachis omnibus sedentibus in capitulo, qui cum abbate totius monasterii beneficium eis dederunt et osculati sunt. Item quando Gislebertus frater ejus obiit, complantum vinearum, que sunt juxta silvam, scilicet de quatuor quarteriis et receptum quod suum erat ; videntibus : Guillelmo fratre suo, Ademaro Talefer, Ramnulfo Engelrio, et aliis multis, anno millesimo centesimo decimo tertio.

CCLVII

Constantin Enforce donne aux religieux de Saint-Maixent quarante marcs d'argent pour réparer les ruines qu'ont occasionnées à l'abbaye trois incendies arrivés depuis trente et un ans, et en échange il devra être défrayé par les religieux de pain et de vin, sa vie durant, ainsi que sa femme et ses enfants (D. FONTENEAU, t. XV, p. 573, d'après l'original. Cette pièce se trouvait aussi dans le cartul., p. 301 et ss. [1]).

11 février 1144.

Sagax providencia precedencium patrum instituit et docuit posteros ut privilegia et dona mutancia, cartas et conveniencias, que fiunt in sancta ecclesia inter dantes et accipientes, ingeniose ad instrumentum sequencium scriberentur et litteris mandarentur. Quapropter ego Gofredus abba sancti Adjutoris Maxentii volo ut sciant omnes presentes et futuri convenienciam et donum quod feci cum Constantino cognomento Enforce, compulsus magna necessitate. Tractavimus namque ego et prior sepius de monasterio cum omnibus officinis noviter incenso, cum consilio fratrum nobiscum devote serviencium sancto Adjutori Maxencio, qualiter cooperirentur, ne perirent. Tandem

---

1. Imprimée dans le *Gall. Christ.*, t. II, *instr.*, col. 344.

concordavimus, et presidente me in capitulo ante portam sanctæ Mariæ cum omnibus fratribus, dedimus et benigne, sicut quesierat, duos panes et duas justas plenas de vino et pane, ex quibus habuerint et refecerint ipsi fratres cotidie in refectorio. Concedimus ei et filiis et filiabus suis, quas habebat et habuerit de uxore, et per omnes uni tantumodo ex filiis eorum, qui superstes fuerit, unum, quamdiu vixerit. Hoc autem facimus non pro aliqua necessitate et cupiditate, ut superius dictum est, nisi pro monasterio perficiendo et cooperiendo, quod judicio Dei et pro peccatis nostris sicut alia villa erat igne conflagratum, et tercia vice infra xxx et unum annos erat ita incensum et destructum, ut antequam perficeretur, ignis superveniens arderet, tantaque penuria et anxietas incumbebat ut non aliter nisi de ornamentis ecclesiæ, que valde erant parva, secundum honorem et antiquitatem loci nostri non potuisset restaurari. Ipse vero, pro tanto beneficio, xl marcas de argento dedit sancto Adjutori Maxencio, et convenit et promisit se in perpetuum carissimum amicum, et filium nostre ecclesiæ, et filium suum Guillelmum hominem proprium fore habiturum mihi, et tamen tali conveniencia, ut pro nullo forisfacto ad panem et vinum vindicet; set sicut datum est ei, semper habeat acceptum. Insuper beneficium tocius monasterii sibi et omni projeniei sue sicut unus ex familiaribus nostris. Testes sunt hujus doni : Ugo Lobet, Alo frater ejus, Rainaldus Pilot, Gislebertus Grosgrent, Constantinus ipse Enforce, Tetbaudus frater ejus, Asco Rufus et aurifex, Petrus Venderius, Guillelmus de Partiniaco, Archimbaldus prior, Johannes monachus, Fulco prepositus monachus, Gauterius subprior, Bernardus d'Azai, Ainardus sacrista, Bernardus monachus. Intrante quadragesima, mense februario, facta est hæc carta, anno ab Incarnatione Domini millesimo centesimo xiv, indictione vii, regnante Guillelmo juniore comite in Aquitania.

CCLVIII

Isembert, seigneur de Châtelaillon, restitue à l'abbaye de Saint-Maixent la moitié du marais de Mouillepié que son père lui avait autrefois enlevé (Orig., appartenant à M. Benj. Fillon[1]. D. Fonteneau, t. XXVII bis, p. 623, donne aussi cette pièce d'après l'original. Elle se trouvait encore dans le cartul., p. 273 et 274).

1114.

Cum certa mors maneat omnibus et fixus modus moriendi et ut quęcumque, secundum Apostolum, seminaverit homo hæc et metet, providere debet unusquisque fidelium quę ei imperpetuum conveniant et qualia bonis et malis reservantur. Quapropter ego Isembertus, dominus Castri Alionis, recognoscens quedam in mea terra juris esse ęcclesie sancti Adjutoris Maxencii et ipsa utique injuste ablata a patre meo sub contradictione abbatum et monacorum sancti Maxentii, tractans mecum et cum consilio matris mee et uxoris virorumque meorum, reddidi ad ipsum locum quandam partem et in manu domni Goffredi abbatis, amore et absolucione et remedio patris mei et anime mee et matris uxorisque et omnium parentum meorum, et donavi sancto et abbati ipsi et servitoribus sancti Maxencii in perpetuum, quę sunt scilicet medietatem de Mullepe in exclusa, in ręvestitucione domorum, in ortis, in pratis, in cultis et in incultis, et in obsequiis sicut sunt quipta ab omni homine, et totum mariscum a prato prima ut ex illa et ex nostra rippa a Calmundea usque ad silvulam Aimerici Clerembaudi; videntibus et placitantibus testibus istis : scilicet matre mea, Gilelemo Normanno, Aimerico, Ugone priore de Aias, Goffredo Audemando et multis aliis. Hoc feci ego et mater mea ad Fontem Lois et uxor mea in camera nostra, cum hoc pargameno et cum crucibus nostris manibus firmavimus convenienciam ab

---

[1]. Publiée par M. Ravan, *Essai historique*, p. 100, et par M. Faye, *Nouvelles recherches*, p. 241.

omnibus hominibus garire et servare, et bona fide osculatus sum. Postea veni in capitulo, videntibus omnibus fratribus et pluribus laicis ; sicut feceram et firmaveram et donaveram prius feci et ipsam carlam manu mea super altare majus posui, videntibus monachis et laicis inferius scriptis : S. Isemberti. S. Julite matris ejus. S. Guillelmi Normanni. S. Goffredi Audemant. S. Aeline, quando in camera sua fecit crucem. S. Guillelmi de Partiniaco. Gaudini, quando in capitulo venit Isembertus. Testes sunt isti : Simon Esperuns, Gauter Esperons, Simon de Mairevent, Bocardus de Volvent, filius Guillelmi Normanni, Radulfus Bisart, Joannes Galterius, Costancius Borrellus, Petrus Garnaldus, Archimbaldus Aufret et Johannes frater ejus, Petrus Leucels et frater ejus Rainaldus, Ramnulfus Cotinus, Aimericus Cogul, Daneguis. Omnes isti et alii plures viderunt hoc donum facere in capitulo, consedente abbate et omnibus monachis.

Primum donum ad Fontem Lois in manu domni Goffredi abbatis ; videntibus : Rotberto monacho, Ugone tunc priore de Aias, Rainaldo Viern, Stephano Bechet tunc obedienciario Fonte Lois, Galterio Chauman socio suo, Ugone armario ; laicis quoque : Fulcaldo cliente, Guiraldo de Pampro, Gauterio Boni, Joanne Boni, Gauterio Gibo, Benedicto, Rainaudo Talamunt et Guillelmo fratre ejus cum patre eorum Giraldo.

Secundum donum quod factum est super altare majus viderunt omnes testes laici superius scripti et isti monachi : Rainaldus de Bolosa, Unbertus, Fulco, Titbaudus, Joannes, Goffredus et Ugo armarius.

Facta est hæc carta anno ab Incarnacione Domini millesimo centesimo xiiii, indiccione vii, epacta xii, recnante Ludovico rege in Francia et Guillelmo consule in Aquitania, Rome presidente Pascali papa et Petro Pictaviensi episcopo. † Aimericus. † Isembertus. † Julita. † Guillelmus. † Goffredus Audemant. † Aelina.

CCLIX

Pierre Airaud donne à l'abbaye de Saint-Maixent tout ce qu'il possédait dans le marais de Mouillepié et dont le cadeau lui en avait été fait par Guy, comte de Poitou, lorsque celui-ci enleva ce marais à Isembert de Châtelaillon et saccagea sa terre et son château (Orig., appartenant à M. Benj. Fillon [1]. D. Fonteneau t. XVII, *bis*, donne aussi cette pièce d'après l'original. Elle se trouvait encore dans le cartul., p. 296).

1114.

In Dei nomine. Ego Petrus Airaudus volo presentes et futuros omnes posteros nostros scire quia veni in capitulo apud sanctum Maxencium ante domnum Goffredum abbatem sancti Maxencii et alios fratres qui cum eo erant, et bono animo, cum Dei timore, dedi ad locum sancti ipsius Maxencii totum hoc quod habebam in marisco de Mullepe, quod dederat mihi consul Pictavorum Wido preteritis annis, quando abstulit illud mariscum Isemberto de Castro Alione et vastavit illud castrum et totam suam aliam terram. Hoc donum feci ego cum cartula ista, et manu mea super altare sancte Marie posui, et signum crucis quod inferius inpressi, videntibus plurimis testibus de quibus istos nominatim volo ut sint mihi testes in perpetuum : Guillelmus de Brolio, Ramnulfus Acardus, Goffredus Costantinus, Goffredus Rotbert, Tetbaudus Auvernicus, Aimericus Cogus, Guillelmus abbas Vindocinensis, Goffredus monachus, Ugo monachus armarius, Christianus monachus.

Ego Emma uxor Petri Auraudi concedo et confirmo donum quod maritus meus dedit sancto Maxencio.

Similiter ego Willelmus Gislebertus, filius eorum, concedo et confirmo quod pater meus et mater mea donaverunt.

Anno ab Incarnacione millesimo cxiiii, indiccione vii,

---

[1]. Publiée par M. Ravan, *Essai historique*, p. 99.

epacta xii, regnante Ludovico rege in Francia et Guillelmo consule in Aquitania, Rome presidente Pascali papa et domno Petro Pictaviensi episcopo.

Petrus Airaut, Emma uxor, Guillelmus Gislebertus filius suus, Guillelmus de Brolio †, Ramnulfus Acart, Goffredus Costantinus, Goffredus Rotbert.

CCLX

Ahaud, curé de Fleurignac, donne à l'abbaye de Saint-Maixent tout ce qu'il pouvait posséder (D. FONTENEAU, t. XV, p. 575, d'après le cartul., p. 300).

Vers 1114.

Ego Dei gratia presbiter Ahaudus, ecclesiæ Flornac capellanus, obediendo precepto illius qui in evangelio ita est locutus : *Qui non renuntiaverit possessionibus, meus non poterit esse discipulus*, pro adipiscenda vita æterna, et fugienda gehennali pena, veniens in capitulum apud sanctum Adjutorem Maxentium, concessi Deo pioque Adjutori Maxentio atque beato martiri Leodegario corpus meum et animam, resque quascumque habebam vel habiturus eram. Petens præbendum mihi, si quandoque voluero, habitum monachi. Interim concessi ego me domi manendum cum monaco. Et cum rebus monachi communicandum promisi quicquid haberem nichilque proprium retinere. Et si monachus rem male tractaverit dissipatorque substantiæ fuerit, cum capitulo pactum feci ut inotescerem domno abbati, et loco illius succederet alius. Hac condicione manu propria crucem conscripsi in hac cartula, offerens Deo super altare quod vocatur Matutinale, domno Goffredo abbate abbatiam loci regente, et Johanne Ostolario in obedientia existante preposito. Hujus rei sunt monachi testes : Archimbaldus prior, Hugo armarius, et Fulco preses, et quos non nomino alii plures, qui in capitulo erant presentes.

CCLXI

Guy de Ternant, pour obtenir rémission du meurtre du père d'Etienne, religieux de Saint-Maixent, donne à l'abbaye une pièce de terre auprès de Mazières (D. FONTENEAU, t. XV, p. 553, d'après le cartul., p. 293 [1]).

Entre 1108 et 1145.

Ego Guido, videns mundum adnichilare, dedi beato Maxentio et omnibus monachis Deo servientibus, pro remedio animæ meæ et pro peccato quod habui de patre Stephani monachi, quem injuste occidi, terram que est juxta vineam Andreæ, presbiteri de Macheries, quam vineam postea dedit ipse Andreas, quando fuit monachus; quam terram et vineam concesserunt Petro Gelinus et frater ejus Ademarus, a quibus movebat ista terra et vinea, pro qua concessione habuerunt quinque solidos et unum fustanum de Radulfo, monacho sancti Projecti. Testes sunt Engelelmus de Ternant, et Rainaldus Lenvezet, Giraudus Triasnum, ipse Stephanus et Radulfus, monachi, regnante Ludovico rege et Guillelmo comite in Aquitania, Petro quoque episcopo Pictaviensi.

CCLXII

Guillaume, fils d'Ermengod de Ternant, confirme les dons faits par son père à l'abbaye de Saint-Maixent (D. FONTENEAU, t. XV, p. 581, d'après le cartul., p. 341).

1146.

In nomine Domini. Ego Guillelmus filius Ermengodi ea, que pater meus Ermengodus dedit sancto Adjutori Maxencio, et ego bono animo, dono et concedo firmiter, videntibus testibus, quorum nomina subtus sunt scripta. Hoc

---

1. En titre est écrit : *Carta Guidoni de Ternant* (Note de D. F.).

donum ego facio cum missallo super altare apud Verrucam, et proprie de decima in manu Archimbaldi prioris. Testes sunt hujus doni : Giraudus Audebertus, Giraudus Quentin, Guillelmus Otbertus ; monachi : Mainardus, Natalis. Anno ab Incarnatione Domini millesimo centesimo decimo sexto, regnante Ludovico rege in Francia, et Guillelmo consule.

CCLXIII

Giraud, fils de Fouchier de Montembœuf, et ce dernier donnent à l'abbaye de Saint-Maixent quelques rentes et redevances sur leurs biens sis à Montembœuf, à Dinac et à Vitrac (D. FONTENEAU, t. XV, p. 585, d'après l'original. Cette pièce se trouvait aussi dans le cartul., p. 336).

Juillet 1116, mars 1117.

In nomine Domini. Ego Giraudus filius Fulcherii de Montebo, positus in infirmitate ad obitum meum, dono Deo et sancto Adjutori Maxentio duodecim denarios ad Montebo, in vilario de Viridario, pro remedio anime et omnium parentum meorum, patre meo Fulcherio et fratre meo Helia videntibus et mecum concedentibus; et maxime Helias conservabit ad opus sancti. Videntibus istis testibus : S. Fulcherii patris sui. S. Helie fratris sui. S. Audeberti avunculi sui. S. David Fulcaudi. S. Davit de Tornapiia. S. Goffredi monachi obedienciarii, in cujus manu fuit factum.

Postea ego Fulcherius de Montebo, ad obitum meum, eodem modo pro salute anime mee dedi alios sex denarios in alodo meo ad Dinac, et in domo de Vitrac unum prevendarium de ranmange [1] et mansionem unam ad Montebo, quatuor braceas habentem, juxta hostium ecclesiæ, in manibus Johannis monachi et Audeberti fratris sui, monachorum sancti Maxentii, videntibus et affirmantibus

---

1. « Ranmange » est une des formes françaises du mot *ramagium* (v. n° CCV).

istis testibus subter scriptis : S. Fulcherii ipsius. S. Audeberti monachi fratris sui. S. Petri monachi nepotis sui. S. Johannis monachi. S. Helie nepotis sui. S. David Fulcaut. S. Aimerici presbiteri. S. Guillelmi Lacola.

Data mense julio primum donum, anno ab Incarnatione Domini millesimo centesimo decimo sexto, regnante Willelmo comite.

Data mense marcio secundum donum, anno ab Incarnatione Domini millesimo centesimo decimo septimo, presidente Girardo episcopo in Engolisma civitate et Taleferro comite.

CCLXIV

Foucaud de Salanchans et Jourdain de Césac, son neveu, font accord avec les religieux de Saint-Maixent au sujet de la terre de Chaussepanier (D. FONTENEAU, t. XV, p. 583, d'après l'original).

1116.

F... Fulcaudus de Salanchans et Jordanus, nepos meus, de Cresec, finivi calumpniam, quam habebam in terra de la Chauceponera sancto Maxencio et habitatoribus ejus et Petro Fulcherio monacho et preposito de Cogulet..... Hoc feci in manu Audeerii de Campania, cujus juris erat.... monachi de Luchac, videntibus subtus scriptis testibus videlicet..... Audeerio ipso et aliis multis. Habui autem ipse et nepos meus de Petro XL solidos. Testes sunt hujus placiti : Petrus Bernardus et alii multi. S. Petrus Bernardus. Audebertus de Villecasa. S. Petrus de Brolio. S. Giraudus Ademarus. Helias Fulcher prepositus hujus terre. Hæc carta facta est anno ab Incarnatione Domini millesimo centesimo XVI, regnante Ludovico in Francia, et Girardo episcopo Engolismensi.

CCLXV

Etienne, fils de Pierre Audebrand, et sa mère Letgarde abandonnent à l'abbaye de Saint-Maixent la redevance annuelle de neuf deniers qu'elle leur payait en nourriture le jour de la fête du saint (D. FONTENEAU, t. XV, p. 589, d'après le cartul., p. 297).

1117.

Ego Stephanus filius Petri Abdebrandi et mater mea nomine Letgardis, Dei amore compuncti, et pro remedio animarum nostrarum et patris mei et fratrum meorum, sponte et bono animo dimisimus sancto Adjutori Maxentio et servitoribus suis in perpetuum viiii denarios, quos habebamus ab ipsis monachis omni anno ad festivitatem sancti Maxentii in procuratione et cibo nostro. Hoc donum feci ego ad obitum meum et mater mea post me, super altare sancti Maxentii cum isto pargameno, videntibus istis testibus, quorum nomina infra scripta. Et pro hoc accepimus beneficium tocius monasterii ab ipsis senioribus in perpetuum : Bertrannus, gener meus, in capitulo, pro me et se, et ego Letgardis, sola in porticu monasterii. S. Letgardis. S. Bertranni. S. Johannis Hostularii. S. Goffredi Rudea. S. Guillelmi Garini ; isti fuerunt in capitulo cum Bertranno. Isti quoque fuerunt in Ganilea [1] cum Letgarde : Gauterius Venator, Rotlandus, Tetbaudus Airic, et multitudo, que erat in monasterio quando erat ante altare et cruces suas fecerunt in hac cartula. Hoc donum feci ego Letgardis in manu Archimbaudi prioris anno ab Incarnatione Domini millesimo centesimo decimo septimo, regnante Ludovico rege in Francia et Guillelmo comite in Aquitania.

---

1. Pour *Galilea*, la Galilée, le porche du monastère, ainsi nommé parce qu'il précède le lieu consacré, de même que, pour aller dans la Terre Sainte, il fallait passer par le pays de Galilée.

CCLXVI

Pierre, évêque de Saintes, confirme le don que Ramnulfe, son prédécesseur, avait fait à l'abbaye de Saint-Maixent, de l'église de Saint-Georges du Doret (Orig., arch. des Deux-Sèvres, H 87. D. Fonteneau, t. XXVII bis, p. 627, donne aussi cette pièce d'après l'original. Elle se trouvait encore dans le cartul., p. 282 [1]).

1117.

Ego Ramnulfus episcopus do ecclesiam sancti Georgii de Oirec sancto Adjutori Maxencio, in manu Garnerii abbatis, consensu et consilio Petri, archidiaconi mei, et aliorum clericorum meorum, videntibus testibus subtus scriptis: Stephano monacho de Boscho, Arberto presbytero, Tetbaudo Aigaiget, Lanberto Collardo, Johanne de Alberada. Hoc donum primum factum est ad portum de Runza, in navibus in quibus eramus. Postea domnus abba Goffredus, successor ipsius Garnerii, requisivit hoc donum in sinodo Sanctonensi, et ab ipso domno Petro episcopo, qui Ramnulfo successerat, cum crocha sua, videntibus omnibus qui in sinodo erant, revestivit eum et concessit hoc donum ei in perpetuum habere, sicut antecessor suus dederat, et presbytero eciam de ecclesia imperavit ut permissione vel adfirmacione sua deinde cantaret. S. Petri episcopi. S. Amalvini archidiaconi. S. Goscelmi archidiaconi. S. Goffredi abbatis. S. Christiani monachi. S. Tetbaudi monachi. S. Guillelmi archipresbyteri. S. Tetbaudi Aigaiet. S. Lanberti Colardi. S. Johannis de Alberada. S. Airaudi Berjuns. S. Arberti presbyteri. Acta sunt hec anno ab Incarnacione Domini millesimo CXVII [2], Petro Sanctonensi presule, et Willelmo comite in Aquitania regnante.

---

1. Imprimée par M. Ravan, *Essai historique*, p. 101.
2 Les éditeurs du *Gallia Christ.*, t. II, col. 1066, supposent que cette date est erronée et proposent de la remplacer par celle de 1109. Ils se fondent sur ce que l'évêque de Saintes, Pierre II, successeur immédiat de Ramnulfe, serait mort en 1111, ce qui ne

CCLXVII

Guillaume Fort, son frère Aimeri, et son oncle Hervé l'archidiacre, donnent à l'abbaye de Saint-Maixent la moitié du pasquier d'Aigne, du moulin de Pont-Joubert à Poitiers et de celui d'Iteuil, et en retour les religieux lui abandonnent le bourg de la Mothe, dont il devra leur rendre hommage. L'année suivante, Guillaume et Aimeri viennent confirmer cet accord (D. FONTENEAU, t. XV, p. 594, d'après l'original. Cette pièce se trouvait aussi dans le cartul., p. 298).

Avant le 24 septembre 1118, 1119.

Ego Guillelmis Fortis, cum fratre meo Aimerico et Arveo archidiacono patruo meo, dono atque concedo sancto Maxentio in tempore Goffredi abbatis, consensu Guillelmi Aquitanorum ducis, in presentia Guillelmi Pictavensis episcopi, medietatem pascherii Agonensis cum dominacione quam habeo, que est ista : famulus meus amitet de nummis et ovibus quantum placuerit, et vadimoniis, et post reddet famulo Constantini Goscelmi medietatem de nummis et ovibus et vadimoniis. Iterum dono medietatem molendini de ponte Ingelberti, et medietatem molendini d'Estol, cum medietatem piscium qui capiuntur. Qualem partem in molendinis talem partem molmittemus in restuauracionem. In pascherio et in molendinis quecumque calumnia incurrerit, ego Guillelmus et frater meus et omnes sequaces nostri deffendemus et vindicabimus in perpetuum. Pro istis datis supra dictis, donat mihi et omnibus sequacibus meis Goffredus abbas vicum de Mota, tan-

---

pourrait s'accorder avec la date de 1117 que porte cette charte, et le passage qu'elle contient et où il est dit que la donation de Ramnulfe fut confirmée par Pierre, son successeur. Nous ne nous sommes pas rangé à cette manière de voir et tenons pour vraie la date de cette charte; en 1117, Pierre III était à la tête de l'évêché de Saintes, et il nous parait bien plus rationnel de penser que le rédacteur de la notice, trompé par la similitude du nom, n'a fait qu'un même personnage de Pierre II et de Pierre III, entre lesquels il ne s'est placé qu'un seul évêque, Rainaud. Enfin Amalvin et Goscelme se rencontrent comme archidiacres de Saintes, d'après une charte du cartulaire de Notre-Dame de cette ville, entre les années 1119 et 1123, dates plus rapprochées de 1117 que celle de 1109 proposée par le *Gallia*.

tum sicut cingule portarum designant, preter unam domum quam retinent; pro quo vico facio hominium abbati Goffredo et contribuli mei subsequaces, qui vicum habebunt, faciant abbatibus subsecacibus hominium. In hoc hominio concedo auxilium meum et terram sancti Maxentii conservandam quantum potero. De istis datis supradictis si injuria facta fuerit, concedo in hominium et vindicem et omnes subsecaces mei. Hujus rei sunt testes : Guillelmus episcopus Pictavensis cum suis clericis, in cujus presencia convencio ista facta est, Arveus archidiaconus, Guillelmus archidiaconus, abbas Goffredus, Archibaudus prior, Guillelmus monachus subprior, Fulcho prepositus, Aimericus monachus qui hanc cartam dictavit, et alii monachi in capitulo pene omnes sedentes, Guillelmus monachus et infans, Alo monachus et infans, Raimundus monachus et infans ; de laicis : Guillelmus ipse Fortis, Simon de Viceria, Petrus, Bartolomeus et Venderius, Petrus Garnaldus et aliorum multorum. S. Otberti cognomento Gatinuns. S. Radulfi Bisardi. S. Guirardi Cerget et Archimbaudi Auferdi. S. Johannis fratris sui. Anno ab Incarnatione Domini millesimo centesimo decimo octavo, indictione undecima, epacta decima sexta, temporibus Gelasii unius anni pape, Ludovici regis Francorum, Guillelmi Aquitanorum ducis, Guillelmi episcopi Pictavorum.

Sequenti anno venit ipse Guillelmus et Aimericus frater ejus, qui non interfuerit in capitulo, et firmaverunt hanc cartam, et manibus suis super altare majus posuerunt, et has cruces fecerunt, videntibus Hugone Gauraut et Droone, laicis et monachis. † Willelmi Fortis. † Aimerici Fortis.

CCLXVIII

Hugues VII le Brun, sire de Lusignan, rend hommage à l'abbaye de Saint-Maixent pour les domaines que lui et ses ancêtres en avaient reçus. Il s'engage aussi, moyennant une redevance de cent sous, à protéger contre tous les terres de Pamprou, de Rigaudan et de Saint-Germier. Le même jour, Hugues Fessard et sa femme abandonnent à l'abbaye le droit de mouture du moulin de Pamprou (D. Fonteneau, t. XV, p. 595, d'après l'original. Cette pièce se trouvait aussi dans le cartul., p. 295).

1148.

S. Hy✝larie. S. Gu✝illelmi. S. Hu✝gonis Fessardi. S. Hug✝onelli. Signum ✝ Sarracene. S. Hugo✝nis Bruni.

Tempore Ludovici regis Francorum et Guillelmi Pictaviensis comitis et Guillelmi Pictavorum episcopi, ego Hugo Brunus de Liziniaco, concedente uxore mea Sarracena et filiis meis Hugone scilicet et Guillelmo, facio hominium abbati Goffrido sancti Mazencii pro feodo meo, quem michi reddit, sicut pater meus et alii antecessores mei ab aliis abbatibus sancti Mazencii habuerunt. Et ut ego conservem et custodiam atque protegam a quibuscumque potero terram de Pampro, et terram de Retgaudram et terram sancti Germerii, dat michi supra dictus abbas, singulis annis ante Natale Domini octava die, per monachum de Pampro c solidos; quos si monachus de Pampro aliqua causa impediente ad predictum terminum non reddiderit, nullam ideo faciam rapinam, donec abbati seu priori sive capitulo monstravero. In hac vero terra nec ego, nec alius pro me aliquid, querat preter c solidos pro custodia. In hac eadem die, ego Hugo Fessardus cum Hylaria uxore mea monneriam molendini de Pampro abbati Goffrido sancti Mazencii et omnibus subsecacibus ejus concedo, pro qua concessione abbas predictus dat mihi c solidos et uxori mea xl. Hoc concedo ego Hugo Brunus cum uxore mea et supradictis filiis. Hujus rei sunt testes : Hugo Raiola, Ernaudus Meschinus, Hugo de Cella, Petrus Fortis, Auduinus Mischet, Gaudinus, Johannes Comes, Tengui, Hugo Boaterus, Guillelmus capellanus ; monachi : Fulco Pretor, Froterius Belet, Haimericus gramaticus, Guillelmus de Marciaco, Petrus Garnaudus, Selpedus, Petrus Girardus. Hanc cartam ego Hugo Brunus cum uxore mea et filiis predictis et ego Hugo Fessardus cum uxore mea propriis manibus signamus, anno millesimo centesimo octavo decimo ab Incarnatione Domini [1].

CCLXIX

Guillaume Elie abandonne à l'abbaye de Saint-Maixent la dime et le produit du sanctuaire de l'église de Montembœuf que sa femme Pétronille avait reçus en dot (D. FONTENEAU, t. XV, p. 599, d'après le cartul., p. 336).

1119.

Guillelmus Elias misit contrarium in decimam et sanctuarium [2] ecclesiæ sancti Salvatoris de Montelio [3], dicens quia cum uxore sua Petronilla in dote acceperat. Postea per consilium Achardi archidiaconi et Iterii Archimbaldi et Petri Rotberti ante episcopum Girardum Engolisme finivit, accipiens a monachis sancti Maxentii XLII solidos et dimidium, et ante altare sancti Petri et episcopum, qui erat ad missam, donavit sancto cum cultello donum monachis : Petro Fulcherio, Audeberto avunculo suo Fulcherio ; videntibus : Giraudo presbitero, Petro Rotberto, Helia Fulcherio. Postea in domo sua uxor ejus dedit donum similiter, cum escorcha de jarich, videntibus : Acaria Armant, Gauterio de Brolio, Aimerico de Cereis, Petro de Liort, Aimerico Iterio. Anno ab Incarnatione Domini millesimo centesimo decimo nono, Girardo episcopo, et Ludovico in Francia regnante.

---

1. Au bas du titre, le parchemin est plié et on voit encore un reste de bande de parchemin où était attaché un sceau qui est perdu (Note de D. F.).
2. Dans ce passage, le *sanctuarium ecclesiæ* ne peut s'entendre avec le sens restreint de portion de l'église ; il doit avoir une signification spéciale, analogue à celle qu'*altare* a dans les cartulaires, mais plus étendue : le *sanctuarium* est le produit de l'église, c'est-à-dire *altare et oblationes*, le revenu des messes et les offrandes.
3. *Montelio* est une faute du copiste du cartulaire ; il faut lire *Montebo* (Note de D. F.).

CCLXX

Jean d'Augé abandonne à l'abbaye de Saint-Maixent toutes les dîmes que ses ancêtres avaient usurpées et qu'il possédait par droit héréditaire. Hugues Loubet, qui avait mis la main sur la dîme du Peu Blanc, au nom de sa femme Brichologne de Veluire, renonce aussi à ses prétentions (D. Fonteneau, t. XV, p. 619, d'après le cartul., p. 319).

1120.

Sciant omnes tam futuri quam presentes quod Johannes de Augerio decidens id infirmitate, timens divini judicii discussionem, volens consulere animæ suæ et parentum suorum, et cupiens evitare maledicta, quæ Spiritus Sanctus per os prophete facit super tenentes sanctuaria Dei in hereditate, ut est illud : *Deus meus pone illos ut rotam*, et cetera, mandans abbatem Gaufredum et Archembaudum priorem, fecit venire ad se. Illis autem presentibus dimisit omnes decimas, quas ipse et antecessores sui hereditario jure possederant in aecclesiis, in quarum parrochiis erant, audiente et concedente Rainaldo fratre suo et capellanis sancti Maxentii, Petro archipresbitero et Petro Cubiculario. Quod audiens Hugo Lobeth calumniatus est propter uxorem suam Bricholoniam, filiam Guilleberti de Voluria, dicens juris esse sue uxoris, invadens decimam vinearum de Monte Albo. Quapropter Gauterius monacus sancti Maxentii cognomento Chosinan, quia apud Nantholium in ecclesia sancti Gaudentii præerat, adiens presentiam Guillelmi Gilleberti episcopi, clamorem ad eum de hac re ; qui omnes calumniatores excommunicavit. Tandem vero veniens in villa sancti Maxentii, jussit venire ante se Johannem de Augerio ; in infirmaria, in claustro sancte Marie, quesivit ab illo quomodo hæc fecerat. Qui ei narravit quod Dei timore compunctus, pro salute sua et antecessorum suorum, omnes decimas suas, quas ipse et pater suus et parentes sui libere et absque calumpnia possederant, dimiserat : qui hoc factum laudavit. Postea autem episcopus, audita causa calumpniantium, dixit esse quod querebant inane esse et frivolum. Tamen obtulit eis de hac re judicium ; qui respuentes, confirmavit hoc donum. Tandem Hugo Lobet et uxor ejus de hac re penitentes promiserunt de hac calumpnia amplius quiescere. Ideo, precipiente episcopo, reconciliati sunt ecclesiæ. Hujus rei testes sunt : Petrus Girberti, Guillelmus de Mortemare, Landricus cubicularius episcopi, Bernardus Goscelmus, Gillebertus Grosgren. Anno ab Incarnatione Domini millesimo centesimo vicesimo, tenente apostolicam sedem papa Calixto, et in Francia regnante Lugdovico rege, et in Aquitania Guillelmo filio Guidonis ducis, et presulatum Pictavensis ecclesiæ regente Guillelmo Gilleberti episcopo, et abbatiam sancti Maxentii Guofredo abbate tenente.

CCLXXI

Jean d'Augé abandonne aux religieux de Saint-Maixent des dimes et autres biens sis à Nanteuil, dont Hugues Loubet réclamait la possession (D. FONTENEAU, t. LXVI, p. 325, d'après le cartul., p. 308).

Vers 1120.

In Christi nomine. Ego Johannis de Augec, in infirmitate positus ante Corpus Domini, vidente et adortante presbitero Petro cognomine Camberlario, dimitto decimas et illam po..... de sancto Gaudencio pro animabus omnium parentum meorum. Similiter ante domnum Gaufredum et priorem ejus Archimbaudum, audientibus plurimis. Deinde ante domnum Guillelmum episcopum nostrum et in manu sua, qui eam liberavit de calumpniis Ugonis Lobet et uxoris ejus, que calumpniabat causa patris sui Gisleberti. Que omnino reliquid in manu domni Guillelmi episcopi, videntibus, audientibus plurimis. S. Guillelmi episcopi. Petri Girberti. S. Gaucherii. S. Guillelmi de Mortemare [1].

---

1. Cet acte semble n'être qu'un résumé du précédent, n° CCLXX.

CCLXXII

Marbaud, Tetbaud son frère et leur mère Christine donnent à l'abbaye de Saint-Maixent des domaines et des rentes sis à Verrines, à Saint-Héraye, à Isernay, à Mounée et autres lieux (Orig., arch. des Deux-Sèvres, H 88. D. Fonteneau, t. XV, p. 601, donne aussi cette pièce d'après l'original).

23 septembre 1120.

† In nomine Domini. Ego Marbaudus et Tetbaudus frater meus, cum matre Cristina mea, amore Domini nostri Jeshu Cristi, et pro remedio patris mei Durandi et omnium parentum meorum et Guillelmi fratris mei karissimi, quando ipse accepit habitum monachi in monasterio sancti Maxencii, damus et concedimus in perpetuum eodem cenobio sancti Maxencii et domno Goffredi abbati ejusdem monasterii et omnibus fratribus ejusdem loci, ut libere et quiete possideant, sine fine usque in eternum, ista que subscribuntur, audientibus monachis et laicis qui adsignantur : apud Vetrinas, tria quarteria de terra ; apud sanctam Arediam, duas domos ; item apud Vetrinas, unum quarterium de vinea ; apud Isernai, quatuor denarios de censu, in festo sancti Maxencii duodecim denarios de consuetudinibus ; apud molendinum de Monea, quatuor denarios et ocham ante molendinum ; ortum Tetbaudi Belet ; terra Gauterii Geile ; ocham de terra ad sanctum Germanum ; unum quarterium vinee in Montem Acerrimo ; alium quarterium amite mee. Data mense octobris, regnante Ludovico rege in Francia, et Guillelmo comite in Aquitania. Signum Marbaudi. S. Tetbaudi fratris mei. S. matris mee Cristine. S. Bertonis. S. Maingodi. S. Ugonis. S. Landrini. S. Droonis nepotis abbati, et aliorum multorum. Anno ab Incarnacione Domini MCXX, indictione XIII, epacta XVIII, VIIII kal. octobris,

luna vII ¹. † ² Landri. † Maingo. † Borains. † Droo.
† Cristine matris. † Marbaudus. † Tetbaudus ³.

CCLXXIII

Geoffroy, abbé de Saint-Maixent, donne à bail perpétuel à moitié, avec cheptel, le domaine de Gascougnolles à Francon et à Giraud, laboureurs, après transaction avec les détenteurs (Orig., chirographe, dont les deux exemplaires se trouvent, l'un aux archives des Deux-Sèvres, H 99, l'autre à la bibliothèque de Poitiers, n° 10. D. Fonteneau, t. XV, p. 624, donne aussi cette pièce d'après l'original. Elle se trouvait encore dans le cartul., p. 309).

26 juin 1121.

Ego Gauffredus ⁴, abbas sancti Maxencii, volo ut presentes et futuri omnes sciant quia terram sancti Maxentii ville Gasconille liberavi totam quiptam de Maingotis manu et omnium qui calumniabant eam, et dedi illi Maingoto vII libras et x solidos ; quam postea tradidi duobus rusticis Franconi et Guiraudo in meiteriam, qui calumniabant eam per conjuges suas, quarum ex progenie dicebant esse terram ipsam. Tali convencione tradidi illis, ut semper illi et progenies eorum habeant ad agricolandam in meiteriam, et habeant omnium annonarum medietatem, alliam habeat sanctus Maxencius ; tradidique inprimis eis duos boves et duos asinos et xL oves et non amplius, nec eis nec successoribus eorum aliquid traditurus, nisi

---

1. D. Fonteneau fait remarquer qu'en cet endroit le copiste aura commis une faute; le 23 septembre, le jour de la lune n'était pas vII, mais bien xxvII.

2. Toutes les croix qui précèdent les noms des témoins sont autographes.

3. Au dos et de la même main est écrit : *Carta de Marbaut*; et à la suite, d'une autre main, mais de la même époque : *Tetbaudus, Guillelmus de Mota monachus, pater meus Durandus, mater mea Cristina, Arnaldus*.

4. L'original de la bibliothèque de Poitiers offre les variantes suivantes : *Gaufredus... Maigotis... calumpniabant... projenie... conveniencie... aliam... Gauffredi... Incarnationem... Aqitanorum... Franco.*

medietatem seminum. Audientibus testibus : Petrus Christianus. Salpet. S. domni Goffredi abbatis. S. prioris. S. Hugonis, et multorum aliorum. S. Radulfi Bisardi. S. Goscelmi Marscal. S. Petri Garnaldi. S. Bernerii. Anno ab Incarnacione Domini millesimo cxxi, vi kal. julii, Guillelmo duce Aquitanorum et Guillelmo presule Aquitanorum [1]. † [2] Franc. † Giraudus [3].

CCLXXIV

Guillaume Gilbert, évêque de Poitiers, donne à l'abbaye de Saint-Maixent l'église de Saint-Georges de Noiné, à charge du paiement d'un cens annuel de deux sous au chapitre cathédral de Poitiers (D. Fonteneau, t. XV, p. 624, d'après l'original. Cette pièce se trouvait aussi dans le cartul., p. 304 [4]).

1121, 27 octobre.

Ego Willelmus, Dei gratia Pictavorum episcopus, per presentem paginam trado posteritatis memorie me dedisse consilio venerabilium ecclesiæ nostræ canonicorum monasterio sancti Maxentii, precibus venerabilis fratris domni Gaufredi ejusdem loci abbatis, ecclesiam sancti Georgii de Nainiaco cum omnibus que ad ipsam pertinent, ut eam prenominatum monasterium in perpetuum habeat et quiete possideat. Hæc autem donatio facta est sub censu duorum solidorum, sancte Pictavensi matrici ecclesiæ a monachis sancti Maxentii pro prephata ecclesia annuatim ad synodum Pentecostes reddendorum.

---

1. Les deux archevêques auxquels pouvait être attribué la qualité de *presul Aquitanorum* étaient alors à Bordeaux, Gérard de Cabenac, et à Bourges, Vulgrin ; il est de toute évidence qu'en cet endroit il se trouve une faute de copiste et qu'au lieu d'*Aquitanorum* il faut lire *Pictavorum*, Guillaume Gilbert étant en 1121 évêque de Poitiers.
2. Les croix qui précèdent les souscriptions sont autographes.
3. Au dos, et de la même main, est écrit: *Cirografum de Gasconolia*.
4. Le *Gall.-Christ.*, t. II, col. 1171, donne un court fragment de cette charte.

Ego Willelmus Pictavensis episcopus [1].

Data Pictavi, per manum magistri Hilarii, anno ab Incarnatione Domini millesimo centesimo xxi, indictione xiiii, epacta xi, sexto kal. novembris, luna xiii.

CCLXXV

Guillaume, évêque de Poitiers, donne à Geoffroy, abbé de Saint-Maixent, l'église de Saint-Hilaire de Leugny, à la charge d'une redevance annuelle de cinq sous de monnaie poitevine au chapitre de la cathédrale (Orig., arch. des Deux-Sèvres, H 89. D. Fonteneau, t. XV, p. 625, donne aussi cette pièce d'après l'original. Elle se trouvait encore dans le cartul., p. 305).

1122.

Guillelmus, Pictaviensis ęcclesię humilis servus, dilecto fratri Gauffrido sancti Maxentii abbati et ejus successoribus in perpetuum. Eo loco, Dei permittente providentia, positi sumus quod utilitates ecclesiarum nostrę dioceseos inquirere, augmentare, custodire, ex offitii nostri nobis incumbat qualitate. Tuis ergo peticionibus assensum prebemus, frater in Christo karissime, et consilio venerabilium tam personarum quam canonicorum ęcclesie nostre, damus et concedimus monasterio sancti Maxentii, quod Deo auctore gubernas, ęcclesiam beati Hylarii de Luncziniaco ut eam fratres predicti monasterii habeant et quiete possideant, sub censu v solidorum illius monete que Pictavis curret canonicis matricis ęcclesie annuatim ad sinodum Pentecostes reddendorum. Et hoc donum ut ratum et inviolabile permaneat, presentem paginam confirmamus, quam auctoritate nostri sigilli muniri perpicimus, et manu propria subcripsimus. Ego Willemus Pictavorum episcopus. S. Gosberti decani. S. Gauffredi cantoris. S. Arvei archi-

---

1. La souscription de l'évêque est de sa propre main (Note de D. F.).
2. Au bas du titre pendait une petite bande de cuir blanc à double queue auquel était jadis attaché un sceau (Note de D. F.).

diachoni. Ego Petrus Sanctonensis episcopus propria manu subscripsi. S. Stephani archidiaconi. S. Hilarii capicerii. S. Hemenonis cellerarii. S. Petri canonici. S. Isemperti canonici. S. Isemperti archipresbiteri. S. Willelmi de Mortamare. S. Guillelmi de Coeco. S. Isemberti ebdomadarii. S. Guillelmi prioris de sancta Radegunde. S. Rainaldi abbatis sancte Mariæ. S. Petri de sancto Saturnino. S. Hugonis canonici. S. Stephani judicis. S. Bonioti canonici. S. Airaudi canonici. S. Airici canonici. S. Pagani canonici. S. Hugonis canonici. S. Gosberti canonici. Data Pictavi per manum magistri Hilarii, anno ab Aincarnatione Domini millesimo cxxii [1].

CCLXXVI

Auchier et son frère Passebrun, pour le salut de leurs âmes et de celle de leur frère Hugues Raier, donnent à l'abbaye de Saint-Maixent un demi-arpent de vigne à Loubigné (D. Fonteneau, t. LXVI, p. 217, d'après le cartul., p. 329).

Vers 1117-1123.

De vinea Lupiniaci. — Notum sit omnibus tam presentibus quam futuris quod ego Aucherius et frater meus Passebrunus, pro redemptione animarum nostrarum et pro anima fratris nostri Hugonis Raerii, donaverimus Deo et sancto Adjutori Maxentio et beato Germano unum dimidium junctum vinearum Lupiniaco, et hanc donationem volumus firmam esse, integram et inviolatam; audientibus : Hugone Raimundi presbitero [2], Gabardo magistro, Arnaudo Proterio, Gaignardo, et aliis pluribus.

---

1. Au dos, et de la même main, est écrit : *De Lundiniaco*.
2. Hugues Raimond, prêtre, est témoin dans une charte du cartulaire de Saint-Cyprien datée entre 1117 et 1123 (*Cart. de Saint-Cyprien*, p. 303 et 304).

CCLXXVII

Pierre de France abandonne à l'abbaye de Saint-Maixent ce qu'il tenait d'elle en fief à Verrines (D. FONTENEAU, t. XV, p. 627, d'après le cartul., p. 308).

1123.

Notum sit omnibus tam presentibus quam futuris, quod ego Petrus de Francia, illa que consanguineus meus Guillelmus Johannes habebat de sancto Maxentio, precipue illa pro quibus ego fui homo apud Vetrinas, domno Gaufredo abbati, videntibus Tetbaudo Bucca et Petro fratre ejus, dimitto in perpetuum sancto Maxentio et senioribus loci illius et sequacibus eorum. Insuper ea que de sancto Maxentio habeo, convenio illis ultra non vendere, non impedire, nec tradere ullo modo ulli homo, videntibus istis testibus quorum nomina subtus scripta : S. Aimericus presbiter, Audierius Borbeas, Guillelmus de Sar.... Anno ab Incarnatione Domini millesimo centesimo vigesimo tertio, Guillelmo presule.

CCLXXVIII

Adémar Lousque renonce à la réclamation qu'il faisait à l'abbaye de Saint-Maixent d'une maison avec ses dépendances, sise près de l'église de Saint-Léger en la ville de Poitiers, que Frebourg, sa tante, lui avait précédemment donnée (D. FONTENEAU, t. XV, p. 631, d'après le cartul., p. 307).

1123.

Antiqua patrum sanxit prudencia res noviter gestas, ne in posterum oblivioni tradantur, litterali memorie commendare. Ego itaque Ademarus Luscus [1], per presentem paginam notum facio futuris et presentibus Freeburgim

---

1. Ou *Juscus*. Je crois cependant qu'il faut lire *Luscus* (Note de D. F.).

mater terram meam, concessione fratrum meorum Guillelmum et [1]... clericorum, dedisse et concessisse integre et quiete pro remedio animæ sue et parentum nostrorum monasterio sancti Maxentii et sancti Leodegarii infra muros civitatis Pictavensis sito, domum et curtile, rocham et pratum que sunt juxta ecclesiam sancti Leodegarii in civitate Pictavensi. Deinde ego Ademarus, instinctu diaboli ductus, eadem dona Goscelmo monacho eodem tempore sancti Leodegarii priori et Guillelmo clerico, fratri meo, qui ad utilitatem prescriptorum sanctorum hæc contra me reclamabat, calumpniatus sum.... inde accepimus. Postea vero, consilio amicorum meorum... calumpniam, quam in illis faciebam, in manu Goscelmi prioris prorsus dimisi, et eandem elemosinam in perpetuum habendam et quiete possidendam monasterio sancti Maxentii et sancti Leodegarii Pictavis dedi et concessi et per presentem cartam confirmavi. Goscelmus autem... ut ecclesiæ iste hanc mei generis elemosinam absque infestatione cujuslibet ecclesie vel persone integre ha.... et quietius obtineant, dedit mihi L et V solidos.... ab audientia et proborum virorum tam clericorum quam laicorum. S. Isemberti sancti Petri canonici. S. Petri sancti Saturnini. S. Arnaudi de Lineriis. S. Marini prepositi. S. Guillelmi Forconis. S. Petri de Vilaret. S. Petri Costancii. S. Bertrandi. S. Guillelmi de sancto Johanne. S. Rainaldi. S. Hugonis..... di. S. Arvei pigmentarii. S. Peloquini judicis. S. Pelaudi. S. Guillelmi Jaleti. S. Audeberti Lupardi. Anno ab Incarnatione Domini millesimo centesimo vigesimo tertio, papa Calixto, Ludovico rege Francorum, Guillelmo duce Aquitanorum, Guillelmo presule Pictavorum.

---

1. Je crois que dans cette lacune il faut lire *Bajepnec*; ce mot est presque totalement effacé (Note de D. F.).

CCLXXIX

Chauveau Orbes et Pierre du Vergier abandonnent à l'abbaye de Saint-Maixent leurs prétentions sur la dîme de Pioussay, au sujet de laquelle ils étaient en procès, et qu'elle avait reçue en don de Pierre Girbert, de Vaussais (D. FONTENEAU, t. LXVI, p. 251, d'après le cartul., p. 38).

De 1108 à 1124.

Cauvellus Orbus et Petrus de Viridario tenebant in calumpniam decimam de villa Poziciaco, quam dederat Petrus Girbertus de Voachai sancto Maxentio de lana et agnis, porcellis et vitulis. De qua admoniti a Fulcherio monacho, et convicti judicio, finierunt calumpniam, et donaverunt in perpetuum sancto Maxentio cum clavello quodam, sine ulla contradictione heredum suorum, acceptis quatuor solidis in caritate ab ipso monacho qui tunc morabatur Lorniaco, videntibus subtus scriptis testibus : Girberto Gosceranno et Gosceranno juvene fratre ejus, Ugo Travers, Girberto de Capella et Letardo de Voachai.

CCLXXX

Saisie faite par l'abbé de Saint-Maixent du fief de Guillaume de Gourdon dont ce dernier n'avait pas voulu lui rendre hommage (D. FONTENEAU, t. XV, p. 603, d'après le cartul., p. 7.)

Entre 1111 et 1124.

Peregrinis universis intra uterum sanctæ ecclesiæ constitutis, præsentibus scilicet necnon futuris indagare cupimus, quod de Gordum Johannes, pater Guillelmi de Gordum, fuit homo ligius abbati Gaufredo pro feodis, quos ipse habebat in villa sancti Maxentii et in curia sancti Martini. Abbas Gaufridus vocavit eum ante se et dixit ei ut placitum quod erat in terra quam a [sancto] Maxentio hereditario jure possidebat, sibi redderet, quod ante successores sui fecerant. Sed ipse Guillelmus negavit, et abbas affirmabat per testes suos, quos habuit in curia, videlicet Aleardum de Sognum et Petrum Amire. Postea, pro contentione utriusque, adjudicatum fuit duellum inter eos ; qua de causa abbas assignavit ei diem, ad quem diem non. . . . . . . Guillelmus, nec pro se aliquis qui responderet abbati. Ideo abbas sazivit [feodum] suum. Testes sunt hujus rei : Archembaudus prior, Fulcho prepositus, [Hugo de] Rochaforti, Guerrut, B. Gocelmus, Aimericus Cogivus [1].

CCLXXXI

Hugues Loubet se reconnait homme lige de Geoffroy, abbé de Saint-Maixent (D. FONTENEAU, t. XV, p. 603, d'après le cartul., p. 7).

Entre 1118 et 1124.

Notum sit omnibus tam presentibus quam futuris quod Gilebertus Lobet et antecessores sui fuerunt homines ligii abbatibus sancti Maxentii ; post decessum vero predicti Gileberti possedit terram hereditario jure Hugo Lobet. Tunc temporis regebat abbatiam sancti Maxentii Gaufridus abbas. Postea, requisitus ab abbate Gaufrido, venit in capitulo coram monachis, clericis et laicis, ibique fuit homo ligius abbatis. Eodem die juravit super altare, quod est situm ad pedes beati Maxentii, et super sanctum evangelium et super reliquias, abbatem et monachos et possessiones abbatie pro posse suo se tuendum et custodiendum. Tunc abbas quesivit ab eo placitum suum, videlicet c libras pictavensis monete, et unam coreiam rubeam, et unam mulam albam ; supradictus Hu[go] [2]. . . . . super hoc habere. . . . . id quem abbas quindecim dierum. . . . .dedit. . . . . frater suus Claremundis episcopus. . . . . . venit. . . .

---

1. Ou *Cogunis* (Note de D. F.).
2. Partout où l'on voit des points, le texte est déchiré (Note de D. F.).

altare quoddam in honore [beati] martiris Stephani consecravit [1]. Ipse namque abbatem et monachos. . . astabant. In tantum deprecatus est, quod fratri suo Hugoni . . . . impetravit et ei spopondit ut infra terminum illud frater su[u]s. . . veniret et quicquid super tractatum negocium curia sua jure di. . . ei exequi faceret. Hoc autem concessit ipse Hugo. Ipse jam dictus. . . . pro eo quod abbas suam libenter inpleverat deprecationem, voluit ei dare palefredum suum, quem ipse ab eo recusavit accipere ; sed supradictus Hugo dedit ei palefredum suum, qui traditus fuit Saupe Joscelin [dicto] Aumarejan, vidente Hugone Bollete monaco, et Roberto [2], nepote abbatis, qui tunc erat prior de Sovigniaco. Infra terminum illud quod abbas ei dederat, peregre profectus est apud sanctam Mariam de Verzeliaco, ibique o[biit. [3]]

CCLXXXII

Pierre Frotier renonce a ses prétentions sur les rivages du moulin de Jouhé, récemment construit par le prévôt-moine de l'abbaye de Saint-Maixent, et reconnaît qu'à ce sujet il ne lui est dû qu'un cens de quatre deniers (D. FONTENEAU, t. XV, p. 635, d'après le cartul., p. 342).

1124.

Sciant presentes et futuri quod Petrus Froterius faciebat calumpniam in ripa molendini novi de Johec, quod pre-

---

1. Aimeri, évêque de Clermont de 1111 environ au 18 avril 1150, consacra l'autel de Saint-Etienne dans l'abbaye de Saint-Maixent le 10 mars 1118 (v. *Chronicon Sancti Maxentii*, p. 427).
2. La charte étant en fort mauvais état, D. Fonteneau avait lu *Cloberto* ou *Doberto*; il y avait évidemment *Roberto*, le nom du neveu de l'abbé étant Robert Droet (V. n° CCCV).
3. Cet acte, qui avait échappé aux auteurs du *Gallia*, nous apprend à la fois et le lieu d'origine et le nom de famille du célèbre évêque de Clermont, précédemment abbé de la Chaise-Dieu ; il s'appelait Aimeri Loubet et appartenait à une puissante famille de Saint-Maixent, qui avait donné son nom à une portion de la ville, le bourg Loubet, devenu plus tard le bourg Chabot, par suite de l'alliance de Marguerite Loubet avec Thibaut Chabot (v. n°s CCCLVIII et CCCLXI).

positus a fundamento noviter fundaverat. Unde venit in judicium ipse Petrus et fratres sui cum domno abbate Goffredo et monachis, et habuerunt monachi testem nomine Heliam de Johec, qui vidit placitum cum habuit Benedictus abba cum Aimerico Forte et Froterio Belet, et in illo placito convenerunt monachi reddere quatuor denarios ipsis omni anno de censu. Facto judicio de calumpnia, et volente Helia homine sancti Maxentii et monachorum jurare hoc, non sunt ausi recipere juramentum. Ideoque facto judicio de calumpnia, convicti jussu Petri, frater ejus Drullardus dedit gadium suum domno abbati Goffredo, recognovit forisfactum suum, et finierunt calumpniam, et firmaverunt vel firmatum est in ipso judicio reddere omni anno censum antiquum, scilicet quatuor denarios, videntibus testibus subtus scriptis : Bernardus Goscelmus, Gislebertus Grosgrent, Guillelmo Rofino, Ascho Roset, Petrus Girbertus, Petrus Christianus, Petrus de Monea, Helias de Joec, Rainaldus Rufus cliens Petri, qui habet II denarios de ipsis in fevo a Petro Forti. Anno ab Incarnatione Domini millesimo centesimo vigesimo quarto, regnante Ludovico rege in Francia et Guillelmo consule in Aquitania.

CCLXXXIII

Geoffroy Arbolute abandonne toutes les prétentions qu'il pouvait avoir sur la terre que Raoul, père de Thebaut de la Garde, avait donnée à l'abbaye de Saint-Maixent. Guillaume, frère de Geoffroy, confirme ensuite cet acte. Trois sœurs, cousines de Baudet, vendent au moine Robert Sorin la frérèche de leur terre (D. FONTENEAU, t. XV, p. 507, d'après le cartul., p. 313).

1105 [1]

In Dei nomine. Goffredus cognomento Arboluta veniens

---

1. La date de 1125, que nous avions tout d'abord conservée à cet acte en nous rapportant à l'énonciation qu'il renferme, ne doit pas être main-

in capitulo sancti Adjutoris Maxentii cum Tetbaudo, filio Radulfi de Garda, dedi eidem sancto Adjutori Maxentio, in manibus domni Garnerii abbatis et servitoribus ejus in perpetuum, meam recturam, et quod habebam et querebam in terra quam Radulfus pater Tetbaudi dederat sancto Maxentio prius ante me, quando fuit monachus, videntibus istis testibus subtus scriptis quorum nomina hæc sunt : Aimericus Cogus, Ricardus Raino, Radulfus Raino, Johannes de Aient. Anno Ascensionis dominice MCXXV, quo die nobis inundatio magna pluviæ in hac villa cecidit.

Sequenti tempore, ego Willelmus frater Goffredi, eodem modo quo ipse donavit, dono et concedo bono animo piissimo Adjutori sancto Maxentio, videntibus istis testibus infra scriptis, acceptis in caritate ab Ainardo monacho x solidis. S. Constantini Arboluti et filii ejus. S. Johannis presbiteri ejus cognati. Testes : Radulfus Bisardus, Johannes Gaut[erius], Guillelmus de Partiniaco.

Tres sorores germane cognate Baudet vendiderunt Rotberto Sorino monacho frareschiam sue terre, que est post aecclesiam, vi libras, audiente omni parrochia, et audiente etiam qui nolebat eam emere [1].

---

tenue ; il aurait dû venir immédiatement après le n° CCVIII dont il est le complément. L'objet des actes, le nom de l'abbé et celui des témoins, et surtout la mention spéciale qui suit leurs dates, tout est identique dans l'acte de MCV et dans celui de MCXXV ; il faut donc admettre une erreur de scribe et supprimer les XX, comme D. Fonteneau l'avait d'ailleurs supposé.

1. On ne trouve dans ce petit acte, qui semble, d'après son conteste, n'avoir aucun rapport avec le précédent, ni date ni mention du lieu où sont situés les biens qui font l'objet de la donation ; il est vraisemblable que ces notions sont les mêmes que celles énoncées plus haut, et que c'est pour cette cause, et dans un but de simplification de texte, que le rédacteur du cartulaire les aura omises.

CCLXXXIV

Lettre d'Hugues le Brun, seigneur de Lusignan, à Gérard II, évêque d'Angoulême, qu'il prie de le mettre d'accord avec l'abbé de Saint-Maixent, au sujet de la féodalité des églises de Jazeneuil (D. Fonteneau, t. LXVI, p. 321 *ter*, d'après le cartul., fol. 30).

Entre 1117 et 1127.

G., Dei gratia Engolismensium episcopo, U. Brunus, salutem. Benegnitatem vestram, venerande pater, exoro quatinus abbatem sancti Maxentii de ecclesiis Gazenolie, quas in feodo ab eodem abbate me habere et ab aliis abbatibus antecessores meos habuisse constat, pro dilectione mea initetis [1]. Valete.

CCLXXXV

Lettre d'Hugues le Brun, seigneur de Lusignan, à Guillaume, évêque de Poitiers, où il reconnait qu'il tient en fief de l'abbé de Saint-Maixent les églises de Jazeneuil, et que c'est à tort que l'abbé de la Chaise-Dieu a prétendu à leur possession (D. Fonteneau, t. LXVI, p. 321 *bis*, d'après le cartul., fol. 30).

Entre 1117 et 1127.

G.[2], Dei gratia Pictavorum episcopo, U. Brunus, salutem. Testificor, venerande pater, ecclesias Gazenolii, quas dudum abbas Case Dei, sine nostro consensu injuste tenuit, et me habere et patrem meum habuisse in feodo ab abbate sancti Maxentii, eique concedo quantum me

---

1. On ne sait s'il y a *initetis* ou *invitetis*. Le sens est toujours « que vous fassiez entendre ou que vous persuadiez » (Note de D. F.).
2. Pendant la vie d'Hugues le Brun, seigneur de Lusignan, quatre évêques dont le nom commence par la lettre G ont occupé le siège de Poitiers : Guillaume Gilbert, Guillaume Adelelme, Grimoard et Gilbert de la Porée. Cette reconnaissance peut donc avoir été donnée entre l'année 1117, date de la consécration de Guillaume Adelelme, et l'année 1151, que l'on assigne généralement à la mort d'Hugues le Brun. Toutefois nous croyons qu'elle a dû suivre de près la lettre qui est imprimée sous le n° précédent, et nous lui assignerons à peu près la même date.

attinet. Si quis vero negaverit ex casamento sancti Maxentii ecclesias non esse, vestro judicio paratus sum probare et de casamento sancti Maxentii eas esse, et me habere a sancto Maxentio et patrem meum habuisse.

CCLXXXVI

Peloquin, fils d'Ersende, restitue à l'abbaye de Saint-Maixent sept quartiers de vigne qu'il avait usurpés à la Cheintre (D. FONTENEAU, t. XV, p. 637, d'après le cartul., p. 338).

Entre 1124 et 1134.

Quoniam, sicut ait Scriptura, *generatio preterit et generatio advenit, terra verro in eternum stat*, notificamus his litteris presenti generationi atque future quod Peloquinus, filius Ersendis venatricis, de vineis sancti Maxentii injuste tenebat septem quarterios de vineis, que dicuntur La Chenstra. Tetmarus vero sancti Maxentii prepositus, cum cognovisset hujus modi sacrilegium, multis et variis modis agressus est hominem supradictum, monens quatinus in pace dimitteret quod injuste diu tenuerat. Tandem, tam vi quam prece, superatus Peloquinus supra dictas vineas sancto Maxentio restituit, acceptis a Tetmaro preposito triginta solidis apud Ortum Pictavis, videntibus : Johanne de Coutent et Humberto Gauguenht et Radulfo Bisardi. Concessit hoc mater ejus Ersendis et uxor ipsius, omnisque illorum soboles. Factum est hoc tempore Ludovici Francorum regis, Willelmo Pictavorum comite, Willelmo Adelelmo episcopatum tenente, Gaufredo abbate sancti Maxentii abbatiam gubernante.

CCLXXXVII

Humbert Raoul, Guillaume du Teil, Bertrand *Evrui* et Mathieu, fils de Pierre de Saint-Jean, abandonnent à l'abbaye de Saint-Maixent les dimes qu'ils possédaient dans la paroisse de Saint-

Pierre de Melle (D. Fonteneau, t. XV, p. 639, d'après le cartul., p. 283).

Entre 1125 et 1129.

Legimus in divina pagina Abraham, victis quattuor regibus, decimas prede Melchisedec summo sacerdoti obtulisse, et ab ejus tempore et ab ante est legitimum preceptum decimas reddere ministris sanctæ ecclesiæ, et ecclesie proprie propria ejus possessio in terra; sed ob imbecillitatem ministris intimante diabolo versa est ad alienos, videlicet ad laicos, et quia omni ora, omni loco est resistendum omni malo, ideo quod in sanctam ecclesiam manus injecerunt, a Deo excommunicati sunt et ab ejus ministris, et mercedem quam oportuit, receperunt : diabolum et inferni supplicium. Quod timentes, Humbertus Radulfi et Guillelmus de Telio germanus ejus, decimam agnorum et lane, linorum charbarumque, quam ipsi et eorum antecesseres in parrochia sancti Petri de Metulo, quamvis injuste habuerant, dederunt et concesserunt Deo et sancto Petro beatoque Maxentio, cum missallo super altare beati Petri, pro remedio animarum eorum et parentum suorum. Interfuerunt ibi monachi : Aimericus Raine, Hunbertus de Cruce tunc temporis prior ipsius ecclesiæ, et Guillelmus de Monte Acuto ; presbiteri : Johannes de Carigné, Petrus Segoini, Aimericus de Maroil, Guilotus de Castello ; laici : Ugo de Molendino, Aimericus Mimaldi. Similimodo Bertrandus Evrui, baculo quo sustentabatur, supradictis sanctis, partem decime, quam in eadem parrochia habuerat, dedit. Datio ista Montiniaco fuit facta. Donum acceperunt Humbertus de Cruce et Guillelmus de Javarziaco, et ipsi monachi sancti Maxentii ; et concessit Galabrunus gener Bertrandi, et uxor Galabruni, et Maingot vel puer filius Bertrandi. S. Guillelmus presbiter de Montiniaco et Aimericus Mimauldi. In eadem decimatione quamdam partem habuerat Petrus de Sancto Johanne, quam collecta esset, suisque aspectibus presentari fecisset;

ad voluntatem suam aliquod pariter vel duos, vel tres denarios, vel quoddam, vel jus monachis sancti Petri mittebat ; et tamen propter timorem dominorum suorum absconse, et quod ipse faciebat occulte, Matheus filius ejus dedit manifeste Deo et sancto Petro beatoque Maxentio cum missalo super altare beati Petri. Testes : Hunbertus supradictus, et Ocbertus monacus, et ipsi sancti Maxentii, et Johannes presbyter, Elias diaconus, Forcellus, Guillelmus, Zacharias, Bertrandus de Vareizia. Datio ista fuit facta tempore Ludovici regis Francorum, Romæ Honorio papa presidente, Guillelmo Aquitanorum duce, Guillelmo Alealmi urbe Pictava residente, et in monasterio sancti Maxentii dompno Goffredo abbate.

CCLXXXVIII

Philippe donne à l'abbaye de Saint-Maixent la terre touchant à l'église de Saint-Hilaire, en la paroisse d'Augé, et la dime de la colline sur laquelle cette église est construite (D. FONTENEAU, t. XV, p. 641, d'après le cartul., p. 314).

1129.

Antiqua patrum sanctorum sanxit auctoritas, quod qui benefecerit, multiplicabitur sicut cedrus Libani ; qui autem malum fecerit, cruciabitur penis inferni. Quapropter ego Philippus nomine considerans casum humane fragilitatis, statuo de rebus mihi jure hereditario provenientibus Deo et sancto Adjutori Maxentio, in capitulo ejusdem sub domno abbate Goffredo, dare et perpetualiter tradere terram, que est juxta capellam sancti Hilarii, ac et illuc, ita ut mete posite sunt ; que capella statuta est in terra Bernerie, sub parrochia sancti Gregorii de Augec; quininmo totam decimam de illo monte, in quo illa ecclesia constabilita est, ab omnibus annonis de vineis, sicut via de Cruce demonstrat et vallis de monte illo, juxta aliam viam que ducit à Augec. Si quis hoc donum infringere voluerit, abrasus a regno Dei sit. Testes sunt ergo : Hugo Cacarel, Otbertus Pastel, Petrus Arambors piscator, Petrus Garnaud, Aimericus sacrista, Goffredus elemosinarius. Facta est hæc carta anno ab Incarnatione Domini millesimo centesimo vigesimo nono, regnante in Francia Ludovico rege, Guillelmo consule Aquitanorum, Guillelmo episcopo Pictavis, presidente Rome domno Honorio papa sedente.

CCLXXXIX

Bref du pape Innocent II, adressé aux abbés de Saint-Liguaire, de Luçon et de Nieuil, et leur enjoignant d'excommunier et de mettre en interdit la terre d'Hugues de Rochefort, qui avait enlevé aux religieux de Saint-Maixent la dime des essarts de la forêt de la Sèvre (D. FONTENEAU, t. XV, p. 647, d'après l'original [1]).

4 mars 1130.

Innocentius episcopus, servus servorum Dei, dilectis filiis sancti Leodegarii, Lucionensis, de Niolio abbatibus in Pictavensi et Xanctonensi diocesibus constitutis, salutem et apostolicam benedictionem. Suam ad nos dilecti filii abbas et conventus sancti Maxentii querimoniam destinarunt, quod cum causa, que inter ipsos et nobilem virum Hugonem de Ruperforti super decimis essartorum de Savra noscitur agitari, a venerabili fratre nostro Burdegalensi archiepiscopo, dilecto filio abbati Aureevallis commissa fuisset, et idem H. firmasset, prestito juramento, quod coram eodem abbate super causa ipsa juri parere deberet ; predictus abbas, utriusque partis rationibus plenius intellectis, cum per idoneos testes eidem plenarie constitisset, prefatos abbatem et monachos per nominatum H. violenter spo-

---

1. Ce doit être un des rares actes émanés d'Innocent II, pendant son séjour à Rome en 1130. On sait qu'élu le 14 ou le 15 février 1130, certains cardinaux qui lui étaient opposés, proclamèrent pape le lendemain le moine Pierre de Léon, sous le nom d'Anaclet II. Celui-ci, plus fort que son concurrent, le força à quitter Rome, où il ne rentra qu'en 1133.

liatos fuisse decimis supradictis, eidem abbati et monachis restitutionem prudentum usus consilio, per diffinitivam sententiam adjudicare curavit prenominatum H., in expensas propter litem factas condempnans, et congruam satisfactionem dampnorum. Verum sepefatus H., contra juramentum suum et latam sententiam temere veniens, nominatas decimas adhuc per violentiam detinet, et reddere contradicit. Quoniam igitur dictorum abbatis et monachorum sancti Maxentii dispendium vel jacturam sustinere nolumus, nec debemus, discretioni vestre per apostolica scripta mandamus, quatinus, si premissis veritas suffragatur, prefatum H. ad restituendas prescriptas decimas, et de retentis huc usque et dampnis illatis satisfactionem congruam exhibendam, abbati et monachis memoratis per excommunicationis sententiam et interdictum terre ipsius appellatione postposita compellatis, nullis litteris obstantibus a sede apostolica, veritate tacita, impetratis. Quod si omnes hiis exequendis nequiveritis interesse, duo vestrum eo nichilominus exequantur. Datum Lateran..... III nonas martii, pontificatus nostri anno primo [1].

CCXCX

Martin Éperon et ses enfants renoncent en faveur de l'abbaye de Saint-Maixent à leurs prétentions sur le domaine de Cerzeau, sur la moitié des moulins d'Éperon et sur ce qu'ils réclamaient dans la Cour d'Azay (D. FONTENEAU, t. XV, p. 657, d'après le cartul., p. 317).

1130.

Notum sit omnibus tam presentibus quam futuris, quod Martinus Esperum in curia comitis cum Gaufredo abbate et monachis sancti Maxentii bellum cepit de terra de Cerseos, et de medietate molendinorum d'Esperum, et aliis

---

1. Au bas reste un peu de ficelle de chanvre où était un sceau qui est perdu (Note de D. F.).

rebus, quas in curia Aziaci querebat ; quod ad tantum pervenit ut homines jurarent et in prato venirent ; illic vero resipiscens quod injuste ageret, bellum dimisit, ac die tercia sequenti in capitulum venit cum filiis suis, Johanne et Guillelmo, finieruntque in perpetuum medietatem molendinorum, terram de Cerseos, et omnia que apud Aziacum querebant. Similiter et Simon filius ejus tercius et Ascelina ejus filia in domo sua concesserunt, sicut pater et frater eorum in capitulo fecerant. Tunc abbas Gofredus dedit ei centum solidos non pro bello, set pro amissione balliæ sue ; et quod in hominio suo ab illo juste susceperat, scientibus monachis concessit. Iterumque dictum est quod recte habuerat, haberet, non quod in occulto vel aperto usurpaverat ; et quod monachi recte habuerant, haberent. S. Ugonis Rocafort. S. Bernardi Goscelmi. S. Hugonis Araneæ. S. Agath. S. Giraudi Permans. S. Petri Garnaudi. S. Rolant. S. Compangni : isti quatuor fuerunt in capitulo et in domo Martini. S. Archebaudi prioris. S. Aimerici gramatici. S. Johannis armarii. S. Rainaudi pueri. S. Stephani Bertaudi. S. Guillelmi Crocerii. S. Johannis camerarii. Facta anno ab Incarnatione Domini millesimo centesimo tricesimo, Innocentio papa, Guillelmo episcopo, Guillelmo comite, Lugdovico rege, residentibus atque regnantibus. S. Marti † nus. Guil † lelmus. Johan † nes. Sy † mon. Asce † lina.

CCXCI

Pierre le Rond, curé de Saint-Bibien d'Yvrac, avant de partir pour Jérusalem, restitue à l'abbaye de Saint-Maixent cette église d'Yvrac et lui fait don de quelques autres domaines (D. FONTENEAU, t. XV, p. 651, d'après le cartul., p. 318).

1130.

Sanctorum patrum auctoritas statuit, et adhuc illorum tenet posteritas, ut helemosine a fidelibus æcclesiis date, per quas vitam eternam datores sperant habere, per veridica scripta eterne tradantur memorie, ne aliquando per negligentiam veniant in oblivione. Iccirco ego Petrus Rotundus, capellanus æcclesiæ sancti Bibiani de Vrach, notifico tam presentibus quam futuris quia quando placuit divine gratie ut mihi daret desiderium visitandi pro salute mea Sepulchrum Dominicum, volui de rebus meis facere heredem non hominem, neque aliquem successorem, set Deum et sancti Maxentii conventum, ut quem excitaveram, culpis meis exigentibus, contra me ad iram, invadendo in capellania mea quod non concesserat, pro benefactis reducerem ad integram pacem et concordiam. Tandem accepto consilio cum Petro Fulcherii et Rainaudo Corona monachis et Petro Giraudi presbitero, cum illis adii æcclesiam sancti Maxentii et in capitulo veni, et misericordiam ab abbate et ab omnibus fratribus postulavi, quam libenter mihi concesserunt, et sui beneficii fratrem et participem fecerunt. Et ego æcclesiam et omnia que in illa erant, absque spe recuperationis, dimisi, et domos meas, que de proprio meo construxeram, et vineam unam, et mediam partem census de domibus que erant in cymitherio, eis concessi. Ipsi autem, me interveniente, concesserunt capellaniam Petro Giraudi tantummodo, cum media parte oblationum altaris, quod ei suffecit et libenter accepit. Ipse autem in capitulo promisit esse fidelissimus frater et amicus æcclesiæ sancti Maxentii. Et ut hoc donum omni tempore sedaretur a strepitu seditionis, quicquid de hac re factum est, fecimus auctoritate et precepto Engolismensis episcopi domni Girardi, Romanæ æcclesiæ legati. Hujus rei testes sunt quamplurimi monachi et laici. S. Archimbaudi prioris. S. Aimerici monachi sacristæ. S. Fulchonis monachi. S. Petri Fulcherii monachi. S. Reinaudi Corona monachi. S. Petri Garnaudi laici. Hoc factum est anno ab Incarnatione Domini millesimo centesimo tricesimo, anno obitus Honorii papæ, certantibus de papatu Gregorio et Petro [1], regnante in Francia Lugdovico rege, et in Aquitania Guillelmo filio Guillelmi filii Guidonis ducis, et presulatum Pictavensis æcclesiæ Gillelmo Alelmo pontifice, et abbatiam sancti Maxentii Gaufredo abbate tenente.

CCXCII

Hugues Rochon, du consentement de sa femme et de ses enfants, renonce à ses prétentions sur la quatrième partie de l'église de Romans, que ses prédécesseurs avaient donnée à l'abbaye de Saint-Maixent (D. FONTENEAU, t. XV, p. 663, d'après le cartul., p. 315. Il en donne aussi un extrait, t. LXVI, p. 94).

1131.

Notum sit omnibus tam presentibus quam futuris quod domnus Garnerius abbas et monachi sancti Maxentii, tempore domni Guillelmi ducis Aquitanorum et domni Petri Pictavensis æcclesiæ episcopi, æcclesiam sancti Simphoriani de Romantio cum omnibus pertinentibus ad eam auxilio et assensu illorum adquisierunt, et etiam temporales domini, cupientes spirituale beneficium æcclesiæ sancti Maxentii, venientes in capitulo, pro salute sua gratis concesserunt. Quod donum per triginta annos et etiam plus monachi pacifice possederunt. Postea autem quidam homo Hugo, Rochonis nomine, qui habebat filiam Jodoini de la Bauberia, qui fuit unus ex datoribus hujus helemosine, calumpniatus est quartam partem. Quod audiens domnus episcopus Guillelmus Alelmus, vocans eum apud Metulum, et audita causa ejus, devictus judicio confusus discessit ; qui postea nequaquam a

---

1. Les religieux de Saint-Maixent, qui semblent avoir d'abord reconnu Innocent II (Grégoire) comme pape (V. nos CCLXXXIX et CCXCX), hésitèrent ensuite à se prononcer entre lui et son compétiteur. La conduite violente du comte de Poitou, qui avait embrassé avec une ardeur extrême la cause de l'antipape Anaclet, ne doit pas avoir été étrangère à cette réserve (v. nos CCXCII, CCXCIII et CCXCVI).

calumpnia cessans, multa mala monachis violenter intulit.
Quod domnus episcopus audiens, eum cum suis omnibus
excommunicavit. Qui, excommunicatione constrictus et
consilio amicorum correctus, tandem penituit, et veniens
in capitulum cum quatuor filiis suis Petro videlicet et
Symone et Mauritio et Hugone, misericordiam de malefactis postulavit ; et hanc calumpniam penitus dimiserunt.
Et ut stabilis pax inter illos et sancti Maxentii conventum
et successores suos fieret, obtulerunt fratres et pater
Hugonem filium suum in capitulo ad monachum, qui
devote susceptus est. Et ut condonarentur eis malefacta ab
eis pro hac re injuste facta, concesserunt unam sextariam
terre sancto Maxentio in parrochia sancti Simphoriani,
quam liberam esse dixerunt, et omni tempore eam custodire promiserunt. Ad hunc autem diem Placentia † uxor
illius et mater filiorum suorum † non fuit ; set † postea
† ad festivitatem sancti Maxentii venit, et precepto domni
abbatis, Archembaudus prior ad illam exivit, et cum
regula beneficium tocius æcclesiæ, sicut maritus suus et
filii sui ante acceperant, in capitulo ei habuit ; que gratan-
ter hoc donum confirmavit. Hujus rei sunt testes subtus
scripti, monachi et laici †. S. Archim†baudi pri†ori.
† S. Fulcherii monachi. S. Aimerici monachi sacriste.
S. Guillelmi de Mota monachi. S. Garini monachi. S. Petri
monachi. S. Johannis capellani de Romantio. S. Johannis
Mincho; laici: S. Petri Garnelli. S. Martini Hesperum. Hæc
concordia et hæc carta facte sunt ab Incarnatione Domini
millesimo centesimo tricesimo primo, et secundo anno
obitus Honorii papæ, quando seditio erat inter Gregorium
et Petrum de Lege [1] de papatu, regnante in Francia Lugdovico rege filio Philippi regis, et in Aquitania Guillelmo
filio Guillelmi filii Guidonis venerabilis ducis, et presula-

---

1. D. Fonteneau fait remarquer que dans le texte il y a *de Lege*
au lieu de *de Leone*.

tum Pictavensis æcclesiæ regente Guillelmo Alelmi pontifice, et abbatiam sancti Maxentii Gaufredo abbate tenente, in cujus manu et tempore hec definita fuerunt.

CCXCIII

Noël de Pamprou, du consentement de son fils, abandonne à l'abbaye de Saint-Maixent tout ce qu'ils possédaient à Pamprou, en indemnité des dommages qu'ils avaient causés au prieuré dudit lieu (D. Fonteneau, t. XV, p. 665, d'après le cartul., p. 316).

1132.

Notificamus habitatoribus hujus ecclesiæ sancti Maxentii Adjutoris tam presentibus quam futuris, quod Natalis de Pampro cum filio suo ante presentiam Gaufridi abbatis et omnis conventus in capitulum venit, ac dereliquit omnia que apud Pampro habebat et querebat, propter multa mala, que monachis et obedientie fecerat, ipso filio supradicto concedente, preter domum et curtile quod in tribus carteriis terre continetur, de quo semper decimam reddet. Terram vero Humelli ad terratgium et decimam omnibusque servitiis concesserunt. Filia quoque ejus Maria apud Pampro similiter concessit. S. Petrus Christianus. S. Petrus Garnaudus. S. Lambertus Garnaudus. S. Fulcherii supprioris. S. Bertaudi Stephani. S. Hugoni pueri. Anno ab Incarnatione Domini millesimo centesimo tricesimo secundo, altercatio Gregorii et Petri Leonis de papatu apud Romam.

CCXCIV

Long de Gâtine et ses frères se désistent de leurs prétentions sur la terre de Champ-Roset, dépendante du prieuré de Saint-Pierre de Melle (D. Fonteneau, t. XV, p. 669, d'après le cartul., p. 137).

1132.

Sciant omnes tam futuri quam presentes quod Lonus de Gastina et fratres sui per violentiam apud Metulum in terra sancti Maxenti et sancti Petri, que vocatur Campus Roset, contradicentibus monachis, qui illic habitabant, Lamberto videlicet grammatico tunc illius priore obedientie et aliis, quamdam partem invaserunt, dicentes hereditario jure parentes suos habuisse, quod indigenæ illius terre asserebant frivolum esse et mendatium, qui s[1] . . . . emendare. Tandem mortuis fratribus. . . . . in gravi infirmitate decidens. . [ab Archam]baudo priore et ab Petro Pele [quino]. . . . . . . aliis clericis catholicis et laicis det. . . . [pe]nitens, omnino dimisit quod injuste [detinebat] in predicta terra in manu Archemb[audi prioris et] Aimerici sacriste sancti Maxentii. . . . pele archipresbitero et sue domus clientibus. . . . cognomento Autro et Giraudet de Faia et multis aliis. Hæc facta sunt anno ab Incarnatione Domini millesimo centesimo tricesimo secundo, regnantibus in Francia Ludovico rege, et in Aquitania Guillelmo filio Guillelmi ducis venerabilis.

CCXCV

Reconnaissance donnée par le vicomte de Châtellerault qu'il tient de l'abbé de Saint-Maixent le fief de Sainte-Soline (D. FONTENEAU, t. LXVI, p. 321, d'après le cartul., fol. 30).

Vers 1132.

Vicecomes de Castello Airaudo confessus est se habere de sancto Maxentio ecclesiam de sancta Solina ; audientibus : Longo de Gastina [2] et Rainglelo Gastinello.

---

1. Les endroits où l'on voit des points ont été coupés (Note de D. F.).
2. Ce Long de Gâtine doit être le même personnage que le *Lonus de Gastina* du n° CCXCIV, ce qui nous incite à placer cet acte à la seule date où nous rencontrons son nom dans le cartulaire.

CCXCVI

Accord au sujet du Moulin-Neuf, du moulin de Comporté et du moulin de la Ronze, entre les religieux de Saint-Maixent et leur vassal Pierre Geoffroy ; ils posséderont désormais ces moulins par moitié (D. FONTENEAU, t. XV, p. 673, d'après le cartul., p. 320. Il' donne aussi un résumé de cette pièce, t. LXVI, p. 94).

1133.

In compage concordiarum manifesta est dilectio proximorum. Quapropter ego Gaufredus abbas sancti Maxentii cum monachis nostris in capitulo cum homine nostro litgio Petro Goffredi concordiam facimus de querelis quas habueramus de molendinis et hochia de Pampro, in hæc verba. Tres molendini sunt in villa de Pampro, quorum nomina sunt hæc : molendinum Novum, molendinum de Comporté, molendinum de Ronza ; molendinum Novum nostrum est proprium ; molendinum de Comporté suum est proprium ; molendinum de Ronza, tertia pars est nostra. Hos tres molendinos concedimus partiri per medium, ita ut Petrus nostri molendini Novi habeat medietatem ex integro, et nos duorum molendinorum ex integro habeamus medietatem, ita ut tres monerii faciant nobis et sibi hominium, et omne servitium illorum equaliter parciamur. Si autem molendinum Novum absatum vel destructum fuerit, quamdiu absatum vel destructum fuerit nostra culpa, donec restauretur, Petrus molendinum de Comporté habeat proprium. Sin autem ut supra dictum est sine fine communiter habeantur, ita erit de molendinis ; hochia communiter arbergabitur. Et postea quam investita fuerit, si nobis placuerit, per medium parietur, isto dumtaxat excepto quod neque cliens neque miles in hochia humquam hospitabitur, nisi soli rustici. Hæc concordia ita firmata est, quod ipse Petrus et successores sui ab omni chalumnia nobis vindicabunt, et nos similiter. Hæc concordia nobis et sibi bona facta est, in divisione Romanæ et Pictavensis ecclesiæ, anno ab Incarnatione Domini millesimo centesimo tricesimo tertio, epacta duodecima, concurrens v, luna duodecima, indictione xi, regnante Ludovico rege Francorum, Guillelmo Aquitanorum duce. Testes sunt : Archimbaldus prior, Fulcherius subprior, Aimericus sacrista, qui hanc cartam dictavit, Rainaldus monachus, Hugo monachus, Stephanus Bertaudus monachus, Goscelmus Pastet monachus ; laici : Raterius Petrus, Petrus Maintrolia, Aimericus filius ejus, Hugo Rex, Adamus, Tetbaud Agorret, Petrus Crestiens, Radulfus Bisart, Ivo presbiter, Girbertus Rebolet.

CCXCVII

Laurent Châtris et sa famille renoncent en faveur de l'abbaye de Saint-Maixent à leurs prétentions sur le jardin de Mouillepié (Orig., bibl. de Poitiers, n° 12. D. Fonteneau, t. XV, p. 677, donne aussi cette pièce d'après le cartul., p. 322).

1133.

††††††[1] Liquet universis sanctę ęcclesie fidelibus Laurencium Castratum et Josbertum cum conjuge sua et Givetum cum conjuge sua erga abbatem Gaufridum et alios monacos sancti Maxencii de orto Mullepe injustam habuisse quęrimoniam. Quam querimoniam, quamvis injustam, abas et alii monachi nolentes, pro placito dedere illis quadraginta solidos et bocillium de la Fochart. Hoc autem placitum concesserunt, facientes signa sua in cartula super altare sancti Maxencii, Laurencius Castratus, et Josbertus, et conjux Josberti neptis Laurencii, et Givetus, et due filię Josberti. Audientibus : Laurencio monacho, et Andrea monacho, et Vilelmo capellano de Tairec, qui hanc cartam composuit, et Pocardo, et Vilelmo Baronello, et

---

1. Ces six croix sont autographes.

Gauterio capellano de Vultrone, et Thoma medico, et Rafino, et Reginaudo de Talemunt, et Petro Salemunt, et Constancio Sanz Boche, et Andrea, et Morino, et Vilelmo Tuebo, et Johanne de Azai, Durando de Dumvir existente priore de Fondesloia. Anno millesimo centesimo trigesimo tercio a Passione Domini, regnante Lodovico rege Francorum et Villelmo duce Aquitanorum, et Isemberto de Castellione cum uxore sua Aelina.

CCXCVIII

Rappel des hommages faits à l'abbé de Saint-Maixent par le vicomte d'Aunay et par son fils (D. Fonteneau, t. LXVI, p. 351, d'après le cartul., fol. 30 v°).

Entre 1087 et 1134.

Vicecomes de Oniaco fuit [1] Ade abbati et Roberto et Garnerio; Guillelmus, filius suus, Goffredo. Testes sunt : Ugo Lobet, Tireolus tenebat cum manu Rainaldum Pilotum, Arnaldus [2].....

CCXCIX

Reconnaissance donnée par Hugues de Vivonne à l'abbé de Saint-Maixent qu'il tient à cens de lui son bourg sis dans ladite ville (D. Fonteneau, t. LXVI, p. 305, d'après le cartul., p. 16).

Entre 1107 et 1134.

Sepius accidit quod subreptionem oblivio ingerat. Idcirco posterorum cautele intimare studemus quod Hugo de Vivone, de omnibus que possidet in villa sancti Maxentii, est homo abbatis et reddit de burgo suo novem denarios et II m. de censu, ita quod ipse recognovit. Hoc audiente Tirolio [3] et Goffredo Venderio.

---

1. *Homo* a été oublié entre *fuit* et *Ade* (Note de D. F.).
2. Il manque un mot après *Arnaldus* (Note de D. F.).
3. Le *Tirolius* de cet acte et le *Tireolus* de l'acte précédent nous semblent être les mêmes personnages, ce qui nous permet, à défaut de date, de placer celui-ci sous l'abbatiat de Geoffroy II.

CCC

Guillaume, fils de Jean d'Isernay, renonce en faveur des religieux de Saint-Maixent à ses prétentions sur la maison des moines et sur leur verger à Isernay, en retour de quoi Erance, l'obédiencier du lieu, lui abandonne une ouche et lui donne dix sous (D. FONTENEAU, t. LXVI, p. 213, d'après le cartul., p. 300).

Vers 1107 à 1134.

In nomine Domini. Ego Guillelmus, filius Johannis de Isernai, omnia que querebam in domo monacorum et viridario apud Isernai concessi sancto Adjutori Maxentio in capitulo, videntibus monachis sedentibus et plurimis laicis subtus scriptis, habuique ab Erancio monacho obedienciario ejusdem loci unam ocham terre in mutuatione et x solidos in caritate. Similiter ego Arbertus frater ejus concedo omnia que frater meus dedit. Hoc donum concesserunt ambo, et cum hoc libro super altare posuerunt, et cruces istas manibus suis firmaverunt. S. Guillelmi. S. Arberti. S. Hugonis. S. Beraudi. Testes sunt hujus doni : Ebroinus Beireverius, Gofredes Rudes, Johannes Arroget, Guillelmus.

CCCI

L'abbé de Saint-Maixent convient avec Foucaud de Niort que celui-ci conservera, sa vie durant, un mas de terre qu'Arsende, sa sœur, avait légué audit monastère, sous réserve de certains devoirs (D. FONTENEAU, t. LXVI, p. 323, d'après le cartul., p. 124).

Entre 1108 et 1134.

Quoniam legibus mortis fragilitas cotidie humana succumbit, oportet ut unusquisque de rebus sue proprietatis Deo aliquid fideliter offerat dum vivit. Cujus sollicita equissime examinationis juditio, soror Forcaldi de Niorto, nomine Arsendis, in hora obitus sui, monachis sancti Maxentii unum mansum terre magne randi pro salute animæ suæ eis reliquid. Quam frater suus Focaudus habere volens, post excessum soris [1] sue expetivit ab abbate quatenus post cursum vite sue cum omni peculio atque edificio pariterque undecim denariorum censum eidem monasterio restitueret, nemine contradicente. Quod ut per succedentia temporum spacia majorem obtineat vigorem, hanc cartam suo assensu scriptam Focaudus, unaque filii sui nomine Abietet [2] et Willelmus, super altare sancti Maxentii posuerunt, manuque propria firmaverunt, quatenus posteris omnibus inconvulsa permaneat. S. Focaldi qui terram tenuit. S. Abiete filii ejus. S. Willelmi filii ejus. S. Ucberti de Niorto. Scripsimus etiam nomina eorum qui huic rei testimonii causa interfuerunt. S. Gausfredi fratri abbatis. S. Archembaudi. S. Constantini Rufi. S. Rosceti. S. Lamoni. S. Wosleni. S. Aymerici Comitis. S. Drogoni. S. Woscelmi.

CCCII

Hugues Loubet, à la suite d'un combat judiciaire, est forcé de renoncer à ses prétentions sur la viguerie du bourg de Martin Éperon (D. Fonteneau, t. LXVI, p. 313, d'après le cartul., p. 304).

Entre 1108 et 1134.

Ego Martinus Esperuns volo ut presentes sciant et futuri quod ego et Hugo Lobet, filius Gisleberti, habuimus contentionem quia Hugo injuste querebat vicariam in burco meo, quod habeo de sancto Adjutori Maxentio, domino meo proprio, et fuit ad hoc perventum ut bellum fieret per duos homines ; quod fuit factum in insula Gauterii Corone, et fuit homo suus victus qui vocabatur Dorinus. Johannes autem de Sancto Barduns, meus homo, coram omni populo vicit eum, et mille testes fuerunt de hoc

---

1. *Soris* pour *sororis* dans le cartulaire (Note de D. F.).
2. Dans la marge de la charte est écrit de l'écriture du XIIe siècle : *Abiete genuit Arsendim, Arsendis habuit Fulcaut et Arsendim, Fulcaut item genuit Fulcaut, genuit Abiete Guillelmum* (Note de D. F.).

bello, et ut cercius sciatur, nominabo quosdam qui fuerunt : Petrus Vezola, Hugo Aguluns, Petrus Brunet, Garinus Cordusos et frater ejus Fradinus Portafais, Andreas Cruisvin.

CCCIII

Jean, aumônier de l'abbaye de Saint-Maixent, achète des fours et des terres à Pamprou, Gentray et autres lieux (D. FONTENEAU, t. XV, p. 613, d'après le cartul., p. 292).

Entre 1108 et 1134.

Temporibus domni Goffredi abbatis, ego Johannes elemosinarius adquisivi in elemosina, ipso domno abbate precipiente et suggerente, ea que subscripta sunt in hac cartula : quatuor sextarios de sigula in area ad Pampro et receptus denariorum v solid. ; furnum quod fuit Ademari Toselini, quod est inter me et Hugonem Arbertum, de quo sciatur in futurum quia conventum est ut elemosinarius faciat domum de foris totam, et furni et officinarum medietatem, et aliam alter qui habuerit, et parciantur que exierint ; furnum quod fuit Frotbaudi quod est inter me et Gislebertum Grosgrent, et de illo talis convenientia est ut faciat dimidium et officinas, et dimidium accipiat que exierint ; tres minatas terre, que sunt in monte Gentrai, quas emi a Berardo sutore, et unum quarterium prati, quod emi a Rotberto carpentario et filiastra sua ; et alio loco duas sexteradas de terra, quam item emi de Maria, filia Girardi ; terram Johannis Calvet circa vii sexteradas et pratum et domus, quas restauravi post ignem.

CCCIV

Geoffroy, abbé de Saint-Maixent, donne en sergentise fieffée à Adémar Minson une portion des droits que l'abbaye possédait à Romans (D. FONTENEAU, t. XV, p. 551, d'après le cartul., p. 268).

Entre 1108 et 1134.

Dominus abba Goffredus dedit Ademaro Minçun in

balliam [1], quamdiu ei et monachis bene servierit et cum eis recte steterit, de terra sancti Maxentii, quam habemus apud Rothmancium, extra illam quam monacus proprie agricolaverit, viciam et peisum et tertiam partem de districtis et honoribus, que monachus ante se dijudicaverit, et ipse Ademarus non coegerit venire nec per se dijudicaverit. Abbas quoque eum in hominem accepit, taliter ut deinceps nostra defenderet et servaret sicut fidelis et bonus serviens.

CCCV

Aimeri du Pont, pour être inscrit dans la remembrée de Verruye, fait don à cette église d'un pré sis près du village de Peiré (D. FONTENEAU, t. XV, p. 555, d'après l'original).

Entre 1108 et 1134.

Ego Aimericus de Ponto, intuens futuram penam peccatoribus promissam et veniens ad mortem, beatum Martinum patronum meum et intercessorem apud Deum volui facere, et ideo unum quarterium [2] quod habebam in flumine Igoria, juxta villam de Peiré, dedi ad obedienciam Verruce jure perpetuo, et ideo dedi ut omni die dominico ad parrochiam fiat rememoratio mea in ecclesia pro me et omnibus qui ibidem in cimiterio mecum jacent. Garinus cognomento Meschins, filius Ramnulfi Garini, cujus feodi erat, concessit in manibus domini Goffredi abbatis in auditorio cum buscha, videntibus et audientibus : Gisleberto Faimbet, ... Goffredo, Rotberto Droet nepote abbatis, Arnaldo monacho, Raïnaldo monacho, Pipino. Habuit ipse Garinus duos solidos ab ipso Arnaldo monacho, quos reddidit ei Johannes Guntart presbiter de Aziaco.

---

1. Ce fief fut plus tard désigné sous le nom de la Baillie de Romans.
2. Le mot *prati* a dû être omis par le scribe.

CCCVI

Guillaume de la Roche donne à l'abbaye de Saint-Maixent quelques terres sises auprès d'Isernay (D. Fonteneau, t. XV, p. 615, d'après le cartul., p. 306).

Entre 1108 et 1134.

In nomine Domini. Ego Guillelmus de Rocha, in infirmitate positus, reminiscens peccatorum meorum que inique egi, pro remedio animæ meæ et parentum meorum dono beato Adjutori Maxentio unum quarterium prati, et duos virnaudos [1] de terra, scilicet unam ocham dimidiam, que est apud Isernai, unde dalt (sic) sunt nobis. . . . [2]. Hoc donum fuit in capitulo factum sancto Maxentio et domno Gofredo abbati et omnibus senioribus loci illius sedentibus. . . . videntibus testibus subtus scriptis et convenerunt de dom[inis] carnalibus servare et quiptare. Guillelmus de Rocha. Gai. . de Rocha. Ugo de Rocha. Arveus de Rocha. Uxor ejus Lucia et filii et filia.

CCCVII

Traité entre Geoffroy, abbé de Saint-Maixent, et Renoul Benoît, au sujet de salines que ce dernier avait établies (D. Fonteneau, t. XV, p. 611, d'après le cartul., p. 286).

Entre 1108 et 1134.

Sciant presentes et futuri quod Ramnulfus Benedictus fecit unam novam salinam a fundamento ad opus sancti Adjutoris Maxentii, et ideo domnus abba Goffredus cum quo placitatus est hoc facere, et cujus temporibus facta est, medietatem ei dedit et heredibus suis in perpetuum

---

1. Le mot *virnaudus* semble être une variante du mot *virnellus* donné par le glossaire de Du Cange et que celui-ci croit avoir été employé pour *jornellus*, journal.
2. Les endroits où l'on voit des points sont déchirés (Note de D. F.).

cum consensu capituli sui et concessum est ei in capitulo. Alias quoque duas salinas, quarum una vocatur Abbagns et alia Alodus, habet et facit, et postquam mestivam suam habebit acceptam, habebit sanctus Maxentius quatuor partes et ipse quintam.

CCCVIII

Aimeri Rufin, en se faisant moine dans l'abbaye de Saint-Maixent, donne aux religieux ce qu'il possédait à Pamprou ; Pierre Rufin, son frère, avec sa femme et son fils, confirme ensuite ce don (D. FONTENEAU, t. XV, p. 587, d'après le cartul., p. 301).

Entre 1110 et 1134.

Ego Aimericus Rufinus desiderans monachicum habitum, veni ad sanctum Maxencium, et quesivi eum, et per manus domni Goffredi accepi eum, et dedi feodum meum quod habebam a Pampro, scilicet v solidos, et sextarios v de avena, videntibus testibus subtus scriptis, Ugone priore [1].

Postea ego Petrus Rofinus veniens in capitulo, ante domnum Goffredum abbatem dedi sancto Adjutori Maxentio ea que frater meus Aimericus donaverat, et affirmavi cum uxore mea Lopea et filio meo Petro. Videntibus testibus laicis subtus scriptis et monachis sedentibus in capitulo. S. Petri. S. Petri filii sui. S. Guillelmi fratris Petri. S. Johannis de Augé. S. Petri Pulverelli. S. Stephanus Judex. Goffredus Rudeas. Guillelmus Veger. Petrus infirmarius. Seguinus et alii multi.

---

1. Par suite de la présence du prieur Hugues Bollète à cet acte, il s'en suit qu'il a dû être passé entre 1110 et 1114 au plus tard, mais la ratification que nous trouvons à la suite peut être de beaucoup postérieure et n'appartenir qu'aux dernières années de l'abbatiat de Geoffroy.

CCCIX

Girbert de Bessines vend à l'abbaye de Saint-Maixent tout ce qu'il possédait à Verrines (D. Fonteneau, t. XV, p. 605, d'après le cartul., p. 137).

Entre 1117 et 1134.

Girbertus de Baisinia cum vendidisset omnia que habebat apud Vetrinas G. abbati sancti Adjutoris Maxentii, reclamabat, occasiones querens ; postea veniens in capitulum nostrum ipse et filius suus Guillelmus concesserunt omnia que apud Vetrinas habebant, et signo crucis in pergameno facto, super altare confirmaverunt. Goffredus vero abbas et capitulum pro vendicione et concessione dedit illis xviii solidos, et singulis annis in area Vetrinarum unum sexterium frumenti, et aliud siliginis, promisitque fidem suam ut semper ipse et filius ejus ab omni chalumpnia vindicarent. Testes sunt : Giraudus de Rigaudana, Tetbaudis Mainentia, Guillelmus de Veceria miles, Radulfus Bisaiet, Salpedus ; monachi : Guillelmus infans et Johannes de Mota, Petrus Demer. Facta est hæc carta Guillelmo Aquitanorum duce, et Guillelmo Pictavorum episcopo.

CCCX

Notice des difficultés engagées entre Pierre de la Chaise, curé schismatique de Saint-Léger, et les religieux de Saint-Maixent, lesquels avaient brisé une seconde cloche qu'il avait fait placer dans son église et un autel qu'il avait fait élever sans aucun droit (D. Fonteneau, t. XV, p. 681, d'après le cartul., p. 23).

1135.

In tempore scimatis, quando dissessio erat inter Innocencium papam et Petrum Leonem scimaticum, et Willelmum Adelelmi episcopum Pictavensem et Petrum Castri Airaudi scimaticum, Petrus de Casa scimaticus serviebat capellam sancti Leodegarii in tempore scimatis ; in qua capella non debebat habere nisi unum cimbalum, et misit ipse alium contra usum ecclesiæ et voluntatem monachorum ; insuper quoddam altare edificavit. Quod audientes monachi fregerunt cimbalum et altare similiter.

Postea venit in istas partes Romane sedis legatus Willelmus de Paucia [1], ante cujus presentiam venit querela ista ; qui ut audivit, assignavit monachis et clericis diem in dominica qua cantatur *Oculi mei*, ut in presentia ejus negotium istud difineretur. Interim abbas ingressus est viam universe carnis [2] et supradictus cardinalis recessit a partibus istis, et ita restat adhuc dies non indefinitus.

CCCXI

Notice d'accensements de places et de maisons en la ville de Saint-Maixent, faits par l'abbé Pierre Raymond (D. FONTENEAU, t. XV, p. 685, d'après le cartul., p. 5).

Vers 1134.

In principio quando abbas Petrus Raimundus venit in abbatiam venit. . . . magister [And]reas Cobaut, et deprecatus est eum ut daret ei quandam plateam in hac villa, in qua edificaret sibi domum. Abbas res[puit] quia nolebat dare possessiones clericis, quia multa [dampna] veniebant abbatiæ. Tandem concessit ei supradictam plateam, tantum in vita sua censuatim. Quidam rusticus istius ville, Reginaldus Rosseas, habebat quandam domum juxta istam plateam, quam tenebat de quodam milite, qui dicebatur Hugo Marcheron ; qui Hugo, in infirmitate positus, dedit [Deo] et beato Maxentio in helemosinam domum supradictam ; post militis mortem [et] Reginaldi Rossea

---

1. Sous le pontificat d'Innocent II, on ne trouve pas de cardinal de ce nom; il doit s'agir de Guillaume, cardinal évêque de Préneste.
2. Geoffroy, abbé de Saint-Maixent, mourut le 9 janvier 1134.

magister Gauterius deprecatus est abbatem ut augmentaret domum illam domo, quam ipse dederat fratri suo similiter censuatim ; quam abbas concessit ei tantum in vita sua. In platea, quam abbas dederat fratri suo, habebat tres solidos censuales, et in domo Reginaldi duo. Ex altera parte, juxta introitum domus magistri Gauterii habebat quandam domum Hugo Blangardus, que fuit data in helemosina beato Maxentio; illam reclusit infra ambitum domus sue sine ullo censu ; cum ipse deberet reddere annuatim octo solidos. . . . totum post mortem ejus ad ecclesiam debet reverti, et ex latere domus sue occupavit medietatem domus Aimerici Marot, sine alio præcepto, que domus movet de sancto Maxentio.

CCCXII

Hugues VII le Brun, sire de Lusignan, rend hommage à l'abbé de Saint-Maixent, pour ce qu'il tient en fief de l'abbaye (D. FONTENEAU, t. XV, p. 693, d'après le cartul., p. 311. Il en donne aussi un extrait, t. LXVI, p. 94).

Après le 8 août 1137.

Pandimus noticie tam presencium quam futurorum, quod Ugo de Lizigniaco cognomine Brunus venit in capitulum ante presentiam domni Petri abbatis et ceterorum monachorum, fecitque ominium suum abbati Petro, eodem modo quo parentes sui abbatibus sancti Maxentii antea fecerant, et postea reddidit ei abbas feodum suum juste et recte, sicut antecessores sui abuerunt, et insuper quingentos solidos solummodo, non pontaneus [1], grerra coactus, sine altera donacione et requisitione, que in nominio suo erant, et sciant omnes firmissime quia ne plus abet, ne plus unquam abuit i denaris, licet ipsos solidos genitores sui sancto Maxentio et abba-

---

1. Le latin de cette charte est très barbare et le texte fourmille de fautes d'orthographe.

tibus hac monachis pro remedio animarum suarum antea reliquisent, ut repperimus in cartis nostris. Hujus rei stestes sunt presbiteri : Petrus camerarius, Giraldus de Rigaudem, Willelmus Aldeberti ; milites : Hugo de Rocafor, Alo Lobet, Martinus Experum ; famuli : Birochum, Petrus Garnau, Arnaudus quoqus ; monachis : Johannes et Tetbaudus, pueri. Anno ab Incarnatione Domini millesimo centesimo trigesimo septimo [1].

CCCXIII

Elie Morand et ses frères donnent à l'abbaye de Saint-Maixent un jardin près d'Isernay (D. Fonteneau, t. XV, p. 745, d'après le cartul., p. 337).

5 mars 1141.

Notum sit hominibus tam futuris quam presentibus, quod Elias Morandi et fratres ejus, pro redemptione animarum suarum et parentum eorum, dederunt beato Maxentio in capitulo ortum, quem tenebat Johannes Chosmant, et terram que est juxta pratum. Ipsum vero prædictum Johannem, quem ceperat Helias, quia suum esse dicebat, ita absolvit ut nec in eum, nec in rebus que ad ecclesiam sancti Germani pertinent, amplius aliquid querere presumat. Hujus rei testes sunt : Rainaldus clericus de Motha, Petrus Chamberlens, Angotus, Guillelmus Venderius, Babotus, Martinus Esperuns. Facta cartha iii nonas martis, regnante Ludovico rege, Petro existente abbate, Grimoaldo episcopo, luna XXII.

---

[1]. La suite a été rejetée à la marge, où on lit, de la même écriture que la charte, ce qui suit : *Willelmo comite mortuo apud sanctum Jacobum, et in loco ejus Ludovico rege puero...* Le reste, qui consistoit en quatre ou cinq mots, est déchiré et étoit également une suite de la charte, qui ne pouvoit pas être écrit au bas parce qu'il n'y avoit pas d'espace (Note de D. F.). Louis le Gros mourut le 1er août 1137 et son fils et successeur Louis le Jeune, qui avait épousé à Bordeaux, au commencement du même mois, Aliénor, la fille du comte Guillaume IX, mort à Compostelle le 9 avril précédent, se trouvait à Poitiers le 8 août.

CCCXIV

Abandon fait en faveur de l'abbaye de Saint-Maixent, par Guillaume Arborde et son frère Hugues, de leurs prétentions sur neuf quartiers de vignes sises en Charnai (D. FONTENEAU, t. LXVI, p. 315, d'après le cartul., p. 323).

13 mai 1141 [1].

Noscant presentes et posteri quod Willelmus Arborde et frater ejus Hugo, qui in chalumpnia novem quarteria vinearum ad Charnai tenebant et possidebant, venerunt quadam die in capitulum coram fratribus, feria scilicet tercia ante Pentecosten, quod est tercio idus maii, et quod injuste possederant, Deo atque sancto Maxentio libere et expedite possidenda reliquerunt. Videntibus et audientibus testibus istis : Martino scilicet Esperun, et Babolet, et Rainerio atque Willelmo Viau, et Briento sacrista. Hos nostros testes conservet vita superstes.

CCCXV

Luneau et Rainaud, son frère, donnent à l'abbaye de Saint-Maixent un demi-arpent de terre à Jaunay (D. FONTENEAU, t. XV, p. 719, d'après le cartul., p. 322).

1141 ou 1142.

Notum sit omnibus tam presentibus quam futuris, quod Lunellus et Rainaldus fratres concesserunt Deo et sancto Maxentio dimidium jugeris terre de Jauniaco, quod pater suus Gauterius Josleni, quamdiu vixerat, possederat. Isti vero filii ipsius, pro anima patris sui et sua, absque prorsus omni retinaculo concesserunt illud, ut supradictum est, Deo et sancto Maxentio in presentia totius capituli, dompno Petro abbate ceterisque fratribus videntibus, et Johanne presbitero de Aziaco, et Birochun, et Petro Garnaldi, et Petro Ebroardi, regnante Ludovico rege et duce Aquitanorum, Grimoaldo episcopo Pictaviensium.

---

[1]. Durant le temps où Brient fut sacristain de l'abbaye, le mardi de la Pentecôte n'est tombé le 3 des ides de mai qu'en 1141.

CCCXVI

Herbert Girbert et son père restituent à l'abbaye de Saint-Maixent quatorze quartiers de vigne qu'ils avaient usurpés sur elle (D. Fonteneau, t. XV, p. 723, d'après le cartul., p. 338. Il en donne aussi un résumé, t. LXVI, p. 94).

14 avril 1142.

Utili et valde necessaria provisione a patribus sancitum est, ut quotiens res digne memoria geruntur a nobis, litteris mandentur, et per eas venture generationi notificarentur. Nos igitur posteris nostris notificamus quod Herbertus Girberti et pater ipsius quatuordecim quarterios vinearum injuste diu tenuerunt. Quod cum comperisset Temerius prepositus ecclesiæ, relatione Tetbaudi Richardi, cui etiam pro hoc ipso dedit cappam novem solidorum, monuit supradictum Herbertum ut sancto Maxentio redderet quod injuste abstulerat. Ille vero noluit, sed respondit se nequaquam dimissurum quod pater suus et frater diu tenuerant. Temerius igitur prepositus homines, qui vineas illas colebant, prohibuit ne vineas illas ultra colerent. Videns itaque Herbertus Girberti supradictas vineas destructas atque desertas, in curiam monachorum venit, et in presentia domni Petri Raimundi abbatis et Willelmi de Murciaco, et Gaufredi elemosinarii atque supradicti Temerii prepositi illas supradictas vineas sancto Maxentio dereliquit. Habuit autem pro hac redditione a supradicto preposito Temerio decem solidos. Testes hujus rei sunt ipse Herbertus, Archembaudus Borrellus, Constantinus Garrellus. Hæc autem carta facta est a Gauterio Cluniacensi monacho, anno ab Incarnatione Domini millesimo centesimo quadragesimo secundo, XIII die aprilis, luna XVI, Ludovico rege Francorum regnante in Francia et in Aquitania, Petro Raimundi existente abbate.

CCCXVII

Aimeri Tascher remet à l'abbaye de Saint-Maixent le muid de blé que chaque année les religieux étaient tenus de lui payer (D. FONTENEAU, t. XV, p. 743, d'après le cartul., p. 323).

Entre 1135 et 1142.

Volumus sciri ab universis hominibus quod Aimericus Tascherius, qui habebat unum modium annone de sancto Maxentio, venit quadam die in tempore abbatis Petri Raimundi in capitulum coram fratribus, et illum modium annone, quem habebat ab eis singulis annis, finivit et reliquid Deo et sancto Maxentio et fratribus libere, videntibus et audientibus istis testibus : Guillelmo Venderio, Tetbaudo Richardo, Petro Morino, Archimbaldo Borello, Brientio sacrista, et Petro Garnaldo.

CCCXVIII

Payen et Eodin, enfants de Pierre Aufredi, abandonnent à l'abbaye de Saint-Maixent la terre qu'ils avaient en dehors des murs de la ville, auprès de la maison de Constantin Roux, en échange de certaines redevances auxquelles ils étaient tenus envers elle (D. FONTENEAU, t. XV, p. 763, d'après le cartul., p. 324).

Entre 1135 et 1142.

Que nos agimus, ideo scribimus, ne apud posteros oblivioni tradatur. Significamus igitur vobis quod Paganus et Eodinus fratres, filii Petri Aufredi, pro centum solidis, quos debebant abbati de placito, dederunt terram quam habebant extra muros juxta domum Constantini Rufi. Ea propter domnus abba Petrus reddidit eis quatuor sextarios annone, que singulis annis eis auferebat pro placito. Et prepositus condonavit eis tres solidos et tres obolos, quos debebant de censura. Terram supradictam concesserunt in capitulo domno Petro abbati et omni conventui, remoto omni scripulo occasionis. Hujus rei testes sunt : Martinus Hesperuns, Birochuns, Willemus Venderius, Brientius sacrista.

CCCXIX

Renaud Claret abandonne à l'abbaye de Saint-Maixent ce qu'il tenait d'elle en fief (D. FONTENEAU, t. XV, p. 727, d'après le cartul., p. 323. Il en donne aussi un résumé, t. LXVI, p. 94).

1142, avant le 27 juillet.

Ne temporis vetustas deleret que agimus, posteris scribendo tradere curavimus. Notum igitur fieri quod Renaldus Claret, coram domno P. abbate et omni conventu in capitulo beati Maxentii, totum fedum quod habebat ex abbate, et de quo proprium hominium facere debuerat, ex toto postposuit, omnium suorum extirpata querela. Unde quindecim libras ab abbate accepit. Hujus rei testes sunt : Angotus Babotus, et frater ejus Burochuns, Petri Garnaudi, Guillelmus Vitalis. Anno ab Incarnatione Domini millesimo centesimo quadragesimo secundo, luna secunda, regnante Ludovico rege, Grimoardo Pictavensi episcopo [1].

CCCXX

Geoffroy de Rochefort, aumônier de l'abbaye de Saint-Maixent, achète pour le bien de cet établissement sept quartiers de prés d'Adémar Austench (D. FONTENEAU, t. XV, p. 731, d'après le cartul., p. 339. Il en donne aussi un extrait, t. LXVI, p. 94).

1142, après le 27 juillet.

Sagax prudentissimorum sollercia virorum dampna fugiens pati oblivionis, res quas bene gesserant, memorie stilo mandari constituit, ut longe preteritorum quantumlibet tanquam presentium sine sollicitudinis molestia memores permanerent. Nos igitur, eorum vestigia quoad possumus imitantes, nostrisque posteris pio affectu consu-

---

1. Grimoard, évêque de Poitiers, mourut, selon le *Gallia*), t. II, col. 1174), à Fontevrault, le 27 juillet d'une année indéterminée. Du Temps (*Le Clergé de France*, t. II, p. 415) place ce fait en 1140 ; notre acte témoigne qu'il eut lieu en 1142.

lere volentes, cunctis hujus sancti conventus ceterisque ecclesiæ Dei catholicis notificari volumus, quoniam Petro Raimundo ecclesiæ pro abbate presidente sancti Maxentii, Gaufridus de Rocheforth, elemosinarius, vir bone memorie, ad honorem Dei et beatorum Christi pauperum recreationem, ab Ademario Austench et sore [1] ejus Florie emit vii quarterios pratorum quatuor libris et quinque solidis ; que quidem emptio, ut firmior haberetur atque in eternum irrefragabilis permaneret, eam concesserunt ipsemet Ademarius Austench et soror ejus predicta Floriæ. Item Ademarius Austench, ad majorem adhuc rei hujus constantiam, fecit ut eam filius suus concederet necnon etiam frater ejus quidam similiter, et pronominata soror ejus Floria fecit ut filii sui et filiæ non minus huic consentirent emptioni. Hujus autem emptionis sunt testes : ipse Gaufridus de Rocheforth, qui hanc fecit emptionem, et Petrus sacrista, Petrus etiam archipresbiter ; preterea laici quam plures : Johannes de Adai, Willelmus Jafrechou, Petrus Borrelli, Arnaldus cocus abbatis, et alii plurimi. Facta autem fuit hæc carta anno ab Incarnatione Domini millesimo [2] quadragesimo secundo, Gregorio papa Romano [3], Gisleberto Pictaviense episcopo, Petro sancti Maxentii abbate, Ludovico rege Gallorum et consule Pictavorum.

CCCXXI

Constantin Gairaud donne à l'abbaye de Saint-Maixent ce qu'il possédait auprès du verger du prieuré de Romans (D. FONTENEAU, t. XV, p. 747, d'après le cartul., p. 326).

1143.

Notificamus tam presentibus quam futuris quod Cos-

---

1. Ce mot est ainsi écrit dans le cartulaire pour *sorore* (Note de D. F.). V. plus haut *soris* pour *sororis* (n° CCCI).
2. L'auteur du cartulaire a oublié *centesimo* (Note de D. F.).
3. Ce pape est Innocent II, qui portait le nom de Grégoire avant son élévation sur le siège de Rome (Note de D. F.).

tantinus Gairaudus venit in capitulo nostro, et dedit beato Maxentio et monachis omnibus servientibus ei terram quam habebat juxta viridarium monachorum sancti Simphoriani de Romanz, pro animabus patris et matris et parentum suorum immo et sua maxime, in manu Guillelmi tunc prioris et omnium fratrum circumastancium ; suscepitque beneficium tocius monasterii, firmavitque donum istud tenendum in perpetuum ipse et Hugo Garinus, crucibus istis super positis. Regnante Ludovico rege, Goffredo Carnotensi legato, Gisleberto episcopo, anno millesimo centesimo quadragesimo tertio ab Incarnatione Domini. Signum Ob. . . S. Constantinet. S. Petri Christiani. S. Gauterii. . . . . Uxor ejus concessit postea apud Romanz, Martha nomine, vidente Johanne presbitero et Guillelmo nepote ejus.

CCCXXII

Guillaume, fils de Martin Éperon, donne à l'abbaye de Saint-Maixent ce qu'il possédait dans l'aire du prévôt-moine (D. FONTENEAU, t. XV, p. 751, d'après le cartul., p. 325).

1144.

Notificamus tam presentibus quam futuris quod filius Martini Esperuns Guillelmus, timore mortis compunctus, requisivit monachalem habitum et suscepit, deditque sancto Maxentio et omnibus ejus servitoribus omnia que in area prepositi monachi habebat et requirebat, concedente patre suo Martino Esperuns et Simone fratre suo et parentibus suis. Anno ab Incarnatione Domini millesimo centesimo quadragesimo quarto, Ludovico rege, Gisleberto episcopo, videntibus istis : Birochuns.

CCCXXIII

Fromond reconnait tenir en fief de l'abbé de Saint-Maixent la moitié d'un four qui lui avait été concédée non loin de sa demeure (D. Fonteneau, t. XV, p. 755, d'après le cartul., p. 325).

1144.

Iterum sciatur ab omnibus quod sanctus Maxentius medietatem furni habebat non longe a domo Frotmundi, qui longo tempore desertus fuerat; pro quo Frotmundus hominium Petro abbati fecit in capitulo sancti Maxentii, videntibus omnibus et concedentibus monachis, et duodecim denarios de censu reddendos ad festivitatem sancti Johannis uno quotanno concessit. Anno ab Incarnatione Domini millesimo centesimo quadragesimo quarto, Ludovico rege, Gisleberto episcopo. S. Asco Roset. S. Birochuns. S. Petri Venderii. S. Petri Borrelli. S. Archimbaldi Borrelli.

CCCXXIV

Hugues Rochon et ses fils renoncent à toutes les prétentions qu'ils avaient sur le bourg de Romans et ses dépendances, au sujet desquelles ils étaient depuis longtemps en lutte avec l'abbaye de Saint-Maixent (D. Fonteneau, t. XV, p. 759, d'après le cartul., p. 327).

1144.

Noticie cunctorum presentium ac futurorum significandum duximus, quod Hugo Roho et filii ejus occisione hominum et rapina diversorum suppellectilium abbatiam sancti Maxentii diu debellaverunt pro vico uno, quin-[1] aginorum et ortorum adjacencium, quem injuste deposce-

---

1. Il y a une lettre déchirée ; je crois que c'est un *p* ; en ce cas, il faudrait lire *quinpaginorum* (Note de D. F.). La supposition de D. Fonteneau ne nous semble pas devoir être admise, et nous croyons que la lettre qui manque est un *t* et non un *p* ; on aurait alors le mot *quintaginorum*, que ne donne pas, il est vrai, le glossaire de Du Cange, mais que l'on peut considérer comme un dérivé du mot *quintum*, droit de quint ou du cinquième, appelé cinquain dans les textes de la région de Saint-Maixent, lequel se levait sur les vignes ; *quintagina* seraient des terres plantées en vigne ou en treillots, soumises au paiement du droit de quint.

bant, donec ultio divina superbiam atque injuriam illorum confregit atque prostravit, ita ut Hugonem Rohonem filius suus letali vulnere in capite percuteret........ [1]; misericordia ipse tunc et filii sui culpam suam recognoscentes, et totum quod injuste super abbatiam querebant, relinquentes ac finientes, et sic absolucionem et communionem a diacono suscepit, et de hac vita migravit. Deinde filii cum matre mortuum suum ad abbaciam afferentes, culpam suam Petro abbati et monachis in capitulo primum confitentes, ac misericordiam querentes, de malis que injuriose contra eos perpetraverant et in presenti vicum totum finientes, sicque meruerunt absolvi, et mortuus in cimiterio a monachis sepeliri, datis sibi ab abbate septem libris Andegavensium ; insuper concessum monachum unum faciendum ex progenie illorum. S. Guillelmi prioris. S. Johannis armarii. S. Petri sacriste. S. Johannis et Petri puerorum. Anno ab Incarnatione Domini millesimo centesimo quadragesimo quarto. S. Hugoni de Rocaforti. S. Petri Enjoger et aliorum plurimorum [2].

CCCXXV

Jean Rogoz et sa mère renoncent en faveur de l'abbaye de Saint-Maixent à des redevances de manger et de deniers qui leur étaient dues par le prieur de Romans (D. FONTENEAU, t. XV. p. 775, d'après le cartul., p. 306).

1145.

Sciant tam futuri quam presentes quod Johannes Ro-

---

1. Entre les deux mots est un autre si effacé qu'on ne peut le lire : il semble qu'on aperçoit *si autem* (Note de D. F.).
2. Cette charte contient la suite des faits exposés dans un acte de 1131 (v. n° CCXCII), qui nous apprend que le bourg dont il est question est celui de Romans; toutefois, dans l'acte de 1131, l'auteur de la donation est appelé *Rocho*, tandis qu'on lit seulement *Roho* dans celui de 1144 ; cette dernière remarque avait été faite par D. Fonteneau à la lecture des textes.

goz[1] et mater sua in capitulo sancti Maxentii venerunt ante abbatem Petrum, prandiumque trium hominum, quod ad festivitatem sancti Simphoriani de obedientia nostra de Romanz annuatim querebant, pro animabus suis et pro animabus parentum suorum Deo et sancto Maxentio perhemniter dereliquerunt. Iterum simili modo post septem annos ante Guillelmum priorem in capitulo venerunt, et duodecim denarios, quos ad festivitatem sancti Maxentii unoquodque anno de supradicta obedientia nostra de Romanz querebant, pro animabus suis et parentum suorum in perpetuum finierunt. Anno ab Incarnatione Domini millesimo centesimo quadragesimo quinto, Eugenio papa, Ludovico rege, Gisleberto episcopo. S. Guillelmi prioris. S. Johannis armarii. S. Petri Christiani. S. Bochardi et fratris sui.

CCCXXVI

Lettres d'Albéric, évêque d'Ostie et légat du Saint-Siège, qui ordonne qu'à l'avenir les abbés de Saint-Maixent nommeront les curés de l'église de Saint-Saturnin et des autres églises de cette ville, et que ceux-ci seront soumis en toutes choses à l'abbé, ainsi que les autres curés qui sont à sa nomination (D. FONTENEAU, t. XV, p. 771, d'après D. Martène, *Thesaurus anecd.*, t. I, p. 398 [2]).

Vers 1145.

A., Dei gratia Ostiensis episcopus, sanctæ sedis apostolicæ legatus, dilecto filio P., sancti Maxentii abbati, et loci ejusdem fratribus ibidem famulantibus, salutem in Christo. Quia in regulari proposito Deo militantibus quietem necessariam experti sumus, vestræ quieti modis omnibus providere desideramus ; et quia pro ecclesia sancti Saturnini, ab

---

1. Ce *Rogoz* semble avoir un air de famille avec le *Roho* ou *Rocho* cité dans les actes de 1131 et de 1144.
2. D. Martène indique en marge qu'il a extrait cette pièce des manuscrits de Saint-Aubin d'Angers ; elle ne s'est pas retrouvée parmi les papiers de cette abbaye que possèdent aujourd'hui les archives de Maine-et-Loire.

ejusdem ecclesiæ capellanis et ab aliis multas perturbationes et molestias universitatem vestram cognovimus pertulisse, ut de cætero talia non sustineatis, auctoritate apostolica vobis precipimus quatinus decedente ejusdem ecclesiæ capellano, et aliarum ecclesiarum in villa beati Maxentii consistentium capellanis, tales deinceps capellanos eligere studeatis, qui in eisdem ecclesiis Deo servientes resideant, et de sibi commissis assiduam curam gerant. Capellanis vero qui a vobis beneficium temporale accipiunt, et altario crucis deserviunt, eadem auctoritate mandamus atque præcipimus quatinus ita divina misteria peragant secundum constitutionem vestram, ne vobis in aliquo molesti fiant; illis vero obeuntibus, nec vos, nec vestros deinceps successores ibidem capellanum aliquem constituere volumus, sed pro quiete vestra modis omnibus conservanda, beati Petri apostolorum principis auctoritate prohibemus.

CCCXXVII

Diplôme de Louis VII, roi de France, qui, du consentement de sa femme Aliénor, donne à l'abbaye de Saint-Maixent la forêt de la Sèvre (D. FONTENEAU, t. XV, p. 783, d'après un vidimus original de Geoffroy de Loroux, archevêque de Bordeaux [1]).

1146, après le 1er août.

Universis presentes litteras inspecturis, G., Dei gratia Burdegalensis archiepiscopus, salutem in vero salutari. Noverit universitas vestra quod nos litteras domini Ludovici regis Francie, non corruptas, nec in aliqua parte sui viciatas, inspeximus in hæc verba :

In nomine sanctæ ac individuæ Trinitatis. Ludovicus, Dei gratia rex Francorum et dux Aquitanorum, omnibus in perpetuum. Ad regie liberalitatis officium apte pertinere

---

1. D. Fonteneau, t. XV, p. 779, donne aussi le diplôme de Louis le Jeune d'après le cartul., p. 74. Ce texte n'offre d'autre différence avec celui du vidimus que nous publions, que le monogramme du roi placé à la fin de l'acte, entre les mots *Cadurci* et *cancellarii*.

disnoscimus ut ecclesiarum utilitatibus pia benignitate provideamus; cujus rei gratia, peticionem dilecti nostri R., venerabilis sancti Maxentii abbatis, benignius attendentes, ipsi et ecclesiæ sue ac successoribus ejus in posterum nemus nostrum, quod Savra dicitur, et terram pertinentem ad ipsum, cum omni integritate donamus. Ceterum servicia, que nobis a servientibus sive forasteriis ejusdem nemoris exibebantur, eadem nobis ex integro ipsa persolvet ecclesia, et inhabitantibus ibidem exercitus nostros et equitatus habebimus. Quod ut perpetue stabilitatis obtineat munimenta, scripto commendari, sigilli nostri auctoritate muniri nostrique nominis subter inscripto karactere corroborari, precepimus. Actum publice Stampis, assenciente Alienordi regina collaterali nostra, anno ab Incarnatione Domini millesimo centesimo quadragesimo sexto, regni vero nostri decimo, astantibus in palacio nostro quorum nomina subtitulata sunt et signa. Signum Radulfi Viromandorum comitis dapiferi nostri. S. Guillelmi buticularii. S. Mathei camerarii. S. Mathei constanbularii. De baronibus autem Pictavie videntibus et audientibus : Gaufrido de Rancone, Giraudo Berlai, Guillelmo de Mausiaco, et Stephano de Peilan. Data per manum Cadurci cancellarii [1].

CCCXXVIII

Bulle du pape Eugène III confirmant le don de la forêt de la Sèvre fait à l'abbaye de Saint-Maixent par le roi Louis VII, du consentement de sa femme Aliénor [2] (D. Fonteneau, t. XV, p. 767, d'après le cartul., p. 73).

24 février 1147.

Eugenius episcopus, servus servorum Dei, dilecto filio

---

1. Au bas du titre était un sceau qui est perdu (Note de D. F.).
2. D. Fonteneau donne à tort à cette bulle la date de 1145, puisque l'acte qu'elle confirme n'a pu être délivré qu'à la fin de 1146. Nommé le 27 février 1145, le pape Eugène III se retira à Viterbe, d'où il sortit en 1147 pour venir en France.

Petro abbati sancti Maxentii, salutem et apostolicam benedictionem. Que religiosis et venerabilibus locis a regibus seu ab aliis catholicis principibus devotionis intuitu offeruntur, ut in posterum firma permaneant, apostolicæ auctoritatis debemus munimine confirmare. Hoc itaque rationis debito provocati, peticioni tue, dilecte in Domino fili Petre abbas, gratum prebemus assensum, et donationem nemoris quod Savra dicitur, et terre ad ipsum pertinentis, a karissimo filio nostro Ludovico Francorum rege cum consensu Agenordi uxoris sue, tibi et monasterio sancti Maxentii factam, tibi et successoribus tuis et per vos eidem monasterio confirmamus et ratam in perpetuum manere sanccimus, salvis nimirum serviciis quæ prefatus Ludovicus rex, sicut in sue donationis cartula continetur, integre reservavit. Si quis igitur hujus nostre confirmationis paginam sciens contra eam temere venire temptaverit, secundo tertiove commonitus, si non satisfactione congrua emendaverit, clericus ecclesiastico beneficio, laicus vero christiana communione privetur. Data Viterbi quinto kalendas marcii.

CCCXXIX

Maingot de la Mothe, partant pour la croisade, et sa femme Orengarde donnent au prieuré de Saint-Germain d'Isernay la terre de la Pierrière, la moitié du moulin de Grant-Vau et la dime d'Isernay (D. FONTENEAU, t. XV, p. 689, d'après le cartul., p. 328).

1147.

Maingotus de Mota habebat terram quamdam de Petraria, quam dedit Deo et beato Germano cum parte aliqua cujusdam molendini, illius videlicet de Grant-Vau, et cum omni decima de Ysernai, concedente uxore sua Orengarde, et hoc super altare sancti Germani, presente Petro abbate et Villelmo de Marciaco tunc temporis priore, Tetmerio quoque preposito et Guillelmo monacho eo tempore ecclesiam illam seu obedientiam tenente. Laici vero qui hoc viderunt, Rainaldus clericus fuit et alius Rainaldus cognomento Engenaddus. Huic dono addidit et terram suam, que fuit Tetbaut Maubant, que est in ribaria, pro anima patris sui et pro salute animæ suæ. Hoc donum factum est quando ipse perrexerit in Jerusalem [1].

CCCXXX

Samson se reconnaît coupable d'avoir causé des dommages aux biens de l'abbaye de Saint-Maixent et se réconcilie avec elle (D. FONTENEAU, t. XV, p. 789, d'après le cartul., p. 72).

3 juin 1149.

Notum sit omnibus presentibus et futuris tam clericis quam laicis quoniam ego Samson, cum omnibus heredibus meis in nomine sanctæ et individuæ Trinitatis, cognoscens reatum et culpam terre sancti Maxentii, quam Arnaldus Mimerot possederat, pro qua multociens eidem ecclesiæ sancti Maxentii injuste molestus et injuriosus extiti, bona ipsius dilapidando, et violenter sepenumero asportando, volens per condignam satisfactionem et penitenciam hujus malefacti Deo, a quo multum elongatus fueram, et sanctis ejus reconciliari, devota mente ad prefatam ecclesiam sancti Maxentii accedo, ibique in capitulo in presentia domni Petri venerabilis abbatis ceterorumque ejusdem ecclesiæ reverendissimorum fratrum et aliorum honestissimorum virorum, quorum nomina subter leguntur, predicte querimonie finem cum omnibus heredibus meis

---

1. Les dates extrêmes entre lesquelles on pourrait placer cet acte étant 1134 et 1159, il n'est pas douteux qu'il est ici question de la croisade de 1147, à laquelle tant de Poitevins prirent part, à l'instigation de leur duchesse Aliénor. C'est à peu près à la même époque qu'il convient de placer deux actes qui ont été par erreur imprimés plus haut, p. 227 et 228.

facio, veniam delicti ab abbate et fratribus humiliter deposco, et de cetero me ecclesiæ auxiliaturum pro injuria quam feceram, firmiter promitto. Testium nomina hæc sunt : P. abbas Cellensis, P. Guarolie archipresbiter, W. de OEnglia, Aimericus Garolie castellanus, P. Christianus, P. Guarnaldi. Anno ab Incarnatione Domini millesimo centesimo quadragesimo nono, indictione octava [1], concurrente v, epacta viiii, tertio nonas junii, luna xxiii, domno Eugenio Romano antistite presidente, Ludovico Francorum rege et Pictavorum comite regnante. Acta est in capitulo sancti Maxentii feliciter. S. Samsonis †. S. Willelmi † filii ejus. S. Hugonis † nepotis ejus. S. † Mariæ uxoris ejus.

CCCXXXI

Renaud le Paysan, chevalier, partant pour Jérusalem, abandonne à l'abbaye de Saint-Maixent les vingt sous de rente qu'elle lui payait chaque année (D. FONTENEAU, t. XV, p. 735, d'après le cartul., p. 325).

Entre 1142 et 1149.

Quidam miles hujus vici nomine Renaudus Rusticus, timore et amore Dei compunctus et vie Jerusalem ubi ire volebat, ante portam beati Stephani martiris beato Maxentio et omnibus servientibus sibi dereliquid ac in perpetuum finivit vigenti solidos, quos in hac abbatia quotquot anno querebat, et pro quibus maxima mala jamdiu perpetraverat, in manu Guillelmi tunc prioris, videntibus monachis: Petro sacrista, Tetmerio preposito, et videntibus clericis : Petro Garolio archipresbitero, Airaudo ejus clerico, et vidente Ascone Rupho burgensi [2].

---

1. En 1149, l'indiction marquait 12 et non 8, qui doit être une faute du copiste (Note de D. F.).
2. Avant le chiffre iii on a voulu effaçer quelque mot et on a laissé iii : auparavant il y avait « sui » (Note de D. F.).

iii regnante rege Ludovico, Gisleberto Porrea episcopo, anno millesimo centesimo quadragesimo[1] ab Incarnatione Domini.

CCCXXXII

Liste des vassaux de l'abbaye de Saint-Maixent qui doivent fournir à l'abbé de l'argent ou des chevaux, quand le duc d'Aquitaine lui en demande pour aller au loin (D. FONTENEAU, t. LXVI, p. 355, d'après le cartul., p. 23).

Milieu du xiie siècle.

Omnibus tam presentibus quam futuris veraciter notum esse volumus, quod si forte acciderit ut domnus dux eat in longinca terra, et ab abbate ut mittat nummos vel equos[2], ipse debet querere hominibus suis videlicet : Fromundo militi, Bernardo Joscelmo, Guillelmo de Veceria, Simoni Oliverio, Reginaldo Petit, Gauterio Achon.

CCCXXXIII

Interdiction mise par l'abbé de Saint-Maixent, Pierre Raymond, à la levée par le prévôt de l'abbaye et Hugues de Rochefort d'un droit sur chaque cuisse de pain apportée du dehors pour être ven-

---

1. D. Fonteneau date cette charte de l'an 1142, parce qu'il suppose que le mot « secundo » aura été oublié par l'auteur du cartulaire; mais rien ne permet de restituer ce mot plutôt qu'un autre, et l'on pourrait placer cet acte aussi bien en 1142, date de l'élévation de Gilbert de la Porée à l'épiscopat, qu'en toute autre année de la série quarantenaire. Malgré la difficulté qui naît de la concordance exacte existant entre la date de 1140 et la troisième année du règne de Louis le Jeune, on ne peut admettre que le rédacteur du cartulaire ait trouvé dans la charte originale la lettre G, initiale du nom de l'évêque, et l'ait interprétée par « Gislebertus », au lieu de « Grimoaldus », et par suite considéré comme exacte la mention de 1140 ; car Pierre, le sacristain de l'abbaye, ne se rencontre pas avant 1142, et son prédécesseur Brient comparait dans un acte que l'on ne peut placer qu'en 1141 (v. n° CCCXIV). Il convient donc, dans le doute, de placer cette charte entre les dates extrêmes fournies par les données que nous avons recueillies, 1142 et 1149.

2. D. Chazal (Chronicon, cap. 93) a écrit: *et ab abbate requirat ut mittat homines vel equos.*

due dans la ville, jusqu'à ce qu'il en ait été décidé par justice (D. Fonteneau, t. XVI, p. 15, d'après le cartul., p. 340).

Entre 1135 et 1152.

Fuit contentio inter Hugonem de Rupeforti et Tetmerium prepositum temporibus Petri Raimondi abbatis propter vendam panis, qui veniebat de foris ad vendendum : Tetmerius accipiebat ad opus supervenientium hospitum de unaquaque conctia [1] panem unum vel denarium ; servientes vero jam dicti H. alium capiebant. Set predictus abbas liti volens finem imponere, consilio Gli. de Marciaco, Gli. de Javardae, P. Engoger, Gli. Talefer, Babot, P. Billas, P. Pionii, tunc temporis serviente, sic ordinavit, quod neuter illorum predictam vendam acciperet, donec concordia vel judicio finiretur........ quisque debeat accipere.

CCCXXXIV

Guillaume IV Larchevêque, seigneur de Parthenay, est homme lige de l'abbé de Saint-Maixent pour ce qu'il tient d'elle à Villiers, Saint-Lin, Beaulieu, Soustier, Vouhé, Cours, la Boissière et autres lieux (D. Fonteneau, t. LXVI, p. 321, d'après le cartul., p. 22).

Entre le 27 février 1145 et le 18 mars 1152.

Sciant omnes tam presentes quam futuri quod Willelmus Larcevesques, dominus Parteniaci, fuit homo abbati sancti Maxentii Petro Raimundo pro feodis plurimis, quos ipse habet de sancto Maxentio.....: Vilers, et in Gastinia : Sanctum Leonem et Bealoc, Soster, Voe,.... Cos, Boiseria. Tempore illo quo hominium istud factum erat regnabat

---

1. Ce mot, que ne donne pas le gloss. de Du Cange, doit dériver du latin *coctio*, cuisson; en Berry, l'expression « cuisse », qui en est la traduction littérale, a été conservée dans le langage populaire et signifie fournée, quantité de blé nécessaire pour cuire la provision du ménage, d'une fournée à l'autre (Joubert, *Gloss. du centre de la France*). Par extension il a signifié mesure de grain (v. *Chartes de Saint-Hilaire*, t. II, p. 445 et 447, aux mots *coccia, coxia, cuyssé*, et le gloss. de Du Cange à *cocia, cossa, cossia*).

Ludovicus rex Francie in Pictavia, et Eugenius sedem apostolicam gubernabat, et Gilebertus Pictavensem sedem. Testes sunt hujus rei : Willelmus de Marciaco prior, Johannes de Vetrinis armarius, Tetmerius prepositus ; laici : Giraudus de Mosol, Birojons et Babot frater suus, et Willelmus Vitalis et plures alii.

CCCXXXV

Aliénor, duchesse d'Aquitaine, remariée avec Henri, comte d'Anjou, concède à nouveau à l'abbaye de Saint-Maixent la forêt de la Sèvre, qu'elle lui avait autrefois donnée de concert avec son premier mari, Louis VII, roi de France, et qu'elle lui avait retirée aussitôt après (son divorce (D. Fonteneau, t. XVI, p. 21, d'après l'original).

27 mai 1152.

In nomine sanctæ Trinitatis. Ne oblivionis leto deleatur et ob hoc inter posteros altercationis scrupulus oriatur, ego Alienors, Dei gratia ducissa Aquitanorum et Normannorum, significo tam presentibus quam futuris quod cum essem cum rege Francorum regina, rege dante et concedente boscum de Savria cum pertinenciis ejus ecclesiæ sancti Maxentii in manu Petri, abbati ipsius ecclesiæ, predictum boscum et ego dedi et concessi ; a rege vero judicio ecclesiæ divisa, donum factum ad me revocavi. Postea vero, prudencium virorum consilio, precibus predicti abbatis, donum quod prius quasi nolens feceram, ex bona voluntate ecclesiæ dedi et concessi, et super altare missali superposito, Savriam cum omnibus pertinenciis suis beato Maxencio obtuli et donavi, Metuli primo facta promissione Petro abbati et donacione. Juncta vero Haierico, duci Normannorum, comiti Andegavorum, salvo jure meo, videlicet procuracione et expedicione, acta egi, donata donavi, concessa concessi, duce vidente, volente et concedente, boscum igitur de Savria cum pertinenciis suis ecclesiæ sancti Maxencii, et Petro ejusdem ecclesiæ abbati et successoribus ejus damus et concedimus habendum in perpetuum et possidendum. Hujus vero donacionis et concessionis testes sunt : Hugo vicecomes Castri Airaudi et Radulphus frater ejus, et Segebrandus Chabot, et Maigotus de Metulo, et Hugo de Rochaforti, et Saldebrol constabularius, et Briencius Chabot et alii plures, clerici, milites, burgenses. Ut autem hæc carta rata et illibata permaneat, sigilli mei munimine confirmo..... Hæc autem carta data est Pictavi per manum Bernardi cancellarii mei, anno millesimo centesimo quinquagesimo secundo ab Incarnatione Domini, sexto kalendas junii, Eugenio papa residente, Lodovico rege regnante, Gaufrido Burdegalensi archiepiscopo, Gisleberto Pictavensi episcopo [1].

CCCXXXVI

Guillaume de Gourdon donne à l'abbaye de Saint-Maixent la dime des oies qu'il percevait en la cour de Souvigné (D. Fonteneau, t. LXVI, p. 295, d'après le cartul., p. 21).

Vers 1142 à 1154.

Omnis igitur homo quem regit Dei protectio, in hujus seculi ergastulo celestia pro terrenis appetat omnimodo ut illic perpetuo fruatur gaudio; unde hic libero sua dispersit arbitrio. Namque sciens se summum beatudinis adquirere donum et justitie sue modulum per manus in eterne hereditatis subsidium, idcirco ego, Willemus de Gordun, do Deo et sancto Maxentio decimam de anseribus, quam accipiebam in curia de Sovigniaco, in manu magistri Arnaldi

---

1. Au bas du titre pend un sceau de cire blanche sans contre-scel, attaché à une touffe de soie rouge. Le sceau est presque tout rompu ; on n'aperçoit imparfaitement que la figure d'une femme depuis la ceinture jusqu'en bas (Note de D. F.).

archidiaconi [1], vidente Airaudo presbitero et Guillelmo Arberto et Boemundo [capel] lano Sancti Martini.

CCCXXXVII

Règlement de l'hommage lige que Moinet devra rendre à l'abbé de Saint-Maixent pour le fief de Guillaume Amélie (D. FONTENEAU, t. XVI, p. 27, d'après le cartul., p. 326).

Vers 1142 à 1154.

Ego Petrus, abbas sancti Maxentii, notum facio omnibus tam futuris quam presentibus, quod post multa certamina, post plurimas altercationes, que frequenter intervenerant inter me et Moinetum, pro feodo W. Amelii, hujusmodi facta fuit concordia : hominium siquidem ligium, quod ex antecessorum traditione debebat, reddidit mihi cum debita census satisfactione septingentorum videlicet solidorum, et unius equi, et unius argentei ciphi. Reddidit, inquam, nullam mihi retinens pactionem, totam in posterum querelam et reclamationem relinquens, pro feodo tantum W. Amelii hominium faciens. De pecunia vero, quantum ex arbitrio meo placuit, mihi persolvit. Hoc autem factum est per manum magistri Arnaudi archidiaconi, coram multis qui interfuerunt, videlicet : W. de Marzay prior sancti Maxentii, Tetmerius prepositus, W. de Javerzay, Paganus frater Moineti, Petrus Gaufroz gener ejus, Petrus Pulverellus et Guillelmus Pulverellus.

CCCXXXVIII

Détermination du droit de dime que doit percevoir l'abbaye de Saint-Maixent sur une ouche, sise à Maupertuis (D. FONTENEAU, t. LXVI, p. 307, d'après le cartul., p. 324).

Entre 1140 et 1158.

Sciant omnes tam futuri quam presentes filii ecclesiæ

---

1. Arnaud, archidiacre de Poitiers, apparaît dans des chartes de Saint-Hilaire de 1142 à 1154 ; en 1457, il avait pour successeur Pierre Blanchard.

quod occa Hugonis Airaudi, que est à Maupertuis, reddit quatuor denarios et unum obolum in martio ad cenam pauperum sancto Maxentio et tres solidos et octo denarios in festo sancti Johannis de decima. Hoc fuit constitutum de tribus solidis et octo denariis, ratione judicii quod factum fuit inter procuratorem [1] Tetmerium et uxorem Hugonis Airaudi Mariam a judicibus, id est Petro archipresbitero, Fromundo, Johanne Augerii et pluribus aliis. Quia primitus de omni annona et legumine quodcumque seminatum erat in occa, sanctus Maxentius decimam habebat. Sed mortuo Hugone Airaudi, Maria, uxor sua, pluribus hominibus ad ortos faciendos vendidit, et inde sex libras denariorum habuit ; sed censum triginta et sex solidorum in unoquoque anno sibi et coheredibus suis retinuit. Quorum decimam, scilicet tres solidos et octo denarios supradictos, adquisivit prepositus Tetmerius in supradicto judicio. Et hoc est intersignum quod XL solidos, videlicet terciam partem sex librarum vendicionis, quam debebat habere prepositus Tetmerius, precibus judicatorum, id est Petri archipresbiteri et Fromundi atque Johannis Augeiaci et aliorum, necnon paupertate domine pro tribus solidis condonavit. Hujus rei sunt testes : Aimericus Sepcherii, Birochuns et Bobart frater ejus.

CCCXXXIX

Décisions établissant que les viguiers n'ont droit à la perception d'aucune amende ou rétribution lorsqu'il s'agit de vols commis dans l'enceinte de l'abbaye ou dans le bourg de Martin Éperon (D. Fonteneau, t. LXVI, p. 253, d'après le cartulaire [2]).

Entre 1142 et 1158.

Sciant omnes quod si forte evenerit ut infra muros ab-

---

1. La copie de D. Fonteneau porte une correction, qui indique que ce mot était d'une lecture difficile ; il devait y avoir en abrégé *prepositum*, que le copiste aura mal interprété par *procuratorem*.
2. Le feu a détruit le bord du feuillet où se trouvait l'indication de la page du cartulaire.

bacie, in quocumque loco sit, aliquid furatum fuerit, nec in latrone nec in latrocinio nichil debent habere vegerii. Accidit quod Ollet, quidam cliens, qui inquitabat abbatiam sancti Maxentii, furatus est equos Aimerici Roine sacriste, qui jacebant infra muros ad portam Anseis. Tandem quesitus fuit et captus cum equis, et vegerii requisierunt ab abbate tertiam partem latrocinii et latronem. Postea venerunt in curia abbatis, et judicatum fuit quod infra ambitum murorum nichil debebant habere vegerii, nec in latrone, nec in latrocinio. Contigit jamdiu quod quidam latro furatus est coronam de crucifixo, et Petrus sacrista Aufret cepit eum et eruit ei oculos. Similiter in burgo Martini Esperun, si aliquit ibi furatum fuerit, nichil debet habere vegerius, nisi dominus qui burgum possidet.

CCCXL

La femme de Simon Éperon donne à l'abbaye de Saint-Maixent, du consentement de ses enfants, une portion de leur prévôté et trois maisons, en faisant moine son jeune fils Guillaume (D. FONTENEAU, t. XVI, p. 23, d'après l'original).

1158.

Noticie adstantium et absentium litteris tradendo veraciter pandimus venerabilem Petrum, sancti Maxentii abbatem, filium Symonis Esperum nomine Guillelmum, tradente matre et fratribus cum donatione partis prepositure et trium domuum ad monachum faciendum, benigne suscepisse. Que domus in Domini Nativitate quolibet anno a possessoribus suis, videlicet a Johanne Jornau, libram piperis, et a Petro de Voollum, II libras cere, atque a Giraudo de Lanoe, unum denarium censualiter beato Maxentio persolvent. Hanc autem donationem beato Maxentio, a supra dicta matre et fratribus ipsius infantuli perpetualiter factam et concessam, viderunt hi testes, scilicet : Guillelmus prior, Petrusque sacrista, et Petrus prepositus, atque Petrus archipresbiter, Airaudus magister, ac Hugo de Rochaforti junior, et Johannes Hylaires, et plures alii, qui aderant. Anno ab Incarnatione Domini millesimo centesimo quinquagesimo octavo, residente Adriano papa in Romana sede, et Ludovico in Francia regnante, necnon Ainrico regnum Anglorum gubernante, episcopatu Pictavensi cessante.

CCCXLI

Pierre Raymond, abbé de Saint-Maixent, et ses religieux donnent aux Hospitaliers un jardin dans lequel ils auront la faculté d'établir un hôpital pour les habitants de Saint-Maixent, sans pouvoir toutefois y élever une chapelle (D. FONTENEAU, t. XVI, p. 31, d'après l'original).

1163.

Notificamus tam presentibus quam futuris, quod de feodo Oliverii Aregnum ortum, quem Johannes Gauvanz ab eo possidebat, Petrus abbas omnisque conventus in capitulo libere dederunt et concesserunt Hospitalibus ad burgenses hospitandum, sine ecclesia et altari et contrarietate abbatie, duodecim solidis reddendis de Andegavinis, quamdiu cucurrerint, vel de illa moneta, que tunc in illa regione cucurrerit, abbati omni anno in vigilia sancti Maxentii. Si autem hoc supradictum annuatim prosecutum non fuerit, tamdiu abbas de dono muniatur, donec satisfactione sibi emendetur. Testes hujus rei sunt: Petrus abbas, Willelmus prior, Jordanus puer, Petrus archipresbiter, et Petrus Martellus tunc temporis prepositus, qui hoc donum accepit, et Costantinus dau Chebrea, et Hugo Vigers, et Rainaldus Verid..., et Petrus Belins, et multi alii. Anno ab Incarnatione Domini millesimo centesimo sexagesimo tercio, regnante Ludovico rege in Francia, Ainrico rege in Anglia et duce in Aquitania, presidente Johanne Pictavis.

CCCXLII

Giraud Éperon, en se donnant à l'abbaye de Saint-Maixent, lui abandonne un moulin avec une ouche à Champeaux et le bourg qui était à la porte Poitevine de la ville de Saint-Maixent ; il lui fait aussi don de sa fille et de son fils avec quelques réserves (D. FONTENEAU, t. XVI, p. 35, d'après le cartul., p. 342).

1163.

Noticie tam presentium quam futurorum cricto [1] tradimus, ne mortis oblivione perpetue labatur, quod Giraudus Esperuns, sancto Maxentio abbatique Petro ac omni conventui [2], cum medietate osche, que apud Chanpeas continetur, et cum vico, qui est ad portam Pictavinam, se primitus condonavit; deinde filium et filiam cum omnibus suis dedit et tradit in manu Petri abbatis, ipsis filiis concedentibus et uxore sua Arsendi concedente in perpetuum, tantummodo uxor ejus secundi doni in vita sua medietatem obtinebit ; post mortemque ejus ad abbaciam integre revertetur, excepto molendino, de quo quadraginta solidos habuit, quod tunc in presentia et in eternum finivit. S. Guillelmi prioris. S. Hugonis sacriste. S. Petri prepositi. S. Petri archipresbiteri. S. Homunt presbiteri. S. Petri Goscelmi. S. Airaudi clientis abbatis. S. Petri Mautalant. S. Ugo Veger. Anno ab Incarnatione Domini millesimo centesimo sexagesimo tertio, Johanne episcopo, Ludovico rege in Francia, Aenrico rege in Anglia.

CCCXLIII

Regnaud d'Alonne rend un hommage lige à l'abbé de Saint-Maixent (D. FONTENEAU, t. XV, p. 703, d'après le cartul., p. 17).

Entre 1134 et 1164.

Sciant presentes et futuri quod Reginaldus d'Alona est

---

1. Ainsi dans l'original, pour *scripto* (Note de D. F.).
2. En cet endroit il doit manquer une ligne, soit qu'elle ait été omise par D. Fonteneau, soit que le copiste du cartulaire ait oublié de la transcrire ; il devait y être question du moulin dont il est parlé plus bas.

homo legius abbati sancti Maxentii et placitum in voluntate ipsius abbatis, et ipse abbas P. Raimundus, pro eo quod in voluntate sua pendebat, accepit ab eo septem libras Andegavensis monete, vidente et audiente Giraudo de Mosol et Willelmo Viau.

CCCXLIV

Notice des obligations auxquelles étaient tenus les forestiers de la Sèvre envers le prieur d'Azay et l'abbé de Saint-Maixent (D. FONTENEAU, t. XV, p. 707, d'après le cartul., p. 3).

Entre 1134 et 1164.

Statutum fuit in tempore Petri Raimundi abbatis, ut forestarii de nemore quod dicitur Savra, redderent per sen... ebdomadas anni XII denarios Pictavensis monete priori de Azaico, qui servit de pane, et debent ei assignare quendam hominem, qui veniat ad portam Mellesiam, et reddat ei supra dictos denarios in loco eorum, ita ut non sit fallacia quod omnes forestarii debent esse homines abbati. Et in Natale Domini debent ei reddere quatuor frecenias, et ille qui manet ad Gardam unam in festivitate beati Bartholomei, vel pro unaquaque V solidos.

CCCXLV

Coutume du sel et des droits de péage à Saint-Maixent (D. FONTENEAU, t. LXVI, p. 275, d'après le cartul., fol. 1 recto).

Entre 1134 et 1164.

Consuetudo salis. Quicumque in hoc vico quadrigam salis vend[iderit], jalognam de sale reddet. Similiter qui emerit et rursus idem [1]... alio totam quadrigam per ean-

---

[1]. Tous les actes qui se trouvaient en tête du cartulaire avaient beaucoup souffert, et D. Fonteneau a dû, pour la plupart d'entre eux, remplacer par des points les mots ou les passages effacés ou déchirés.

dem vendam, quam persolvit liber.... ille cum.... jalognam de sale persolvet. Similiter facient qui tali modo quadrigam salis.... aliquis ad tabernam totam quadrigam vendiderit iii marcas et i jalognam de sale.... reddent vendam, nisi qui sex quartaus aut duodecim aut amplius emerit.. super.... palmas salis ii qui vendit et ii qui emit. Si aliquis de omni burgo sancti Maxentii.... ad emendam salem perrexerit, nisi pedagium suum cum Petro Durant placit.... illo reddet cum sexaginta solidis.... Quicumque salem in omni... castellania emerint nisi die ipsa Petro Durant consuetudinem persolvissent.... jalognam de sale reddet. Si rursus a domo sua extraere voluerit per.... qui effert a domo, reddet unam jalognam salis. Si quadriga saunerii vel cujuslibet hominis.... fuerit et vendere voluerit, tunc cum venderio loquatur et reddet iii marcas et i jalognam. Jamd.... burgensis aut miles aut monachus vel cujuscumque ordinis sit, horreum de..... prius loquetur cum Petro Durant, et persolvet illi iii marcas et i jalognam de sale similiter.... servos sancti Maxentii. Si servi etiam cum mensuris venderii metirii voluerint.... tabunt cum illo, nec ullo modo alias mensuras facere presument; quicumque aliter ag.... sive servus sive liber, postquam ventum fuerit auribus venderii presum.... mensure, peragebit rectum venderio in sua curia, et retribuet ei ix solidos.... pauper vel paupercula ex quadriga salem emerint, et postea in foro su.... vendiderit, reddet i marcam et i jalognam de sale, de chophino i palmam.... prius non potest facere horreum de sale in suo hospitio, que in consuetudine.... quicumque horreum suum ad tabernam vendere voluerit, debet loc.... tumbit cum illo, unam ex suis mensuris prout poterit, cum eo in.... hoc reddet iii denarios et i jalognam de sale. Omnis qui de horreo.... placitaverit, postera die clx solidos reddet, si.... de sale exonerare voluerit.... voluerint, persolvent iii denarios et i jalognam de.... aut emerint nisi ipsa die vendam cum venderio.... ix solidos venderio persolvent.

Mensura salis et.... equari debent, si postea quam equata fuerint ante.... falsare voluerit, post dolis depreensionem... In quacumque die aliquis salem ad vendendum.... suam consuetudinem ex illo. Quotienscumque voluerit.... supervenientes cum sale in foro aut in villa aut.... mox ut venerit, sumet ex illis consuetud.... de turre Lobet et de turre Rochafortum sument.... suis tantum.... semel in die martis. Si denuo ipso... eruit deferentes aliqui salem, non circuibunt, nec querent.... semel in die martis, sicut supra diximus. Si quis in burgo sancti Maxentii ... mensuram facere presumserit aut habuerit, pro eo.... De ista ballia tradit venderius per unamquamque diem.... in quoquina sancti Maxentii, et panis unus datur ei ipsa.... panem et vinum et carnem.

De pedagio. Si aliquis de pedagio vel de venda injuriam Petro Durant.... eum contingere ad justitiam, et tunc habebit abbas duas partes justiciæ.... balliis Petro Durant et cuncte successioni et que post ejus obitum.... poss.... injuriam fecerit, dabit LX solidos pro injuria.

CCCXLVI

Règlement du temps pendant lequel l'abbé de Saint-Maixent, les gens du sire de Rochefort et ceux de Loubet ont droit de banvin dans la ville (D. FONTENEAU, t. LXVI, p. 357, d'après le cartul., p. 26).

Entre 1134 et 1164.

Notum fieri cupimus tam noticie presencium quam posteritati futurorum quod abbas et ecclesia habet per istam villam tria esta[gna][1] tribus vicibus in anno, unumquodque per tres ebdomadas si necesse fuerit ; Rochafortenses duo,

---

1. D. Fonteneau met en note que le reste de ce mot est très effacé ; bien que l'on puisse le compléter de différentes sortes et lire, par exemple, *estalagia, estagia*, nous pensons qu'il est question dans cette pièce du règlement de la vente du vin, à laquelle répond le mot *estagna*.

unumquodque per quindecim dies; Lobetenses unum per quindecim dies.

CCCXLVII

Opposition mise par le chambrier de l'abbé de Saint-Maixent à ce qu'on apporte du tan en ville pour le vendre. Tous les hommes qui n'appartiennent pas à la châtellenie de Saint-Maixent doivent payer en ville les droits de vente. Le collecteur des deniers de la ville ne doit percevoir de droit sur les hommes de l'abbaye que le mardi, dans le marché (D. FONTENEAU, t. XV, p. 711, d'après le cartul., p. 4).

Entre 1134 et 1164.

Sciant presentes et futuri quod nullus homo debet afferre in istam villam tannum molu ; accidit se.... quod quidam rusticus de Vivoonia adduxit secum cum quadriga tannum, ut.... Willelmus Hilarius, qui tunc erat camerarius, rejecit quadrigam et tannum in aqua, in tempore Petri abbatis de.... Postea in tempore Gaufredi Freret camerarii.... accidit quod quidam villanus de Nemore Poverelo adduxit tannum in istam villam super unam equam ad vendendum ; ut audivit camerarius Gaufridus Freret, perrexit illuc et coegit rusticum quod ipse habuit tantum, quantum haberet, si ipse moleret ad molendinum suum.

Omnes homines qui non sunt de castellania hujus ville, de quocumque ordine sunt, debent reddere vendam in ista villa.

Goterius [1] istius ville non debet aliquid tollere hominibus qui manent in curia de Azaico, nec illis qui sunt in curia Sancti Martini, nec illis de Vetrinis, nec illis de Pampro, nec hominibus ligiis abbatis, nec per totum annum, nisi in die martis in foro.

---

1. Le personnage auquel s'applique cette dénomination de *goterius* doit être le même que celui qui dans le gloss. de Du Cange est appelé *gouvetarius*.

CCCXLVIII

Défense faite par l'abbé de Saint-Maixent à toute personne d'enseigner dans la ville sans sa permission (D. FONTENEAU, t. LXVI, p. 301, d'après le cartul., p. 20).

Entre 1134 et 1164.

Utili et valde necessaria provisione a patribus ut quociens res digne memoria geruntur a nobis literis tradantur et per eas venture generationi notificarentur. Nos igitur posteritati notificamus quod antiqua consuetudo est ecclesiæ sancti Maxencii, quocienscumque magister colarum [1] in ista villa legere voluerit, ei licere abbatis et voluntate capituli legere debent, non aliter. Ita legerunt isti : magister Petrus Manuias, frater Archimbaldi prioris, magister Petrus, prioris de sancto Johanne, magister Guillelmus Cotins, magister Augot. Fuit quidam magister Guillelmus de Sancto Gelasio, nesciens consuetudinem istam, clericorum jussu et capituli sancti Leodegarii presumpsit legere. Quod audientes abbas et monachi, indigne ferentes, convocantes eum in capitulo, adduxit secum magistrum Ponerium de Metulo et Arnaudum Clavie, prohibueruntque ei ne a modo tam ausus esset ut precepto clericorum et capituli sancti Leodegarii legerint. Tunc reliquid ibi donum clericorum et legit jussu monachorum. Similiter accidit quod magister Tipaudus, tempore Petri Raimundi abbatis, dono clericorum voluit legere, sed abbas, hoc audiens, per totam villam preconaria voce clamari fecit ne homines abbatis tam ausi essent ut clericos hopitarentur.

CCCXLIX

Jean Chenu donne aux religieux de Saint-Maixent un champ sis à Isernay (D. FONTENEAU, t. LXVI, p. 327, d'après le cartul., p. 328).

Entre 1143 et 1164.

Sciant presentes et futuri quod Johannes cognomento

---

1. *Sic*, pour *scolarum*.

Canutus, cum haberet agrum apud Yserniacum, rogatus a nobis venit in capitulum sancti Maxentii et dedit terram illam cum nucariis et cum orto et cum omnibus que apud Yserniacum possidebat, et fecit concedere in capitulum hoc nepotibus suis, filiis Petro cognomento Pais, et uxori ejus, qui sub juramento promiserunt fidem suam ut amplius in his omnibus nichil peterent, accepitque a nobis ipse Johannes v solidos et uxor Petri Pais et filii sui v solidos. Hoc donum firmatum est in presentia Villelmi prioris cognomento de Marca, et tocius conventus. Huic donationi sive vendicioni interfuerunt laici, quorum fuit unus Petrus Christianus, et Petrus Garnaudus atque Willelmus molendinarius, Guillelmus quoque Cosmagnus, atque Birochonus cum aliis multis.

CCCL

Pierre Raymond, abbé de Saint-Maixent, remet aux religieuses de Bonneuil deux sous de cens annuel qu'elles devaient à l'abbaye, à la charge de recevoir une jeune fille comme religieuse (D. FONTENEAU, t. XV, p. 739, d'après l'original [1]).

Vers 1164.

Tenaci memoria presentium futurorum recolatur, quod ego Petrus abbas sancti Maxencii, cum bono favore fratrum nostrorum et concessione ipsorum, remisi duos solidos censuales sanctimonialibus Cunoliensis cenobii, quos annuatim ecclesiæ nostræ reddere solebant. Hanc autem

---

1. Sur le dos du titre est écrit en lettre ancienne du XIIe siècle, *carta de Conol*, et sur le dos du titre, d'une écriture moderne : religieuses de Bonneuil (Note de D. F.). Ces deux indications, se complétant l'une par l'autre, permettent de retrouver le lieu de Convol, cité dans le cartulaire de Saint-Cyprien, et dont M. Rédet a infructueusement cherché l'emplacement (*Arch. hist. du Poitou*, t. III, p. 306 et 439). Il est évident que *Conollium, Convol, Cunvol, Cunolium* est le nom primitif du lieu de Bonneuil, prieuré de l'Ordre de Fontevrault, changé sans doute, comme celui de Fouras, *quod turpe erat.*

remissionem firmiter, sine ulla contradictione in perpetuum esse tenendam omnes unanimiter concesserunt, tali scilicet conditione, quia quandam puellam propter hoc in monasterio suo monacham fecerunt. Hujus rei isti testes habentur qui presentes adfuerunt : Airaudus archipresbiter, Willelmus Enforcet, Willelmus de Gordon, Arnaudus Cogus ; de monachis : Willelmus prior, Petrus prepositus, Hugo sacrista et alii multi.

CCCLI

L'abbé Pierre Raymond ayant donné à Hugues Vigier la terre de Poitevin de Marçay, sise à la Jument-Morte, que Payen Breteau avait abandonnée à l'abbaye de Saint-Maixent, les religieux, mécontents de cet acte, attaquent ledit Vigier et lui tuent un bœuf et un cheval (D. FONTENEAU, t. XVI, p. 39, d'après le cartul., p. 24).

Vers 1164.

Posterorum multitudini notificamus quod Pictavinus de Marciaco habebat quandam terram in loco, qui dicitur Equa mortua, quam a beato Maxentio possidebat, et ab eo tenebat supra dictam terram Paganus Breteas, qui manebat in istam villam, et reddebat ...... die sancti Maxentii unam procurationem sibi et alio et duodecim denarios de servitio. Postea reliquid Deo et beato Maxentio in capitulo illud dominium, quod habebat in jam dicta terra, videlicet prandium et duodecim denarios. Postea Paganus Breteas dedit et concessit terram illam sancto Maxentio et monachis ibidem Deo servientibus, vidente Airaudo presbitero, et Giraudo de Mosol. Rursus placuit abbati P. Raimundo ut accomodaret eam Hugoni Vegerio. Ut audierunt monachi, calumpniaverunt eam supradicto Hugoni, ita ut bovem ejus interfecerunt, alia vice unam equam. Testes hujus rei : Andreas de Pauto et Joannes de Porta, qui fecerunt calumpniam.

CCCLII

Droits du sacristain de l'abbaye de Saint-Maixent sur les offrandes de l'église de Saint-Saturnin, sur celles des pèlerins et sur le luminaire des mariages et des enterrements (D. FONTENEAU, t. LXVI, p. 261, d'après le cartul., p. 19).

Vers 1164 [1].

Notum fieri volumus tam noticie presencium quam posteritati futurorum quod in ecclesia sancti Saturnini accipit sacrista sancti Maxentii in vigilia Osanne XL solidos Pictavensis monete ad faciendam luminariam et in crastino Pasche X et VIII denarios pro oblatione misse : quia ita statutum fuit tempore Petri de Cognac, qui tunc sacriste fungebatur oficio, et P. Aboci, et W. Arberti capellani sancti Saturnini. Oblationes peregrinorum sacriste tota cadele tenebatur sue. De nuptiis et dejacentibus debet habere sacrista aliquam partem candellarum ad illuminandam coronam chori et ad legendas lecciones : ita habuit in tempore Petri Jotart qui fuit capellanus, et in tempore Guillelmi Arberti habuit eas Aimericus Roine sacrista, et Petrus de Cognac, et P. Abocit, Hugo Roca [2].

CCCLIII

Droits du sacristain de l'abbaye de Saint-Maixent et de son prévôt sur le fief Ravart de Trevins (D. CHAZAL, *Chronicon*, cap. 93, d'après le cartulaire).

Vers 1164.

Sacrista ecclesiæ sancti Maxentii habet per totam villam quæ dicitur Trevins Ravart censum, videlicet num-

---

1. Les noms des sacristains de l'abbaye cités dans cet acte se rencontrent de 1129 à 1163.
2. L'article qui suivait celui-ci dans le cartulaire commençait ainsi : *In ecclesia sancti Leodegarii...*; à la suite de ces mots D. Chazal (*Chronicon*, cap. 89), ajoute : *lacerata est carta*.

mos, gallinas, caseos, in domibus in quibus ad eum pertinent terragium. Si aliquis de iis qui tenent ab eo domos et terram ei injuriam fecerint de rebus suis supradictis, præpositus sacristæ qui manet in villa...... eos..... ut veniant ante sacristam apud Sanctum Maxentium, et quod curia sua de foris facto dictaverit, debent exequi. Sic fuit in tempore Aymerici Roine, Petri de Cougnat, Petri Abroci et Hugonis Roque.......

CCCLIV

Institution par deux légats du pape d'un office d'infirmier dans l'abbaye de Saint-Maixent. Ordonnance des mêmes obligeant à la résidence les desservants des cures ou chapelles de la ville (D. FONTENEAU, t. XVI, p. 47, d'après l'original [1]).

1172 ou 1173.

Alexander, dignatione divina titulo sancti Laurencii in Lucina, et The[odorus], titulo sancti Vitalis, presbiteri cardinales [2], apostolice sedis legati, dilectis in Christo fratribus capituli sancti Maxencii, quod preparavit Deus diligentissime. Cum in partibus Aquitanie legationis officio fungeremur, conquestione quorumdam ex vobis accepimus asserentium infirmis fratribus negligenter in vestro monasterio provideri, adeo ut plerumque pro necessariorum defectu plurimum inter fratres murmuris fieri et querele..... Accedentes autem ad monasterium, et capitulum vestrum intrantes, idipsum coram nobis est inter alia

---

1. D. Chazal, qui donne aussi cette pièce (*Chronicon, cap.* 46), fait remarquer que les légats Albert et Théodin furent envoyés par le pape Alexandre III, en 1172, vers Henri II, roi d'Angleterre, pour l'absoudre du meurtre de Thomas Becket. Ce fut, soit en allant, soit en revenant, qu'ils passèrent par Saint-Maixent.
2. Panvinio (*Epitome pontificum Romanorum,* 1557) donne ainsi qu'il suit les noms des deux légats: *Albertus de Morra Beneventanus, presbyter cardinalis S. Laurentii in Lucina* (p. 136), *Theodorus, presbyter cardinalis S. Vitalis in titulo Vestinæ* (p. 126 et 133).

plura universis fratribus presentibus replicatum; super quo cum conveniremus et argueremus abbatem, ipse licet et preteritam consuetudinem et presentes monasterii necessitates obtenderet, ad omnem tamen emendationem juxta facultates ecclesiæ se paratum ostendit. Una consilio habito cum senioribus domus scilicet et cum venerabili fratre nostro J. Pictavensi episcopo, constitutum est ab eis, approbatum autem et confirmatum a nobis, ut unus fratrum de melioribus domus provisionem susciperet infirmorum, et redditum Novi Burgi, et qui nunc sunt, et si qui poterunt quocumque justo modo accrescere in futurum, scilicet et quadraginta solidos de venda percipiat annuatim, et eos ad relevandas necessitates infirmorum expendat. Recipiat etiam vestes decedentium fratrum, et de illis necessitati primum provideat infirmorum; subsequenter vero si superfuerint, aliis poterunt indigentibus erogari. Si tamen alios redditus loco illorum quadraginta solidorum melius valentes abbas duxerit in posterum subrogandos, solidos illos ad alios usus poterit retinere, hoc utique ne majori cupiditate possit in posterum infirmari, injuncte nobis legationis auctoritate duximus roborandum. Adicimus etiam ut cappelle in burgo sancti Maxentii constitute nulli penitus tribuantur, nisi qui in propria persona curam earum possint habere. Quod si forte illi qui curam earum habuerint, ad alias ecclesias et alia loca migraverint, cura earum absque ulla contradictione aliis sacerdotibus, qui per se ipsos eis deserviant, committatur, nisi casus forsitan infirmitatis aut alterius necessitatis obstiterit, qui secundum canones excusationem illis possit afferre. Hæc autem abbas in manu jamdicti episcopi se promisit firmiter servaturum. Nulli ergo liceat constitutionem istam infringere vel ei ausu temerario contraire. Si quis autem attemptare presumserit, et secundo tertiove commonitus presumptionem suam satisfactione congrua non correxerit, ecclesiastica se noverit animadversione plectendum.

CCCLV

Bulle du pape Alexandre III confirmant les règlements faits précédemment par ses légats pour l'établissement d'un infirmier dans l'abbaye de Saint-Maixent et pour le service des cures de la ville (D. Fonteneau, t. XVI, p. 55, d'après l'original).

14 mai 1173 ou 1174.

Alexander, episcopus, servus servorum Dei, dilecto nostro abbati et capitulo sancti Maxentii, salutem et apostolicam benedictionem. Ex autentico scripto quod dilecti filii nostri A., titulo sancti Laurentii in Lucina, T., titulo sancti Vitalis, presbyteri cardinales, tunc apostolicæ sedis legati fecerant, evidenter nobis innotuit quod cum ipsi secundum debitum commissæ sibi sollicitudinis ad vestram ecclesiam accessissent, habito consilio cum venerabili fratre nostro J. Pictavensi episcopo et apostolice sedis legato et cum senioribus domus vestre, et necessitatibus ejusdem ecclesiæ diligenter inspectis, a vobis constitutum est et ab eisdem cardinalibus confirmatum ut unus fratrum de melioribus ejusdem ecclesiæ provisionem susciperet infirmorum et redditum Novi Burgi, et qui nunc sunt, et si qui poterunt quocumque justo modo accrescere in futurum scilicet et XL solidos de venda percipiat annuatim et eos ad relevandas necessitates infirmorum expendat. Recipiat etiam vestes decedentium fratrum, et de illis necessitati primum provideat infirmorum ; subsequenter vero si superfuerint, aliis poterit indigentibus subvenire. Si vero tu, fili, vel aliquis successorum tuorum alios redditus loco illorum XL solidorum melius valentes duxeritis in posterum subrogandos, solidos illos poteritis ad usus alios retinere. Adjecerunt insuper ut capelle in burgo sancti Maxentii constitūte nulli penitus tribuantur, nisi qui in propria persona curam earum possit habere. Quod si forte illi qui curam earum habuerint, ad alias ecclesias et ad alia loca migraverint, cura earum absque contradictione qualibet aliis sacerdotibus, qui per se ipsos eis deserviant, committatur, nisi casus forsitan infirmitatis aut alterius necessitatis obstiterit, qui secundum canones excusationem illis possit afferre. Quam utique constitutionem tam providam et rationabilem ratam habentes et firmam, eam auctoritate apostolica confirmamus et presentis scripti patrocinio communimus. Statuentes ut nulli omnino hominum liceat hanc paginam nostræ confirmationis infringere vel ei aliquatenus contraire. Si quis autem hoc attemptare presumpserit, indignationem omnipotentis Dei et beatorum Petri et Pauli apostolorum ejus se noverit incursurum. Datum Ferentin. II idus maii.

CCCLVI

André Raoul, en donnant à l'abbaye de Saint-Maixent son frère Barthélemy, pour y devenir moine, lui abandonne aussi une maison sise près de l'église Saint-Saturnin (D. Fonteneau, t. XVI, p. 43, d'après D. Etiennot, *Antiquités bénédictines*, part. II, fol. 434, qui dit avoir extrait cette pièce du chartrier de Saint-Maixent).

1174.

Andreas Radulfi quendam Bartholomæum tradidit Deo et cum eo novem domos cum omnibus consuetudinibus. Hæc acquisitio facta est tempore Petri abbatis cognomento de Turre, domino papa Alexandro regnante, Ludovico rege Francorum et Einrico rege Anglorum, ipsoque simul duce Normannorum et Aquitanorum et comite Andegavorum, Joanne episcopo Pictavorum; eodem anno firmissima pax inter reges, quo diximus, facta est [1].

---

1. Ce texte ne peut être celui de la charte originale, et nous n'y voyons que l'analyse inexacte qu'en a faite D. Étiennot. Cette opinion est du reste confirmée par une note de D. Le Michel (f° 287), que nous reproduisons in extenso, car elle corrige sur plusieurs points le texte de D. Etiennot: *Petri de Turre abbatis tempore, regnante Ludovico rege Francie, Alexandro papa, Henrico rege Angliæ, duce*

CCCLVII

Accord entre les religieux de Saint-Maixent et Maingot de Melle, au sujet de l'hommage de la rue de Taon (D. FONTENEAU, t. LXVI, p. 243, d'après le cartul., p. 21).

Entre 1163 et 1178.

Sciant omnes monachi beati Adjutoris Maxentii [1]. . . .
. . . . . vel futuri, quod quando Maengotus de Metulo fuit. . . . . . de turre sancti Maxentii, tunc in capitulo dixit quod vicus Taon [erat] feodo suo ; sed abbas et monachi audientes calumpniaverunt. . . . ; postea accepit eum in hominem suum, prout debebat, sed vicum illum. . . . . sit ei nemine contradicente. Videntibus omnibus monachis qui erant. . . . P. de Montebo priore, P. de Vetrinis preposito.

CCCLVIII

Jugement déboutant Thibaud Chabot, gendre d'Alon Loubet, de ses prétentions sur le pouvoir seigneurial de l'abbé de Saint-Maixent à l'égard des hommes de corps de l'abbaye qui se mariaient (D. FONTENEAU, t. XVI, p. 63, d'après le cartul., p. 10).

Vers 1178.

Universis dominis et fratribus meis, scilicet monachis et servitoribus ecclesiæ sancti Maxentii tam presentibus quam futuris, clarum esse volo quod Theobaudus Jabot, in tempore quando ipse possidebat terram Alonis Lobet cum Margarita uxore sua, filia supradicti Alonis, tunc inquietabat abbatiam et homines abbatie, volens adquirere

---

Aquitaniæ, Normanie et comite Andegavensi, et Johanne episcopo Pictavensi, eo anno quo firmissa pax inter predictos reges facta est, unus domus cum Bartolomeo monacho donatur sancto Maxentio ab Andrea Radulfo fratre ejus Bartolomei. Alibi, sine nota temporis, iterum reperitur in carta: De domo prope ecclesiam sancti Saturnini.

1. Les points indiquent des passages déchirés (Note de D. F.).

sibi dominium abbatie injuste, quod dominium tale est : ut si homines de altare qui sunt immunes ab omni servicio, nisi ab abbate et monachis, duxerint in uxores feminas, que debent ei reddere servicium vegerie, libere erunt propter liberos homines nec ultra eum in aliquo servitio recognoscent; similiter et si mulieres de altare duxerint in maritos homines antea sibi consuetudinem reddentes, liberi erunt homines propter mulieres. Ita tenuerunt abbates ecclesiæ sancti Maxentii cum Alone Lobet et antecessoribus suis. Hoc dominium voluit delere et mandavit abbati P. de Turre, qui tunc temporis regebat abbatiam, ut sibi diem daret competentem, in quo de supra dicta causa cum eo tractaret. Assignavit ei diem abbas; in curia ven[iens] dixit querelam suam. Respondit abbas quod sic in pace, ut supra dictum est, tenuerat ecclesia cum Alone Lobet et antecessoribus suis. Tunc dijudicatum fuit in curia, quod propter longuam tenorem, quam abbas ostendit, in pace tenuisset ecclesia. Hujus rei testes sunt hii qui adfuerunt : Willelmus Jansseas prior, P. prepositus, P. Abocit prior de Pampro, Airaudus archipresbyter tunc temporis, Willelmus Morant archipresbyter, Raimundus de Reisa, Willelmus de Veceria et multi alii. Hoc factum fuit, Rome presidente Alexandro papa tertio, Ludovico rege in Francia, in Anglia Henrico, Ricardo duce in Aquitania, Johanne episcopo Pictavensi.

CCCLIX

Droits que possédaient les abbés de Saint-Maixent sur ceux qui venaient vendre ou acheter des cendres dans la ville (D. FONTENEAU, t. XVI, p. 69. d'après le cartul., p. 3, et D. Chazal, *Chronicon, cap.* 93).

Vers 1180.

De notis facimus notiora, quod abbas sancti Maxentii. . . . . . . habet in hac villa, et illi qui voluerint emere vel [vendere] cineres ante eum veniant et faciant cum eo placitum. . . . . . rius possint vendere et emere non aliter ullus ; et si forte [emerit aut vendid] erit, ipse erit captus et cineres. Testes sunt hujus rei : Petrus Breteas, et Johannes Bajelers, et Paganus Rex et multi alii, qui habuerunt balliam istam de abbatibus, videlicet Petri Raimundi et Petri de Turre.

[1] Prepositus ecclesiæ sancti Maxentii debet servare eos qui vendunt et emunt cineres jussu abbatis ne aliquis vendat vel emat cineres in hac villa nisi ipsi. . . . . . . clientes sui et forestarii debent servare vias. . . . . Si forte invenerint aliquem vendentem aut ementem aut portantem cineres supradictos debent eos capere et adducere ante prepositum ; ipse debet eis dare secundum mensuram et voluntatem suam. . . . . . Sic fuit tempore Tetmerii et Petri. . . . . et Petri de Vetrinis.

CCCLX

Notice des procurations dues par l'abbaye de Saint-Maixent et ses prieurés à l'évêque de Poitiers, à l'archidiacre, au doyen du chapitre cathédral, et à l'archiprêtre de Saint-Maixent (D. FONTENEAU, t. LXVI, p. 345, d'après le cartul., p. 27).

Vers 1180.

Noticie cunctorum presencium ac futurorum significandum duximus quod ecclesia sancti Maxentii non debet episcopo Pictavensi, nisi unam procurationem semel in anno. Si archidiaconus vult habere procurationem suam extra monasterium et abbaciam, in villa procurabitur semel in anno, similiter et decanus, nisi venerint cum episcopo. Archipresbiter istius ville nec habet ullam procurationem in corpore abbatie, nec aput Aziacum cum monachis, nisi presbitero. Ita fuit in tempore Petri Girberti qui fuit archipresbiter fere per quadraginta annos et Petrus Garulle qui per triginta annos et Airaudus per quindecim. Aput

---

1. Le paragraphe qui suit ne se trouve que dans D. Chazal.

Aziacum episcopus semel in anno habet procurationem suam et archidiaconus semel et decanus semel. Similiter aput Marciacum, et aput Vetrinas, et aput Metulum, et à Pampro. In obediencia non habet de Verruca ullam procurationem episcopus nec archidiaconus nec decanus nec archipresbiter, nec à Ternant, nec en Vollé cum priore, nec in Damvirio, nec apud Sovigniacum, nec Iserniaco, nec Nantolio, nec Romancio, nec Lorniaco, nec archipresbiter ville istius per omnes obediencias que sunt in archipresbiteratu suo.

CCCLXI

Marguerite Loubet, veuve de Thibaud Chabot, est contrainte par l'abbé Pierre de la Tour de venir reconnaître que sa terre était sujette de l'abbaye de Saint-Maixent (D. Fonteneau, t. XVI, p. 67, d'après le cartul., p. 15).

Vers 1180.

Post mortem Theobaudi Jabot, mandavit abbas P. de Turre Margaritam uxorem supra dicti Theobaudi ut veniret ante eum et faceret ei hominium suum et placitum quod erat in terra. Illa respondit quod non poterat, nec debebat facere hominium, quia mulier erat : « sed deprecor vos, Domine, inducias mihi date, « quoad usque accipiam maritum ; quod si non accipio, « filius meus, qui est heres, faciet vobis hominium et pla- « citum. Interim fidem meam vobis promitto, vos et pos- « sessiones ecclesiæ pro posse meo servare et defendere. » Hoc mandavit et per nuntios suos, videlicet per P. de Vilefogne, et P. Gilebertum de Bennait, et per plures alios ; et abbas respondit se non facturum nisi ipsa veniret in presentia sua, et recognovisset placitum, quod erat in terra faciendum ; et ipsa venit, et recognovit placitum, vidente et audiente : P. preposito, et P. Abroci, et G. Cornerio [1], R. de Resia, H. Rossea.

---

1. On peut aussi lire *Lornerio* (Note de D. F.).

CCCLXII

Richard, comte de Poitou, confirme le don que son père, sa mère et leurs prédécesseurs avaient fait à l'abbaye de Saint-Maixent de la forêt de la Sèvre avec ses dépendances (D. FONTENEAU, t. XVI, p. 73, d'après le vidimus original de Guillaume I, archevêque de Bordeaux).

27 décembre 1181.

Universis presentes litteras inspecturis, Guillelmus, Dei gratia Burdegalensis archiepiscopus, salutem in vero salutari. Litteras Richardi, comitis Pictav[orum], non corruptas, neque in aliqua parte sui corruptas, aut viciatas, inspeximus in hæc verba :

In nomine sanctæ et individue Trinitatis. Ego Richardus, comes Pictavorum, omnibus tam presentibus quam futuris, bene valere. Audiens a Domino pro temporalibus eterna recompensari, ipso promittente qui mentiri non novit, « *Date et dabitur vobis, eadem* « *mensura, qua mensi fueritis, remetietur vobis* », dignum duxi hiis terrenis beneficiis celestia promereri. Proinde donacionem nemoris, quod dicitur Savre, cum omnibus pertinentiis suis, quas pater meus Henricus rex Anglorum et mater mea Alienor eorumque predecessores monasterio sancti Maxencii fecerunt, innovavi in manu Ademar abbatis, et concessi ipsum nemus cum omni integritate, tam in terra quam in hominibus, ab ejusdem fratribus abbacie libere in perpetuum possidendum, salvo tamen jure meo, procuratione scilicet et expedicione. Hujus autem doni innovacionem, sic liberam et illibatam, perpetuo volumus permanere, ut nemo eam quoquomodo infringere presumat. Sed abbas et fratres predicti monasterii, ipso nemore ad libitum suum utentes, nullius calumpnie reclamacione aliqua perturbetur. Quod ne oblivioni tradatur, scripto tradi precepi ; et ut firmum maneat, hanc cartam sigilli mei munimine roboravi, quam cartam utique laudavi et manu propria abbati tradidi supradicto, que data fuit per manum Johannis cancellarii. Testes hujus rei sunt : Willelmus Chapons senescallus, Theobaudus prior Sancti Egidii, Willelmus de Forti, Mauricius Sine terra, Hugo Polens, Bernardus de Rofec, P. de Verinis prepositus, P. Abrociz, Hugo Fruchebois, Bennez, Hugo Bardons et plures alii. Actum puplice castello de Chisec, anno ab Incarnatione Domini millesimo centesimo octuagesimo primo, sexto kalendas januarii, residente papa Lucio, Willelmo archiepiscopo Burdegalensi, Johanne Pictav[ensi] episcopo, Philippo rege Francie, Henrico rege Anglorum.

CCCLXIII

Aimeri Maintrole engage aux religieux de Saint-Maixent, pour la somme de mille sous, la moitié d'un moulin qu'il avait en commun avec son frère et pour lequel il leur rendait hommage (D. FONTENEAU, t. XVI, p. 77, d'après l'original [1]).

1182.

Quoniam rei geste veritas memoriis hominum per scripta solet perpetuari, ad litem devitandam necessarium duximus scribere, et posteris veritatem aperire, quatinus Aimericus Maintrolem dedit pignori pro M solidis [2] A. ecclesiæ sancti Maxentii abbati et P. de Verinis preposito, ceterisque ejusdem ecclesiæ monachis, partem suam illius molendini quod cum fratre habebat commune, pro quo et pro aliis rebus tenebatur eis ad hominium, facta tali conventione, prestito etiam juramento, ut prefatus prepositus, vel eo in fata decesso, abbas et monachi fratres sui partem molendini prædictam tenerent integre et haberent,

---

1. Publié par M. Champollion-Figeac, (Documents historiques, t. II, p. 41), d'après les manuscrits de Besly (Bibl. nat., coll. Dupuy, vol. 841).
2. M. Champollion a complété ce mot en écrivant à tort Aimerico; l'abbé de Saint-Maixent en 1182 était Adémar et non Aimeri.

donec prefatus Aimericus ultimum eis redderet quadrantem. Hoc autem factum est anno ab Incarnatione Domini millesimo centesimo octogesimo secundo, anno videlicet quo J. episcopus Pictavensis creatus est archiepiscopus Lugdunensis, et in eodem facta est dissensio inter R. comitem Pictavie et A.[1] regem Anglie de dominio Pictavie habendo.

CCCLXIV

Ordre aux prévôts d'Azay de prendre soin, à l'avenir, de vêtir et de nourrir le nommé Gautier (D. FONTENEAU, t. LXVI, p. 351, d'après le cartul.. fol. 30 v°).

Vers 1183.

Sciant præpositi venturi de curia Aziaci quod Gauterium famulum tenebunt cum honore et vestient et pascent, quia suo forisfacto fuit exorbatus, sed Lemovicas[2] injuste in expeditione comitis ubi missus fuerat.

CCCLXV

Formalités pour l'élection de l'abbé de Saint-Liguaire, qui ne peut être installé que du consentement de l'abbé de Saint-Maixent. Indication des obligations de cet abbé envers le monastère de Saint-Maixent (D. FONTENEAU, t. XVI, p. 11, d'après le cartul., p. 24 [3]).

Entre 1181 et 1187.

Sepius accidit quod suprepcionem oblivio ingerat. Idcirco posterorum multitudini intimere studemus quod in ecclesia sancti Leodegarii non debet esse institutus abbas, nisi cum consilio abbatis et monachorum sancti Maxentii, et si

---

1. A. pour *Ainricum*.
2. Il ne peut être ici question que de la campagne de 1183 dirigée par Henri II, roi d'Angleterre, contre ses fils rebelles Geoffroy et Henri, et qui eut pour conséquence la ruine de Limoges.
3. Le *Gallia Christiana*, t. II, col. 1123, donne aussi cette charte, mais d'une façon incomplète et avec quelques fautes de lecture, ainsi que l'a remarqué D. Fonteneau.

aliquem forte ex fratribus suis inter se idoneum invenerint, cum consilio supradictorum monachorum et abbatis eligere debent ; sin autem, debent venire in capitulo beati Maxentii et eligere unum quemcumque voluerint voluntate abbatis. Sic fuit ibi abbas Tembaudus Franceis, monachus sancti Maxentii, et alii multi, qui fuerunt electi, videlicet : Petrus de Cognac et Petrus Abrocit [1], et priores claustrarii plures, videlicet : Regiraudus Corone, et Humbertus Boreas, et Audebertus Faviet, et sacrista ecclesiæ et suprior, W. Barbins.

Abbas sancti Leodegarii debet in vigilia sancti Maxentii celebrare missam, et in crastino matutinalem, et ad dominicalem debet esse cantor, et sedere in loco prioris in choro debet.

CCCLXVI

Aimeri Maintrole, chevalier, reconnait que le village de Salles, les moulins et la motte qui confine au bourg de Saint-Maixent de Pamprou, relèvent de l'abbaye de Saint-Maixent (D. FONTENEAU, t. XVI, p. 81, d'après le cartul., p. 257).

1189, après le 6 juillet.

Contigit quodam die ut Emericus Mantrolia, miles sancti Adjutoris Maxentii, infirmaretur, et visitatus a fratribus

---

1. Dans plusieurs des chartes précédentes (V. n^{os} CCCLII, CCCLIII, CCCLVIII, CCCLXI et CCCLXII) dont la dernière est du 27 décembre 1181, on trouve comme souscripteur un P. Abrociz ou Abocit qui paraît être le même personnage que celui dont il est ici question, et qui ne prend dans aucune la qualité d'abbé de Saint-Liguaire : il aurait été sacristain de l'abbaye entre 1158 et 1163, et prieur de Pamprou vers 1178; comme en 1187 Arnaud comparait dans une charte de l'abbaye de la Trinité de Poitiers en qualité d'abbé de Saint-Liguaire, il en résulte que Pierre Abrociz n'a pu se trouver à la tête de cette abbaye qu'entre 1181 et 1187. Il y a lieu, du reste, de modifier aussi l'article consacré par le *Gallia* à son prédécesseur, Pierre de Cognac, qu'il donne comme abbé en 1130 et qui, entre 1142 et 1158, était encore sacristain de Saint-Maixent ; enfin il faut enlever à l'un et à l'autre de ces personnages la qualification de prieurs de Saint-Maixent, charge que, selon le même ouvrage, ils auraient occupée avant de devenir abbés, et qu'une mauvaise interprétation du passage de la charte ci-dessus, où il est question d'eux, lui a fait à tort leur attribuer.

ejusdem abbacie, recognovit quod villam, que vocatur Salas, et molendinos et motam, que est juxta burcum sancti Maxentii, et duos denarios in sua domo et plura alia haberet de feodo sancti Adjutoris Maxentii, audientibus isdem fratribus : Bartholomeo tunc priore et Ferrando armario, monachis ; et Hugone Meinardi et P. Archimbaut et Johanne Joi, clientibus suis, et Willelmo Taliafer et Willelmo Samson et Johanne Cacareu et Hugone Gastineu, militibus ejusdem burci, et P. de Demnio, cliente de Lezigniaco. Eodem anno defuncto Aenrico rege Anglorum, et juncto in regem filio ejus Ricardo.

CCCLXVII

Giraud Bordet, en se donnant à l'abbaye de Saint-Maixent, abandonne au prieuré de Souvigné la moitié d'un four sis dans la ville, entre le pont Charrault et la porte Mellaise (D. FONTENEAU, t. XVI, p. 85, d'après l'original).

19 décembre 1189.

Universis in Christum credentibus, tam presentibus quam futuris, ad quos littere iste pervenerint, W. Temperii, Dei gratia Picta[vensis] episcopus, in perpetuum. Noverit universitas vestra quod Giraudus Bordet, anime sue consulens, contulit se Deo et monasterio beati Maxencii, et facturus est ejusdem cenobii condonatus. Insuper pro redemptione anime sue et parentum suorum, cum filios non haberet, dedit in elemosinam eidem monasterio, ad opus prioratus de Salviniaco, presente et consenciente per omnia Seguina, uxore sua, medietatem cujusdam furni, qui ab ipso denominabatur furnus G. Bordet, et est situs in burgo beati Maxencii, inter pontem Charrau et portam Metulensem. Hanc medietatem furni idem G. jure hereditario possidebat ; altera vero medietas de antiquo jure ad elemosinarium supradicti monasterii pertinebat. Fuit autem hæc donatio facta sub hac forma. . . . . partem illam panum, quam prefatus G. Bordet de sua medietate furni solitus erat percipere, que vulgariter dominium appellatur, sibi retinuit, et jam dicte uxori sue ab altero illorum quamdiu vixerit percipiendam; totam etenim medietatem furni idem G. huic uxori sue in dotalicium dederat; et preterea terciam partem tocius. . . . . sue hereditatis. Porro reliquam partem panum de prefata medietate furni, quam serviens sive furnerius ipsius G., nomine ballie sive furnerie consueverat habere propter expensas calefaciendi furnum, et pro annuo precio quod idem furnerius ob istam balliam sepedicto G. dabat, prior de Salviniaco jure perpetuo percipiet per quinquennium sine omni pensione, sed ad calefationem furni ligna more solito ministrabit. Hoc autem quinquennium festo Nativitatis beati Johannis Baptistæ, quod celebratum anno ab Incarnatione Domini millesimo centesimo nonagesimo, debuit inchoari. His quinque vero annis elapsis, quamdiu uterque vel alter conjugum prefatorum vixerit. . . . . solidos pro hac ballia superstiti annuatim persolvet. Verum postquam uterque eorum ab hoc seculo migraverit, tota medietas hujus furni ad prioratum de Salviniaco. . . . . necessitatibus ejus de cetero profutura. Hæc autem omnia sicut prescripta sunt, tam ipse G. quam prefata uxor coram nobis concessit et contulit monasterio sancti Maxentii, in usus supradicti prioratus, et manu propria uterque in manu nostra firmavit. Ea propter quod hæc tam rationabiliter acta pietatem redolent, et ecclesiasticam respiciunt utilitatem, ne qua in posterum oriri possit calumpnia, que prefatam perturbet elemosinam vel dotalicium predicte uxoris, scripto omnia ista comendare curavimus, et presenti pagine sigilli nostri robur impressimus et munimen. Quecumque igitur ecclesiastica secularisve persona nostre jurisdictionis huic elemosine vel dotalicio contraire presumpserit, auctoritate Dei Patris et beatæ Mariæ et beati Petri apostolorum principis et potestate nobis a Deo tradita, usque ad condignam satisfactionem excomunicationis sentencia feriatur. Acta sunt hæc publice apud sanctum Maxencium, in presencia nostra, anno ab Incarnatione Domini millesimo centesimo octogesimo nono, decimo quarto kalendas januarii, presidente domino papa Clemente, Philippo rege Francorum regnante, Ricardo rege Anglorum, duce Aquitanorum et Normannorum. Testes horum sunt : W. de Ruppe cantor beati Petri Pictavensis, magister W. prior de Mortuomari, magister Oliverius canonicus beati Hilarii Pictavensis, et magister P. elemosinarius beatæ Mariæ de Cella, Johannes Quoq cappellanus Sancti Martini, et A. Fazet subcappellanus ejus, et P. Turpins presbiter et alii plures.

CCCLXVIII

Hugues I Larchevêque, seigneur de Parthenay, renonce au droit que ses prédécesseurs et lui-même avaient coutume d'exiger à chaque mutation du prieur de Parthenay-le-Vieux (D. Fonteneau, t. XVI, p. 93, d'après l'original).

1192.

Omnibus sanctæ matris ecclesiæ filiis presentem paginam inspecturis, Willelmus, dignatione divina Pictavensis ecclesiæ humilis sacerdos, in perpetuum. Felix est et fidele scripture testimonium, que calumniis occurrit emergentibus, rerum seriem nuda loquitur veritate. Hinc est, quod per presentis pagine testimonium ad universorum noticiam volumus pervenire, quod nobilis vir Hugo Archiepiscopus, dominus Partiniaci, in nostra presencia constitutus, sub multorum bonorum virorum presentia, liberaliter et benigne abrenunciavit et penitus quiptavit, pro salute anime sue et parentum suorum, exactionem illam quam ipse et antecessores sui solebant querere in prioratu Partiniaci Veteris, videlicet circiter x libras vel eo amplius in mutatione priorum ejusdem domus. Considerans itaque memoratus Hugo hanc consuetudinem esse indebitam et iniquam, eam pro se et heredibus suis et successoribus in perpetuum renunciavit et quiptavit in manu nostra, recognoscens nobis se fecisse memoratam quiptacionem alia vice apud Partiniacum Willelmo Mauricii priori Partiniaci Veteris et ejus successoribus in perpetuum, nosque rogans ut hanc elemosinam sub nostra protectione reciperemus. Nos itaque tam piis precibus grato concurrentes assensu, ut prescripta perpetua gaudeant firmitate, presenti pagine sigilli nostri robur apposuimus et munimen, subicientes eciam excommunicationi tam ipsum Hugonem quam ejus heredes seu successores, si contra prescriptum factum venire aliquatenus attemptarent. Actum est hoc apud Mirebellum, in domo nostra, anno ab Incarnatione Domini millesimo centesimo nonagesimo secundo, sedente domino papa Celestino tercio, inclitis regibus Franciæ et Angliæ Philippo et Richardo feliciter regnantibus, eodem Richardo duce Aquitanie et Normanie, comite Andegavensi, Stephano venerabili abbate Case Dei, Willelmo Mauricii prioratum Partiniaci Veteris prudenter et fideliter gubernante, istis presentibus et audientibus : Petro abbate Aurevallensi, G. decano Pictavensi, magistro Willelmo de Taleburgo, Alexandro, canonicis Pictavensibus, Willelmo de Ericun presbitero, Petro Rollant clerico, Simone Meigot, Petro Amenum, Willelmo Sanxum, Willelmo Trencheleum, militibus, Willelmo Mauricii tunc priore Partiniaci Veteris, cui et successoribus ejus facta est prescripta quiptacio in perpetuum, Hugone Rubeschau et Petro, fratribus. Datum per manum Petri Episcopi notarii nostri [1].

---

[1]. Cet acte, dans lequel ne comparaît aucun des membres de l'abbaye de Saint-Maixent, semble n'intéresser nullement cet établissement. Le prieuré de Parthenay-le-Vieux dépendait en effet de l'abbaye de la Chaise-Dieu en Auvergne ; toutefois, comme on ne peut révoquer en doute qu'il a été déposé dans les archives de l'abbaye de Saint-Maixent, où D. Fonteneau l'a retrouvé, nous croyons ne pas trop nous écarter de notre cadre en le publiant.

CCCLXIX

Hugues I Larchevêque, seigneur de Parthenay, donne à l'abbaye de Saint-Maixent le pré sis à Verruye, qu'elle avait précédemment reçu en legs de Pierre Maingot, chevalier, seigneur de Chausseroye (D. FONTENEAU, t. XVI, p. 97, d'après le cartul., p. 28).

1197.

Stephanus, Dei gratia decanus Burdegalensis, domini archiepiscopi vicarius, et P. abbas Aurevallensis, omnibus has litteras videntibus, salutem. Ad omnium noticiam volumus pervenire quod Hugo Archiepiscopus, dominus Partiniaci, in presentia nostra constitutus, dedit, concessit atque quiptavit Deo et ecclesiæ beati Maxentii in perpetuam helemosinam quoddam pratum apud Verruam, quod erat de feodo suo, quod scilicet P. Meingoti, miles, dominus de Chocaroia, antea pro salute anime sue prefate ecclesiæ sancti Maxentii in testamento suo reliquerat ; illud concessioni sue adjungens, quod nunquam pro aliqua injuria, que ei de feodo predicti P. Mangoti vel heredum suorum posset fieri, idem pratum caperet, nec sepefatam ecclesiam super hoc molestaret. Facta autem fuit hæc concessio apud Partiniacum, in capitulo beati Laurentii, in presentia nostra, qui loco domini archiepiscopi illuc eramus, audientibus et videntibus : J. priore sancti Laurentii, Gauterius sacrista sancti Maxentii, J. priore de Verrua, J. Medico, P. de Mota et aliis quam plurimis. Ut vero ea, que in presentia nostra acta erant, futuris temporibus rata et concussa permanerent, presentem cartam fecimus et sigillorum nostrorum munimine roboravimus. Anno Incarnati Verbi millesimo centesimo nonagesimo septimo, Philippo rege Francorum, Ricardo rege Anglorum, Othone comite Pictavensium et duce Aquitanorum.

CCCLXX

Le même Hugues Larchevêque abandonne tout droit de juridiction sur le pré dont il est question dans l'acte de 1197 (D. Fonteneau, t. XVI, p, 101, d'après l'original. Cette pièce se trouvait encore dans le cartul., p. 28).

1198.

Universa negocia mandata litteris et voci testium ab utroque traunt immobile firmamentum. Notum sit igitur tam presentibus quam futuris, quod ego Hugo Archiepiscopus, constitutus in presentia Stephani decani Burdegalensis, et Petri abbatis Aurevallensis, dedi, concessi, quittavi in perpetuam helemosinam ecclesiæ beati Maxentii, concedentibus Dometa conjuge mea, Willelmo filio meo, Margarita nepte mea, quicquid juridictionis habebam in prato quod Petrus Meingot dederat eidem ecclesiæ in helemosinam apud Verruam. Ita etiam quod nec pro placito de mortua manu, nec pro aliquo defectu servicii manum apponam in predicto prato. Hoc autem factum est annno ab Incarnatione Domini millesimo centesimo nonagesimo octavo, presentibus et audientibus: Johanne priore beati Laurentii, Gauterio sacrista ecclesiæ beati Maxentii, Johanne priore de Verruia, monachis; Gervasio de Precigné, Fulcone Grosgren, Petro de Mota, Simone Boissa, militibus; Johanne Medico, Petro Bernardi, clericis. Ut igitur hoc ratum et inconcussum teneatur, presens pagina sigilli mei munimine roboratur.

FIN DU TOME PREMIER.

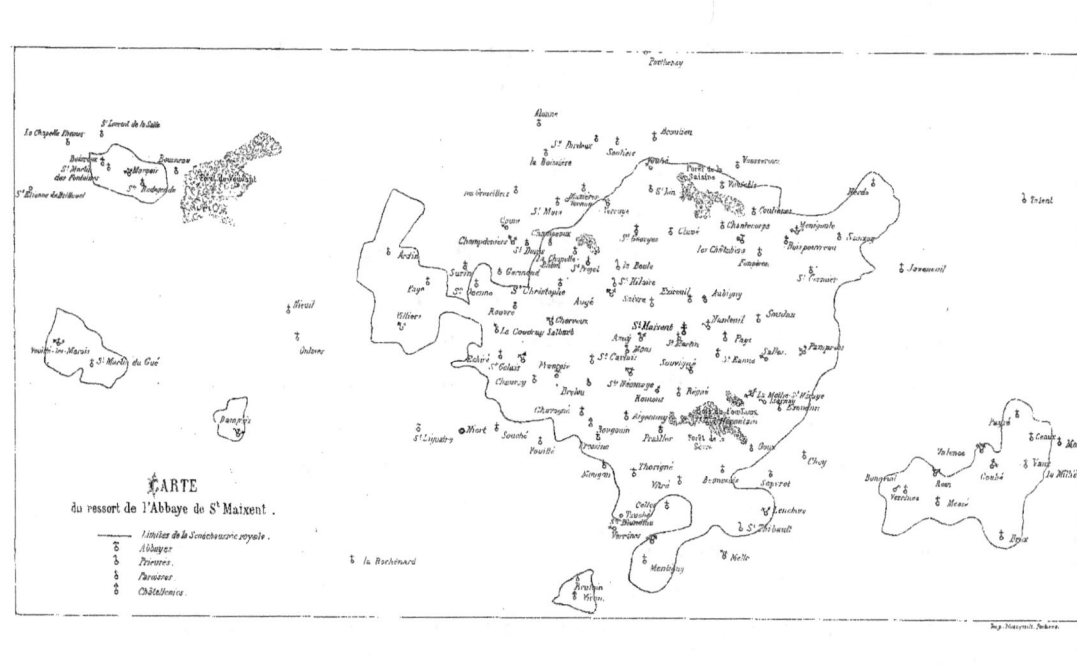